Q&A

学校法人の新会計実務

第5次改訂版

－令和6年改正学校法人会計基準に対応！－

有限責任監査法人トーマツ 編

第一法規

第 5 次改訂版はしがき

　本書は，学校法人会計の仕組みを分かりやすく解説した総合的な入門書として，かつ重要な論点を網羅し実務上の疑問点に的確に回答する実務書として平成17年10月に発行されました。その後，平成26年9月に発行された第3次改訂版では，平成25年の学校法人会計基準（以下，「基準」という）の改正と，それに伴う実務指針，委員会報告，研究報告の見直しにも対応した改訂を，また，平成30年1月に発行された第4次改訂版では，平成27年から導入された「子ども・子育て支援新制度」などの新規情報も織り込む改訂を行いました。

　令和5年には私立学校法が改正され，学校法人のガバナンス強化の観点から，基準の根拠が改正私立学校法に位置づけられることとなりました。加えて専修学校または各種学校の設置のみを目的とする法人に対しても基準が適用されるようになりました。多様なステークホルダーに対する説明責任を果たす手段として，また経営環境の変化に対応し財務管理をより強化するために学校法人運営者の経営判断に資するものとして，基準及びそれに基づく計算書類の重要性は一層増してきています。

　本書は，これらの改正等を織り込み，学校法人会計における最新の情報を取り込み総合的な解説書・実務書となるよう改訂を行ったものです。また学校法人においても重要性を増している税務についても必要な改訂を行い，さらにインボイス制度，電帳法対応，会計監査人の交代などの話題のテーマに関するコラムも追加しました。

　学校法人を取り巻く環境の大きな変化や，様々な会計基準の改正等を受けて，学校法人の経営状態を社会に分かりやすく説明するための仕組みの充実はますます求められてきています。財務情報は，学校法人の教育研究等の成果そのものではありませんが，教育研究等の成果を上げていくための基盤であり，広くその内容を理解し評価されることが望まれます。本書が学校法人に関係するすべての方の参考となれば大変幸いに存じます。

本文中意見にわたる部分は，執筆者の私見であることにご留意ください。

令和 7 年 1 月

有限責任監査法人トーマツ

執筆者一覧

有限責任監査法人トーマツ
パブリックセクター・ヘルスケア事業部

恩田　佑一
武市　歩
船木　夏子
金野　綾子
熊谷　良
高橋　由佳
堀田　雄哉
大竹　理子
勝間田　修一
十二　壮志
長谷川　大地
長谷川　倫子
藤原　槙太郎
堀　健太朗
山本　夏海

デロイトトーマツ税理士法人
Lead Tax

和久井　結実
久保　潤子

第5次改訂版はしがき
執筆者一覧

第1章　学校法人会計のしくみ

Q1－1	学校法人会計基準制定の経緯及び目的は？	2
Q1－2	学校法人会計基準の内容は？	6
Q1－3	令和7年度決算から適用される改正基準の概要は？	11
Q1－4	平成25年の「基準」改正に伴う通知の概要は？	13
Q1－5	学校法人会計基準と私立学校法及び私立学校振興助成法の関係は？	16
Q1－6	学校法人会計基準における会計の一般原則とは？	20
Q1－7	学校法人の財務情報の公開制度とは？	23
Q1－8	学校法人の作成する計算書類は？	26
Q1－9	学校法人の計算書類作成のプロセスは？	32
Q1－10	事業報告書の記載内容は？	37
Q1－11	計算書類の注記事項とは？	42
Q1－12	財産目録とは？	44
Q1－13	学校法人会計における予算の役割は？	46
Q1－14	知事所轄学校法人に会計処理上の特例はあるか？	49
Q1－15	小規模法人における会計処理の簡略化とは？	52
Q1－16	国立大学法人会計基準と学校法人会計基準との相違は？	55
Column	事業報告書の会計監査上の位置付け	57

第2章　資金収支関連項目

Q2－1　資金収支計算の目的は？ ……………………………………62

Q2－2　資金収支計算書の内容は？ …………………………………64

Q2－3　資金収支計算の方法は？ ……………………………………66

Q2－4　学生生徒等納付金収入の会計処理のポイントは？ ………70

Q2－5　授業料減免に関する会計処理は？ …………………………72

Q2－6　高等学校等就学支援金の会計処理のポイントは？ ………74

Q2－7　手数料収入の会計処理のポイントは？ ……………………76

Q2－8　寄付金収入の会計処理のポイントは？ ……………………77

Q2－9　入学者選抜の公正確保等に伴う寄付金収入の取扱いは？ …………79

Q2－10　補助金の会計処理のポイントは？ …………………………81

Q2－11　補助金返還の会計処理は？ …………………………………83

Q2－12　受取利息・配当金収入の会計処理のポイントは？ ………85

Q2－13　資産売却収入の会計処理のポイントは？ …………………87

Q2－14　補助活動収入の会計処理のポイントは？ …………………89

Q2－15　私立学校退職金団体（財団）からの交付金の
　　　　　会計処理のポイントは？ …………………………………94

Q2－16　借入金収入・支出の表示方法及び支払利息の計上基準は？ ………96

Q2－17　入学予定者からの学校債収入の会計処理は？ ……………98

Q2－18　資金収支計算書の資金調整勘定とは？ ……………………99

Q2－19　人件費支出に関する会計処理のポイントは？ ……………101

Q2－20　人件費支出はどのように区分表示するか？ ………………103

Q2－21　兼務職員の人件費支出の区分表示は？ ……………………105

Q2－22　受入出向者に対する人件費支出の会計処理は？ …………107

Q2－23　2種類の退職金団体の特色と会計処理は？ ………………109

Q2－24　管理経費として処理する経費の内容は？ …………………112

目　　次

Q2－25　教育研究経費と管理経費の具体的な区分方法は？ ………………114

Q2－26　資産関係支出と経費支出の区分のポイントは？ ………………117

Q2－27　資産の取得価額に算入する付帯費用とは？ ……………………121

Q2－28　図書支出に関する会計処理のポイントは？ ……………………124

Q2－29　収益事業元入金支出とは？ ………………………………………127

Q2－30　予備費の会計処理のポイントは？ ………………………………131

Q2－31　過年度損益修正の資金収支計算書上の表示とは？ ……………134

Q2－32　学校法人における教材料等の取扱いは？ ………………………135

第3章　活動区分資金収支項目

Q3－1　活動区分資金収支計算書の意義とは？ ……………………………140

Q3－2　資金収支計算書から活動区分資金収支計算書への
　　　　組替えの方法は？ ……………………………………………………144

Q3－3　教育活動による資金収支の内容は？ ……………………………149

Q3－4　施設整備等活動による資金収支の内容は？ ……………………152

Q3－5　その他の活動による資金収支の内容は？ ………………………155

Q3－6　調整勘定等の意味は？ ……………………………………………157

Q3－7　活動区分ごとの調整勘定等の加減の計算過程の注記の方法は？ …159

Q3－8　寄付金収入を教育活動と施設整備等活動とに区分する
　　　　方法とは？ ……………………………………………………………162

Q3－9　補助金収入を教育活動と施設整備等活動とに区分する方法は？ …165

Q3－10　活動区分資金収支計算書を利用した財務分析の方法は？ ………168

第4章　事業活動収支関連項目

Q4－1　事業活動収支計算の目的は？ ……………………………………172

Q4－2　学校法人会計基準で定める事業活動収支計算の方法は？ ………175

Q4－3　資金収支取引と事業活動収支取引との関係は？ ……………177

Q4－4　事業活動収支計算書の作成手順は？ …………………180

Q4－5　事業活動収支計算書と資金収支計算書の具体的相違点は？ ……184

Q4－6　事業活動収支計算書の活動別収支の内容は？ …………187

Q4－7　災害損失として区分するものは？ …………………192

Q4－8　過年度修正額の内容は？ …………………………194

Q4－9　現物寄付の会計処理のポイントは？ …………………195

Q4－10　資産売却差額・処分差額の会計処理のポイントは？ …………198

Q4－11　基本金組入額・取崩額の表示方法は？ ……………202

Q4－12　退職給与引当金繰入額の調整計算とは？ …………………206

Q4－13　減価償却とは？ …………………………………210

Q4－14　減価償却における個別償却とグループ償却とは？ …………213

Q4－15　徴収不能引当金繰入額の会計処理は？ ………………216

第5章　貸借対照表関連項目

Q5－1　貸借対照表の読み方は？ …………………………220

Q5－2　固定性配列法を採用している理由は？ ………………224

Q5－3　固定資産明細書の作成上の留意点は？ ………………228

Q5－4　借入金明細書の作成上の留意点は？ …………………232

Q5－5　有価証券の時価が大幅に低下した場合は？ …………236

Q5－6　有価証券の時価とは？ …………………………240

Q5－7　債券の会計処理は？ …………………………………243

Q5－8　有価証券の評価－その他 …………………………247

Q5－9　少額重要資産の会計処理及び資産管理のポイントは？ …………249

Q5－10　固定資産・貯蔵品等の棚卸資産管理のポイントは？ …………252

Q5－11　固定資産の評価－1 ……………………………256

Q5－12　固定資産の評価－2 ……………………………259

目　　次

Q5－13　引当特定資産の設定と会計処理のポイントは？ ……………………261

Q5－14　退職給与引当金等負債項目の会計処理のポイントは？ …………265

Q5－15　リース取引の種類は？ ……………………………………………268

Q5－16　ファイナンス・リース取引の会計処理は？ ……………………271

Q5－17　設例に基づくファイナンス・リース取引の具体的な

　　　　　会計処理は？ ……………………………………………………276

Q5－18　ソフトウェアを資産計上する場合は？ …………………………281

Q5－19　ソフトウェアに関する具体的な会計処理は？ …………………285

Q5－20　ソフトウェア通知とリース通知との関係は？ …………………288

Q5－21　土地信託の会計処理は？ …………………………………………290

第6章　基本金関連項目

Q6－1　基本金とは何か？ ……………………………………………………294

Q6－2　基本金と一般企業における資本金との違いは？ …………………297

Q6－3　基本金組入れと減価償却との関係は？ ……………………………300

Q6－4　基本金組入れの対象となる資産は？ ………………………………304

Q6－5　固定資産の取替更新に伴う基本金組入れは？ ……………………307

Q6－6　基本金を取り崩すかどうかの判断は部門別に行ってよいか？ …310

Q6－7　建設中の資産の基本金組入れは？ …………………………………312

Q6－8　基本金の未組入れとは？ ……………………………………………314

Q6－9　借入金の借換えの場合の未組入れ処理は？ ………………………316

Q6－10　基本金の「取崩し」とは？ …………………………………………318

Q6－11　基本金の取崩しの対象となる金額の把握は？ ……………………320

Q6－12　基本金を取り崩す場合の具体例は？ ………………………………323

Q6－13　基本金の「修正」とは？ ……………………………………………325

Q6－14　基本金明細書の必要性と記載方法のポイントは？ ………………326

Q6－15　第2号基本金とは？ …………………………………………………330

v

Q6-16 第2号基本金を取り止めることはできるか？ ……………332

Q6-17 第3号基本金とは？ ………………………………333

Q6-18 第3号基本金を取り止めることはできるか？ …………336

Q6-19 第4号基本金とは？ ………………………………337

Q6-20 第4号基本金の具体的な計算方法は？ …………………341

Q6-21 第4号基本金に相当する資金を有していない場合の対応は？ …343

Q6-22 基本金管理簿の作成は必要か？ ……………………346

第7章　計算書類の注記事項

Q7-1 注記事項の追加の趣旨，内容及び考え方は？ …………350

Q7-2 重要な会計方針と重要な会計方針の変更等は？ …………356

Q7-3 重要な会計方針－1 …………………………………360

Q7-4 重要な会計方針－2 …………………………………364

Q7-5 有価証券の時価情報－1 ……………………………367

Q7-6 有価証券の時価情報－2 ……………………………371

Q7-7 デリバティブ取引の注記－1 ………………………374

Q7-8 デリバティブ取引の注記－2 ………………………378

Q7-9 学校法人の出資による会社に係る事項及び子法人に
　　　 関する事項 ……………………………………………381

Q7-10 主な外貨建資産・負債の注記 ………………………387

Q7-11 重要な偶発債務 ………………………………………389

Q7-12 所有権移転外ファイナンス・リース取引 …………391

Q7-13 純額で表示した補助活動に係る収支の注記とは？ ………394

Q7-14 関連当事者との取引－1 ……………………………395

Q7-15 関連当事者との取引－2 ……………………………398

Q7-16 関連当事者との取引－3 ……………………………403

Q7-17 重要な後発事象の注記とは？ ………………………405

Q7－18 学校法人間の財務取引の注記とは？ ……………………………410

Q7－19 その他考えられる注記項目とは？ ……………………………413

Q7－20 セグメント情報の注記とは？ ………………………………416

第8章 部門別会計関連項目

Q8－1 部門別会計と資金収支内訳表及び

事業活動収支内訳表との関係は？ ……………………………422

Q8－2 資金収支内訳表等及びセグメント情報との関係は？ …………427

Q8－3 資金収支内訳表作成上の留意点は？ ………………………428

Q8－4 事業活動収支内訳表作成上の留意点は？ …………………430

Q8－5 「学校法人」部門の業務の範囲は？ ………………………431

Q8－6 部門共通収支の配分方法の基本原則及び手順は？ …………434

Q8－7 人件費支出の部門別計上方法は？ …………………………436

Q8－8 部門別配分計算の具体的方法は？ …………………………439

Q8－9 部門間の内部取引の会計処理のポイントは？ ………………444

Q8－10 部門間の内部取引の表示方法は？ …………………………448

Q8－11 部門間の教職員の異動に伴う処理は？ ……………………451

Q8－12 部門共通収支の配分方法の変更による処理は？ ……………454

第9章 収益事業と学校法人の税務

Q9－1 学校法人における収益事業とは？ …………………………458

Q9－2 収益事業の会計基準の特徴は？ ……………………………461

Q9－3 収益事業の課税関係は？ ……………………………………463

Q9－4 収益事業の区分経理の方法は？ ……………………………467

Q9－5 収益事業の税務申告に係る手続は？ ………………………470

Q9－6 収益事業会計における預金や有価証券の運用収入の処理は？ …474

Q9－7　収益事業に属する固定資産の処分損益の取扱いは？　…………477

Q9－8　収益事業会計から学校法人会計への寄付金の処理は？　…………479

Q9－9　補助活動事業と収益事業の相違点は？　………………………482

Q9－10　大学の受託事業に係る会計処理は？　…………………………484

Q9－11　文部科学大臣所轄学校法人が行う付随事業と

　　　　収益事業の扱いは？　……………………………………………487

Q9－12　学校法人における消費税等の課税売上は？　…………………491

Q9－13　消費税等の税額計算は？　………………………………………494

Q9－14　学校法人にとって有利な消費税等の計算方法は？　…………498

Q9－15　リース取引に係る賃借人の消費税の処理は？　………………501

Q9－16　国境を越えた電気通信利用役務の提供に係る

　　　　消費税の取扱いは？　……………………………………………506

Q9－17　学校法人に対する寄付金についての優遇税制は？　…………512

Q9－18　個人が学校法人に対して財産を寄付した場合の優遇税制は？　…519

Q9－19　学校法人に対する不動産の取得・所有に係る税金は？　…526

Column　学校法人とインボイス制度　………………………………533

Column　学校法人と電帳法対応　……………………………………537

第10章　そ　の　他

Q10－1　私立学校法で定める学校法人のガバナンスのあり方は？　………542

Q10－2　補助金の額が少なければ公認会計士の監査は不要か？　………545

Q10－3　私立学校法に定める監事の監査と会計監査人監査との

　　　　相違点は？　………………………………………………………547

Q10－4　学校法人における合併，分離の会計処理の考え方は？　………550

Q10－5　合併，分離により資産・負債等を引き継ぐ場合の処理は？　……557

Q10－6　附属病院に関する会計処理の特徴は？　………………………563

Q10－7　外郭団体の会計は？　……………………………………………565

目　　次

Q10－ 8　資産運用管理のポイントは？　……………………………568

Q10－ 9　科学研究費補助金等を適正に管理するための体制を

　　　　　構築する際のポイントは？　……………………………571

Q10－10　大きな災害において生じた収入・支出等の

　　　　　会計処理のポイントは？　………………………………576

Q10－11　子ども・子育て支援新制度による影響は？　……………580

Q10－12　施設型給付費を受ける学校法人の会計処理は？　………586

Q10－13　学校法人が認可保育所を設置した場合の会計処理は？　………594

Column　私学法監査における会計監査人の選任について　………………599

ix

● 略語の説明

本書で用いた略語は以下のとおりである。

○「基準」

学校法人会計基準（文部省令第18号／最終改正　令和6年9月30日
文部科学省令第28号）

○「文管振第93号」

資金収支内訳表について（通知）

昭和47年4月26日

○「文管振第62号」

「基本金設定の対象となる資産及び基本金の組入れについて（報
告）」について（通知）

昭和49年2月14日

○「文管企第250号」

資金収支内訳表等の部門別計上及び配分について（通知）

昭和55年11月4日

○「文高法第232号」

学校法人会計基準の一部改正について（通知）

昭和62年8月31日

○「12児発第295号」

保育所の設置認可等について

平成12年3月30日／改正　平成26年12月12日（雇児発1212第5号）

○「13高私行第5号」

学校法人の出資による会社の設立等について（通知）

平成13年6月8日

○「13高私参第1号」

学校法人の出資による会社の設立等に伴う財務計算に関する書類の作成について（通知）

平成14年1月7日

○「14文科高第330号」

学校法人の設置する認可保育所の取扱いについて（通知）

平成14年7月29日

○「17文科高第122号」

学校法人会計基準の一部改正について（通知）

平成17年5月13日

○「17高私参第1号」

学校法人会計基準の一部改正に伴う計算書類の作成について（通知）

平成17年5月13日

○「20文科高第855号」

文部科学大臣所轄学校法人が行う付随事業と収益事業の扱いについて（通知）

平成21年2月26日

○「25文科高第90号」

学校法人会計基準の一部改正について（通知）

平成25年4月22日

○「25高私参第8号」

学校法人会計基準の一部改正に伴う計算書類の作成について（通知）

平成25年9月2日

○「25高私参第9号」

「恒常的に保持すべき資金の額について」の改正について（通知）

平成25年9月2日

○「26高私参第 9 号」

学校法人における寄付金等及び教材料等の取扱いの適正確保について

平成27年 3 月31日

○「27高私参第13号」

学校法人における会計処理等の適正確保について（通知）

平成27年12月24日

○「Q＆A」

学校法人会計問答集

○「実務指針」

日本公認会計士協会・学校法人委員会実務指針

○「委員会報告」

日本公認会計士協会・学校法人委員会報告

○「研究報告」

日本公認会計士協会・学校法人委員会研究報告

○「財研報告」

学校法人財務基準調査研究会報告

○「詳　説」

新版学校法人会計基準詳説，野崎弘　編著

○「研究報告第15号」

日本公認会計士協会・学校法人委員会研究報告第15号「基本金に係る実務上の取扱いに関する Q＆A」

最終改正　平成26年12月 2 日

○「研究報告第20号」

日本公認会計士協会・学校法人委員会研究報告第20号「固定資産に関する Q＆A」

最終改正　平成22年 6 月 9 日

○「研究報告第21号」

日本公認会計士協会・学校法人委員会研究報告第21号「学校法人の設置する認可保育所等に係る会計処理に関するQ＆A」

最終改正　平成29年1月18日

○「研究報告第28号」

日本公認会計士協会・学校法人委員会研究報告第28号「学校法人における土地信託の会計処理に関するQ＆A」

最終改正　平成26年7月29日

○「研究報告第29号」

日本公認会計士協会・学校法人委員会研究報告第29号「有価証券の会計処理等に関するQ＆A」

最終改正　平成26年7月29日

○「研究報告第31号」

日本公認会計士協会・学校法人委員会研究報告第31号「寄付金収入・補助金収入に関する留意事項」

平成27年10月7日

○「研究報告第33号」

日本公認会計士協会・学校法人委員会研究報告第33号「学校法人計算書類の表示に関する研究報告」

平成28年1月13日

○「実務指針第22号」

日本公認会計士協会・学校法人委員会実務指針第22号「補助活動事業に関する会計処理及び表示並びに監査上の取扱いについて」

最終改正　平成26年9月30日

○「実務指針第36号」

日本公認会計士協会・学校法人委員会実務指針第36号「私立学校振興助成法に基づく監査上の取扱い及び監査報告書の文例」

最終改正　令和3年9月16日

○「実務指針第39号」

日本公認会計士協会・学校法人委員会実務指針第39号「寄付金収入に関する実務指針」

最終改正　平成27年10月7日

○「実務指針第44号」

日本公認会計士協会・学校法人委員会実務指針第44号「退職給与引当金の計上等に係る会計方針の統一について（通知)」に関する実務指針

最終改正　平成26年12月2日

○「実務指針第45号」

日本公認会計士協会・学校法人委員会実務指針第45号「学校法人会計基準の一部改正に伴う計算書類の作成について（通知)」に関する実務指針

平成26年1月14日

第1章

学校法人会計のしくみ

Q1-1
学校法人会計基準制定の経緯及び目的は？

学校法人は「基準」に従って会計処理を行い、計算書類を作成しなければならないと聞きますが、「基準」が制定された経緯及び目的について教えてください。

  1　「基準」制定の経緯

「基準」制定までの経緯とその適用については以下のとおりです。

昭和40年4月	文部大臣の諮問機関として臨時私立学校振興方策調査会が発足した。
昭和42年6月	上記調査会は「私立学校振興方策の改善について」を文部大臣に答申し、この中で私立学校の経理の適正化・合理化、そのための財務基準の制定及び公認会計士による監査が求められた。
昭和43年7月	学校法人財務基準調査研究会が設置され、財務基準制定のための検討が行われることとなった。
昭和44年7月	同研究会より中間報告が発表された。
昭和45年5月	同研究会により「学校法人の財務基準の調査研究について」が報告された。
昭和45年5月	私立学校法の一部が改定され、補助金を受ける学校法人は文部大臣の定める基準に従い会計処理を行い、計算書類を作成しなければならないこととされた。
昭和45年12月	同研究会より文部大臣所轄学校法人は昭和47年度から「基

●第1章　学校法人会計のしくみ●

準」を全面的に適用する旨の報告が出された。

昭和46年4月	文部省令第18号「基準」が制定された。
昭和51年4月	私立学校振興助成法第14条第1項により，国又は地方公共団体から経常費補助金の交付を受ける学校法人について「基準」が適用されることとなった。
昭和62年8月	基本金の組入れを中心に「基準」の改正が行われた。
平成17年5月	基本金の取崩し要件の見直し，計算書類の末尾に記載する注記事項の追加についての「基準」の改正が行われた。
平成22年2月	認定こども園である幼保連携施設を構成する幼稚園及び保育所を設置する社会福祉法人に関する特例についての「基準」の改正が行われた。
平成25年4月	学校法人会計基準の一部を改正する省令（平成25年4月22日　文部科学省令第15号）が公布され，改正後の「基準」が平成27年度（知事所轄学校法人については平成28年度）以後の会計年度に係る会計処理及び計算書類の作成から適用されることとなった。
令和5年5月	私立学校法が改正された。改正後の私立学校法第101条により，経常費補助金の交付の有無にかかわらず，全ての学校法人に「基準」が適用されることとなった。
令和6年9月	学校法人会計基準の一部を改正する省令（令和6年9月30日　文部科学省令第28号）が公布され，改正後の「基準」が令和7年度以後の会計年度から適用されることとなった。

2　「基準」制定の目的

　昭和45年に，私立大学等の経常的経費に対する国の助成制度が創設されました。今も続くこの助成制度は，学校法人の経常的経費の申告額を助成対象とするため，学校法人において適正な会計処理が行われることが前提となります。

3

これを踏まえ，経常費補助金の交付を受ける学校法人には「基準」の適用が義務付けられました。

昭和45年5月の「学校法人の財務基準の調査研究について」（学校法人財務基準調査研究会）は「学校法人会計基準の設定について」の中で，「会計」は①財政の計画及びその実行結果を明らかにするための不可欠な手段である ②法人が学校の運営について教職員，校友等関係者の理解と協力を確保するために有効な媒体となり得るものである ③国や地方公共団体等が，広く一般の理解と支持のもとに適切な私学振興方策を実施する上での重要な情報源であるとしています。また，私立学校のわが国学校教育における重要性の増大，近年の私立学校の増加，学校法人の財政の困難とその複雑化により「会計」の役割の重要性は高まっているにもかかわらず，従来の学校法人会計は，学校法人の財政を正確に把握することが困難であるとともに，不統一であり，社会の期待に応えるような会計慣行は未成熟であるとして一般に公正妥当と認め得る学校法人会計の基準の設定を提唱しました。そして「基準」の目的として次の3点を挙げています。

① 学校法人の財政的維持に向かって会計がその機能を有効に果たすためのよるべき指針を提供すること
② 学校法人の財政に関する情報を適切に理解するための基礎を与えること
③ 学校法人の合理的かつ適正な会計慣行の発展を促すこと

「基準」制定時に適用が義務付けられたのは，あくまで経常費補助金の交付を受ける学校法人でしたが，大部分の学校法人は補助を受けていることや，他に学校法人会計の基本的事項を体系的に整理した共通の基準は存在しなかったことから，「基準」は広く実務に定着することとなりました。

3 私立学校法改正に伴う「基準」の性質の変化

「基準」制定から50年以上がたちますが，その間に学校法人はより大規模化し，学校をとりまく利害関係者（ステークホルダー）も増加し，その社会的責任も大きくなりました。また，少子化をはじめ，学校をとりまく社会環境は激

●第 1 章　学校法人会計のしくみ●

変し，新しい経済事象も次々と発生してきました。このような状況のもと，「基準」は時代に即するよう，これまでも継続的に見直しが行われてきました。

　そして，令和 5 年の私立学校法改正により，「基準」は大きな転機を迎えます。「基準」はこれまで長い間，私立学校振興助成法を根拠としていましたが，その根拠が私立学校法へ移されました。これに伴い「基準」は，経常費補助金の適正配分を一義的な目的とする基準から，利害関係者（ステークホルダー）への情報開示を主な目的とする基準へ生まれ変わりました。

Q1-2

学校法人会計基準の内容は？

「基準」の内容及び構成について概括的に教えてください。

A 「基準」は，第一章「総則」，第二章「会計帳簿」，第三章「計算関係書類」，第四章「財産目録」，第五章「会計監査人非設置知事所轄学校法人に関する特例」，第六章「放送大学学園に関する特例」及び「附則」から構成されています。

以下に各章の内容につき概要を説明します。

1 総 則

第一章「総則」では，私立学校法第101条に規定する基準については，この省令の定めるところによること，学校法人は，この「基準」によって会計処理を行い，会計帳簿，計算書類（貸借対照表及び収支計算書をいう）及びその附属明細書並びに財産目録を作成しなければならない旨定めています。

次に，計算書類及びその附属明細書（以下「計算関係書類」という）並びに財産目録は，以下の4つの基本的会計原則に準拠して作成されなければならない旨定めています。

① 財政及び経営の状況について真実な内容を表示する（真実性の原則）

② 正規の簿記の原則により，正確な会計帳簿に基づいて計算関係書類を作成する（複式簿記の原則）

③ 必要な会計事実を計算関係書類に明瞭に表示する（明瞭性の原則）

④ 会計処理及び表示方法は継続してこれを適用する（継続性の原則）

第4条では計算書類に記載する金額は原則として総額表示を要求し，第5条

●第1章　学校法人会計のしくみ●

では計算関係書類及び財産目録に記載する金額は一円単位をもって表示することが定められています。

また，「基準」に定めのない事項については一般に公正妥当と認められる学校法人会計の慣行に準拠することとされています（「基準」第1条第3項）。

なお，学校法人における収益事業に係る会計処理並びに貸借対照表及び損益計算書の作成については，企業会計の原則に準拠するよう求めています（「基準」第3条第1項）。

2　会計帳簿

第二章「会計帳簿」では，私立学校法第102条第1項にて学校法人が作成すべき会計帳簿に付すべき資産，負債及び基本金の価額その他会計帳簿の作成に関する事項について定めています。

⑴　資　　産

資産の評価は原則として取得原価とされていますが，著しく低額で取得した資産，贈与された資産については「取得に通常要する価額をもってすること」とされています。時の経過とともに価値の減少する固定資産については定額法によって減価償却を行うものとされています。

有価証券の時価が著しく下落した場合は，時価の回復が可能と認められる場合を除き，時価によって評価することが求められていますが，企業会計のように毎年度末時価評価を求める規定はありません。また，企業会計でいう貸倒引当金に該当するものとして「徴収不能引当金」の設定が求められています。

⑵　負　　債

従来，「負債」については特に「基準」に記載はありませんでしたが，改正により，「退職給与引当金のほか，引当金については，会計年度の末日において，将来の事業活動支出の発生に備えて，その合理的な見積額のうち当該会計年度の負担に属する金額を事業活動支出として繰り入れることにより計上した額を付すものとする。」旨，定められました（「基準」第11条第2

7

項)。

(3) **基本金**

「学校法人が，その諸活動の計画に基づき必要な資産を継続的に保持するために維持すべきものとして，その事業活動収入のうちから組み入れた金額を基本金とする。」と定められています（「基準」第12条）。また，この基本金の種類として，第 1 号から第 4 号までが列挙されています。また，その組入れ，取崩しについて「基準」第13条，第14条に規定されています（詳細は本書第 6 章参照）。

3 計算関係書類

第三章「計算関係書類」では，私立学校法第103条第 2 項にて学校法人が作成しなければならない計算関係書類及び財産目録について，各書類の内容を規定しています。

(1) **貸借対照表**

貸借対照表は当該会計年度末現在における全ての資産，負債及び純資産の状態を明瞭に表示するために作成するものとされ，資産，負債及び純資産の部を設け，各科目ごとに当会計年度末の額を前会計年度末の額と対比して記載するものとされています。

このほか，減価償却資産の表示方法として減価償却累計額を控除した残額を記載すること，金銭債権の表示方法が徴収不能引当金の額を控除した残額を記載することが定められています。

また，貸借対照表に記載される科目として別表第一が，貸借対照表の様式として第一号様式が規定されています。

(2) **事業活動収支計算書**

事業活動収支計算書は，会計年度における事業活動収支を経常的なものと臨時的なものに区分し，基本金組入れ前の当年度の収支差額及び各段階ごとに収支差額を表示するとともに，毎会計年度の事業活動収入及び事業活動支出の内容及び均衡の状態を明瞭に表示することを定めています。

●第1章　学校法人会計のしくみ●

　そして，事業活動収支計算の方法，勘定科目，事業活動収支計算書の記載方法，記載科目，当年度収支差額等の記載，翌年度繰越収支差額の記載について定められています。

　なお，事業活動収支計算書の記載科目として別表第二が，事業活動収支計算書の様式として第二号様式が示されています。

⑶　資金収支計算書

　資金収支計算書は，当該会計年度の諸活動に対応する全ての収入及び支出の内容並びに当該会計年度における支払資金の収入及び支出のてん末を明瞭に表示するために作成するものとされ，資金収支計算の方法，勘定科目，資金収支計算書の記載方法，記載科目，様式及び記載方法等が規定されています。資金収支計算の特色としては，資金収支計算書上，前受金・未収入金の収入項目，前払金，未払金の支出項目については，前期若しくは翌期に実際の入出金がある場合でも当期の収入及び支出項目（例えば，入学金収入，授業料収入，××費支出等）としてあたかも当期に入出金があったごとく計上し，資金収入調整勘定，資金支出調整勘定でマイナスして入出金を取り消すという方法をとっていることです。

　なお，資金収支計算書の記載科目として別表第三が，様式として第三号様式が示されています。

　また，活動区分資金収支計算書の様式として第四号様式が示されています。

⑷　計算書類の注記

　従来は貸借対照表の後に脚注として計算書類の注記を記載していましたが，令和6年の会計基準改正により，計算書類の末尾に注記を付すことが明示されるとともに，以下の項目について，注記するべき項目として追加で明記されています（詳細は本書第7章を参照）。

　・セグメント（学校法人を構成する一定の単位）情報

　・重要な偶発債務

　・子法人に関する事項

9

・関連当事者との取引の内容に関する事項

・重要な後発事象

(5) **附属明細書**

　私立学校法第103条第2項の規定により作成するべき附属明細書の種類及び様式について以下のように定めるとともに，附属明細書の作成においては，会計帳簿に基づいて作成すること，計算書類の内容を補足する重要な事項を表示しなければならないことが定められています。

① 固定資産明細書 ― 第五号様式

② 借入金明細書 ― 第六号様式

③ 基本金明細書 ― 第七号様式

4　財産目録

　第四章「財産目録」では，私立学校法第107条第1項第1号の規定により作成するべき財産目録について，会計年度末における全ての資産及び負債について，その名称，数量，金額等を詳細に表示するものとして作成する旨が定められています。また，作成においては，財産目録の金額は貸借対照表に記載した金額と同一とすること，収益事業会計との内部取引の相殺消去を行うこと，財産目録の資産，負債として区分表示するべき内容について定められています。

　なお，財産目録の様式として第八号様式が示されています。

5　その他

　第五章「会計監査人非設置知事所轄学校法人に関する特例」では，会計監査人を設置していない知事所轄学校法人に関する特例が定められています。また，第六章「放送大学学園に関する特例」では，放送大学学園に関する特例が定められています。

Q1-3
令和7年度決算から適用される改正基準の概要は？

令和7年度から適用される「基準」の改正は，令和5年改正後私立学校法を根拠とするものと聞いていますが，その概要を教えてください。

 1 「基準」改正の状況

令和5年5月8日付けで「私立学校法の一部を改正する法律」（令和5年法律第21号）が公布され，令和7年4月1日より施行されることとなりました。これに伴い，令和6年6月14日付けで「私立学校法施行規則の一部を改正する省令」（令和6年文部科学省令第21号）が施行されています。これらの施行に伴い，並びに私立学校法（昭和24年法律第270号）第101条，第102条第1項，第103条第1項及び第2項並びに第107条第1項（これらの規定を同法第152条第6項において準用する場合を含む）の規定に基づき，令和6年9月30日付けで「学校法人会計基準の一部を改正する省令」（令和6年文部科学省令第28号）が発出されました。

2 改正の趣旨

「基準」は，昭和46年制定以来，私立学校の財政基盤の安定に資するものとして，また補助金の配分の基礎となるものとして，広く実務に定着してきました。一方で制定以来50年以上が経過し，社会・経済状況の大きな変化，会計のグローバル化等を踏まえた様々な会計基準の改正，私学をとりまく経営環境の変化等を受けて，公教育を担う学校法人の経営状態について，社会にわかりや

すく説明するため，また情報開示や説明責任の所在を明確にし，ガバナンスの強化を求めるため，私立学校法に基づく会計基準として位置付けを整理しました。

3　改正の概要

主な改正事項は，以下のとおりです。

① 　現在の学校法人会計基準を，私立学校振興助成法に基づく基準から，私立学校法に基づく基準に位置付け直しているため，適用対象も全ての学校法人等となる（私立学校法第103条）。

② 　内訳書は計算書類から除き，私立学校振興助成法施行規則で提出を求める書類として規定する（私立学校振興助成法第14条第4項関係）。

③ 　「注記」の節を設け，計算書類の末尾に記載することを明示する。

④ 　セグメント情報が注記すべき項目に追加される。

⑤ 　私学法上の子法人にかかる情報が注記すべき項目に追加される。

⑥ 　固定資産明細書，借入金明細書，基本金明細書は附属明細書に含まれる。

⑦ 　財産目録の作成基準を定める。

⑧ 　計算関係書類・財産目録は全て会計監査人監査の対象となる。

4　施行日

改正省令は令和7年4月1日から施行し，改正後の「基準」の規定は，令和7年度以降の会計年度に係る会計処理及び計算書類の作成から適用されます。

●第1章 学校法人会計のしくみ●

Q1-4
平成25年の「基準」改正に伴う通知の概要は？

平成25年の「基準」改正の後に、文部科学省より「基準」改正に伴う通知が発出されたと聞いていますが、その内容を教えてください。

　1　25高私参第8号通知の概要

平成25年9月2日付けで25高私参第8号「学校法人会計基準の一部改正に伴う計算書類の作成について（通知）」が発出され、この中で平成25年改正後の計算書類について、用語の定義等を示すとともに、近年の私立学校をとりまく環境の変化等を踏まえ、必要と考えられる会計処理の取扱い及び注記事項の追加を示しています。なお、以下は令和6年の「基準」の改正前の内容であるため、条番号も令和6年改正前の表記となっているので留意ください。

2　用語の定義等

改正基準において用いられている用語の定義について示されています。

(1)　教　育

「基準」第5条、第14条の2、第15条及び第30条に規定する「教育」とは、改正前の学校法人会計基準と同様、研究も含むものとされており、改正前の基準での「教育研究」と同義であることが明示されています。

(2)　活動区分資金収支計算書

活動区分資金収支計算書における教育活動による資金収支、施設整備等活動による資金収支、その他の活動による資金収支及び一部の科目について定

義等を示しています。

(3)　事業活動収支計算書

　教育活動収支，教育活動外収支，特別収支，表（参考）の定義等が示されています。特に特別収支に含まれる項目が限定列挙されている点に留意が必要です。

(4)　過年度修正額

　過年度修正額のうち，資金収入又は資金支出を伴うものについて，事業活動収支計算書では特別収支の小科目「過年度修正額」で処理されますが，資金収支計算書及び活動区分資金収支計算書における処理の方法について記載されています。

3　固定資産の評価等の会計処理の取扱い

(1)　固定資産の評価

　近年，大規模な災害等により学校法人が保有する校地校舎等の固定資産の使用が困難となり，かつ処分もできないような状況が生じています。そうした状況にある固定資産について，資産計上を続けることは学校法人の財政状態を適切に表さないと考えられることから，貸借対照表の資産計上額から除くことができるとされました。この処理を行うための要件や会計処理について記載されています。

(2)　有価証券の評価換え

　「基準」第27条では，有価証券については，取得価額で評価するが，取得価額と比較してその時価が著しく低くなった場合には，その回復が可能と認められるときを除き，時価によって評価するものとされています。従来その具体的な取扱いが明確ではなかったため，時価の算定方法や著しい下落等についての判断基準を示しています。

4　注記事項の追加等

新たに必要となる注記及びその記載例，記載上の留意点が示されています。

●第1章　学校法人会計のしくみ●

① 活動区分ごとの調整勘定等の加減の計算過程の注記

② 第4号基本金相当の資金を有していない場合の注記

③ その他財政及び経営の状況を正確に判断するために必要な事項の追加

（有価証券の時価情報及び学校法人間取引）

5　経過措置

基準改正初年度（文部科学大臣所轄法人は平成27年度，知事所轄法人は平成28年度）における経過措置として，基本金と繰越収支差額の表示，固定資産の中科目として特定資産を設けること，消費支出準備金の廃止，その他の機器備品を管理用機器備品に名称変更することに伴う表示について記載しています。

6　恒常的に保持すべき資金の額についての改正の通知

「25高私参第8号」と同じ平成25年9月2日に25高私参第9号「「恒常的に保持すべき資金の額について」の改正について（通知）」が発出されました。「基準」第30条第1項第4号により文部科学大臣の定める「恒常的に保持すべき資金について」も平成25年の基準改正に合わせ，以下の2つの点で改正が行われています。

① 算定の基礎となる計算書類が消費収支計算書から事業活動収支計算書に変更されたことに伴う算定式の変更

② 規模の縮小に伴う第4号基本金の取崩し

Q1-5 学校法人会計基準と私立学校法及び私立学校振興助成法の関係は？

私学に対する法律として「私立学校法」及び「私立学校振興助成法」がありますが，これらの法律と「基準」の関係を教えてください。

  1 私立学校法の内容

(1) 私立学校法制定の目的

私立学校法（以下「私学法」という）の目的は，「私立学校の特性にかんがみ，その自主性を重んじ，公共性を高めることによつて，私立学校の健全な発達を図ること」とされています（私学法第1条）。

(2) 私学法の内容

私学法は，以下の内容で構成されています。

第一章	総則		
第二章	私立学校に関する教育行政		
第三章	学校法人		
		第一節	通則
		第二節	設立
		第三節	機関
		第四節	予算及び事業計画等
		第五節	会計並びに計算書類等及び財産目録等
		第六節	寄附行為の変更

●第1章　学校法人会計のしくみ●

	第七節	解散及び清算並びに合併
	第八節	助成及び監督
	第九節	訴訟等
第四章	大臣所轄学校法人等の特例	
第五章	雑則	
第六章	罰則	

　第三章第三節の「機関」では，理事会及び理事，監事，評議員会及び評議員，会計監査人について，理事・監事・評議員・会計監査人に係る選任や解任，各々の機関の職務，理事会・評議員会の運営等が定められています。

　令和7年度施行の私学法改正では，日本の公教育を支える私立学校が，一層発展していくため，社会の要請に応え得る実効性のあるガバナンス改革を推進するために，「執行と監視・監督の役割の明確化・分離」の考え方から，理事・理事会，監事及び評議員・評議員会の権限分配が整理されました。

2　私立学校振興助成法の内容

⑴　私立学校振興助成法制定の目的

　私立学校振興助成法（以下「助成法」という）の目的は，「学校教育における私立学校の果たす重要な役割にかんがみ，国及び地方公共団体が行う私立学校に対する助成の措置について規定することにより，私立学校の教育条件の維持及び向上並びに私立学校に在学する幼児，児童，生徒又は学生に係る修学上の経済的負担の軽減を図るとともに私立学校の経営の健全性を高め，もつて私立学校の健全な発達に資すること」とされています（助成法第1条）。

⑵　助成法の内容

　助成法には次の補助金等が定められています。

　① 　大学又は高等専門学校を設置する学校法人に対する教育・研究に係る経常的経費（その2分の1以内）に対する国の補助金（助成法第4条）

17

② 学校法人のその学生，生徒に対する学資の貸与の事業についての国又は地方公共団体の援助（助成法第8条）

③ 都道府県が，その区域内にある幼稚園，小学校，中学校，高等学校等を設置する学校法人に対し，教育に係る経常的経費について補助する場合の，国の都道府県に対する一部の補助（助成法第9条）

④ 上記各補助金以外の国又は地方公共団体による学校法人に対する補助金の支出，有利な条件による貸付，財産の譲渡若しくは貸付（助成法第10条）

⑤ 国の日本私立学校振興・共済事業団を通じた補助金の支出又は貸付金（助成法第11条）

3 「私学法」及び「助成法」と「基準」の関係

昭和50年の「助成法」の制定により，国又は地方公共団体による私立学校への補助金の支出について法的整備がなされることとなりましたが，この補助金の源泉となるのは公費たる税金であり，私学助成に対し，広く国民の理解を得るためには私立学校の経理を合理化，適正化することが求められました。この要請に応えるために昭和46年に「基準」が制定され，経常費補助金の交付を受ける学校法人はこれに従って経理をすることになりました。

なお，改正前の「基準」では，私学法の計算書類について明記されていないものの，「私学法」において文部科学省令で定めるところにより財産目録，貸借対照表，収支計算書等を作成しなければない旨の定めがあり，私学法における計算書類の作成においても，実務において「基準」が適用されていました。

その後，学校法人の説明責任が強化される中で，令和5年度に改正された「私学法」は，経常費補助金が交付される学校法人に限らず全ての学校法人を対象とするものとして，会計基準や計算関係書類並びに財産目録に関する規定を一元化しました。そして，「基準」は「私学法」の対象となる全ての学校法人で従うべき計算関係書類並びに財産目録の作成基準として，改正されました（「基準」第1条）。

●第1章　学校法人会計のしくみ●

その上で，「私学法」で作成が求められておらず，「助成法」で作成が求められている内訳表（資金収支内訳表，事業活動収支内訳表，人件費支出内訳表）は，私学振興助成法施行規則に従って作成することとなりました。

4　公認会計士又は監査法人による会計監査

3に記載するとおり，学校法人の作成する計算書類は「基準」に従って作成されるため，真実かつ明瞭な計算書類が作成される土壌はありますが，これをもって全ての計算書類が適正であるとの保証はありません。そこで計算書類の適正性を担保するため，「助成法」及び「私学法」において，公認会計士又は監査法人の監査報告書の添付が義務付けられています。

具体的には，「助成法」では，経常費補助金の交付を受ける学校法人は，監査報告書の添付が義務付けられています（補助金の額が少額であって，所轄庁の許可を得た場合を除く）（助成法第14条第2項）。

一方で「私学法」は，これまで公認会計士又は監査法人による会計監査が規定されていませんでした。しかし，ガバナンスの強化が図られる中で，重層的な監査体制を構築し，また会計に関する職業的専門家による会計監査を通じて，学校法人の説明責任の履行を支援・強化する目的で，令和5年私学法改正において，大臣所轄学校法人等では会計監査人の設置が義務付けられ，会計監査人の監査報告書の添付が義務付けられました（私学法第144条）。

なお，大臣所轄学校法人等は，文科省所轄学校法人及びそれ以外の学校法人でその事業又は事業を行う区域が政令で定める基準に該当する学校法人が該当します（私学法第143条）。

監査報告書には，監査の対象，計算書類に対する理事者の責任，監査人の責任，監査意見を記載し，意見を表明しない場合はその旨を監査報告書に記載しなければなりません。また，必要に応じて追記情報（強調事項及びその他の事項）等が意見の表明とは明確に区分して記載されます。

Q1-6 学校法人会計基準における会計の一般原則とは？

「基準」第2条は会計処理並びに計算関係書類及び財産目録の作成に当たって会計の一般原則を4つ挙げていますが、それぞれについて具体的に教えてください。

1 4つの会計原則

「基準」は第2条で「学校法人は、次に掲げる原則によつて、会計処理を行い、計算書類及びその附属明細書（以下「計算関係書類」という）並びに財産目録を作成しなければならない。」とし、

① 真実性の原則
② 複式簿記の原則
③ 明瞭性の原則
④ 継続性の原則

の4つを会計処理並びに計算関係書類及び財産目録作成の一般原則として挙げています。

2 真実性の原則

真実性の原則とは「財政及び経営の状況について真実な内容を表示すること。」とされ、他の原則の上にたつものと理解されます。すなわち、正規の簿記の原則に従って正しく記帳された会計帳簿を作成し、明瞭性の原則に従って読者に誤解を与えることのない表示を行い、継続性の原則に従って毎期継続し

●第1章　学校法人会計のしくみ●

た会計処理及び表示を行い，その他一般に公正妥当と認められる学校法人会計の慣行に従って会計処理を行い，計算関係書類及び財産目録を作成すれば，おのずと財政及び経営の状況について真実な内容が表示されることとなります。

ただし，ここでいう「真実性」とは絶対的真実ではなく，相対的真実を意味します。ある会計事象に対する会計処理として，全ての場合に唯一の絶対的に正しい処理があるわけではなく，複数の処理が認められることがあります。例えば，徴収不能の見込額の計上方法には複数の方法が考えられますが（個別に徴収不能額を積み上げる方法，過去の経験率から徴収不能額を見積る方法等），いずれの方法による計上額が絶対的に正しいとはいえず，いずれによっても合理的根拠があれば相対的に正しい計上額ということができます。

3　複式簿記の原則

学校法人会計が単に期中の資金の動きを把握することを目的としているのであれば，単式簿記で収支計算書を作成することは可能です。しかし，「基準」の求める計算関係書類を作成するには単式簿記では不可能であり，複式簿記の採用が不可欠です。複式簿記では取引を二面的にとらえ，各取引を借方，貸方の2つの勘定に記入し，集計します。勘定記入の対象となる取引は現預金の増減を伴う資金取引のみではなく，減価償却額の計上のような非資金取引も含まれます。これらの勘定の金額を集計して各計算関係書類が作成されます。複式簿記のもとでは貸借対照表は棚卸法的に作成されるのではなく，帳簿記録から誘導法的に作成されるのです。

4　明瞭性の原則

「基準」は「財政及び経営の状況を正確に判断することができるように必要な会計事実を計算関係書類に明瞭に表示すること。」として，年度中の種々の取引を会計帳簿に記録した結果を明瞭に計算関係書類に表示し，利用者が誤解することなくその内容を判断できるよう報告することを求めています。そのために「基準」は計算書類の記載方法，記載科目，様式，附属明細書の記載方

21

法，様式について「別表」及び「様式」等によって規定しています。

　また，計算書類に記載する金額は，総額をもって表示することを原則として（「基準」第4条）経営の状況の総体的な規模を明瞭に示すことを求めています。

5　継続性の原則

　会計処理の原則及び手続並びに計算関係書類及び財産目録の表示方法は毎会計年度継続してこれを適用し，みだりにこれを変更することは許されません。ある会計事実について複数の会計処理の方法が認められる場合がありますが，正当な理由なくある方法から他の方法へ変更することは期間比較性を保つことができないため認められていません。重要な会計方針を変更した場合はその旨，その理由及びその変更による増減額を脚注として記載する必要があります（「基準」第40条第2号）。

6　その他

　学校法人の会計を行う上で，全ての会計処理及び表示方法が「基準」に定められているわけではありません。そこで「基準」は第1条第3項において「学校法人は，この省令に定めのない事項については，一般に公正妥当と認められる学校法人会計の慣行に従わなければならない。」としています。実務的には，「財研報告」，文部科学省が発出する「通知」，日本公認会計士協会が公表する「実務指針」，「委員会報告」，「研究報告」，「Q & A」などを参考に，会計処理並びに計算関係書類及び財産目録の作成を行うことになります。

●第1章 学校法人会計のしくみ●

Q1-7
学校法人の財務情報の公開制度とは？

私立学校法で求められる学校法人の財務情報の公開とはどのような制度なのでしょうか。

1 学校法人における財務情報の公開制度

　従来から，国又は都道府県から経常費補助を受けている学校法人は，私立学校振興助成法の規定により所轄庁（文部科学大臣又は都道府県知事）に対し，貸借対照表，収支計算書その他の財務計算に関する書類の作成，届出が義務付けられており，また，これらの書類は，情報公開法又は情報公開条例に基づく開示請求の対象となっていました。

　これに対し，私立学校法では，補助金の有無にかかわらず，全ての学校法人が公共性の高い法人としての説明責任を果たし，関係者の理解と協力を一層得られるようにしていく観点から，財務書類の公開に関する規定が設けられています。

　すなわち，学校法人は，毎会計年度終了後3か月以内に各会計年度に係る計算書類等（貸借対照表，収支計算書，事業報告書，これらの附属明細書）及び財産目録等（財産目録，役員・評議員名簿，役員及び評議員に対する報酬等の支給基準）を作成し（私立学校法第103条第2項，第107条第1項），監事による監査報告書とともに各事務所に備え置き，在学者その他の利害関係人から請求があった場合には，正当な理由がある場合を除き，閲覧に供しなければなりません（私立学校法第106条第1項，第107条第3項）。なお，学校法人が私立学校法第19条に規定する収益事業を行っている場合は，収益事業に係る財務書類

23

についても，閲覧の対象となります。

　なお，大臣所轄学校法人等は計算書類等，監査報告及び会計監査報告，財産目録等についてインターネット等で公表する必要があり，その他の学校法人についても同様に公表するよう努める必要があります（私立学校法第137条，第151条）。

2　公開対象となる財務書類の様式

　閲覧に供することが義務付けられている財務書類のうち，計算関係書類及び財産目録の様式については，「基準」において示されています。資金収支内訳表，人件費支出内訳表，事業活動収支内訳表は，補助金の配分の基礎としての要請から作成されているものであり，開示を前提とした基準にはなじまないため，「基準」の改正に伴って書類からは除き，部門別の情報としてセグメント情報を注記するものとなりました。

　事業報告書については，「私立学校法の一部を改正する法律等の施行に伴う財務情報の公開等について（通知）」（平成16年16文科高第304号）において「記載例」が示されています。ただし，監事の監査報告書については，様式例等は示されていないため，各学校法人の規模や実情等に応じた適切な内容とすることが必要です。

3　閲覧の請求権者

　学校法人では，各会計年度に係る計算書類，附属明細書及び財産目録は備置き及び閲覧の対象とされています。

　さらに，大臣所轄学校法人等に関しては，社会的影響の大きさや高等教育機関であることなどを考慮して何人も閲覧請求が可能とされ，インターネットによる公表を求める特例規定が定められています。

　その他の学校法人等は利害関係人に閲覧請求権があり，公表については努力義務とされています。

　ここで，利害関係人とは，在学者をはじめ，学校法人との間で法律上の権利

●第1章　学校法人会計のしくみ●

義務関係を有するものであり，具体的には以下が該当するものと思われます。

① 　在学する学生生徒やその保護者

② 　当該学校法人と雇用契約にある者

③ 　当該学校法人に対する債権者，抵当権者

したがって，例えば，当該学校法人が設置する私立学校の近隣に住居する者のみでは該当しませんが，入学希望者については，入学の意思が明確に確認できると判断した場合には，該当すると考えられます（改正私立学校法 Q & A 問20）。

また，閲覧を拒む正当な理由については，例えば，以下が考えられます。

① 　就業時間外や休業日等における請求（請求権の濫用）

② 　誹謗中傷目的等明らかに不法・不当な目的であること

③ 　公開すべきではない個人情報が含まれる場合

「正当な理由」の有無については，個別の事例に応じ，各学校法人において適切に判断すべきものですが，積極的な情報公開の観点から慎重に判断すべきものと思われます（改正私立学校法 Q & A 問21）。

(注)「改正私立学校法 Q & A」は，平成16年 9 月から10月にかけて，文部科学大臣所轄学校法人の事務担当者を対象に，全国 6 ブロックで行われた「改正私立学校法説明会」（主催：文部科学省高等教育局私学部）で配付された説明資料に収録されているものです。

Q1-8
学校法人の作成する計算書類は？

学校法人はどのような種類の計算書類（決算書）を作成するのでしょうか。また，それぞれの計算書類の作成目的を教えてください。

   1 作成すべき計算書類

「基準」第16条は次の計算書類を作成しなければならない旨を定めています。
① 貸借対照表（第一号様式）
② 事業活動収支計算書（第二号様式）
③ 資金収支計算書（第三号様式）
④ 活動区分資金収支計算書（第四号様式）

また，計算書類自体ではありませんが，「基準」第41条では計算書類に係る次の附属明細書を作成する旨を定めています。このうち，基本金明細書については，第2号基本金，第3号基本金がある場合に，付表として第2号基本金の組入れに係る計画集計表（様式第一），第3号基本金の組入れに係る計画集計表（様式第二）を作成，添付することが求められます。

① 固定資産明細書（第五号様式）
② 借入金明細書（第六号様式）
③ 基本金明細書（第七号様式）

これらの計算書類と附属明細書を合わせて「計算関係書類」と呼びます。

さらに，基準改正に伴い計算関係書類のほかに「財産目録（第八号様式）」についても「基準」に基づき作成する書類として定められました（「基準」第

●第1章　学校法人会計のしくみ●

43条）。

2　各計算書類の作成目的

(1)　貸借対照表の作成目的

　貸借対照表は，会計年度末現在における全ての資産，負債及び純資産を記載し，財政（財産）の状態を明瞭に表示するために作成されます（「基準」第17条）。また，科目ごとに，当会計年度末の額と前会計年度末の額を対比して記載することで会計年度における増減額を示します。これは期中の各取引を複式簿記の原則に従って記帳することによって導き出されます。「基準」では貸借対照表上の資産は原則として取得価額で評価されるため，各資産の時価評価額までは示されませんが，流動比率，負債比率等を算出することにより財務の健全性の判断資料となります。

　なお，貸借対照表の項目に係る附属明細書として固定資産明細書，借入金明細書，基本金明細書が作成されますが，附属明細書は，会計年度末時における貸借対照表記載額の明細（ストック情報）だけでなく，会計年度期首から期末時までの経過（フロー情報）を明らかにする目的で作成されます。

(2)　事業活動収支計算書の作成目的

　事業活動収支計算書は，次の内容を明瞭に表示するために作成されます（「基準」第23条）。

・毎会計年度における教育活動，教育活動以外の経常的な活動，それ以外の活動に対応する事業活動収入及び事業活動支出

・基本金組入額を控除した当該会計年度の諸活動に対応する全ての事業活動収入及び事業活動支出の均衡の状態

　事業活動収入は，当該会計年度の学校法人の負債とならない収入をもって計算します。また，事業活動支出は，当該会計年度において消費する資産の取得価額及び当該会計年度における用役の対価に基づいて計算します（「基準」第24条）。したがって，事業活動収入は企業会計でいう収益，事業活動支出は企業会計でいう費用と同様の概念と捉えることができます。

27

学校法人の資金の収入及び支出のてん末は資金収支計算書によって明らかにされますが，学校の健全な運営に資するためには資金の状態だけではなく，事業活動収支の状況についても把握する必要があります。したがって，事業活動収支計算は企業会計における「損益計算」に相当するといえます。例えば，ある会計年度において授業料等の事業活動収入の合計が人件費等の事業活動支出の合計に不足している場合，借入金を実行することで資金的な収支を保つことはできますが，この借入金はいずれ返済しなければなりません。借入金の返済ができなければ学校法人を存続させることはできませんが，借入金返済の原資は事業活動収入から事業活動支出を控除した差額しかありません。そのため，各会計年度の事業活動収入と事業活動支出の内容及び基本金組入後の事業活動収支の均衡の状態を明らかにするために事業活動収支計算書が作成されます。また，科目ごとに，当該会計年度の予算の額と決算の額を対比して記載することで決算時に予算の執行状況も明らかにします。

⑶ **資金収支計算書及び活動区分資金収支計算書の作成目的**

資金収支計算書は，当該会計年度の諸活動に対応する全ての収入及び支出の内容並びに当該会計年度における支払資金（現金及びいつでも引き出すことができる預貯金をいう。以下同じ）の収入及び支出のてん末を明瞭に表示するために作成されます（「基準」第32条）。

支払資金とは，学校法人が日常の諸活動を行う上でその増減が発生するもので，具体的には現金，当座預金，普通預金等が該当します。支払資金の増加としては学生・生徒等（保護者）からの授業料等の入金，国や地方公共団体からの補助金の入金，学校関係者等からの寄付金の入金，借入金・学校債の入金等があり，これらは学校法人の資金の源泉となるものです。一方，支払資金の減少としては教員・職員の人件費，教育研究経費・管理経費の支払，固定資産の取得に係る支払，借入金・学校債の返済等があります。これらの会計年度中の資金の増減を，それぞれその内容を適切に示す科目に区分して記載し，これに前年度繰越支払資金と翌年度繰越支払資金を加えて示し

●第1章　学校法人会計のしくみ●

たものが資金収支計算書です。なお，事業活動収支計算書と同様，科目ごとに，当該会計年度の予算の額と決算の額を対比して記載することで決算時に予算の執行状況も明らかにします。

　この資金収支計算書に基づき，活動区分資金収支計算書が作成されます。活動区分資金収支計算書は，資金収支計算書に記載される資金収入及び資金支出の決算の額を，教育活動，施設若しくは設備の取得又は売却その他これらに類する活動（施設整備等活動），資金調達その他教育活動・施設整備等活動以外の活動（その他の活動）ごとに区分して記載し，活動区分別に資金の流れを表示するために作成されます（「基準」第39条）。なお，会計監査人を設置していない知事所轄学校法人は作成しないことができます（「基準」第50条）。

3　表　　示

　計算関係書類及び財産目録はそれぞれ「基準」に様式が定められています（第一号～第八号様式）。そして，貸借対照表，事業活動収支計算書，資金収支計算書の記載科目は「基準」の別表第一～第三に規定されています。

　大科目については別表で指定されていますが，小科目については必要に応じて適当な科目を追加又は細分することができます。また，事業活動収支計算書，資金収支計算書には大科目と小科目の間に適当な中科目を設けることができます。なお，会計監査人を設置しない知事所轄学校法人では，貸借対照表，事業活動収支計算書，資金収支計算書それぞれについて一部科目の集約が認められます。

　事業活動収支計算書，資金収支計算書上の小科目に追加する科目は原則として形態別分類（支出の発生の形態による分類）によらなければなりません。

　なお，科目の設定方法としては形態別分類だけではなく機能（目的）別分類（支出がいかなる機能・目的のために発生したかによる分類）の考え方もあります。例えば，××周年記念事業に関して発生した支出をその形態によらずまとめて「××周年記念事業支出」とすれば機能別分類となります。

29

4 私立学校振興助成法において作成が求められる計算書類

　これまで述べてきた計算書類や附属明細書，財産目録は，私立学校法に基づき「基準」で作成することを定めている書類ですが，基準改正に伴い，改正前には計算書類であった次の書類が「基準」から除かれ，新たに私立学校振興助成法に基づく作成書類として整理されました（私立学校振興助成法施行規則第2条）。

① 事業活動収支内訳表（第一号様式）
② 資金収支内訳表（第二号様式）
③ 人件費支出内訳表（第三号様式）

　これらの内訳表は，経常費補助金の算定のための基礎という性質が強く，私立学校振興助成法により経常費補助金の交付を受ける学校法人では作成が求められることになります。

　記載方法は，事業活動収支内訳表については，事業活動収支計算書に記載される事業活動収入及び事業活動支出並びに基本金組入額の決算の額を，資金収支内訳表については，資金収支計算書に記載される収入及び支出で当該会計年度の諸活動に対応するものの決算の額を，人件費支出内訳表については，資金収支計算書に記載される人件費支出の決算の額を，それぞれ次の部門ごとに区分して記載することが定められています（私立学校振興助成法施行規則第3〜5条）。

・学校法人
・各学校（専修学校及び各種学校を含む）
・研究所
・各病院
・農場，演習林，その他研究所や病院の規模に相当する規模を有する各施設
　なお，各学校（専修学校及び各種学校を含む）の区分については，2つ以上の学部を置く大学では学部ごとに，2つ以上の学科を置く短期大学では学科ごとに，2つ以上の課程を置く高等学校では課程ごとに，それぞれ細分して記載

●第1章　学校法人会計のしくみ●

することが求められます。

Q1-9 学校法人の計算書類作成のプロセスは？

学校法人の作成する計算書類は，企業の作成する計算書類とは作成のプロセスにおいてかなりの違いがあると聞きますが，簡単な設例で計算書類作成の過程を説明してください。

 1 設 例

(1) 期首貸借対照表

35ページの「総勘定元帳の記帳」に記載のとおりです。

(2) 期中資金取引及び資金修正取引（年間取引額の集計額）

① 授業料収入　　　3,200

② 一般寄付金収入　　200

③ 国庫補助金収入　　600

④ 教員人件費支出　1,880　職員人件費支出　1,220　退職金支出　50
　　人件費支出計　　3,150

⑤ 経費支出

	消耗品費	光熱水費	旅費交通費
教育研究経費支出	30	20	20
管 理 経 費 支 出	5	3	2

⑥ 借入金の増減

	借　入	返　済
長 期 借 入 金	500	100
短 期 借 入 金	0	150

●第1章　学校法人会計のしくみ●

⑦　借入金利息支出　　　　　　　　80

⑧　長期貸付金　　　　　　　貸付　30　　　回収　50

⑨　建物支出　　　　　　　　　700

⑩　教育研究用機器備品支出　　　200

⑪　未収入金（授業料），前受金（授業料），未払金（経費），仮払金及び
　　預り金の増減

	期首残	当期増	当期減	期末残
未収入金	50	45	50	45
前 受 金	30	70	30	70
未 払 金	20	30	20	30
仮 払 金	20	35	10	45
預 り 金	40	100	25	115

⑫　退職給与引当特定資産繰入れ　　30

⑬　教育研究用機器備品（取得原価　45，簿価　35）売却収入　20

　　この取引は(3)の事業活動収支確定取引で整理される。

(3)　事業活動収支確定取引

⑭　退職給与引当金取崩し　40

⑮　退職給与引当金繰入額　30

⑯　減価償却額

	教育研究経費	管理経費
建 物 減 価 償 却 額	7	3
教育研究用機器備品償却額	5	—

⑰　基本金組入額

建　　物　　増　　加	700
教育研究用機器備品増加	200
教育研究用機器備品減少	△　45
長 期 借 入 金 増 加	△　500
長 期 借 入 金 減 少	100
合　　　　計	455

資金収支元帳の記帳

勘定科目	資金取引 支出	資金取引 収入	資金修正取引 支出修正	資金修正取引 収入修正	修正後資金取引 支出	修正後資金取引 収入
学生生徒等納付金収入						
授 業 料 収 入		① 3,200		⑪　　45		3,275
				⑪　　30		
寄 付 金 収 入						
一 般 寄 付 金 収 入		② 200				200
補 助 金 収 入						
国 庫 補 助 金 収 入		③ 600				600
資 産 売 却 収 入						
その他の固定資産売却収入		⑬ 20				20
人 件 費 支 出						
教 員 人 件 費 支 出	④ 1,880				1,880	
職 員 人 件 費 支 出	④ 1,220				1,220	
退 職 金 支 出	④ 50				50	
教 育 研 究 経 費 支 出						
消 耗 品 費 支 出	⑤ 30		⑪ 15		45	
光 熱 水 費 支 出	⑤ 20				20	
旅 費 交 通 費 支 出	⑤ 20		⑪ 5		25	
管 理 経 費 支 出						
消 耗 品 費 支 出	⑤ 5		⑪ 10		15	
光 熱 水 費 支 出	⑤ 3				3	
旅 費 交 通 費 支 出	⑤ 2				2	
借 入 金 等 利 息 支 出						
借 入 金 利 息 支 出	⑦ 80				80	
長 期 借 入 金 収 入		⑥ 500				500
前 受 金 収 入						
授 業 料 前 受 金 収 入		⑪ 70				70
長 期 貸 付 金 回 収 収 入		⑧ 50				50
預 り 金 受 入 収 入		⑪ 100				100
仮 払 金 回 収 収 入		⑪ 10				10
長 期 借 入 金 返 済 支 出	⑥ 100				100	
短 期 借 入 金 返 済 支 出	⑥ 150				150	
土 地 支 出						
建 物 支 出	⑨ 700				700	
教 育 研 究 用 機 器 備 品 支 出	⑩ 200				200	
退職給与引当特定資産への繰入支出	⑫ 30				30	
長 期 貸 付 金 支 払 支 出	⑧ 30				30	
前 期 末 未 払 金 支 払 支 出	⑪ 20				20	
預 り 金 支 払 支 出	⑪ 25				25	
仮 払 金 支 払 支 出	⑪ 35				35	
前 期 末 未 収 入 金 収 入		⑪ 50				50
期 末 未 収 入 金				⑪△ 45		△ 45
前 期 末 前 受 金				⑪△ 30		△ 30
期 末 未 払 金			⑪△ 30		△ 30	
前 年 度 繰 越 支 払 資 金		700				700
次 年 度 繰 越 支 払 資 金	900				900	
合 計	5,500	5,500	0	0	5,500	5,500

●第1章　学校法人会計のしくみ●

総勘定元帳の記帳

勘定科目	期首貸借対照表		修正後資金取引		事業活動収支確定取引		残高試算表	
	借方	貸方	借方	貸方	借方	貸方	借方	貸方
土　　　　　地	1,000						1,000	
建　　　　　物	800		700				1,500	
教育研究用機器備品	300		200			⑬ 45	455	
有　価　証　券	100						100	
長　期　貸　付　金	300		30	50			280	
退職給与引当特定資産	30		30				60	
現　　預　　金	700		4,800	4,600			900	
未　収　入　金	50		45	50			45	
仮　払　　金	20		35	10			45	
基　　本　　金		2,000				⑰455		2,455
長　期　借　入　金		400	100	500				800
退　職　給　与　引　当　金		250			⑭ 40	⑮ 30		240
短　期　借　入　金		200	150					50
未　払　　金		20	20	30				30
前　受　　金		30	30	70				70
預　り　　金		40	25	100				115
減価償却累計額		150			⑬ 10	⑯ 15		155
人　件　　費			3,150				3,150	
教　育　研　究　経　費			90		⑯ 12		102	
管　理　経　費			20		⑯ 3		23	
借　入　金　等　利　息			80				80	
退職給与引当金繰入額					⑮ 30		30	
固定資産売却差額					⑬ 35	⑬ 20	15	
固　定　資　産　除　却　損								
学　生　生　徒　等　納　付　金				3,275				3,275
手　数　　料								
寄　付　　金				200				200
補　助　　金				600				600
資　産　売　却　収　入				20	⑬ 20			
退職給与引当金取崩額						⑭ 40		40
基　本　金　組　入　額					⑰455		455	
事業活動収入超過額		210						210
計	3,300	3,300	9,505	9,505	605	605	8,240	8,240

2 設例の説明

　学校法人会計は，支払資金の収入及び支出のてん末を明らかにするために行われる資金収支計算と基本金組入後の事業活動収入及び事業活動支出の均衡の状態を明らかにするために行われる事業活動収支計算があります。各取引は資金収支計算，事業活動収支計算いずれにもかかわるものが多く，したがって，実務的には期中には資金収支取引のみを記帳する場合があります。そして，この結果を総勘定元帳に転記し，これに事業活動収支計算固有の取引をプラスして総合的な総勘定元帳を完成させ，これに基づいて資金収支計算書，事業活動収支計算書，貸借対照表を導き出す方法がとられます。

　設例①〜⑫の取引は資金収支元帳にのみ記帳されています。ただし，当期の事業活動収入となる授業料収入で当期末未収入金分45は資金収支計算上，あたかも入金があったように授業料収入に計上され，資金修正取引で期末未収入金として入金をマイナスする処理が行われます。前受金，前払金，未払金についても実際の入出金はありませんが資金収支計算上，入出金があったように各収入，支出に計上し，各調整項目でマイナスする処理を行います。

　⑫の特定資産の繰入れは現・預金の間の移動ですが，流動資産たる現金預金（支払資金）から固定資産たる預金（特定資産）への払出しであるため資金収支計算に反映されます。

　(3)の事業活動収支確定取引は，資金の増減は伴いませんが，事業活動収入と事業活動支出のバランスを把握するための会計処理です。

3 計算書類の作成

　34ページの「資金収支元帳の記帳」によって資金修正取引を含んだ修正後資金取引が集計されます。また，35ページの「総勘定元帳の記帳」上で期首貸借対照表に修正後資金取引及び事業活動収支確定取引を加え，残高試算表が作成されます。

　そして，修正後資金取引に基づき資金収支計算書が作成され，残高試算表に基づき事業活動収支計算書及び貸借対照表が作成されます。

●第1章 学校法人会計のしくみ●

Q1-10
事業報告書の記載内容は？

私立学校法で義務付けられている事業報告書は，どのように作成すればよろしいでしょうか。

 1 事業報告書とは

学校法人が公共性を有する法人として説明責任を果たすためには，財務内容の公開は不可欠です。私立学校法では財産目録，貸借対照表，収支計算書等の財務に関する書類の公開が求められていますが，それだけでは一般の利害関係者が学校法人の事業方針等を理解することは困難です。なぜなら，財務数値だけでなく，その背景となる財務以外の情報を参照することによってはじめて，学校法人の業務や財産の状況や，質の高い教育研究活動等が行われたかといった成果情報（非財務情報といいます）を正しく理解することが可能となるからです。そのため，私立学校法においては上記財務に関する書類に加えて，事業報告書を作成し開示することを求めています（私立学校法第103条第2項，第106条）。

なお，今般の私立学校法改正で大臣所轄学校法人等は，計算書類等（貸借対照表，収支計算書，事業報告書，これらの附属明細書）につき誰でも閲覧が可能となり，その他の学校法人は評議員，債権者，在学生その他利害関係人のみ閲覧可能となります（私立学校法第106条第3項・第4項，第149条第1項）。

また，インターネットなどで計算書類等を公表することにつき，大臣所轄学校法人等は必須となり，その他の学校法人は努力義務が課せられます（私立学校法第137条第1項第2号，第151条第1項第2号）。

	閲覧できる者	インターネット等開示
大臣所轄学校法人等	誰でも（149①）	義務（151①二）
上記以外の法人	評議員，債権者，在学生その他利害関係人（106③・④）	努力義務（137①二）

※表中の数字は私立学校法の条文番号を示しております。

【記載例】

事業報告書

1　法人の概要

　（例示）

　・設置する学校・学部・学科等

　・当該学校・学部・学科等の入学定員，学生数の状況

　・役員・教職員の概要　等

2　事業の概要

　（例示）

　・当該年度の事業の概要

　・当該年度の主な事業の目的・計画

　・当該計画の進捗状況　等

3　財務の概要

　（例示）

　・経年比較　等

2　学校法人委員会研究報告第12号における記載例

　日本公認会計士協会は，事業報告書の記載項目や記載内容について実務の参考に供するものとして，学校法人委員会研究報告第12号「学校法人における事

●第1章　学校法人会計のしくみ●

業報告書の記載例について」を平成21年2月17日付け（最終改正平成28年1月13日）で公表しています。

　当該研究報告においては，財務書類の背景となる学校法人の事業方針やその内容をわかりやすく説明するため事業報告書を「法人の概要」，「事業の概要」，「財務の概要」に区分して記載するのが適当としています。これを参考に事業報告書の標準的な記載事項を示すと次のとおりです。

1　法人の概要

　⑴　建学の精神

　⑵　学校法人の沿革

　　①　法人設立年月

　　②　学校設置年月　等

　⑶　設置する学校・学部・学科　等

　⑷　学校・学部・学科等の学生数の状況

　　①　入学定員，収容定員，現員数　等

　⑸　役員の概要

　　①　定員数，現員数，氏名　等

　⑹　評議員の概要

　　①　定員数，現員数，氏名　等

　⑺　教職員の概要

　　①　学校別，本務兼務別員数　等

　⑻　その他

　　①　系列校の状況　等

2　事業の概要

　⑴　事業の概要

　⑵　主な事業の目的・計画及びその進捗状況

　⑶　施設等の状況

　　①　現有施設設備の所在地等の説明

39

② 主な施設設備の取得又は処分計画及びその進捗状況

(4) その他

① 当該年度の重要な契約

② 係争事件の有無とその経過

③ 決算日後に生じた学校法人の状況に関する重要な事実

④ 対処すべき課題　等

3　財務の概要

(1) 決算の概要

① 貸借対照表の状況

② 収支計算書の状況

(2) 経年比較

① 貸借対照表

② 収支計算書

ア　資金収支計算書

イ　活動区分資金収支計算書（都道府県知事を所轄庁とする学校法人で活動区分資金収支計算書を作成していない場合を除く）

ウ　事業活動収支計算書

(3) 主な財務比率比較

(4) その他

① 有価証券，借入金，学校債，その他重要な資産・負債，収入・支出の状況

② 収益事業の状況

③ 関連当事者等との取引等の状況　等

※1　令和5年の私立学校法改正により「学校法人の状況に関する重要な事項（計算書類及びその附属明細書の内容を除く）」を記載する旨，要請されていますが，事業報告書の記載内容自体に変更はないものと考えられます。

　　　なお，新たに記載が考えられる項目として以下が挙げられます。

●第 1 章　学校法人会計のしくみ●

　　　・内部統制システムの決議があるときは，その決議の内容の概要及び
　　　　当該体制の運用状況の概要
　　　・セグメント情報に関する学校法人の経営方針に関わる内容
※ 2　セグメント情報注記（令和 6 年 9 月現在において内容未決）につ
　　　き，以下の例のように仮に一部のセグメントが短期的に収支均衡を欠
　　　いていた場合，学校法人の経営方針に関わる内容であるため，事業報
　　　告書に記載する等，学校法人の判断で効果的な対応を選択することが
　　　望ましいとされています（学校法人会計基準の在り方に関する検討会
　　　報告書（文部科学省　令和 6 年 1 月31日））。
　　　例）
　　　　A 大学：教育活動収支差額　＋100百万円
　　　　B 高等専門学校：教育活動収支差額　△50百万円

Q1-11

計算書類の注記事項とは？

計算書類の注記事項とはどのようなものでしょうか。

A 注記事項とは，計算書類記載事項の全体若しくは部分的項目について補足的説明を行うための記載をいいます。「基準」では第40条の各項及び各計算書類の様式の中で注記事項が以下のように定められています。

(1) 「基準」第40条

・引当金の計上基準その他の計算書類の作成に関する重要な会計方針

・重要な会計方針を変更したときは，その旨，その理由及びその変更による増減額

・減価償却額の累計額の合計額

・徴収不能引当金の合計額

・担保に供されている資産の種類及び額

・翌年度以後の会計年度において基本金への組入れを行うこととなる金額

・当該会計年度末において第4号基本金の金額に相当する資金を有していない場合には，その旨及び当該資金を確保するための対策

・その他財政及び経営の状況を正確に判断するために必要な事項

・セグメント情報

・重要な偶発債務

・子法人に関する事項

・学校法人の出資による会社に係る事項

・関連当事者との取引の内容に関する事項

・学校法人間の財務取引

●第1章　学校法人会計のしくみ●

・重要な後発事象

(2)　**事業活動収支計算書（第二号様式），資金収支計算書（第三号様式）**

・予備費を使用した場合の，振替科目及びその金額

(3)　**活動区分資金収支計算書（第四号様式）**

・活動区分ごとの調整勘定等の加減の計算過程

(4)　**固定資産明細書（第五号様式）**

　贈与，災害による廃棄その他特殊な事由による増加，減少があった場合又は同一科目について資産総額の100分の1に相当する金額を超える額の増加，減少があった場合はそれぞれの事由を摘要欄に記載します。

(5)　**借入金明細書（第六号様式）**

　借入金の使途及び担保物件の種類を摘要欄に記載します。

なお，詳しい解説は本書第7章を参照してください。

Q1-12

財産目録とは？

学校法人は財産目録も作成する必要があるようですが，どのようなものでしょうか。

A 私立学校法第107条第1項は，「学校法人は，毎会計年度終了後3月以内に，文部科学省令で定めるところにより，次に掲げる書類を作成しなければならない。」と規定しており，その第1号に「財産目録」が記載されています。また第5項では，在学する者その他の利害関係人から請求があった場合には，正当な理由がある場合を除いて，これを閲覧に供しなければならない，とされています。さらに，私立学校法第86条では，「会計監査人は，第5節（会計並びに計算書類等及び財産目録等）の定めるところにより，第103条第2項に規定する計算書類及びその附属明細書並びに財産目録その他の文部科学省令で定めるものを監査する」と規定しており，会計監査人監査の対象となることが明記されるようになりました。

財産目録は，学校法人全体の財産の状況を示す書類であり，私立学校法第17条において学校法人が有しなければならないとされている以下の財産の状況を示すことが求められます。

(1) その設置する私立学校に必要な施設及び設備又はこれらに要する資金（私立学校法第17条第1項）

(2) その設置する私立学校の経営に必要な財産（私立学校法第17条第1項）

(3) 収益を目的とする事業に必要な財産

財産目録の記載内容は貸借対照表記載金額と整合し，貸借対照表の明細としての意味合いも持つ書類として，学校法人会計基準において新たに作成基準が

●第1章　学校法人会計のしくみ●

定められることになりました。

　なお，財産目録は，学校法人を設立するため寄附行為の認可申請をする場合や寄附行為変更の認可申請を行う場合等には所轄庁に提出されますが，この場合の様式は，「学校法人の寄附行為等の認可申請に係る書類の様式等」（平成6年7月20日文部科学省告示第117号　最終改正令和6年8月6日文部科学省告示第102号）で定められています。

Q1-13

学校法人会計における予算の役割は？

　学校法人の予算制度は単なる内部管理的なものではなく，法令によって予算書の作成と提出が義務付けられていると聞きますが，予算制度の目的あるいは役割は何ですか。

A　私立学校法第99条は「学校法人は，毎会計年度，予算及び事業計画を作成しなければならない。」とし，私立学校法第36条において，予算の作成は理事会で決定すること，その決定においてはあらかじめ，評議員会の意見を聴かなければならない，とされています。また，昭和45年5月2日付けの「財研報告」の「学校法人の財務基準の調査研究について」は「学校法人は，その諸活動の計画について予算を編成し，予算にもとづいて運営される。」としています。

1　予算制度の意義

　学校法人の予算については，学校法人財務基準調査研究会から「学校法人の予算制度に関する報告について」として第1号から第4号（以下「財研報告第1号」「財研報告第2号」「財研報告第3号」「財研報告第4号」という）が発表され，これによると学校法人の予算とは学校の諸活動の具体的計画を科目と金額により表示し，総合編成したものであり，学校法人の運営に役立てられるべきもので，予算の編成と実行のための組織及び手続が予算制度であるとされています。

●第1章　学校法人会計のしくみ●

2　学校法人財政の特性と予算制度

「財研報告第1号」によれば，学校法人に予算制度が必要な理由としては「そもそも学校は公の性質を有するものであり，私立学校を設置する学校法人は，その公共性と自主性を確保するために，財政的にも健全な維持と発展とを期するものでなければならない。学校法人の健全な維持と発展は長期的な観点にもとづく財政計画ないしは予算の整備を欠いては合理的な実現が困難である。」ことが挙げられています。

そして学校法人の運営にとって特に予算制度が重視されなければならないのは，

① 学校法人の資金の源泉は学生生徒等納付金，国，地方公共団体等からの補助金，第三者による善意の寄付金等，貴重な財源がかなりの部分を占め，その使用は適正に行われなければならない。

② 学校法人においては，その主要な財源である学生生徒等納付金収入は各人の授業料×学生生徒数で算出され，固定的であるのに対し，必要支出は無限的であるので「収入・支出の成り行き管理」は許されない。

③ 学校法人の資産運用について理事長は学校法人より委託を受けるが，その実際の運用に先立って収支の権限の範囲を予算によって明確に定めておく必要がある。

という学校法人財政の特性があるからとされています。

3　予算作成に関する留意点

「財研報告第2号」から「財研報告第4号」で挙げられている予算作成に関する重要な留意点は以下のとおりです。

(1)　予算の体系化

各部門予算と総合予算は調和的関係を保持して編成され，また財政面の裏付けを伴った長期計画に基づいた各年度計画が予算におりこまれなければなりません。

47

(2)　**予算管理組織の制度化**

　予算の編成・実行のための管理組織を確定し，予算管理上の責任と権限を明確にしておかなければなりません。

(3)　**会計組織の整備**

　実算が予算編成のための資料を提供し得るとともに，予算と実算との対比が常時行えるようにし，予実の差異分析により，適時，適切に必要な措置をとることが可能な体制にしておく必要があります。

(4)　**予算編成方針の明示**

　理事長はあらかじめ重点，目標，重要な制約条件を予算編成と実行の関係者に明示する必要があります。

(5)　**予算の修正**

　年度の途中で事情が変化した場合は，すみやかに事業計画又は予算の修正の手続をとらなければなりません。

(6)　**予算の弾力的運用**

　予備費の使用及び予算の流用は所定の手続を経て行われなければなりません。

(7)　**予算実行の結果報告**

　理事長は年度終了後すみやかに予算の実行結果を明らかにし，所定の承認を得るとともに，予実に著しい差があるときは，その事由を明らかにしなければなりません。

●第1章　学校法人会計のしくみ●

Q1-14

知事所轄学校法人に会計処理上の特例はあるか？

　文部科学大臣が所轄する学校法人と，都道府県知事が所轄する学校法人とでは会計処理方法等に違いがあるのでしょうか。

A　大学等を設置する学校法人は文部科学省の所轄となっており，高校以下の私立学校を設置する学校法人及び私立専修学校又は各種学校を設置する準学校法人は都道府県知事の所轄となっています（私立学校法第4条）。「基準」は大学等を設置する大規模な学校法人（文部科学省が所轄する学校人）のみでなく，高校，中学校，小学校，幼稚園等のみを設置する小規模な学校法人と準学校法人（知事所轄学校法人）にも適用されます。しかしながら，知事所轄学校法人には中規模あるいは小規模な法人が多く，経理スタッフや会計用のコンピュータの施設等の面から「基準」の全面適用には困難を伴うこともあります。そこで「基準」及び「文部科学省管理局長通知」等により知事所轄学校法人について，会計処理及び計算書類の記載方法等の簡略的な方法が認められています。

1　「基準」における特例

　「基準」は第五章において知事所轄法人に関する特例を次のとおり定めています。ただし，文部科学大臣所轄学校法人等に区分される知事所轄学校法人や会計監査人を任意設置する知事所轄学校法人，すなわち会計監査人を設置する知事所轄学校法人は，特例の適用対象外となります。また，準学校法人は知事所轄学校法人として，特例の適用対象となります。

　①　都道府県知事を所轄庁とする学校法人（会計監査人を設置する法人を除

49

く。以下「会計監査人非設置知事所轄学校法人」という）（高等学校を設置する法人を除く）は，徴収不能の見込額を徴収不能引当金に繰り入れないことができます（「基準」第48条）。

② 会計監査人非設置知事所轄学校法人（高等学校を設置する法人を除く）は「恒常的に保持すべき資金」として基本金に組み入れるべき金額の全部又は一部を組み入れないことができます（「基準」第49条）。

③ 会計監査人非設置知事所轄学校法人（高等学校を設置する法人を除く）は，活動区分資金収支計算書又は基本金明細書を作成しないことができます（ただし高等学校を設置する法人においては，活動区分資金収支計算書に限る）（「基準」第50条）。

④ 「基準」別表第一及び第二では，会計監査人非設置知事所轄学校法人について資金収支計算書及び事業活動収支計算書において教育研究経費（支出）の科目及び管理経費（支出）の科目に代えて経費（支出）の科目を設けることを認めています。

⑤ 「基準」別表第一及び第三では，会計監査人非設置知事所轄学校法人について資金収支計算書及び貸借対照表において教育研究用機器備品（支出）及び管理用機器備品（支出）の科目に代えて機器備品（支出）の科目を設けることができることとしています。

2 都道府県知事が所轄する学校法人

計算書類の記載方法を簡略的に行うこととして文部省管理局長通知「都道府県知事を所轄庁とする学校法人における学校法人会計基準の運用について（通知）」（昭和48年 文管振第53号）が発出されています。それによれば，都道府県知事を所轄庁とする学校法人（準学校法人を含む）で単数の学校（各種学校を含み，2以上の課程を置く高等学校を除く）のみを設置する場合は，資金収支内訳表，人件費支出内訳表及び消費収支内訳表（基準改正後は事業活動収支内訳表）の部門ごとの区分記載を省略することができることとされています。

●第1章　学校法人会計のしくみ●

3　東京都が所轄する学校法人

　知事所轄学校法人のうち東京都知事が所轄する学校法人（幼稚園のみを設置する法人を除く）の処理基準については東京都総務局学事部長通知「学校法人会計基準の処理標準（記載科目）の改正等について」（昭和56年　56総学二第284号／最終改正：平成27年　26生私行第3111号）があり，次の留意事項が示されています。

(1)　記載科目について

　① 　大科目は，学校法人において任意に設定することが認められないものであるため，必ず処理標準に示す科目を使用すること。

　② 　小科目については，原則として処理標準に示す科目を使用するものとするが，必要に応じて適切な科目を設定し，処理してよいこと。

(2)　計算書類について

　計算書類は，改正後の基準に定める様式により，各様式に示された注記に従って作成する必要があるが，活動区分資金収支計算書（第四号様式）については作成を要しない。

　また，高等学校を設置しない法人は，基本金明細表（第10号様式）（令和7年4月1日以後は「基本金明細書（第七号様式)」となる）の作成を要しない。

(3)　資金収支計算書，事業活動収支計算書及び貸借対照表の各記載科目

　「基準」別表第一，別表第二，別表第三に示された記載科目より詳細な小科目が設定されており，これに従って計算書類を作成することが求められています。また上記(1)の②に記載のとおり適当な小科目を設定することが認められています。

　なお，小規模法人（知事所轄学校法人）の会計処理の簡略化及び個人立幼稚園の会計処理については〔Q1－15〕を参照してください。

51

Q1-15
小規模法人における会計処理の簡略化とは？

当校は園児数100名の幼稚園を設置しています。当校のような小規模な学校法人においては簡略化した会計処理が認められると聞きましたが，その内容について教えてください。

1 「小規模法人」とは

小規模法人の会計処理の簡略化については昭和49年3月29日付けで各都道府県知事宛に文部省管理局長通知，文管振第87号「「小規模法人における会計処理等の簡略化について（報告）」について（通知）」が公表されています。この中で「小規模法人とは当面，都道府県知事所轄の学校法人がこれに該当する。」とされています。

2 「小規模法人における会計処理等の簡略化について（報告）」の内容

同報告では「基準」の要請する基本的事項を逸脱しない範囲内で，以下の簡便な会計処理方法を認めています。

これは小規模法人に対する経理面での過大な負担の軽減，費用と効果の対応等を考慮したものであり，主な内容は以下のとおりです。

(1) 事業活動収支計算の期末一括処理

期中は現金・預金の入出金を伴う取引のみを記帳し，非資金取引（未収入金，未払金の発生，現物寄付，減価償却額，退職給与引当金の計上など）は会計年度末に一括して処理することができます。

●第1章　学校法人会計のしくみ●

⑵　**発生主義の不適用**

　一定の契約に基づいて継続的に受ける用役に対する支出（光熱水費，電話料金等）及び一定の規約に基づいて継続的に受ける収入（受取利息等）については現金主義（出金時，入金時に事業活動収支計算に含める）で処理することができます。

⑶　**貯蔵品の購入時における事業活動支出の処理**

　販売用の文房具及び制服等の購入支出については，購入年度の事業活動支出とすることができます。しかし，これらが会計年度末に多額に残っている場合は流動資産として貸借対照表に計上する必要があります。

⑷　**形態分類によらない小科目の設定**

　幼稚園のみを設置する学校法人では，日常の教育活動の一環としての諸行事（運動会，学芸会等）に係る経費，教職員の資質向上のための研修会，講習会等への参加に係る経費については形態別分類によらず機能別分類により小科目を設定することができます。

3　個人立幼稚園の会計処理

　私立学校振興助成法の規定により助成を受ける個人立幼稚園の設置者は，幼稚園会計を他の会計から区分し，「基準」に準拠して会計処理を行い，かつ，計算書類を作成しなければなりません（私立学校振興助成法附則第2条）。しかし，個人立の幼稚園は一般的に園児数も少数で，小規模なものが多く，学校法人を対象として制定された「基準」に準拠するには疑問が呈せられたため，日本公認会計士協会から「個人立幼稚園の会計処理に関する実務問答集（中間報告）」（昭和57年）が出ています。この報告の主な内容は次のとおりです。

①　青色申告用の簡易帳簿のみでなく，複式簿記の原則により記帳された帳簿を作成すること。

②　基本金は「基準」及び「研究報告第15号」等に基づいて処理すること。

③　機器備品，図書については税法基準ではなく「基準」に従って資産計上すること。

④　事業主からの借入金は返済予定の有無により事業主借入金又は雑収入とし，また事業主への貸付金は私立学校振興助成法による助成を受けている場合は許されておらず，すみやかに補填すること。

⑤　銀行預金利息，固定資産売却損益，国庫補助金等は正しく学校会計に反映させなければならないこと。

●第1章 学校法人会計のしくみ●

Q1-16

国立大学法人会計基準と学校法人会計基準との相違は？

国立大学法人に適用される会計基準は，「基準」とどのような関係にあるのでしょうか。

1 国立大学法人に適用される会計基準とは？

　国立大学法人は，中央省庁の行政改革の一環として生まれた独立行政法人の制度を用いて，①個性豊かな大学づくりと国際競争力のある教育研究の展開，②国民や社会への説明責任の重視と競争原理の導入，③経営責任の明確化による機動的・戦略的な大学運営の実現，を目的として，平成16年4月に発足しました。

　独立行政法人全般に適用する会計基準については，すでに「独立行政法人会計基準」が策定されていましたが，国立大学法人に適用する会計基準についても，これを参考にしつつ，大学の特性を踏まえた検討が行われ，平成15年3月に「国立大学法人会計基準」が公表されました。

　独立行政法人会計基準は，企業会計原則を原則としながらも，公共的な性格を有し利益を目的とせず独立採算を前提としない等の独立行政法人の特殊性を考慮して，必要な修正が加えられています。独立行政法人は，運営の主たる事業費を国からの財源措置に依存していることから，「運営費交付金」等の勘定科目を使用するとともに当該交付金を受領した場合には負債として処理し，これを期間又は成果等の一定の基準によって収益計上する方法が採用されています。国立大学法人会計基準も，独立行政法人会計基準を基礎に，主たる業務内

容である教育・研究の実施に合わせた基準の文言の修正や勘定科目の追加が行われていますが，基本的には同じ枠組みが使用されています。

また，制度としては地方独立行政法人の一類型に該当する公立大学法人においても，国立大学法人と同様の枠組みとなっています。

2 「基準」との関係

私立大学等の学校法人の会計処理の拠り所となる「基準」と国立大学法人会計基準との関係ですが，ほとんど関連性はありません。これは，制定時期（「基準」：昭和46年4月，国立大学法人会計基準：平成15年3月）や設立主体（「基準」：文部科学省，国立大学法人会計基準：国立大学法人会計基準等検討会議）の違いもさることながら，運営のための財源の性格が両者で全く異なることに起因しています。すなわち，国立大学法人等が受け取る国費は運営費交付金であり，運営に当たっての基幹的費用の交付であるのに対して，私立大学等ではあくまで補助金と位置付けられるためです。しかし，教育・研究の実施には施設が不可欠であるほか，図書を多額に有するという共通の性格を有することから固定性配列法，図書の評価を基準に盛り込む等の共通点も見受けられます。

●第1章　学校法人会計のしくみ●

> **Column**
>
> ## 事業報告書の会計監査上の位置付け
>
> 　事業報告書は監事監査の対象（私立学校法第104条第1項）とされていますが，一方で会計監査人監査においてどのように位置付けられるのかを本コラムで詳しく解説します。
>
> **(1)　私立学校振興助成法監査における整理（令和5年私立学校法改正前）**
>
> 　日本公認会計士協会（学校法人委員会）から令和4年3月30日付けで「私立学校振興助成法監査及び財産目録監査における『その他の記載内容』の範囲に関する留意事項」が発出されており，監査報告書に記載される「その他の記載内容」に事業報告書は該当しないものとされています。
>
> 　これは，私立学校振興助成法第14条に基づき所轄庁に提出される計算書類として一式で編綴された書類が「年次報告書」に該当するとされている（「実務指針第36号」第26項）ところ，事業報告書は年次報告書の範囲外となるためです。以下の図は，文部科学大臣所轄学校法人におけるその他の記載内容を示しています。
>
> **＜私立学校振興助成法監査における監査報告書の対象書類＞**
>
>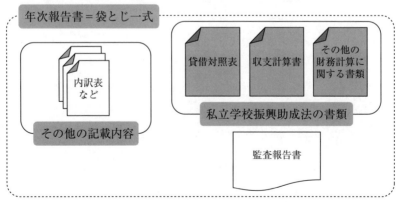

(2) 私立学校法監査における整理（令和5年私立学校法改正後）

　私立学校法施行規則第34条には，以下の内容が規定されています（学校法人会計基準の一部を改正する省令附則第3条）。

第34条第1項第4号　監査意見があるときは，事業報告書及びその附属明細書並びに財産目録のうち会計監査人の監査対象となっていない部分の内容と，私立学校法施行規則第34条第1項第2号の規定により監査意見の対象となる計算関係書類の内容又は会計監査人が監査の過程で得た知識との間の重要な相違等について，報告すべき事項の有無及び報告すべき事項があるときはその内容

　これは，民間の会社における監査報告の「その他の記載内容」（監査基準委員会報告書720）を踏襲した内容となっており，事業報告書（及び附属明細書）についても，その他の記載内容として会計監査人が通読（一通り確認することをいいます）をする対象となり，監査報告書において言及されることとなります。これは，会計監査人の通読による内容確認と指摘による事業報告書の修正につき，時間を要することを意味します。そのため，事業報告書につき，会計監査人の監査報告書提出前からある程度余裕を持ったスケジュールで作成される必要があり，法人によっては事務負担が従来に比べ大きくなる制度改正となっています。

●第1章　学校法人会計のしくみ●

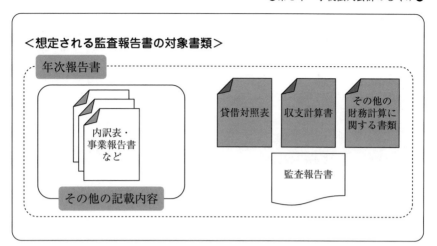

第 2 章

資金収支関連項目

Q2-1 資金収支計算の目的は？

学校法人会計において，資金収支計算書を作成し，資金収支計算を行う目的は何ですか。また，ここでいう支払資金とは具体的に何を指すのでしょうか。

 1　資金収支計算の目的

「基準」第32条によると，資金収支計算の内容は以下の2つとされています。
① 毎会計年度，当該会計年度の諸活動に対応する全ての収入及び支出の内容を明瞭に表示する。
② 当該会計年度における支払資金の収入及び支出のてん末を明瞭に表示する。

学校法人が教育研究活動を行うに当たっては，授業料や借入金等の収入及び人件費や経費，設備機器代金等の支出が伴います。このような教育研究活動に対応する収入支出の内容を明らかにすることが第一の目的となります。さらに，これらの収支について予算と比較することにより，教育研究活動が計画どおり円滑に遂行されたかどうかを財務的観点から示すことができます。

また，「基準」第32条では支払資金を「現金及びいつでも引き出すことができる預貯金」と記載しています。このような支払資金について前年度繰越残高から年度末残高に至る経緯を示すことが第二の目的となります。

ところで，第一の目的である諸活動に対応する全ての収支とは，その年度の教育研究活動の実態を適切に示す収支状況を指すものであり，同じ期間の支払資金の収入支出の実際額とは必ずしも一致しません。

●第2章 資金収支関連項目●

　例えば，新入生の授業料は，通常入学の前年度末までに支払資金が収受され
ますが，新入生に対する教育活動は入学した年度から行われるため，諸活動に
対応する収入として示すのは入学年度が妥当です。

　「基準」は，資金収支計算を行うに当たり諸活動に対応する収支の内容を明
らかにすることを優先させ，支払資金の収支との差異は，資金収入調整勘定又
は資金支出調整勘定として計上するという計算構造を定めています。したがっ
て，上記の例の場合には，授業料収入を入学年度の収入として計上し，支払資
金との差異は，資金収入調整勘定の前期末前受金として計上することにより調
整します。

2　支払資金の内容

　すでに記載したとおり，「基準」では支払資金を現金及びいつでも引き出す
ことができる預貯金と定義しています。会計上，現金には通貨のほかに手許に
ある当座小切手，送金小切手，送金為替手形，郵便為替証書，振替貯金払出証
書等が該当し，預貯金には，貯金，当座預金，普通預金，通知預金，定期預
金，定期積金等が該当します。ただし，退職給与引当特定資産等のように使途
が制限され長期的に保有するような預金については，支払資金（流動資産）に
含めず特定資産（固定資産）として計上されます。また，中期国債ファンド等
も実質的にはいつでも引出し可能であり預貯金とほとんど同じ性格のものです
が，金融商品取引法にいう有価証券に該当するため支払資金に含めることはで
きません。

　なお，借入金の担保として差し入れた預金については，本来的には支払資金
であるものが，借入期間中に限り，引出しが制限されたものであり，あえて支
払資金から外す必要はないと考えられています。

Q2-2 資金収支計算書の内容は？

資金収支計算書の記載方法及びその注意事項について具体例によって説明してください。

 学校法人は，当該会計年度の諸活動に対応する全ての収入及び支出の内容並びに支払資金の収入及び支出のてん末を明らかにするために資金収支計算書を作成します。

資金収支計算書は，収入の部及び支出の部を設け，収入又は支出の科目ごとに当該会計年度の決算の額が予算の額と対比して記載され（「基準」第35条），第三号様式に従い作成されます（「基準」第38条）。また，資金収支計算書に記載する科目については別表第三で定めています（「基準」第36条）。

資金収支計算書の様式を要約して示すと以下のとおりです。

資金収支計算書

年　月　日から
年　月　日まで　　（単位　円）

収入の部			
科　　目	予　算	決　算	差　異
学生生徒等納付金収入 　授業料収入 　入学金収入			

科目欄は，上記のように大科目と小科目に区分して記載され，大科目は学生生徒等納付金収入から始まり，収入の部及び支出の部に分けて次のように科目名が示されています。

●第 2 章　資金収支関連項目●

収入の部	支出の部
学生生徒等納付金収入	人件費支出
手数料収入	教育研究経費支出
寄付金収入	管理経費支出
補助金収入	借入金等利息支出
資産売却収入	借入金等返済支出
付随事業・収益事業収入	施設関係支出
受取利息・配当金収入	設備関係支出
雑収入	資産運用支出
借入金等収入	その他の支出
前受金収入	予備費
その他の収入	資金支出調整勘定
資金収入調整勘定	翌年度繰越支払資金
前年度繰越支払資金	支出の部合計
収入の部合計	

　また，別表第三では科目を大科目及び小科目に区分し，備考欄にその科目の内容を記載しています。小科目は各学校の実情に応じて追加ないし細分することが認められ，大科目と小科目の間に中科目を設けることも可能ですが，大科目についてはそのような定めはなく追加や変更は認められません。なお，追加する小科目は形態分類による科目であるのが原則です。ただし，形態分類によることが困難であり，かつ，金額が僅少なものについては目的分類によることもできます。

　また，知事所轄学校法人では，教育研究経費支出及び管理経費支出をまとめて経費支出という科目，教育研究用機器備品支出及び管理用機器備品支出をまとめて機器備品支出という科目を設けることができます（「基準」別表第三注4及び5）。

Q2-3 資金収支計算の方法は？

① 当校においてX1年4月に入学する新入生の授業料等は，入学年度の前年度の末日までに納付することになっており，X1年3月末で入学者全員分3億円を収受しました。X1年3月終了年度（以下「X1年3月期」という。）及びX2年3月終了年度（以下「X2年3月期」という。）の会計処理について説明してください。

② X1年3月にかねてから建設中の体育館が完成しましたが，3月末時点では代金1億円が未払となっています。X1年3月期及びX2年3月期の会計処理について説明してください。

 1 諸活動に対応する収支と支払資金の収支の調整について

　資金収支計算の目的は，当該会計年度の諸活動に対応する収入支出の内容を明らかにすること及び当該会計年度の支払資金の収入支出のてん末を明らかにすることです（〔Q2-1〕参照）。

　諸活動に対応する収支と実際の支払資金の収支が一致している場合には，支払資金の収支をそのままその年度の資金収支として処理すればよいのですが，以下のように不一致が生じている場合があります。

　① 当該会計年度の諸活動に対応する収入だが支払資金の収受は前会計年度以前に行われているもの

　　例えば，新入生の入学金や授業料等で入学年度前に収受したものが該当します。この場合には収入があった年度に前受金収入として会計処理し，入学

●第2章　資金収支関連項目●

した年度に学生生徒等納付金収入に振り替えるとともに資金収入調整勘定として表示，調整します。

② 当該会計年度の諸活動に対応する収入だが，翌年度以降の支払資金の収入となるもの

例えば，当該年度末で授業料が未納の場合等が該当します。この場合には当該年度の学生生徒等納付金収入に含めて計上するとともに，実際の入金はないため資金収入調整勘定として表示，マイナスし，入金があった年度で前期末未収入金収入（その他の収入）として会計処理します。

③ 当該会計年度の諸活動に対応する支出だが支払資金の支払は前会計年度以前に行われていたもの

例えば，当年度に納品された消耗品の代金を前年度に前払していたような場合が該当します。この場合には，前年度では前払金支払支出（その他の支出）として会計処理し，当年度に経費支出に振り替えるとともに資金支出調整勘定として表示，調整します。

④ 当該年度の諸活動に対応する支出だが支払資金の支出は翌年度以降となるもの

例えば，教育研究用機器備品を購入したが，年度末現在では未払となっているような場合等が該当します。この場合には，購入年度で教育研究用機器備品支出として計上するとともに，実際の支払はないため，資金支出調整勘定として表示，マイナスし，支払があった年度で前期末未払金支払支出（その他の支出）として会計処理します。

2　ご質問に対する回答

ご質問①のケースは，上記1の①に該当し，次のような仕訳処理が行われます。

【X1年3月期】

（借方）支払資金　300,000千円	／	（貸方）前受金収入　　300,000千円	

【X2年3月期】

（借方）支　払　資　金　300,000千円　／　（貸方）学生生徒等納付金収入
　　　　　　　　　　　　　　　　　　　　　　　　　　　　　　　300,000千円
（借方）前期末前受金　300,000千円　／　（貸方）支払資金　300,000千円
　　　　（資金収入調整勘定）

　新入生に対して実際の教育活動が行われるのはX2年3月期であり，X2年3月期の「諸活動に対応する収入」として学生生徒等納付金収入300,000千円が計上されます。しかし，支払資金はX1年3月期にすでに収受されており，このままでは重複しますので，X2年3月期の支払資金の収入から控除するために資金収入調整勘定である前期末前受金に計上処理します。

　ご質問②のケースは，上記1の④に該当し下記のような仕訳処理が行われます。

【X1年3月期】

（借方）建物支出　100,000千円　　／　（貸方）支　払　資　金　　100,000千円
　　　　（施設関係支出）
（借方）支払資金　100,000千円　　／　（貸方）期末未払金　　100,000千円
　　　　　　　　　　　　　　　　　　　　　　（資金支出調整勘定）

　体育館は，X1年3月期に完成しておりX1年3月期の「諸活動に対応する支出」として建物支出100,000千円が計上されます。しかし，実際の支払は翌期になりますから，X1年3月期の支払資金の支出をなかったことにするた

●第 2 章　資金収支関連項目●

め，資金支出調整勘定である期末未払金を100,000千円計上し，支出のマイナス処理をします。

【Ｘ2年3月期】

（借方）前期末未払金支払支出　100,000千円　／

　　　　（その他の支出）　　　　（貸方）支　払　資　金　100,000千円

Q2-4

学生生徒等納付金収入の会計処理のポイントは？

① 学生生徒等納付金収入の対象となる取引内容を説明してください。また，当校では学外の方を対象とした特別講座を開設していますが，その収入はどの科目で処理されるのでしょうか。

② 当校では，入学試験合格者が入学を辞退した時点で，すでに入学金や授業料等を収受していることがあります。入学金を除き返還することになっていますが，事務処理上の都合で実際には4月になってから返金することがあります。入学金及び返還すべき授業料等についてどのように会計処理すればよろしいでしょうか。

A ① 学生生徒等納付金収入とは，通常在籍を条件として又は入学の条件として，所定の均等額を納入する旨が学則，校則又は学生生徒等の募集要項等に記載されているものをいいます（「研究報告第31号」）。すなわち，学生生徒等が学則に基づきその在学する学校に教育サービスの対価として義務的に支払うべきものであり，具体的には授業料収入，入学金収入，実験実習料収入，施設設備資金収入等が該当します。この4項目以外にも，各学校の実情に応じて教材料収入や暖房費収入等を徴収し，学生生徒等納付金収入に計上しているケースがあります。また，授業料収入には聴講料，補講料も含まれます。

ただし，ご質問の学外の人々をも対象とする「特別講座」の受講料は，通常学生生徒等納付金収入ではなく「付随事業・収益事業収入」に計上することが多いようです。

●第2章　資金収支関連項目●

②　文部省は,「私立大学の入学手続時における学生納付金の取扱いについて」
(昭和50年　文管振第251号)において,入学式前に入学辞退者から入学金以外
の納付金はできるだけ徴収しないのが望ましい旨指導しています。特に,入学
金以外の納付金を合格発表後短期間に納入させるのは避け,入学式のおおむね
2週間程度前から徴収を始める等の配慮が適当としています。したがって,授
業料等について入学金と同時に収受することについては検討の余地がありま
す。

　さて,ご質問の会計処理ですが,授業料等は決算期後に入学辞退者に返還さ
れるものであるため,事業活動収入には該当せず預り金として処理します。

　一方,入学辞退者に係る入学金については,「財務計算に関する書類及び収
支予算書の届出について」(昭和51年　文管振第158号)において,徴収した年
度に前受金収入として計上し,翌年度に「学生生徒等納付金収入」の「入学金
収入」として取り扱うのが適当であるとされています。したがって,通常の入
学者と同様の処理が行われると考えていただければよいと思われます。

71

Q2-5

授業料減免に関する会計処理は？

　当校は，学業優秀な学生に対し，入学金，授業料等の減免を行う制度を有しています。これについてどのような会計処理をすればよいでしょうか。

　また，教職員の子弟に対しても同様の減免を行っていますが，この場合はどうでしょうか。

A　学校法人が，学業優秀な学生生徒等を入学させる場合に，入学金や授業料を全額免除したり，本来の金額よりも安い金額にすることはよくあるようですが，このような授業料等の減免に関する会計処理には2つの考え方があります。

① 　減免額控除後の金額を学生生徒等納付金収入に計上する方法（純額法）

② 　減免額控除前の金額を学生生徒等納付金収入に計上し，減免額を教育研究経費支出（奨学費支出等）に計上する方法（総額法）

　総額法も純額法もそれぞれ根拠があり，一方のみを正しいとはいえませんが，「基準」第32条に示されている「当該会計年度の諸活動に対応する全ての収入及び支出の内容…を明瞭に表示する」という資金収支計算書の目的の重要性にかんがみ，「委員会報告」では総額法を採用しています。

　例えば，学業優秀な生徒を入学させるに当たり，50万円の授業料のうち20万円を免除し30万円だけを収受するとします。この場合，①の純額法によれば実際に収受した30万円だけを学生生徒等納付金収入の授業料収入に計上し，②の総額法によると本来の50万円を授業料収入に計上し減免した20万円を教育研究経費支出等で計上することになります。

72

●第2章　資金収支関連項目●

　これについて「委員会報告」第30号「授業料等の減免に関する会計処理及び監査上の取扱いについて」では，②の総額法で会計処理することとしており，上記の例の場合，次のような仕訳処理が行われます。

（借方）支 払 資 金　500千円　　　／　（貸方）授業料収入　　　　500千円

　　　　　　　　　　　　　　　　　　　　　　（学生生徒等納付金収入）

（借方）奨学費支出　200千円　　　／　（貸方）支 払 資 金　　　　200千円

　　　　（教育研究経費支出）

　また，総額法を採用した場合の見合いの科目としての支出科目は，減免が行われた理由によって異なるものと考えられますが，ご質問のように教育上の見地から行われていた学業優秀者に対する減免は，奨学的な性格を有すると考えられ，教育研究経費支出の「奨学費支出」が妥当と思われます。

　成績優秀者に対する減免のほかにも，技術優秀なスポーツ部員に対する減免，生活の困窮を理由とする減免，兄弟姉妹で就学している場合の一方の減免，海外の提携校から受け入れた交換学生に対する減免等も「教育研究経費支出」の「奨学費支出」とするのが妥当と考えられます（「Ｑ＆Ａ」第1号）。

　次に，教職員の子弟に対する減免ですが，これは給与への追加としての性格を有すると考えられ，成績優秀者と同様，総額を学生生徒等納付金収入として計上し，減免額を人件費支出として計上することが妥当です。なお，人件費支出内訳表上，この支出はあらかじめ定められた給与体系の基本となる給与ではないので「その他の手当」に計上することになります（「Ｑ＆Ａ」第1号）。

73

Q2-6
高等学校等就学支援金の会計処理のポイントは？

　高等学校等就学支援金が都道府県から入金されたとき，また，生徒から授業料を収納したときには，それぞれどのように会計処理をすればよいでしょうか。

1 高等学校等就学支援金制度の概要

　平成22年4月1日から施行された「公立高等学校に係る授業料の不徴収及び高等学校等就学支援金の支給に関する法律」（現「高等学校等就学支援金の支給に関する法律」）に基づいて，平成22年度から，私立高等学校等に在籍する生徒の授業料に充てるものとして，就学支援金の支給が開始されました。

　当制度では，私立高等学校等の各学校設置者は，就学支援金を都道府県から受給権者である生徒に代わって代理受領し，受給権者である生徒の授業料債権への弁済に充てることになります。

2 具体的な会計処理

　就学支援金の会計処理を，生徒からの授業料の収納方法に応じて示すと以下のようになります。なお，いずれの場合も最終的に計上される授業料収入は同額となります。

(1) 授業料から就学支援金相当額を差し引いた額を生徒から収納する場合

① 就学支援金が都道府県から学校法人に入金されたとき

●第2章　資金収支関連項目●

```
（借方）　現　金　預　金　×××／（貸方）　預り金受入収入　×××
```

② 授業料を生徒から収納したとき

```
（借方）　現　金　預　金　×××／（貸方）　授業料収入（＊1）　×××
　　　　　預り金支払支出　×××／　　　　　授業料収入（＊2）　×××
```

（＊1）　授業料から就学支援金相当額を差し引いて生徒から収納した額
（＊2）　就学支援金について「預り金」で処理したうち1月分の額（月次で収納していると仮定）。年度を通じれば，預り金受入収入と支払支出は同額となる。

(2)　授業料全額を生徒からいったん収納して，就学支援金相当額を事後的に返還する場合

① 授業料を生徒から収納したとき

```
（借方）　現　金　預　金　×××／（貸方）　授　業　料　収　入　×××
```

② 就学支援金が都道府県から学校法人に入金されたとき

```
（借方）　現　金　預　金　×××／（貸方）　預り金受入収入　×××
```

③ 就学支援金相当額を生徒に返還するとき

```
（借方）　預り金支払支出（＊3）　×××／（貸方）　現　金　預　金　×××
```

（＊3）　年度を通じれば，預り金受入収入と支払支出は同額となる。

75

Q2-7 手数料収入の会計処理のポイントは？

手数料収入とはどのような収入を処理する科目でしょうか。

　「基準」別表第三資金収支計算書科目では，手数料収入として以下を示しています。

大科目	小科目	備考
手数料収入	入学検定料収入	その会計年度に実施する入学試験のために徴収する収入をいう。
	試験料収入	編入学，追試験等のために徴収する収入をいう。
	証明手数料収入	在学証明，成績証明等の証明のために徴収する収入をいう。

　このように，手数料収入とは学校法人が教育研究活動に付随した役務の提供を行い，その対価として学生生徒等から徴収したものということができます。

　したがって，学校法人が施設設備を集会等に提供した場合の使用料や学生食堂や売店を外部業者に委託した場合に徴収した施設利用料は，役務の提供ではなく所有する施設設備を利用させることによる収入であるため，手数料収入ではなく雑収入の施設設備利用料収入で処理されます。

　また，病院，農場，研究所等の附属機関の事業活動の対価として手数料を徴収した場合や，外部から委託を受けた試験，研究等に伴い手数料を徴収したような場合は，学生生徒等に対する教育研究活動に付随した役務の対価として学生生徒等から徴収したものではありませんから，手数料収入ではなく「付随事業・収益事業収入」として処理されます。

●第2章　資金収支関連項目●

Q2-8
寄付金収入の会計処理のポイントは？

① 寄付金収入の対象となる取引について説明してください。また，資金収支計算書における特別寄付金と一般寄付金はどのように区分されますか。
② 寄付金収入と補助金収入及び学生生徒等納付金収入の相違を教えてください。
③ 当校のOBより年度末後の4月に寄付を行う旨の申入れが3月初旬にありました。当年度末で未収入金として計上することは可能でしょうか。

1　ご質問①に対する回答

　寄付金収入とは，金銭その他の資産を寄贈者から贈与されたもので，補助金収入とならないものをいいます（「研究報告第31号」）。寄付金収入は，寄贈者側が寄付金の用途を指定しているか否かで特別寄付金収入と一般寄付金収入に分けられます。例えば，校舎の新築や記念事業といった特別な目的のために寄付金を募集したような場合，寄付する側は募金目的のために使用されることを前提として寄付を行うはずですから，この寄付は特別寄付金となります。これに対し，寄贈者側が用途を明示していない場合は，一般寄付金となります。
　なお，金銭以外の資産，例えば，教育研究用機器備品や図書等の現物を寄付として受け入れることがありますが，このような「現物寄付」は，資金収支計算書では計上されず，事業活動収支計算書のみで計上されることにご留意ください。

2　ご質問②に対する回答

　補助金収入は，国又は地方公共団体からの助成金と国又は地方公共団体からの間接的な助成金（日本私立学校振興・共済事業団及びこれに準じる団体からの助成金）が該当します（「研究報告第31号」）。したがって，これらの団体以外からの金銭等の贈与の受入れは全て寄付金収入として処理されます。

　また，学生生徒等納付金収入は，学則，校則又は学生生徒等の募集要項等に所定の均等額を納入すべき旨が記載されているものが該当します。したがって，協力金，特別施設費等の名目で学生生徒等の父兄から金銭等を受け入れた場合でも，学則等に記載がなかったり，所定の均等額ではない場合には寄付金収入となります。また，仮に募集要項等に記載があったとしても単に協力金等を納入すべき旨だけであったり，1口以上の協力金等を納入すべき旨のみである場合には，所定の均等額を納入すべき旨が記載されているとはいえず，寄付金収入となります（「研究報告第31号」）。

3　ご質問③に対する回答

　寄付金収入の帰属年度は，寄付を受ける金銭等の受領日の属する年度とされています。寄付金収入は寄付者の義務によるものではなく，学校法人がこれを債権として認識する必要性がないため，寄付金収入を未収入金として計上するのは妥当ではありません（「実務指針第39号」）。したがって，ご質問のケースの場合，当年度の寄付金収入として未収計上は認められず，実際に寄付金を受領する翌年度4月に計上することになります。

●第2章　資金収支関連項目●

Q2-9

入学者選抜の公正確保等に伴う
寄付金収入の取扱いは？

　翌年度入学予定の学生からの寄付金の受入れに関して，現在の取扱いを教えてください。

A　翌年度入学予定の学生から，入学に関して寄付金を受け入れることや入学以前に寄付金の募集を開始することは，従来から入学者選抜の公平性確保の観点で問題があるとされてきました。

　ところが，一部の私立大学において入学前の寄付金の収受及びこれに関連する不適切な会計処理が発生し，大学に対する社会的な信頼を損なうような事態が発生したことから，文部科学省は各私立大学長及び大学を設置する各学校法人理事長あてに，「私立大学における入学者選抜の公正確保等について（通知）」（平成14年文部科学事務次官通知　14文科高第454号）を通知し，下記の点について留意を要請しました。

① 学校法人及びその関係者は，当該学校法人が設置する大学への入学に関し，直接又は間接を問わず寄付金を収受し，又はこれらの募集若しくは約束を行わないこと。

② 寄付金の募集開始時期は入学後とし，それ以前にあっては募集の予告にとどめること。

③ 寄付金を募集する場合は，学生募集要項において，応募が任意であること，入学前の募集は行っていないことなどを明記すること。

④ 入学者又はその保護者等関係者から大学の教育研究に直接必要な経費に充てられるために寄付金を募集する場合は，後援会等によらず，全て学校

79

法人が直接処理すること。

したがって，大学の場合は上記の通知により入学前の寄付金の受入れは禁止されているため，前受金計上等の問題は生じません（「研究報告第31号」）。

●第2章　資金収支関連項目●

Q2-10
補助金の会計処理のポイントは？

　補助金収入の対象となる取引について説明してください。また，当校の授業料収入は1人当たり50万円ですが，県より保護者の学費負担軽減を目的として1人当たり10万円の助成を受けます。どのような会計処理をすればよいでしょうか。

1　補助金収入の対象取引

　補助金収入とは，国又は地方公共団体からの助成金をいい，日本私立学校振興・共済事業団及びこれに準ずる団体からの助成金を含みます。ここで日本私立学校振興・共済事業団及びこれに準ずる団体からの助成金とは，国又は地方公共団体からの資金を源資とする間接的助成金をいい，日本私立学校振興・共済事業団のほか，都道府県私学振興会や都道府県私学協会等からの助成金が該当します。「基準」では，小科目として国庫補助金収入や地方公共団体補助金収入等を挙げていますが，地方公共団体が科目等を特に指示している場合にはそれによることになります。また，日本私立学校振興・共済事業団からの補助金は国庫補助金となりますが，これに準ずる団体からの補助金を別に適当な小科目を設けて表示することも可能です（「研究報告第31号」）。

　なお，年度末までに国や地方公共団体からの交付決定通知を受けているにもかかわらず補助金が未収となっている場合，未収入金の計上が必要となります。

2　学費負担軽減補助金の会計処理

　地方公共団体が，学校法人に対し父兄の学費負担軽減の目的で授業料の一部負担等の助成を行った場合，当該助成金は補助金収入として計上され，助成金相当額は授業料収入から減額されます（「研究報告第31号」）。したがって，ご質問のケースでは，助成金10万円を補助金収入として計上し，本来の授業料50万円から10万円を差し引いた40万円が授業料収入として計上されることになります。これは，当初より父兄から40万円を徴収した場合でも，いったん50万円の納付を受け，補助金入金後10万円を父兄に返還する場合でも同じ処理となります。なお，授業料収入等の減額表示に当たっては，授業料収入等から直接減額する方法と「補助金による軽減額」等の控除科目を用いて間接的に減額する方法のいずれも認められます。ご質問のケースに基づき両方法の表示をそれぞれ示すと下記のようになります。

(単位　千円)

（直接減額する方法）		（間接的に減額する方法）		
学生生徒等納付金収入		学生生徒等納付金収入		
授業料収入	400	授業料収入		500
		県補助金による軽減額	△100	400
補助金収入		補助金収入		
地方公共団体補助金収入	100	地方公共団体補助金収入		100

●第2章　資金収支関連項目●

Q2-11
補助金返還の会計処理は？

　大学法人等には一定の計算ルールにより補助金の返還を求められるケースがあると聞きます。その場合どのように会計処理するのでしょうか。

 1　補助金の返還

　わが国の学校教育の中で私立学校は重要な役割を果たしており，私立学校の経営の健全性を高めることは学校教育の発展を図る上で重要な意味があります。そのため，国は私学振興助成についての基本的姿勢と財政援助の基本的方向を明らかにするため，私立学校振興助成法（以下「助成法」という。）を制定し昭和51年4月に施行しました。この私立学校振興助成法により定められている補助金や助成制度として以下のものがあります。

① 　私立大学及び私立高等専門学校の経常的経費についての補助（助成法第4条）
② 　学校法人が行う学資貸与事業についての助成（助成法第8条）
③ 　高等学校以下の私立学校に対して都道府県が行う補助に対する国の補助（助成法第9条）
④ 　その他の助成（助成法第10条）

　なお，具体的な補助金の算定方法等については私立学校振興助成法施行令によって別途定められています。
　補助金は，原則として補助金額が確定した後に交付することになっていますが，予算によって計算された概算額で請求を受け，交付する場合があります。

83

このような場合，各学校より提出を受けた補助事業実績報告書に基づき補助金を確定させることになりますが，確定額がすでに交付した金額を下回る場合には，補助金の返還が求められることがあります。

また，以下のような場合，補助金の交付決定の一部又は全部の取消が行われすでに交付された補助金の返還を命じられることがあります。

① 補助金を他の用途に使用した場合

② 補助金の決定内容若しくはこれに付した条件その他法令若しくはこれに基づく所轄庁の処分に違反したとき

③ 補助金配分の基礎となる資料について偽りその他不正な手段により補助金の交付を受けたとき

④ 私立大学等経常費補助金取扱要領第3条（第5項を除く）から第3条の5に該当する場合

2 補助金の一部を返還する場合の会計処理

補助金は，過年度においていったん確定し収受したものであり，その一部に返還があったとしても返還命令決定通知に従ったものであり，過年度の修正には該当しないとされています（「研究報告第31号」）。

したがって，例えば，私立大学等経常費補助金を返還した場合は，資金収支計算書上，資金支出があった年度において，補助金返還額は大科目「管理経費支出」の「私立大学等経常費補助金返還金支出」として処理するのが妥当と思われます。

●第2章 資金収支関連項目●

Q2-12
受取利息・配当金収入の会計処理のポイントは？

① 受取利息・配当金収入の対象となる取引について説明してください。
② 当校は，余裕資金を中期国債ファンドで運用しています。財務担当者としては，定期預金による運用と何ら変わりがないため，中期国債ファンドの購入額は支払資金として取り扱い，分配金相当額を受取利息・配当金収入としたいと思います。問題ないでしょうか。

  　1　受取利息・配当金収入の内容

　受取利息・配当金収入には，第3号基本金引当特定資産の運用収入，預金，貸付金等の利息，株式の配当金等の収入があります。「基準」では，受取利息・配当金収入の小科目として以下が挙げられています。
① 第3号基本金引当特定資産運用収入
　学校法人が第3号基本金引当特定資産（元本を継続的に保持運用することにより生じる果実を教育研究活動に使用するために，寄付者の意思又は学校法人独自で設定した奨学基金，研究基金，海外交流基金等）を設定している場合に，その基金の運用によって生じた受取利息や配当金等の収入をいいます。
② その他受取利息・配当金収入
　預貯金，公社債，貸付金等の利息，株式や投資信託の配当金等の収入をいいますが，第3号基本金引当特定資産運用により得られたものは除きます。

2　中期国債ファンドの会計処理

「基準」第32条では，支払資金を現金及びいつでも引き出すことのできる預貯金としています。これに対し中期国債ファンドは，投資信託として金融商品取引法第2条に定める有価証券であり預貯金には該当しませんので，支払資金としての表示はできません。債券現先やMMF（マネー・マネジメント・ファンド）も同様と考えられます。このため，中期国債ファンドの取得時及び解約時には以下の仕訳を行うのが原則です。

取得時：（借方）有価証券購入支出　／　（貸方）支　払　資　金
　　　　　　　　（資産運用支出）
解約時：（借方）支　払　資　金　／　（貸方）有価証券売却収入
　　　　　　　　　　　　　　　　　　　（資産売却収入）

しかしながら，中期国債ファンドは，安全性及び換金性において預金とほぼ同じ性格を有し，実質的には支払資金として取り扱っても支障はありません。したがって，ご質問②の場合，期中においては取得及び解約の仕訳は一切行わず，分配金相当額のみを資産運用収入に計上することも認められるものと考えられます（「Q＆A」第5号）。しかし，年度末に中期国債ファンドの残高が残った場合，これを支払資金として取り扱うことはできませんので，当該残高を支払資金から支払資金外への運用取引が行われたものとして，以下の仕訳を行う必要があります。

（借方）有価証券購入支出　　　　／　（貸方）支　払　資　金
　　　　（資産運用支出）

●第2章　資金収支関連項目●

Q2-13
資産売却収入の会計処理のポイントは？

① 資産売却収入として処理する取引について説明してください。
② 当校は、取得価額10万円以下の固定資産については資産計上せず経費処理しています。このような資産を売却した場合、資産売却収入として処理しようと考えますが、問題ありませんか。
③ 当校正門横の土地（面積100坪、時価1億円）は、現在ある地主さんが所有されていますが、この度当校の保有する遊休地（面積200坪、時価1億円、簿価5千万円）と等価交換することになりました。この場合どのような会計処理となるでしょうか。

1　資産売却収入の内容

　資産売却収入とは、固定資産の売却によって得られた収入をいい、「基準」別表第三では施設売却収入、設備売却収入と有価証券売却収入が挙げられています。なお、固定資産に含まれない物品の売却による収入は雑収入として計上されますが、補助活動事業に係る棚卸資産の売却収入は、補助活動収入として付随事業・収益事業収入に計上します。また、事業活動収支計算書上の資産売却差額は固定資産売却収入と売却資産の帳簿価額の差額が計上されており、資金収支上の資産売却収入とは一致しないことにご留意ください。

2　資産計上されていない固定資産を売却した場合

　資産売却収入は，固定資産に含まれない物品の売却収入は除くとされています（「基準」別表第三）。したがって，ご質問②のような経費処理されている資産は固定資産に計上されていないため，その売却収入は資産売却収入ではなく雑収入で計上することになります。

3　土地の等価交換の会計処理

　学校法人会計における資産の評価は企業会計と同様に取得価額をもって行われます（「基準」第7条）。したがって，ご質問③のように交換取引によって取得した資産の取得価額は，企業会計と同様に，交換に供した固定資産の適正な簿価をもって計上するのが原則です。

　この場合，交換により取得する資産の価額を保有する資産の時価によることとし，事業活動収支上，資産売却差額を計上する方法も考えられますが，等価交換であるにもかかわらず，資産売却差額が生じることには疑問があり，また資産売却差額には資金的な裏付けがないため事業活動収入として計上できるかどうかに問題があるため妥当ではないと思われます。したがって，ご質問③の場合，交換により取得した土地の取得価額は交換に供した土地の簿価5千万円をそのまま引き継ぐのが一般的と考えられます。

●第2章 資金収支関連項目●

Q2-14
補助活動収入の会計処理のポイントは？

当校では補助活動事業として売店，学校給食，寄宿舎（全寮制）を行っています。これらの補助活動事業収支の表示については計算書類において総額表示と純額表示の方法があると聞いています。それぞれの方法について説明してください。

〈当校の補助活動事業の状況〉

	売 店	学校給食	寄宿舎	計
収　　益	5	200	20	225
費 用 合 計	6	125	17	148
人 件 費	2	50	5	57
仕 入 高	3	50		53
期 首 在 庫	1	5		6
期 末 在 庫	1	10		11
差引）計	3	45		48
諸 経 費		20	2	22
減価償却額	1	10	10	21
差引）損益	－1	75	3	77

なお，補助活動事業は一般会計で処理しており，補助活動事業としての受取利息，支払利息等は把握していません。

 1　補助活動事業に関する会計処理

補助活動事業の経理を課税上（私立学校法の収益事業には該当しないものの

税法上の収益事業と認定される場合）又は予算統制といった管理上等の理由により，期中は特別会計として区分経理することができます。しかし，私立学校法第19条に定める収益事業に該当しないため，計算書類作成に当たっては必ず一般会計と合算しなければなりません。

2　表示方法

計算書類に記載する金額は総額表示を原則としますが，「基準」第4条のただし書で補助活動に係る収入と支出については純額表示によることも認められています。具体的な表示は次のようになります（「実務指針第22号」）。

(1)　総額表示の場合

区　分	大科目	小科目	内　　　容
収　入	付随事業・収益事業収入	補助活動収入	売上高，販売手数料等
	受取利息・配当金収入	その他の受取利息・配当金収入	補助活動事業に関する受取利息
経　費	人件費		関係者の人件費
	教育研究経費	減価償却額	全寮制の寄宿舎の減価償却額
	管理経費	減価償却額 補助活動仕入支出 （資金収支計算書） 補助活動収入原価 （事業活動収支計算書）	関連固定資産の減価償却額 売店等の仕入高 売店等の売上原価

●第2章　資金収支関連項目●

総額表示によった場合の計算書類は次のようになります。

	資金収支計算書	事業活動収支計算書
補助活動収入	225	225
人件費	57	57
教育研究経費＊ 　　諸経費 　　減価償却額	 2 —	 2 10
管理経費 　　諸経費 　　減価償却額	 20 —	 20 11
補助活動仕入支出	53	—
補助活動収入原価	—	48

　＊全寮制寄宿舎（研究目的により1年生全員の寄宿を義務付ける等，教育
　　活動の一環として考えられる場合）に関するもののみが教育研究経費支
　　出となります（「研究報告」第30号）。

(2)　純額表示の場合

　純額表示による場合の収支相殺は，以下の範囲内であれば適宜に選択した
収入項目と支出項目によって相殺できます。

	内　　　　　容
支出項目と相殺できる 収入項目	・売上高，受取利息，雑収入とする方法 ・売上高，受取利息とする方法 ・売上高，雑収入とする方法 ・売上高のみとする方法
収入項目と相殺できる 支出項目	・売上原価，人件費，経費（借入金利息を含む。以下 　同じ）とする方法 ・売上原価，人件費とする方法 ・売上原価，経費とする方法 ・売上原価のみとする方法

91

相殺の結果，収入超過の場合は「補助活動収入」，支出超過の場合は「補助活動支出」で表示します。

純額表示によった場合で，かつ全ての収入と全ての支出（減価償却額を含む）を相殺した場合の計算書類の表示は次のようになります。

	資金収支計算書	事業活動収支計算書
補助活動収入	93[*1]	77[*2]

[*1]　$225 - (57 + 53 + 22) = 93$　　[*2]　下記3(2)参照

3　純額表示を行った場合の留意事項

(1)　補助活動事業会計の純額表示が認められる範囲

純額表示をする場合の相殺範囲は，いわゆる売上高と売上原価に属する科目については，その全部を必ず相殺しなければなりません。これ以外の受取利息，雑収入，人件費及び経費に属する科目については，これを相殺するかどうかは学校法人の任意となります。また「基準」で純額表示を認めている項目は収支項目のみのため，貸借対照表項目の相殺は認められません。

(2)　資金収支計算書と事業活動収支計算書の差異

資金収支計算書と事業活動収支計算書における相殺後の補助活動収入金額は以下の理由により同一にならない場合が一般的です。

(イ)　在庫の問題があること（資金収支はいわゆる仕入高に相当し，事業活動収支は売上原価に相当するため）

(ロ)　減価償却額等のように事業活動収支計算に特有の支出があること

（設例の場合の差異内訳）　　資金収支計算書　　補助活動収入　93

差異項目 $\begin{cases} 在庫増減 & 5 \\ 減価償却額 & -21 \end{cases}$

事業活動収支計算書　　補助活動収入　77[*2]

●第2章　資金収支関連項目●

4　補助活動事業に係る棚卸資産の年度末有高の表示

　補助活動事業に係る棚卸資産の年度末有高は，貸借対照表の流動資産の部に「貯蔵品」と区別し「販売用品」として表示します。ただし，有高が少額の場合には「貯蔵品」に含めることができます。

Q2-15
私立学校退職金団体（財団）からの交付金の会計処理のポイントは？

　当年度末に教職員3名が退職し，当校の計算では，その退職金は16百万円となります。当校は私立学校退職金団体（財団）に加入しているため教職員への退職金は同財団より受ける交付金によって支給していますが，当年度末時点では交付金を収受していません。この結果，当年度末現在，退職金は未払となっています。その後，5月下旬に同財団から17百万円の交付金が支給され同額を退職教職員に支給しました。これに関する当年度及び翌年度の会計処理を教えてください。

1　交付金に関する一般的事項

　退職金団体には，ご質問の都道府県ごとに設立された私立学校退職金団体（財団。なお社団の形態もあります。）の他，公益財団法人私立大学退職金財団の2種類があり，これら退職金団体からの交付金収入は，収受した時点で雑収入と処理されます。

　雑収入とは学校法人に帰属する収入のうち，資金収支計算書の学生生徒等納付金収入から事業収入の各科目に該当しない収入をいいます。なお，固定資産に含まれない物品の売却収入は資産売却収入に該当しないため，雑収入として処理されます。

　雑収入の具体的な科目としては「基準」に記載されている施設設備利用料収入，廃品売却収入（消耗品等を売却したときの収入）のほかに，ご質問のよう

●第2章　資金収支関連項目●

な退職金団体からの交付金収入や損害保険代理店を行っている場合の手数料収入等，事業収入に該当しない各種の収入があります。

2　ご質問に対する回答

⑴　当年度の会計処理

　私立学校退職金団体（財団）からの交付金は，同財団に登録されている教職員の退職に基づいて交付されるので，交付金の計上についての会計処理は教職員の退職という事実の生じた日の属する会計年度に行う必要があります。

　したがって，年度末に退職した教職員に係る交付金決定通知書が年度末に到着しているか否かにかかわらず，業務方法書に定められている手続によって計算される額を未収及び未払計上する必要があります。

資 金 収 支 仕 訳		事 業 活 動 収 支 仕 訳	
借　　方	貸　　方	借　　方	貸　　方
期末未収入金　16	私学退職金財団 交付金収入　　16	未収入金　　16	私学退職金財団 交付金＊　　　16
退職金支出　16	期末未払金　　16	退職金＊　　16	未払金　　　　16

　　＊事業活動費収支計算書上，私学退職金財団交付金と退職金とは相殺して表示することができます（〔Q4－12〕参照）。

⑵　翌年度の会計処理

　未収入金，未払金の計上額と実際の金額との間に差異が生じた場合には，当該差額についてはそれぞれ翌年度の交付金又は掛金に加減して，例えば，次の処理をすることになります。

資 金 収 支 仕 訳		事 業 活 動 収 支 仕 訳	
借　　方	貸　　方	借　　方	貸　　方
支払資金　　17	期末未収入金　16 私学退職金財団 交付金収入　　　1	現金預金　　17	未収入金　　　16 私学退職金財団 交付金　　　　　1
期末未払金　16 退職金支出　　1	支払資金　　　17	未払金　　　16 退職金　　　　1	現金預金　　　17

Q2-16 借入金収入・支出の表示方法及び支払利息の計上基準は？

当校は，設備資金に充当される長期資金を短期借入金の借換えにより調達しています。この場合，資金収支計算書において，借入及び返済を総額で両建表示する必要がありますか。また，従来より支払利息は現金基準（利息支払日の年度で計上）により計上していますが問題ありませんか。

1　計算書類の表示に関する原則（総額表示の原則）

「基準」第4条では，計算書類に記載する金額は，総額により表示することを原則とし，経過的な収支（仮払金，立替金，預り金，仮受金のように一時的に発生する勘定），食堂に係る収支，その他教育活動に付随する活動に係る収支については，純額表示を認めています。

なお，経過的な収支については，勘定の増減内容を表示することよりも残高の表示が重要な勘定といえるため，増減の内容を相殺して，差引増加又は差引減少の純額表示を認めたものといえます。

2　借入金の収入と返済支出の表示

(1) 原　則

借入金の収入と返済は，学校法人の財務活動上，重要な取引であり，上記「基準」第4条の純額表示の対象とはなりません。よって，資金収支計算書上，借入金の収入と返済は総額で記載することになります。なお，これは予

算についても同様で，相殺は適当ではありません。

(2) 短期借入金の借換えに関する表示

ただし，ご質問のように設備資金等の長期資金を形式上，短期借入金の借換えにより調達する場合には，資金収支計算書上，これに関する返済・借入は純額表示することでよいといえます。これは学校の資金調達活動の実質を考慮し，勘定の増減を総額表示することはその実質と異なるため，それを相殺した純額表示が適当と考えられるからです。

なお，上記事項は計算書類の表示に関するものであり，会計伝票は単なる借換えであっても借換時に起票することが必要です。

3　利息の計上年度

原則として利息は発生主義に基づき正しく計上する必要があり，年度末に未経過（又は未払）利息があれば，前払利息（又は未払利息）として計上する必要があります。ただし，その金額が多額でない場合には，支払った年度の費用として処理する方法（現金主義）も認められます。

4　仕　　訳

借入金に関する仕訳を示すと次のようになります。

	資 金 収 支 仕 訳		事 業 活 動 収 支 仕 訳	
	借　方	貸　方	借　方	貸　方
資金の借入	支払資金	長期(短期)借入金収入	現金預金	長期(短期)借入金
借入金の返済	借入金返済支出	支払資金	長期(短期)借入金	現金預金
利息の支払	借入金利息支出	支払資金	借入金利息	現金預金
未払利息の計上	借入金利息支出	期末未払金	借入金利息	未払金
1年基準に基づく短期への振替	仕訳なし		長期借入金	短期借入金

Q2-17
入学予定者からの学校債収入の会計処理は？

当校では当年度に学校債を募集し，翌年度入学予定の学生からもその一部が払い込まれました。この場合，前受金収入として会計処理することができますか。

1　学校債の前受金収入処理

会計的には，前受処理の対象となる収入は翌年度に事業活動収入となるものをいうため，学校債のように当年度においてすでに負債となっているものは前受処理の対象とはなりません。また，学校債は後述のとおり借入金としての性格を持っているので，預り金や前受金として処理することはできません。

したがって，学校債の払込みがあった時点で次の仕訳をします。

　　資金収支仕訳　　　　（借方）支払資金　　／（貸方）学校債収入
　　事業活動収支仕訳　　（借方）現金預金　　／（貸方）学校債

2　入学許可前の学生生徒等に対する寄付金・学校債の募集について

入学許可前に入学者やその父兄等の関係者に対し，寄付金・学校債の募集等を行うことは，入学者選抜方法の不公正につながるものとして，文部科学省は禁止していますのでご注意ください（〔Q2-9〕参照）。

また学校債については，その発行目的，募集対象等を明示して借入金としての性格を持って起債し，預り金として学校債を募ることはできないことにもご注意ください（「出資の受入れ，預り金及び金利等の取締りに関する法律」昭和29年法律第195号／最終改正：令和4年6月17日法律第68号）。

Q2-18
資金収支計算書の資金調整勘定とは？

資金収支計算書の収入の部に期末未収入金，前期末前受金等の資金収入調整勘定があり，また，支出の部に期末未払金，前期末前払金等の資金支出調整勘定があります。なぜ，このような調整勘定が必要になるのかを教えてください。

1 資金収支計算書の計算の過程

資金収支計算書は前期末現金預金（前年度繰越支払資金）からスタートし，これに当該会計年度の諸活動に対応する全ての収入及び支出を総額で表示し，当期末現金預金（翌年度繰越支払資金）となる過程を表現しているものといえます。

2 資金収入・資金支出調整勘定

「基準」第33条では，資金収支計算の方法として，資金収入の計算については，当該会計年度における支払資金の収入並びに前期末前受金及び期末未収入金について行い，資金支出の計算については，当該会計年度における支払資金の支出並びに前期末前払金及び期末未払金について行うことと規定しています。

上記の前期末前受金・期末未収入金を資金収入調整勘定，前期末前払金・期末未払金を資金支出調整勘定といい，それぞれ収入の部，支出の部の控除項目として処理します。

3　資金収入・資金支出調整勘定が必要となる理由

　ここで留意すべき点としては，「当該会計年度の諸活動に対応する全ての収入及び支出」とは原則として債権債務確定主義に基づくものであり，必ずしも実際の支払資金の収支とは一致していないということです（資金収支計算書作成の基礎となる会計帳簿は原則として債権債務確定主義に基づき記帳します。）。

　これを利息の未収／未払に関する資金収支仕訳を例として説明しますと次のとおりとなります。

（借方）期　末　未　収　入　金	／	（貸方）受取利息・配当金収入
借入金等利息支出	／	期　末　未　払　金

　上記の仕訳から明らかなように，受取利息・配当金収入，借入金等利息支出は資金収支計算書にそれぞれ収入，支出として計上されますが，実際には支払資金の増減はありません。このため，期末未収入金を収入金額から控除し，期末未払金を支出金額から控除して，実際の支払資金（現金預金残高）に合わせる手続，すなわち資金収入・資金支出調整勘定が必要となるわけです。

　なお，これらの調整勘定は貸借対照表の対応科目の金額と原則として一致することにもご留意ください。

●第2章 資金収支関連項目●

Q2-19

人件費支出に関する会計処理のポイントは？

人件費の会計処理については「基準」や通知等で種々の取扱いが定められていると聞きました。それらを踏まえて会計処理上の留意事項を教えてください。

 1 人件費支出に関する基本的事項

人件費支出はその金額面においては経常的支出のうち主要部分を占め，また質的側面からは教育活動を行うための教職員等に関する支出であり，重要な支出といえます。このため，資金収支計算書に記載される人件費支出を部門ごとに区別して記載した人件費支出内訳表の作成が必要となります（私立学校振興助成法施行規則第2条第3号）。

2 人件費に関連した計算書類の体系

人件費に関連した各様式を要約して示すと以下のとおりです。

〈資金収支計算書〉「基準」第三号様式	〈人件費支出内訳表〉私立学校振興助成法施行規則第三号様式	〈事業活動収支計算書〉「基準」第二号様式
人件費支出		人件費
教員人件費支出	教員人件費支出	教員人件費
	本務教員	
	本俸	
	期末手当	
	その他の手当	

	所定福利費	
	(私学退職金社団掛金)＊1 私立大学退職金財団負担金＊1	
	兼務教員	
職員人件費支出	職員人件費支出	職員人件費
	本務職員	
	本俸	
	期末手当	
	その他の手当	
	所定福利費	
	(私学退職金社団掛金)＊1 私立大学退職金財団負担金＊1	
	兼務職員	
役員報酬支出	役員報酬支出	役員報酬
退職金支出	退職金支出	退職給与引当金繰入額
	教員	退職金
	職員	
	役員＊2	
(何)	(何)	(何)
計	計	計

(注)　私立学校振興助成法施行規則には例示されていませんが，＊1は「実務指針第44号」，＊2は「研究報告」第26号に基づき記載しています。

3　人件費支出に関する日本公認会計士協会からの研究報告等

　人件費支出については日本公認会計士協会から研究報告第26号「人件費関係等について」，研究報告第22号「私立大学退職金財団及び私立学校退職金団体に対する負担金等に関する会計処理に関するQ＆A」が公表されています。

●第2章　資金収支関連項目●

Q2-20
人件費支出はどのように区分表示するか？

当校では，専務理事が事務局長を兼務しています。この場合，役員報酬と職員人件費との区分はどのように行うべきでしょうか。

また，教員として任用したものの，業務の都合上，職員としての仕事も兼務している者がいます。この場合の人件費は教員人件費となるのでしょうか。

1　教員と職員との区分に関する事項

(1) 教員人件費の定義

教員人件費とは，教員として所定の要件を備えた者について，学校が教育職員（学長，副学長，教授，准教授，講師，助教，校長，副校長，園長，教頭，教諭，助教諭，養護教諭，養護助教諭等）として任用している者に係る人件費をいいます（「研究報告」第26号Ｑ１）。

(2) 区分に関連した諸問題

① 教員が職員の業務を兼務している場合

ご質問のように，教員として任用された者が，教員と職員とを兼務している場合は，それぞれの担当時間，職務内容，責任等によって，主たる職務と考えられる方に分類することになります（「研究報告」第26号Ｑ２）。

② 教員免許と教員との関係

教員となるか否かは，上記のとおり，学校が教員として任用しているかどうかによります。したがって，教員免許を取得しているが，事務職員として任用された場合には職員人件費となります（「研究報告」第26号Ｑ

103

2）。

また，実習助手は上記のとおり教員ではなく職員として分類されるため，教員免許を取得している者が実習助手として任用された場合にも職員人件費となります。ただし，都道府県により取扱いが異なる場合もあるため，所轄庁の指示の有無にご留意ください（「研究報告」第26号Ｑ３）。

2 役員に関する事項

⑴ 役員報酬の定義

役員報酬とは理事及び監事に支払う報酬額をいいます。

⑵ 役員の区分に関連した諸問題

① 理事と教員・職員との区分

ご質問のように専務理事が職員（事務局長）を兼務している場合には，当該学校法人の職員給与表又は職員給与の支給実態から，その職位（事務局長）からして妥当とされる額を職員人件費とし，これを超える額については役員報酬として取り扱うことが妥当と考えられます。この計算によって役員部分の給与が生じない場合には役員報酬の支給がないものとして取り扱うことになります（「研究報告」第26号Ｑ８）。

② 評議員との区分

役員報酬は前記のとおり「理事及び監事に支払う報酬」とされており，評議員は役員ではないため，評議員に対する報酬は役員報酬とはなりません。評議員に支給した報酬の処理については，管理経費の適当な小科目（例えば，「報酬費」等）で処理することが妥当です。

●第2章　資金収支関連項目●

Q2-21
兼務職員の人件費支出の区分表示は？

当校では，職員の退職に伴い，当年度中は臨時職員を雇用することにしました。この場合，その人件費は人件費支出内訳表上，兼務職員欄に記載することになるのでしょうか。

1　本務・兼務の区分

本務・兼務の区分は，学校法人の正規の職員として任用されているか否か（辞令）によります。

私立大学等では，私立大学経常経費補助金取扱要領により，専任教職員（専任の教職員として発令され，当該学校法人から主たる給与の支給を受けているとともに，当該私立大学等に常時勤務している者）が，原則として本務者となります。

知事所轄学校法人では，各都道府県における私立学校経常経費補助金交付要綱に基づく専任教職員の要件が，私立大学の場合と必ずしも同一ではなく，また各都道府県によっても異なるため，基本的には学校法人との身分関係が正規である者を本務者とすることが妥当と考えられます（「研究報告」第26号Q12）。

2　本務・兼務の区分に関連した諸問題

(1) 臨時職員

上記のとおり，本務・兼務の区別は「辞令」により区分されますが，一般的には臨時職員に対する職員人件費の人件費支出内訳表上の内訳科目は，兼

務職員欄で処理することが妥当といえます。

(2) 長期パート職員及び短期アルバイト職員の給与の処理

　所轄庁から特に指示のない限り，「職員人件費」に含め，また正規の職員ではないため兼務職員欄で処理することが妥当といえます。

(3) 非常勤講師の給与

　講師は教員となりますが，非常勤の場合には正規の教員ではないため，兼務教員欄で処理することが妥当といえます。

(4) 非常勤理事に支給した報酬の処理

　私立学校法上では，理事の常勤・非常勤の区別はなく，また人件費支出内訳表上も役員報酬の内訳科目はないため「役員報酬」で処理します。

　なお，「役員報酬規程」において，「非常勤役員の報酬は月額〇〇千円とする」旨の規定を定めておくことが望まれます。

Q2-22

受入出向者に対する人件費支出の会計処理は？

　当校の事務長は，学生の就職先である商社からの出向者で，当校は出向先に出向料を支払っています。この場合，職員人件費支出として処理してもよろしいでしょうか。

　また，年に数回，企業から非常勤講師を招いてセミナーを開催しています。同講師に対する出校のための交通費を人件費支出内訳表上，「その他手当」で処理していますが，よろしいでしょうか。

1　受入出向者に関する事項

　教員又は職員人件費は，学校法人の教職員として発令された者に支給される給与をいいます。例えば，企業から職員等が派遣された場合については，基本的に次の考え方に基づきます。

(1) **派遣者が職員等として発令されている場合**

　　学校との関係においては雇用関係と考えられ，人件費として処理します。

　　ご質問の場合の出向職員は，出向元（商社）の身分を保留したまま，出向先（当校）との雇用関係に入るものであって，出向料は，この雇用契約に基づく役務の提供に対する対価と考えられます。したがって，出向職員である事務長に係る出向料は職員人件費に該当します（「研究報告」第26号Ｑ７）。

(2) **派遣者が学校と企業との委託契約による場合**

　　学校との雇用契約ではないため，派遣者の職務内容に関係なく，人件費に含めることはできません。したがって，教育研究経費の「報酬・委託手数料」等で処理することが適当です。

2 交通費の取扱いに関する事項

(1) 常勤教職員への通勤手当

その他手当とします。

(2) 非常勤講師に支払った交通費

講師として出校するための交通費は通勤手当となりますが，非常勤講師については兼務教員に分類されるため，その細分科目の表示が不要となります。このため，ご質問の場合には，その他手当として処理するのではなく，通勤手当を本来の報酬に合算して兼務教員欄に記載します（「研究報告」第26号Q6）。

(3) 学務，校務のための出張費

旅費交通費として，その用務の内容に従い，教育研究経費又は管理経費として処理します（「研究報告」第26号Q6）。

3 その他の諸問題

(1) 所定福利費

一般に所定福利費として計上されるものには，私立学校教職員共済組合掛金（児童手当拠出金を含む。），労働者災害補償保険料，雇用保険料，各県別私学退職金社（財）団負担金等があります（「研究報告」第26号Q16）。

(2) 私立大学退職金財団負担金

私立大学退職金財団に支払う負担金は，所定福利費の次に私立大学退職金財団負担金等として独立表示します。

(3) その他手当

教員に研究手当として年間一律に支給している場合について，特にその使途の報告を求めない場合（税法上，いわゆる渡切研究費に該当するもので課税対象となるもの）については，その他手当として処理することが適当です。

●第2章　資金収支関連項目●

Q2-23

2種類の退職金団体の特色と会計処理は？

いわゆる退職金団体には2種類あり，1つは都道府県所轄学校法人が中心となっている私立学校退職金団体，他の1つは私立大学退職金財団と聞いています。両団体の特色や会計処理方法を説明してください。

1　退職金支給方法に関する事項

学校法人は，就業規則，給与規程，退職給与規程，労働協約等により教職員の勤務期間に対応する退職金の支給義務を負担しています。この退職金の支給に備える方法として，教職員の退職時に学校法人が自ら支給する方法と退職金共済団体である各都道府県私立学校退職金団体又は私立大学退職金財団に加入し，毎年負担金を支払うことにより退職金支給に関する資金を確保する方法があります。

2　退職金支給方法に応じた会計処理

会計処理としては，退職金団体等に加入せず，自ら支給する場合には，退職給与引当金を設定し，毎会計年度の負担となる額を引き当てることになります（「実務指針第44号」）。一方，私立学校退職金団体や私立大学退職金財団に加入している場合の会計処理をまとめると次のようになりますが，両者の会計処理の違いは運営主体の財政方式の違いによるものです。

	私立学校退職金団体	私立大学退職金財団
掛金の計算方法	会員拠出金及び都道府県からの補助金による事前積立方式（将来の交付金を賄うに足る掛金を予測し，交付金に要する資金を事前に積み立てる。）	加盟学校法人の拠出金のみによる賦課方式（修正賦課方式）（年度ごとの退職金支給額に見合う資金を各学校に配分し徴収する。ただし財政の安全のため交付金の額に若干の余裕を持つ。）
会計処理及び表示 ・負担金等（入会金，登録料，掛金等）の支払	私学退職金社団（財団）掛金支出 ／支払資金 私学退職金社団（財団）掛金 ／現金預金	私立大学退職金財団負担金支出 ／支払資金 私立大学退職金財団負担金 ／現金預金
・「人件費支出内訳表」における負担金の表示	「所定福利費」又は「私学退職金社団掛金」等として表示する。	「所定福利費」と並んでその後に「私立大学退職金財団負担金」等を用いて独立表示する。
・退職金の支払	退職金支出／支払資金 退職金／現金預金	退職金支出／支払資金 退職金／現金預金
・交付金の受入	支払資金 ／私学退職金社団（財団）交付金収入＊ 現金預金 ／私学退職金社団（財団）交付金＊ ＊雑収入の小科目	支払資金 ／私立大学退職金財団交付金収入＊ 現金預金 ／私立大学退職金財団交付金＊ ＊雑収入の小科目
・交付金と退職金との相殺	事業活動収支計算書では相殺表示ができる。	事業活動収支計算書では相殺表示はできず，両建表示する。
・交付金の未収計上	退職金団体からの交付金は，教職員の退職に基づいて交付されるため，教職員の退職という事実の生じた日の属する会計年度に行う。	同　　　左

●第 2 章　資金収支関連項目●

	年度末に退職した教職員に係る交付金決定通知書が年度末に到着していなくとも，交付される額を未収入金として計上しなければならない。	同　　左
・負担金等の未払計上	実態に応じて計上する。	財団に対する掛金の 2 月，3 月分は未払金計上しなければならない。
・当年度未収計上額と翌年度受領額との差異	差額はその翌年度の交付金に加減して処理する。	同　　左

111

Q2-24

管理経費として処理する経費の内容は？

当校では教職員の交流を図るため，教員が経理事務の研修会，セミナーに参加することがあります。この参加費は管理経費でしょうか。

また，教育研究経費と管理経費との区分に関する基本的な考え方を教えてください。

1 教育研究経費と管理経費の区分に関する基本的事項

計算書類作成に当たっては，経費を教育研究経費（教育研究のために支出する経費）と管理経費とに区分する必要があります。この区分基準として「財研報告」（昭和46年）及びこれに基づいた文部省通知「「教育研究経費と管理経費の区分について（報告）」について（通知）」（昭和46年　雑管第118号）があり，さらに学校法人委員会が研究報告第30号「教育研究経費と管理経費の区分に関するＱ＆Ａ」を公表しています。

これによりますと，教育研究経費の範囲を比較的広義にとらえ，まず，必ず管理経費としなければならないものを限定列挙し，これ以外の経費については学校法人が合理的に区分することとしており，具体的には次のようになります。

(1) 必ず管理経費とすべき費用

以下の７項目に該当することが明らかな経費は管理経費とします。

① 役員の行う業務執行のために要する経費（役員会の経費及び役員の旅費，事業費，交際費等の経費をいう。）及び評議員会のために要する経費

●第 2 章　資金収支関連項目●

② 　総務・人事・財務・経理その他これに準ずる法人業務に要する経費
（法人本部におけるこれらの業務のみならず，学校その他の各部門にお
けるこの種の業務に要する経費を含む。）

（注）ある学部が本校所在地から離れていて，その遠隔地の学部にも事
務室が置かれている場合，総務や経理に係る経費があれば，必ず管理
経費となります。

③ 　教職員の福利厚生のための経費

（注）教員関係の福利厚生費も管理経費となります。

④ 　教育研究活動以外に使用する施設，設備の修繕，維持，保全に要する
経費（減価償却額を含む。）

⑤ 　学生生徒等の募集のために要する経費（入学選抜試験に要する経費は
含まない。）

⑥ 　補助活動事業のうち食堂，売店のために要する経費（寄宿舎に要する
経費については，各学校法人における寄宿舎の性格と実態に則して学校
法人において判断する。）

⑦ 　附属病院業務のうち教育研究業務以外の業務に要する経費

⑵ **これ以外の経費**

主たる使途に従って教育研究経費と管理経費のいずれかに含めます。

なお，限定列挙されている 7 項目についても，例えば光熱水費のように教
育研究用及び管理用の双方に関連しているものについては，それぞれ直接把
握するか，その使用割合など合理的な配分基準によって按分する必要があり
ます（「研究報告」第30号）。

2　ご質問に対する回答

職員の交流を図るために行う研修会及びセミナーは教職員の福利厚生の一環
といえますので，たとえ教員を対象としたものであっても管理経費として処理
することが適当です（上記 1 ⑴③参照）。

113

Q2-25
教育研究経費と管理経費の具体的な区分方法は？

　当校は，同一校舎内に法人本部と教室があります。この場合，教育研究経費と管理経費との区分に関し，例えば，次のような経費支出はどのように区分したらよいのでしょうか。
　　修繕費支出
　　保険料支出
　　光熱水費支出
　　消耗品費支出
　また，文部省通知によれば，管理経費として限定列挙された項目に該当しない経費は主たる使途に従って教育研究経費と管理経費のいずれかに含めることになっていますが，具体的にはどのように区分するのでしょうか。

1　管理経費として限定列挙された経費以外の区分方法に関する事項

　文部省通知「「教育研究経費と管理経費の区分について（報告）」について（通知）」（昭和46年　雑管第118号）に管理経費として列挙されていない経費の教育研究・管理経費の区分は，次のように取り扱うことが適当です。
(1)　**固定資産に関連した経費**
　　① 　減価償却額
　　　　基本的に教育研究用機器備品と図書の減価償却額は教育研究経費，管理用機器備品の減価償却額は管理経費となります。その他の償却資産は使途により区分することになります。

●第2章　資金収支関連項目●

② 修繕費

修繕する施設，設備等の使途により区分することになります。

③ 除却関連費用

建物等の取壊費用は原則として取壊対象資産の使途に応じて経費処理
し，教育研究関係固定資産の取壊しの場合には教育研究経費，管理関係固
定資産の場合には管理経費とします。ただし，教育関係建物取壊後の土地
を管理用として使途変更した場合には，管理経費として処理することが認
められます（「研究報告」第30号）。

⑵　補助活動事業に関連した経費

① 寄宿舎に係る経費等

食堂，売店のために要する経費は管理経費，寄宿舎に要する経費は，各
学校法人における寄宿舎の性格と実態に則して学校法人において判断する
必要があります（「教育研究経費と管理経費の区分について（報告）」につ
いて（通知））。ここで寄宿舎等の経費区分の基本的な考え方は，その事業
が教育的な意味を持っているか否かによります。したがって，学校の教育
方針として全寮制を採用している場合には教育活動の一環として考えられ
るため，その諸経費は教育研究経費とし，単に遠隔地からの学生に対して
寄宿舎を貸与するという場合には管理経費として処理します（「研究報告」
第30号）。

② スクールバス運行に係る経費

スクールバスは補助活動事業であり，原則的に管理経費となります。た
だし，公共の交通機関がなく，ほぼ全員がスクールバスを利用する場合に
は教育事業を行うに当たっての必需業務といえ，教育研究経費として処理
することも可能といえます。

③ 公開講座，課外講座等に要する経費

学校教育の補完と考えられる事業で，かつ，付随事業・収入事業収入
（大科目）の中に「補助活動収入」と別の小科目（例えば，「公開講座収
入」）を設けて処理している場合には教育研究経費処理が認められます

115

（「研究報告」第30号）。

(3) その他の経費

　入学式・卒業式の費用，学生の負傷による治療費，慶弔見舞金は教育活動に関連しており，教育研究経費となります。

　また，教育実習や就職活動に係る職員の旅費交通費については，職員に関する経費であることをもって管理経費とするのは適切ではなく，その業務の目的・内容に応じて判断することが適当です。なお，教育実習や就職活動は重要な教育活動，学生の厚生補導活動といえるため，教育研究経費として処理することが適当です。

2　共通的に発生する経費の配分に関する事項

　教育研究用と管理用の使途が共存する場合（例えば，同一校舎に本部と教室がある場合）には，消耗品費，通信費，光熱水費等の諸経費，減価償却額，修繕費，保険料等の建物に関する経費は教育用と管理用の双方に関係します。

　これらの経費の区分としては，合理的基準により配分するか，又は一方の使途が多い場合には，その主たる使途に従って区分することができます。合理的な基準としては各学校の実態を考慮の上，例えば，使用する面積，教職員数，学生数，使用時間数等が考えられます。

　ご質問のケースについては，以下の方法が考えられます。

項　　　目	配　　分　　基　　準
修繕費支出	その修繕の対象となった場所により区分する。共通的な場所の修繕の場合には，建物の使用面積割合に基づき配分する。
保険料支出	建物の使用面積割合に基づき配分する。
光熱水費支出	教職員と学生数の人員数割合に基づき配分する。
消耗品費支出	教職員と学生数の人員数割合に基づき配分する。

●第2章　資金収支関連項目●

Q2-26
資産関係支出と経費支出の区分のポイントは？

　当校では，今年度に雨漏りの補修，床の毀損部分の張替，壁面の塗替等，建物を維持するための補修を行いました。これらの経費は，建物支出として資産計上せず，修繕費支出として処理してもよろしいでしょうか。

　また，従来より建物等の改修を行った場合，建物支出とするのか，又は修繕費支出とするのかがはっきりしていません。これらの区分に関する基本的な考え方を教えてください。

1　資産関係支出と経費支出との区分に関する基本的事項

　学校法人が固定資産の修理・改良等の目的で支出した金額は固定資産の取得価額に加算される施設・設備関係支出とその支出した年度の経費となる経費支出とに区分されます。

　この施設・設備関係支出と経費支出との区分は一般に認められた会計慣行により，具体的には次のようになります。

支　出　の　内　容	取　　扱　　い
固定資産の使用可能期間の延長又は価値の増加をもたらす等の積極的な支出	施設・設備関係支出として固定資産の取得価額に加算する。
固定資産の通常の維持管理及び現状回復のため等の消極的な支出	経費支出として支出年度の経費とする。

2 資産関係支出と経費支出との区分に関する実務上の取扱い

固定資産に対する支出の区分の判定は，理論的にはともかく，実務的には非常に困難な場合が多いといえます。このため，「研究報告第20号」2－2において，法人税法の形式的区分基準を参考にして，次のような基準を経理規程等に定め，これに従い区分することを認めています。

① 明らかに施設・設備関係支出に該当するものを除き，以下の場合は経費支出とする。

　イ　1件当たりの支出金額が60万円未満である場合（ただし，金額は絶対的なものではなく，各学校法人の規模等を勘案して定める必要がある。）

　ロ　修理・改良等の対象とした個々の資産の前年度末の取得価値の10%相当額以下である場合

② 以下の場合は金額の大小を問わず，経費支出とする。

既往の実績により，おおむね3年以内の期間を周期として，ほぼ同程度の支出が常例となっている事情がある場合

③ ①に該当しない1件当たりの支出金額の全額（②の適用を受けたものを除く）について，その金額の30%相当額とその改良等をした資産の前年度末の取得価額の10%相当額とのいずれか少ない金額を経費支出とし，残額を施設・設備関係支出として，その除却損を計上しない処理をする。

3 具体例

上記の基準を具体的な数値で説明すると次のとおりとなります。

⑴ 設　　例

　　　　　　　　建物取得（前年度末）　　2,000万円

　　ケース1　　建物に関する支出金額　　　30万円

　　ケース2　　建物に関する支出金額　　　100万円

　　ケース3　　建物に関する支出金額　　　300万円（おおむね3年程度の周期で同様の支出がある）

● 第 2 章　資金収支関連項目 ●

　　ケース 4　　　建物に関する支出金額　　　300万円

(2)　解　　答

　　ケース 1　　　支出金額が60万円未満であるため，経費支出となります。

　　ケース 2　　　支出金額が60万円以上ですが，建物取得価額の10%（200万円）以下のため，経費支出となります。

　　ケース 3　　　3 年程度で同様な支出があるため，経費支出となります。

　　ケース 4　　　上記の①，②ともに該当しないため，次の計算によります。

　　　　　　　　　支出額　　　　　300万円×30%＝　90万円

　　　　　　　　　建物取得価額　2,000万円×10%＝200万円

　　　　　　　　　少ない金額（経費支出）　　　　　90万円

　　　　　　　　　残額（建物支出）　　　　　　　210万円

4　ご質問に対する回答

　一般的には，雨漏りの補修，床の毀損部分の張替，壁面の塗替等は建物を維持するための支出と考えられ，修繕費支出として処理することが適当です。ただし，建物の耐用年数の延長，資産価値の増加があると認められる場合には，上記 2 に従って，資産計上部分を算出することになります。

5　事例による検討

以下，具体的な事例により資産関係支出と経費支出との区分を検討します。

(1)　建物に附属する冷暖房設備の取替えを行った場合

　新設した設備を建物に計上し，取り外した設備を除却処理することが適当です。ただし，設備の一部のみを取り替えた場合は修繕費とすることも考えられます。

(2)　教室の模様替え支出を行った場合

　建物の質的向上につながると考えられるため，原則として施設関係支出とするのが，一般的です。

119

⑶　耐震診断及び耐震補強工事を行った場合

　校舎の老朽化に伴い，耐震診断を行ったところ，一部の校舎において「耐震補強の必要あり」という結果になった場合，耐震診断にかかった費用は，「委託報酬手数料支出」等の経費科目で処理するのが適当です。なぜなら，耐震診断の場合は，診断結果によって工事を行うか否かが決定されるものであり，初めから耐震工事を行うことを前提としていないからです。

　また，診断の結果，鉄筋コンクリート造りの校舎の壁に鉄骨をはめ込む耐震補強工事を行うことになった場合，これらの工事に要する支出は，建物の強度を増すための工事であり，質的向上を伴うものであるため，「建物支出」として処理するものと考えられます。つまり，建物の補修，改良等に要した支出を「建物支出」とするか，経費処理するかについては，工事の内容等により判断します。すなわち，建物の拡張又は用途の変更等量的，質的向上に係る支出については「建物支出」とし，その建物を維持・補修するための支出は「修繕費支出」として経費処理します（「研究報告第20号」2－3）。

⑷　教室の改造工事を行った場合

　大教室を改造して2つの特別教室を作った場合，当該改造に要した支出は用途の変更として建物の質的向上を伴うものであり，施設関係支出の「建物支出」として処理するものと考えられます（「研究報告第20号」2－4）。

⑸　建物の壁面塗装を行った場合

　老朽化した校舎の壁面全面の塗装において元の校舎に使用していたものと同種の塗料を使用した場合，当該塗装費用は，建物の現状を維持するための支出であり「修繕費支出」として経費処理するものと考えられます（「研究報告第20号」2－5）。

⑹　補助金との関連における注意事項

　本来，建物として固定資産に計上すべきものが，教育研究経費の修繕費として処理されたため，補助金交付の対象となり，後日，会計検査院の検査により補助金の返還を余儀なくされた事例がありますので注意を要します。

Q2-27
資産の取得価額に算入する付帯費用とは？

　当年度に新校舎が完成しましたが，新校舎建設に当たっては，地鎮祭，上棟式，落成式の諸費用，建築に関する設計監理料等の費用がかかりました。これらの費用は，建物支出として資産計上すべきでしょうか。
　また，このほかに資産の取得原価に関する諸問題としてどのようなものがありますか。

1　資産の取得価額に関する基本的事項

　固定資産の取得価額は当該資産の減価償却額計算の基礎となるほか，資産売却差額，処分差額の計算等にも関連するため，取得年度以降の事業活動収支計算に重要な影響を及ぼします。このため，固定資産の取得価額に含まれる経費の範囲には重要な意味があります。
　固定資産の取得価額に含められる経費の範囲は，取得の代価を構成すると認められるものですが，購入の場合は購入代価に購入のために要した経費（引取費用，購入手数料等）を加算することになります。

2　ご質問に対する回答

　新校舎建設に当たっての諸経費のうち，固定資産の取得の代価を構成すると認められるものとしては，地鎮祭，上棟式の費用，建物の設計監理料，購入契約の費用，仲介手数料等の取得費用，その他工事に付随する費用等が考えられます。

ただし，新校舎の落成，記念費用の支出等のように，資産取得後に事後的に発生する付随費用は，その資産の取得価額に算入せず，経費支出となります。

したがって，ご質問の場合には地鎮祭，上棟式，建築に関する設計監理料等の費用については建物支出として資産に計上しますが，落成式の諸費用については事後的な費用として，経費支出（管理経費）として処理することになります。

3　資産の取得価額に関する諸問題

⑴　交付金等を受け入れて取得した場合

① 建設に係る受入補助金

国又は地方公共団体から受け入れた交付金は補助金として処理し，それ以外からの交付金は寄付金として処理します（「研究報告第20号」1－3）。したがって，建物の取得価額は補助金の有無による影響を受けません。

学校建設費の一部として公共団体等から補助金を受けた場合の処理は次のとおりです。

	資 金 収 支 仕 訳		事 業 活 動 収 支 仕 訳	
	借　方	貸　方	借　方	貸　方
建物取得費用の支出	建物支出	支払資金	建物	現金預金
補助金の受入	支払資金	補助金収入	現金預金	補助金

② 補助金により取得した少額の物品

補助金により取得した物品の中に，学校の経理規程上，少額物品として消耗品費処理をすべき物品があった場合には，所轄庁等からの特別な指示がない限り，消耗品費として処理します（「研究報告第20号」1－4）。

⑵　土地とともに取得した建物等の取壊費等の処理

当初からその建物等を取り壊して土地を利用する目的で土地を取得し，建物を取り壊した場合には，土地とともに取得した建物等の取壊費等は土地の取得原価に算入します（「研究報告」第30号）。

●第 2 章　資金収支関連項目●

⑶　土地又は借地に支出した整地費用の処理

　埋め立て，地盛り，地ならし，切土，防壁工事その他土地の造成又は改良のための費用は土地の取得価額に算入します。また，土地を貸借するに当たって，当該土地について施した整地等の改良費用は，借地権の取得価額に含めて処理します。

　ただし，土地，借地等に行った防壁等であっても，その規模，構造等からみて土地等と区分して構築物とすることが適当な場合は，構築物の取得価額とします。また，アスファルト舗装，ブロック壁及び金網フェンスの工事に係る支出は，構築物支出として処理します。

⑷　公共的施設へ支出した負担金

　自己も便益を受ける目的で支出した公共的施設への負担金等については，経費として処理します。新たな校地の取得，あるいは校舎の新築等に伴って支出される公共的施設への負担金等（日照権補償，共同アンテナの設置等近隣対策費用で当初から見込まれていた等，実質的にその校舎の代価を構成すべきと認められるとき）については，当該資産の取得価額に含めますが，単独で支出される金額（類似している費用でも，取得の後で発生したもの）は経費支出となります（「研究報告第20号」1－2）。

123

Q2-28
図書支出に関する会計処理のポイントは？

研究に関する書籍を購入しましたが，図書支出として資産に計上するのか，出版物費支出として経費処理するのか迷っています。

また，当校では教員に対して年間5万円を図書費として支給し，購入図書は各教員の手許で保管しています。この場合の処理方法を教えてください。

1 図書に関する基本的事項

図書に関する会計処理については「図書の会計処理について」（昭和47年雑管第115号）があります。これによれば長期間にわたって保存・使用することが予定されている図書は，取得価額の多寡にかかわらず図書支出として資産計上することになります。

2 図書と出版物費との区分（資産計上と経費処理との区分）

図書支出として固定資産に計上する図書は，長期間にわたって保存・使用することが予定されているものであり，学習用図書，事務用図書等のように，通常，その使用期間が短期間であることが予定される図書は「出版物費支出」又は「消耗品費支出」として経費処理することができます。

3 ご質問に対する回答

研究に関する書籍は一般に長期間にわたって保存・使用することが予定されているものといえますので，図書支出として固定資産計上することになります。

●第2章　資金収支関連項目●

また，教員に対し年間5万円の図書費を支給しているとのことですが，資産計上すべきか否かは学校の図書に対する管理方針に依存するものといえます。

⑴　**図書費の使途を明確にし，購入年度に「図書費使用明細報告書」，毎年度末に「図書棚卸一覧」を提出し，購入図書が学校に帰属していると認められる場合**

図書支出として資産計上することが望ましいといえますが，図書そのものを教員の手許で管理し，台帳による管理を行っていない場合には，消耗品費支出として経費処理することも可能といえます。

⑵　**図書費の使途について特に報告を求めない場合**

税法上，いわゆる「渡切研究費」とみなされ，給与所得として課税対象となります。この場合，経費支出ではなく，人件費（その他の手当）として処理することが適当です。

4　その他図書に関連した諸問題

⑴　**図書の取得原価**

購入に要した諸費用は取得原価に含めません。また，大量購入等による値引額及び現金割引額は図書支出から控除せず，雑収入として処理することができます（昭和47年　雑管第115号）。

⑵　**図書と類似の役割を有するテープ等の処理**

図書と類似の役割を有するものとして，テープ・レコード・フィルム等の諸資料がありますが，これらは利用の態様に従い，図書に準ずるものとして処理することになります（昭和47年　雑管第115号）。例えば，講義の参考資料としてビデオソフトを購入し，学生への貸出しも行う場合が該当します。

⑶　**寄贈図書の評価**

贈与時における「当該資産取得のために通常要する価額」（再取得価額が原則ですが，定価があればそれにより，なければ同種の図書を参考に価額を見積もります。）をもって次の仕訳を行います。

```
┌─〈事業活動収支仕訳〉──────────────────────────┐
│ (借方) 図      書    ／  (貸方) 現 物 寄 付        │
│                                             │
└─────────────────────────────────────────┘
```

(4) 追録として発行される書籍（「研究報告第20号」1－8）

　書籍の中には，定期又は不定期に追録が発行されるものや，内容が更新されるものがあります。また，追録等は製本された形で提供される場合と，書籍の一部を差し替える場合があります。これらは，加除式の書籍あるいは補遺といわれるもので以下のように考えます。

① 加除式の書籍：基になる部分を「台本」，更新・追加・差し替えとなる部分を「追録」ということが一般的です。

　　書籍は追録の差し替え等を行うことで最新のものになります。そのため，台本のままで更新を行わないと，内容の陳腐化等を招くため，図書としての価値を減ずるおそれがあります。したがって，台本部分については，長期にわたって保存・利用する予定で購入したことが想定されるため図書として扱います。追録部分については，更新が定期的に行われることによって図書としての要件を満たす一方で，追録の差し替え作業によってそれまで図書を構成していた部分が取り除かれ，その部分だけ図書の価値が減少していると考えることができます。したがって，追録費用については教育研究経費として扱うことが適切と考えられます。

② 補遺：主となる図書に追加すべきものとして定期又は不定期に冊子の形で発行されるものを指すとされます。

　　補遺自体が独立した価値を持つため，長期にわたって保存・利用する予定のものであれば図書として扱うことが適切と考えられます。

●第2章　資金収支関連項目●

Q2-29

収益事業元入金支出とは？

当年度より寄附行為を変更し，収益事業を始めることとし，事業資金を収益事業会計に繰り入れました。この場合の会計処理を教えてください。

また，今後収益事業会計に対して，一時的な資金の貸借が生じると思いますが，これらの取引の処理方法についても教えてください。

1　収益事業に関する一般的事項

収益事業の開始は寄附行為の変更が必要です。なお，収益事業とするか否かは学校法人の寄附行為に基づくものであり，税務上の収益事業とは必ずしも一致しません。また，学校法人の行うことができる収益事業については，昭和25年文部省告示第68号により，その種類が制限されています。収益事業と教育付随事業（本来事業である教育研究活動と学校教育の一部に付随して行われる事業で，「文部科学大臣所轄学校法人が行うことのできる付随事業の範囲」内のもの。）とは目的と内容を異にしますので，両者を混同しないように留意する必要があります。

2　収益事業に関係する学校会計の勘定科目

計算書類	大　科　目	小　科　目	定　　　　　義
資金収支計算書	付随事業・収益事業収入	収益事業収入	収益事業からの繰入収入
	その他の収入，支出	収益事業元入金回収収入 収益事業勘定支出・収入	収益事業に対する元入金を回収した場合の収入 収益事業に対する一時的な資金の貸借
	資産運用支出	収益事業元入金支出	収益事業に対する元入金の繰入支出
事業活動収支計算書	教育活動外収支 　その他の教育活動外収入	収益事業収入	収益事業からの繰入収入
貸借対照表	流動資産，負債	収益事業勘定	収益事業に対する一時的な資金の貸借
	その他の固定資産	収益事業元入金	収益事業に対する元入額

3　仕訳例

　ご質問に対する回答として，仕訳例を示します。なお，収益事業に対する一時的な資金の貸借は，企業会計における本支店勘定の処理と同様に，収益事業勘定（収益事業勘定支出又は収入），学校勘定として処理します。企業会計では本店と支店の決算書を合算し本支店勘定は各々相殺消去されますが，学校法人会計では合算しないので各々の決算書に収益事業勘定及び学校勘定の残高が表示されることになります。

| | 学校法人会計 | | | | 収益事業会計 | |
| | 資金収支仕訳 | | 事業活動収支仕訳 | | | |
	借　方	貸　方	借　方	貸　方	借　方	貸　方
収益事業を行うため，理事会の承認を得て元入金を拠出した。	収益事業元入金支出	支払資金	収益事業元入金	現金預金	現金預金	元入金
資金拠出と同時に事務所で使用する備品を収益事業に移管した。	仕訳なし		収益事業元入金	管理用機器備品	器具備品	元入金
収益事業会計において購入した固定資産代金を学校法人会計で立替払いした。	収益事業勘定支出	支払資金	収益事業勘定	現金預金	固定資産	学校勘定
収益事業会計において資金余剰が生じたため，元入金を回収した。	支払資金	収益事業元入金回収収入	現金預金	収益事業元入金	元入金	現金預金
当年度の決算に当たり，収益事業で利益が計上されたため，税法の寄付金損金算入限度額を学校法人会計に繰り入れた。	支払資金	収益事業収入	現金預金	収益事業収入	寄付金	現金預金

4　学校法人会計と収益事業会計との整合性

　学校法人会計と収益事業会計の科目の対応関係は次のとおりです。決算に当たり整合性のチェックを行うことが必要です。

学 校 法 人 会 計		収益事業会計
計算書類	科　　目	科　　目
貸 借 対 照 表	収 益 事 業 元 入 金 ──	元　　入　　金
	収 益 事 業 勘 定 ──	学 校 勘 定
事業活動収支計算書	収 益 事 業 収 入 ──	寄　　付　　金
資 金 収 支 計 算 書	収益事業元入金支出 ──	元入金の増加額
	収益事業元入金回収収入 ──	元入金の減少額

5　基本金との関係

収益事業元入金は投資を目的とする資産と同様に考えられ，基本金組入対象資産とすべきではありません。

●第2章　資金収支関連項目●

Q2-30
予備費の会計処理のポイントは？

　特定科目の予算超過支出の場合，予備費の使用ができると思いますが，予備費を使用する場合の具体的な会計処理の方法を教えてください。

 1　予算を経過した場合の処理に関する一般的事項

　特定科目について予算を超過した場合の処理方法としては主として，①予備費の使用，②他科目からの流用，③予算の補正の3つの方法がありますが，その選択は，当該学校法人の予算統制の形態，つまり経理規程，予算規程等で判断することになります。

〈留意事項〉
　イ　小・中科目については，大科目の範囲内で予算の流用の手続を経て予算の支出超過を認めている場合が多いと考えられます。
　ロ　年度の途中において，事情の変化により，当初の事業計画又は予算を実行することが不適当になった場合は，すみやかに事業計画又は予算の修正の手続をとる必要があります（「財研報告」中間報告第3号）。
　ハ　予備費の使用及び予算の流用は所定の手続を経て行う必要があります（「財研報告」中間報告第4号）。
　ニ　当年度の予算超過支出を仮払金や前払金で処理し，翌年度に繰り越すような処理は認められません。

2 予備費の表示方法

⑴ 設　　例

　予算で予備費を資金収支計算書で1,000，事業活動収支計算書で1,100計上していたところ，人件費のうち退職金支出で500，修繕費（教育研究経費）で300，旅費交通費（管理経費）で150，減価償却額（管理経費）で100，それぞれ予算を超過したため，予備費を振り替えて充当することとした。

⑵ 計算書類の表示方法

資 金 収 支 計 算 書				事 業 活 動 収 支 計 算 書			
科　　　目	予　　算	決　算	差　異	科　　　目	予　　算	決　算	差　異
人件費支出				人件費			
退職金支出	2,500	2,500	0	退職金	2,500	2,500	0
〜〜〜〜〜	〜〜〜〜	〜〜〜〜	〜〜〜〜	〜〜〜〜	〜〜〜〜	〜〜〜〜	〜〜〜〜
［予備費］	(950) 50		50	［予備費］	(1,050) 50		50

注1．予備費の使用額内訳　　　　　　　注1．予備費の使用額内訳

人件費支出		人件費	
退職金支出	500	退職金	500
教育研究経費支出		教育研究経費	
修繕費支出	300	修繕費	300
管理経費支出		管理経費	
旅費交通費支出	150	旅費交通費	150
		減価償却額	100
計	950	計	1,050

⑶ 注意事項

　①　予算の欄の予算費の項の（　）内には，予備費の使用額を記載し，（　）外には，未使用額を記載します。予備費の使用額は，該当科目に振り替えて記載し，その振替科目及びその金額を注記します。

　②　予備費を振り替えた退職金（支出）等の予算欄には，当初予算額に予

●第 2 章　資金収支関連項目●

備費振替金額を加算して表示します。

③　資金収支予算書と事業活動収支予算書の予備費の金額は，それぞれの
計算体系が異なるため，必ずしも一致しません。

Q2-31

過年度損益修正の資金収支計算書上の表示とは？

過年度の会計処理の誤りが発見された場合の前期損益修正損益の処理及び資金収支計算書上の表示方法について教えてください。

A 過年度の会計処理の誤りが発見された場合には，平成25年4月22日の基準改正及び「学校法人会計基準の一部改正に伴う計算書類の作成について（通知）」（平成25年9月2日　25高私参第8号）により，資金収入又は資金支出を伴う前期損益修正損益は「過年度修正額」として，資金収支計算書及び活動区分資金収支計算書において次のとおり処理します。

① 　資金収支計算書においては，資金収入又は資金支出があった年度において，資金収入は大科目「雑収入」に小科目「過年度修正収入」を設け，資金支出は大科目「管理経費支出」に小科目「過年度修正支出」を設けて処理するものとする。

② 　活動区分資金収支計算書においては，資金収入又は資金支出があった年度において，「その他の活動による資金収支」に小科目「過年度修正収入」又は「過年度修正支出」を設けて処理するものとする。

なお，事業活動収支計算書においては，資金収支を伴うものと伴わないもののいずれも，「基準」第五号様式に定める「特別収支」の小科目「過年度修正額」で処理することとなります。

●第2章　資金収支関連項目●

Q2-32
学校法人における教材料等の取扱いは？

学校が在学生保護者等関係者に対し徴収や負担を求めている教材料等の取扱い，会計処理（帳簿への記載）の状況を教えてください。

1　教材料等の取扱い

　学校法人や私立学校の諸活動に対して，在学生保護者等関係者に対し負担を求めている教材料等について，一部の学校法人において，不適切な取扱いが行われているという事態が発生したことから，文部科学省は所轄学校法人理事長あてに，「学校法人における寄付金等及び教材料等の取扱いの適正確保について」（平成27年3月31日　文部科学省高等教育局私学部参事官通知　26高私参第9号）を通知し，教材料等の取扱いについて学校法人会計基準の趣旨にのっとって適切に処理するように要請しました。

　その後，文部科学省では，学校法人や私立学校の諸活動に対して，在学生保護者等関係者に対し負担を求めているものに係る会計処理の実態を把握するための「学校法人における会計処理等の実態調査」を実施し，「学校法人における会計処理等の適正確保について（通知）」（平成27年12月24日　文部科学省高等教育局私学部参事官　27高私参第13号）を通知し，調査結果を公表するとともに，下記の点について留意を要請しました。

① 学校法人に対して，在学生保護者等関係者から支払われる金銭等については，学校法人会計基準の趣旨にのっとり，学校法人が管理する会計帳簿に適切に記載すること。なお，会計帳簿に記載すべきかどうかについては，収受した金銭の徴収根拠や契約の実態について個別に精査した上で判

断すること。

② 教職員等が実費や経過的な金銭を徴収する場合であっても，学校法人が収受した金銭であることから，学校法人の責任において適切な会計処理を行うこと。

③ 学校法人において適切な管理がなされない場合，紛失，盗難，使途不明又は担当者等による私的流用等の不適切な取扱いが生じるおそれがあるため，管理体制を確立すること。

2 調査結果の概要

文部科学大臣所轄学校法人（ただし，大学，短期大学，高等専門学校，高等学校，中等教育学校，中学校，法人本部に限る）に調査票を送付し，記入後に調査票を回収，集計した結果は以下のとおりです（調査期間：平成27年5月29日〜平成27年7月17日）。

① 在学生保護者等関係者

調査項目	調査結果
授業料・聴講料 入学金 実験実習料 校外実習料 特別課程受講料（教職，司書等を含む） 特別課程受講料（履修科目によるもの含む） 施設設備資金 教育充実費 教育維持費 在籍料 証明書発行手数料，追試験料 冷暖房代	授業料，入学金，実習料等については，おおむね帳簿に記載されている。
スクールバス代（維持費含む） 寮・寄宿舎費 食堂・給食費 駐車場・駐輪場利用料 施設利用料（駐車場，駐輪場以外） 身体検査等費用 災害傷害損害等の保険料（加入料含む）	寮費やスクールバス代等については，在学生が直接業者へ支払う場合，在学生が担当教職員に実費を支払う場合等を除き，おおむね帳簿に記載されている。

●第2章　資金収支関連項目●

調査項目	調査結果
教材（副教材）料 資格試験検定料 検定試験受験料（入学検定除く） 模擬試験受験料 特別講座（進学，就職，資格セミナー） 受講料 学年費・学級費 教材（副教材）	資格試験，模擬試験等の受験料や学年費・学級費，教材代については，おおむね記載されているが，実費を徴収することを理由に帳簿に記載されていないケースがある。
生協出資金 指定物品・機器代 制服・体操着・作業着等代	指定物品，制服，体操着代等については，在学生・保護者が業者から直接購入することを理由に帳簿に記載されていないケースがある。
行事費(オリエンテーション等，学校主催のものに限る) ゼミ・研究室等による合宿研修等の費用 クラブ活動費（クラブ合宿遠征代金等を含む） 修学旅行費	クラブ活動費については，それらの組織（グループ）内で徴収し，当該組織（グループ）の構成員のために使用することを理由に帳簿に記載されていないケースが多い。
学生自治会費・生徒会費（加入料含む） 同窓会費（加入料含む） 校友会費（加入料含む） 後援会費（加入料含む） 父母会費・PTA会費（加入料含む） 学会費（加入料含む）	同窓会費，後援会費，父母会費等については，おおむね記載されているが，学校とは別団体であることから，在校生・保護者が当該団体に直接支払うことを理由に帳簿に記載されていないケースがある。

137

② 取引業者，一般利用者等を対象にしたもの

調査項目	調査結果
取引業者からの手数料等 取引業者の歩引料 寄付金 学校債 不動産等の売却 学校施設等の一般貸出 廃品売却代金 共済組合掛金，所得税，住民税 （法人本部における）共同研究，受託研究， 受託事業等公開講座受講料	すべて帳簿に記載されている。
貸付金の回収 前期末の未収金の回収	貸付金の回収については，学校法人とは別の団体（貸主）からの依頼により学校が代理回収している場合であることを理由に帳簿に記載されていないケースがある。

　このように，在学生保護者等関係者から支払われる金銭や在学生保護者等関係者に対し負担を求めているものについては，各項目にばらつきがあるものの，おおむね学校法人の帳簿に記載されているようです。

　帳簿に記載すべきかどうかについては，収納される金銭の徴収根拠や契約の実態について個別に精査した上で判断されるべきものであり，帳簿に記載していないことのみをもって直ちに不適切な会計処理等に該当するものではありませんが，調査結果を参考に，必要に応じて取扱いの見直しを行うなど，今後とも会計処理等について適正を期すことが必要です。

第3章

活動区分資金収支項目

Q3-1
活動区分資金収支計算書の意義とは？

活動区分資金収支計算書はどのような計算書で，なぜ作成するのでしょうか。また，どのような様式か教えてください。

 1　活動区分資金収支計算書の定義

活動区分資金収支計算書とは，資金収支計算書に記載される資金収入及び資金支出の決算額を以下①～③に掲げる活動ごとに区分して記載する計算書です（「基準」第39条）。

① 教育活動による資金収支
② 施設整備等活動による資金収支
③ その他の活動による資金収支

2　活動区分資金収支計算書の作成が求められる理由

資金収支計算書は，予算管理を行うことを主な目的としており，収入と支出が一覧表示されるため，総額で資金の把握がされます。

しかし近年，①学校法人における施設設備の高度化や資金調達及び運用の多様化等が進み，本業の教育研究活動以外の活動が増加していること，②学校法人の財政及び経営の状況への社会的な関心が高まってきていること，③建学の精神に基づく教育が提供され続けていくためにどのような取組みがなされているかについて，財務的な観点からわかりやすく把握できるように情報提供が求められていること，など学校法人をとりまく環境には変化が生じています。そのため，活動区分ごとに支払資金（現金及びいつでも引き出すことができる預

●第3章　活動区分資金収支項目●

貯金をいいます。以下同じです（「基準」第32条）。）の流れを把握するために，資金収支計算書に記載される資金収入及び資金支出の決算額を3つの活動区分ごとに区分した活動区分資金収支計算書の作成が求められています（「学校法人会計基準の在り方について　報告書」平成25年1月31日　学校法人会計基準の在り方に関する検討会）。

3　活動区分資金収支計算書を作成する利点

活動区分資金収支計算書において，「教育活動による資金収支」を明らかにすることで，学校法人の本業である教育活動からどれだけの支払資金を獲得できたかを把握することが可能です。また，「施設整備等活動による資金収支」は，当年度に施設設備の購入があったか，財源は何であったかについて把握することを可能にします。また，「その他の活動による資金収支」では，借入金の収支，資金運用の状況等，主に財務活動を把握することができます。

なお，会計監査人非設置知事所轄学校法人は，活動区分資金収支計算書を作成しないことが認められています（「基準」第50条）。

4　活動区分資金収支計算書作成時の留意点

① 　活動区分資金収支計算書は，「基準」の第四号様式として様式が明示されていますが，当該様式に掲げる科目に計上すべき金額がない場合には，当該科目を省略することとされています（第四号様式　注1）。

② 　第四号様式に掲げる科目以外の科目を設けている場合には，その科目を様式に追加する必要があります（第四号様式　注2）。

③ 　調整勘定等の項には，活動区分ごとに，資金収支計算書の調整勘定（期末未収入金，前期末前受金，期末未払金，前期末前払金等）に調整勘定に関連する資金収入（前受金収入，前期末未収入金収入等）及び資金支出（前期末未払金支払支出，前払金支払支出等）を相互に加減した金額を記載します。また，活動区分ごとの調整勘定等の加減の計算過程を注記する必要があります（第四号様式　注3。活動区分ごとの調整勘定等の加減の

141

計算過程の注記の方法については，〔Q3－7〕をご参照ください）。

④ 特定資産に係る収支は，「基準」第4条のただし書で純額表示が認められた収入と支出に該当しないため，活動区分資金収支計算書において，総額をもって表示する必要があります（「実務指針第45号」1－6）。

●第3章　活動区分資金収支項目●

「基準」第四号様式（第39条関係）

活 動 区 分 資 金 収 支 計 算 書

年　　月　　日から
年　　月　　日まで

（単位　円）

		科　　　目	金　　額
教育活動による資金収支	収入	学生生徒等納付金収入	
		手数料収入	
		特別寄付金収入	
		一般寄付金収入	
		経常費等補助金収入	
		付随事業収入	
		雑収入	
		（何）	
		教育活動資金収入計	
	支出	人件費支出	
		教育研究経費支出	
		管理経費支出	
		教育活動資金支出計	
		差引	
		調整勘定等	
	教育活動資金収支差額		
		科　　　目	金　　額
施設整備等活動による資金収支	収入	施設設備寄付金収入	
		施設設備補助金収入	
		施設設備売却収入	
		第2号基本金引当特定資産取崩収入	
		（何）引当特定資産取崩収入	
		（何）	
		施設整備等活動資金収入計	
	支出	施設関係支出	
		設備関係支出	
		第2号基本金引当特定資産繰入支出	
		（何）引当特定資産繰入支出	
		（何）	
		施設整備等活動資金支出計	
		差引	
		調整勘定等	
	施設整備等活動資金収支差額		
	小計(教育活動資金収支差額＋施設整備等活動資金収支差額)		
		科　　　目	金　　額
その他の活動による資金収支	収入	借入金等収入	
		有価証券売却収入	
		第3号基本金引当特定資産取崩収入	
		（何）引当特定資産取崩収入	
		小計	
		受取利息・配当金収入	
		収益事業収入	
		（何）	
		その他の活動資金収入計	
	支出	借入金等返済支出	
		有価証券購入支出	
		第3号基本金引当特定資産繰入支出	
		（何）引当特定資産繰入支出	
		収益事業元入金支出	
		（何）	
		小計	
		借入金等利息支出	
		（何）	
		その他の活動資金支出計	
		差引	
		調整勘定等	
	その他の活動資金収支差額		
	支払資金の増減金(小計＋その他の活動資金収支差額)		
	前年度繰越支払資金		
	翌年度繰越支払資金		

143

Q3-2 資金収支計算書から活動区分資金収支計算書への組替えの方法は？

活動区分資金収支計算書は，資金収支計算書の数値を用いて組替えを行って作成するとのことですが，その組替え方法を教えてください。

 1　組替えの基本

　基本的に，資金収支計算書の大科目又は小科目は，一対一の関係で活動区分資金収支計算書の科目と紐付いています（＊1。なお＊番号は「5　資金収支計算書から活動区分資金収支計算書への組替イメージ」の＊番号と対応しています。以下同様）。例えば，資金収支計算書の「学生生徒等納付金収入」という大科目は，その金額をそのまま活動区分資金収支計算書の教育活動による資金収支区分の「学生生徒等納付金収入」へ組み替えます。また，寄付金収入の小科目である一般寄付金収入は，その金額をそのまま活動区分資金収支計算書の教育活動による資金収支区分の「一般寄付金収入」へ組み替えます。

　しかし例外的に，資金収支計算書の大科目又は小科目と一対一の関係にはならない以下の3つの組替えパターンが存在します。

①　資金収支計算書の小科目を分離して，活動区分資金収支計算書へ組み替えるケース（＊2～＊5）

②　資金収支計算書の小科目を統合して，活動区分資金収支計算書へ組み替えるケース（＊6～＊9）

③　資金収支計算書の大科目・小科目を3つの活動区分に分離した上で，活動区分資金収支計算書へ各活動区分の「調整勘定等」に統合して組み替え

●第3章　活動区分資金収支項目●

るケース（＊10）

2　資金収支計算書の小科目を分離するケース

① 寄付金収入（＊2）

　　資金収支計算書の寄付金収入の小科目のうち特別寄付金収入は，活動区分資金収支計算書の「教育活動による資金収支」区分の「特別寄付金収入」と「施設整備等活動による資金収支」区分の「施設設備寄付金収入」に分離します。分離についての詳細は〔Q3－8〕をご参照ください。

② 補助金収入（＊3）

　　資金収支計算書の補助金収入は，活動区分資金収支計算書の「教育活動による資金収支」区分の「経常費等補助金収入」と「施設整備等活動による資金収支」区分の「施設設備補助金収入」に分離します。

　　分離についての詳細は〔Q3－9〕をご参照ください。

③ その他の収入（＊4）

　　資金収支計算書のその他の収入の小科目のうち，（何）引当特定資産取崩収入は，何のための特定資産であるかという視点で区分し，施設整備等に関するものは，活動区分資金収支計算書の「施設整備等活動による資金収支」区分の「（何）引当特定資産取崩収入」に，それ以外は「その他の活動による資金収支」区分の「（何）引当特定資産取崩収入」に組み替えます。

④ 資産運用支出（＊5）

　　資金収支計算書の資産運用支出の小科目のうち，（何）引当特定資産繰入支出は，何のための特定資産であるかという視点で区分し，施設整備等に関するものは，活動区分資金収支計算書の「施設整備等活動による資金収支」区分の「（何）引当特定資産繰入支出」に，それ以外は「その他の活動による資金収支」区分の「（何）引当特定資産繰入支出」に組み替えます。

145

3　資金収支計算書の小科目を統合するケース

① 　資産売却収入（＊6）

資金収支計算書の資産売却収入の小科目のうち，施設売却収入と設備売却収入は各々の金額を合計して，活動区分資金収支計算書の「施設整備等活動による資金収支」区分の「施設設備売却収入」に組み替えます。

② 　付随事業・収益事業収入（＊7）

資金収支計算書の付随事業・収益事業収入は，収益事業収入以外（補助活動収入，附属事業収入及び受託事業収入など）の金額を合計して，活動区分資金収支計算書の「教育活動による資金収支」区分の「付随事業収入」に組み替えます。

③ 　雑収入（＊8）

資金収支計算書の雑収入は，過年度修正収入以外（施設設備利用料収入など）の金額を合計して，活動区分資金収支計算書の「教育活動による資金収支」区分の「雑収入」に組み替えます。

④ 　管理経費支出（＊9）

資金収支計算書の管理経費支出は，デリバティブ解約損支出及び過年度修正支出以外（消耗品費支出，光熱水費支出及び旅費交通費支出など）の金額を合計して，活動区分資金収支計算書の「教育活動による資金収支」区分の「管理経費支出」に組み替えます。

4　調整勘定等について

資金収支計算書のうち，以下の科目については，活動区分資金収支計算書の「教育活動」，「施設整備等」，「その他」の3つに区分して，それぞれの区分の「調整勘定等」に組み替える必要があります（＊10）。

① 　前受金収入

② 　前期末未収入金収入

③ 　資金収入調整勘定

④ 　手形債務支払支出

●第3章　活動区分資金収支項目●

⑤　前期末未払金支払支出

⑥　前払金支払支出

⑦　資金支出調整勘定

調整勘定等の詳細については，〔Q3－6〕をご参照ください。

5　資金収支計算書から活動区分資金収支計算書への組替イメージ

資金収支計算書	活動区分資金収支計算書	
科　目	活動区分	科　目
学生生徒等納付金収入	教育活動	学生生徒等納付金収入(＊1)
手数料収入	教育活動	手数料収入(＊1)
寄付金収入	教育活動	特別寄付金収入(＊2)，一般寄付金収入(＊1)
	施設整備等活動	施設設備寄付金収入(＊2)
補助金収入	教育活動	経常費等補助金収入(＊3)
	施設整備等活動	施設設備補助金収入(＊3)
資産売却収入	施設整備等活動	施設設備売却収入(＊6)
	その他の活動	有価証券売却収入(＊1)
付随事業・収益事業収入	教育活動	付随事業収入(＊7)
	その他の活動	収益事業収入(＊1)
受取利息・配当金収入	その他の活動	受取利益・配当金収入(＊1)
雑収入	教育活動	雑収入(＊8)
	その他の活動	過年度修正収入(＊1)
借入金等収入	その他の活動	借入金等収入(＊1)
前受金収入	教育活動，施設整備等活動，その他の活動	調整勘定等(＊10)
その他の収入	施設整備等活動	第2号基本金引当特定資産取崩収入(＊1) (何)引当特定資産取崩収入(＊4)
	その他の活動	第3号基本金引当特定資産取崩収入(＊1) (何)引当特定資産取崩収入(＊4) 貸付金回収収入(＊1) 預り金受入収入(＊1)
	教育活動，施設整備等活動，その他の活動	調整勘定等(前期末未収入金収入)(＊10)

147

資金収支計算書	活動区分資金収支計算書	
科　目	活動区分	科　目
資金収入調整勘定	教育活動，施設整備等活動，その他の活動	調整勘定等(期末未収入金，前期末前受金)(＊10)
人件費支出	教育活動	人件費支出(＊1)
教育研究経費支出	教育活動	教育研究経費支出(＊1)
管理経費支出	教育活動	管理経費支出(＊9)
	その他の活動	デリバティブ解約損支出(＊1) 過年度修正支出(＊1)
借入金等利息支出	その他の活動	借入金等利息支出(＊1)
借入金等返済支出	その他の活動	借入金等返済支出(＊1)
施設関係支出	施設整備等活動	施設関係支出(＊1)
設備関係支出	施設整備等活動	設備関係支出(＊1)
資産運用支出	施設整備等活動	第2号基本金引当特定資産繰入支出(＊1) (何)引当特定資産繰入支出(＊5)
	その他の活動	有価証券購入支出(＊1) 第3号基本金引当特定資産繰入支出(＊1) (何)引当特定資産繰入支出(＊5) 収益事業元入金支出(＊1)
その他の支出	その他の活動	貸付金支払支出(＊1) 預り金支払支出(＊1)
	教育活動，施設整備等活動，その他の活動	調整勘定等(前期末未払金支払支出，前払金支払支出)(＊10)
資金支出調整勘定	教育活動，施設整備等活動，その他の活動	調整勘定等(期末未払金，前期末前払金)(＊10)

●第3章　活動区分資金収支項目●

Q3-3
教育活動による資金収支の内容は？

　教育活動による資金収支に区分されるものはどのようなものですか。内容を教えてください。

　1　教育活動による資金収支の定義

　「25高私参第8号」Ⅰ2⑴①では，「教育活動による資金収支」とは，資金収支計算書の資金収入及び資金支出のうち，「施設整備等活動による資金収支」及び「その他の活動による資金収支」を除いたものと定義されています。

　このように，「教育活動による資金収支」が定義されるのは，基本的に学校法人は，設置基準に基づき必要な施設設備等を用意した上で，本業である教育活動を実施する主体であり，学校法人の活動は，教育活動による資金収支が中心であるという考え方に基づいているためです。

　具体的には，「施設整備等活動による資金収支」は，学校法人が教育活動を継続的に実施するために，施設設備の更新やさらなる取得といった活動を必要とすることから，教育活動をインフラ面から支える活動としての，施設設備の拡充等に限定された資金収支であると考えています。

　また，「その他の活動による資金収支」は，あくまでも学校法人の主たる活動とは異なる活動によって発生した資金収支であると捉えています。よって，「25高私参第8号」Ⅰ2⑶①では，「その他の活動による資金収支」として，財務活動，収益事業に係る活動，預り金の受け払い等の経過的な活動，過年度修正額が限定列挙されています。

　このことから活動区分資金収支計算書上，「施設整備等活動による資金収支」

149

と「その他の活動による資金収支」は，「25高私参第8号」における定義に従って区分して計上すれば足り，それ以外の資金収支は広く「教育活動による資金収支」の活動区分に計上するという考え方が根底にあると考えられます。

2　教育活動による資金収支の科目について

＜主な教育活動による資金収支の科目＞

（収入）

学生生徒等納付金収入

手数料収入

特別寄付金収入

一般寄付金収入

経常費等補助金収入

付随事業収入

雑収入　　など

　なお，以下は「25高私参第8号」において，「教育活動による資金収入」として個別の定義がある科目です。

　①　特別寄付金収入（「25高私参第8号」Ⅰ2(1)②）

　　　用途指定のある寄付金収入のうち，施設設備寄付金収入以外

　　　（資金収支計算書の特別寄付金収入を，活動区分資金収支計算書の特別寄付金収入と施設設備寄付金収入に区分する方法は，〔Q3－8〕をご参照ください）

　②　経常費等補助金収入（「25高私参第8号」Ⅰ2(1)③）

　　　補助金収入のうち，施設設備補助金収入以外

　　　（資金収支計算書の補助金収入を，活動区分資金収支計算書の経常費等補助金収入と施設設備補助金収入に区分する方法は，〔Q3－9〕をご参照ください）

●第3章　活動区分資金収支項目●

（支出）

人件費支出

教育研究経費支出

管理経費支出

Q3-4
施設整備等活動による資金収支の内容は？

施設整備等活動による資金収支に区分されるものはどのようなものですか。内容を教えてください。

　1　施設整備等活動による資金収支の定義

「25高私参第8号」Ⅰ2(2)①では，「施設整備等活動による資金収支」とは，「施設若しくは設備の取得又は売却その他これらに類する活動」に係る資金収入及び資金支出と定義しています。

定義中の「その他これらに類する活動」とは，資産の額の増加を伴う施設若しくは設備の改修等であり，単なる施設設備の修繕費や除却に伴う経費は含みません（「25高私参第8号」Ⅰ2(2)②）。一方，直接的には施設若しくは設備の取得には該当しないものの，学校法人が有する固定資産の修理，改良等のために支出した金額のうち当該固定資産の価値を高め，又はその耐久性を増すこととなると認められるような修繕活動は，修繕費に計上されず"資本的支出"として結果的に固定資産の額の増加をもたらすことから，「その他これらに類する活動」に該当すると考えられ，「施設整備等活動による資金収支」に区分されます。

2　施設整備等活動による資金収支の科目について

＜主な施設整備等活動による資金収支の科目＞
（収入）
施設設備寄付金収入

●第３章　活動区分資金収支項目●

施設設備補助金収入

施設設備売却収入

第２号基本金引当特定資産取崩収入

（何）引当特定資産取崩収入　など

　なお，以下は「25高私参第８号」において，施設整備等活動による資金収入
として個別の定義がある科目です。

　①　施設設備寄付金収入（「25高私参第８号」Ⅰ２(2)③）

　　　施設設備の拡充等のための寄付金収入

　　　（資金収支計算書の特別寄付金収入を，活動区分資金収支計算書の特別寄
　　　付金収入と施設設備寄付金収入に区分する方法は，〔Ｑ３－８〕をご参照
　　　ください）

　②　施設設備補助金収入（「25高私参第８号」Ⅰ２(2)④）

　　　施設設備の拡充等のための補助金収入

　　　（資金収支計算書の補助金収入を，活動区分資金収支計算書の経常費等補
　　　助金収入と施設設備補助金収入に区分する方法は，〔Ｑ３－９〕をご参照
　　　ください）

　③　施設設備売却収入（「25高私参第８号」Ⅰ２(2)⑤）

　　　施設設備の売却による収入

　④　（何）引当特定資産取崩収入（「25高私参第８号」Ⅰ２(2)⑥）

　　　施設設備に用途指定のある特定資産の取崩しに伴う収入のうち，「第２号
　　　基本金引当特定資産取崩収入」を除いたもの

（支出）

施設関係支出

設備関係支出

第２号基本金引当特定資産繰入支出

（何）引当特定資産繰入支出　など

153

3　学生生徒等納付金収入の施設設備資金収入について

　学校法人によっては，保護者から授業料や入学金等と一緒に，施設整備を名目とした金銭を徴収する場合があります。この場合は，資金収支計算書上，学生生徒等納付金収入を構成するものとして，施設設備資金収入といった小科目で計上しています。この施設設備資金収入は，活動区分資金収支計算書では「施設整備等活動による資金収入」に区分せず，学生生徒等納付金収入として，全て「教育活動による資金収入」に区分します。

　「施設整備等活動による資金収入」は，例えば「A棟建設資金として」のように，特定の年度の具体的な施設設備の取得を目的として明確に管理され，施設設備の拡充のみにしか支払資金を使うことができないなど，使途特定がされています。しかし，大科目「学生生徒等納付金収入」のうち小科目「施設設備資金収入」は，施設拡充費その他施設・設備の拡充等のための資金として徴収する納付金であっても，一般的には具体的に施設設備の取得がある特定の年度に合わせて徴収するものではないことから，学生生徒等納付金収入として「教育活動による資金収入」に区分されます（文部科学省「学校法人会計基準の改正に関する説明会」への質問回答集（平成26年2月）A4）。

●第3章　活動区分資金収支項目●

Q3-5
その他の活動による資金収支の内容は？

その他の活動による資金収支に区分されるものはどのようなものですか。内容を教えてください。

1　その他の活動による資金収支の定義

「25高私参第8号」Ⅰ2(3)①では，「その他の活動による資金収支」とは，財務活動のほか，収益事業に係る活動，預り金の受け払い等の経過的な活動に係る資金収入及び資金支出，並びに過年度修正額と定義しています。

なお，定義中の「財務活動」とは，資金調達及び資金運用に係る活動をいいます（「25高私参第8号」Ⅰ2(3)②）。例えば，資金調達に係る活動とは，金融機関からの資金の借入活動など，資金運用に係る活動とは，国債や有価証券等を購入し，運用収入を得る活動などが考えられます。

2　その他の活動による資金収支の科目について

＜主なその他の活動による資金収支の科目＞
（収入）
借入金等収入
有価証券売却収入
第3号基本金引当特定資産取崩収入
（何）引当特定資産取崩収入
貸付金回収収入
預り金受入収入

受取利息・配当金収入

収益事業収入　など

　なお，「(何) 引当特定資産取崩収入」とは，施設設備以外に用途指定のある特定資産の取崩しに伴う収入のうち，「第 3 号基本金引当特定資産取崩収入」を除いたものをいいます（「25高私参第 8 号」Ⅰ 2(3)③）。

（支出）

借入金等返済支出

有価証券購入支出

第 3 号基本金引当特定資産繰入支出

(何) 引当特定資産繰入支出

収益事業元入金支出

貸付金支払支出

預り金支払支出

借入金等利息支出　など

3　第 3 号基本金引当特定資産運用収入について

　「第 3 号基本金引当特定資産運用収入」は，たとえ使途が教育活動に特定されているとしても（例えば奨学基金の運用収入を奨学費として教育活動に使う場合），資産の運用果実という点では，使途特定のない受取利息等と同様であるため，「その他の受取利息・配当金収入」と区別せずに，全て財務活動として「その他の活動による資金収支」に区分されます（文部科学省「学校法人会計基準の改正に関する説明会」への質問回答集（平成26年 2 月）A 2 ）。

Q3-6 調整勘定等の意味は？

活動区分資金収支計算書に「調整勘定等」という科目欄がありますが、この内容を教えてください。

1 調整勘定等とは

活動区分資金収支計算書には、各活動区分に「調整勘定等」の記載欄があります。この「調整勘定等」とは、活動区分ごとで、資金収支計算書の調整勘定（期末未収入金、前期末前受金、期末未払金、前期末前払金等）に、調整勘定に関連する資金収入（前受金収入、前期末未収入金収入等）及び資金支出（前期末未払金支払支出、前払金支払支出等）を相互に加減した額です（「基準」第四号様式　注3）。

2 活動区分資金収支計算書に調整勘定等が必要な理由

活動区分資金収支計算書は、資金収支計算書に記載される資金収入及び資金支出の決算額を活動ごとに区分して記載する計算書です。

そのため、〔Q3－2〕でご説明をしたとおり、基本的には、資金収支計算書の大科目又は小科目は、一対一の関係で活動区分資金収支計算書の科目と紐付いています。

ここで留意が必要なのは、資金収支計算書の基礎となる会計帳簿は、教育研究活動などの諸活動に対応する収支が、未収や未払といった経過勘定を用いることで、非資金収支を含めて記帳されているという点です。そのため、必ずしも資金収支計算書の科目の収支は実際の支払資金（現金及びいつでも引き出す

ことができる預貯金）の収支とは一致していません。ゆえに，資金収支計算書では，実際の支払資金に合わせる手続として，資金収入及び資金支出の調整が必要となります（〔Q2－18〕参照）。ここで，活動区分資金収支計算書は，資金収支計算書の数値を基にして作成していることから，資金収支計算書と同様に資金収入及び資金支出の調整が必要となります。ただし，資金収支計算書に記載される決算額を3つの活動に区分して活動区分資金収支計算書を作成しているため，資金収支計算書で行っている資金収入及び資金支出の調整も，同様に3つの活動に区分することが必要となります。

●第3章 活動区分資金収支項目●

Q3-7

活動区分ごとの調整勘定等の加減の計算過程の注記の方法は？

活動区分資金収支計算書の注記として，活動区分ごとの調整勘定等の加減の計算過程を注記することが求められています。注記の方法を教えてください。

1 活動区分ごとの調整勘定等の加減の計算過程の注記が必要な理由

「基準」第四号様式注3にて，活動区分ごとの調整勘定等の加減の計算過程を注記することが求められています。そして当該注記は，「25高私参第8号」Ⅲ1において，「活動区分資金収支計算書」の末尾に記載するものとされています。この注記が必要とされる理由は，各活動区分の調整勘定等が，その計算結果としての最終金額のみ，それぞれ一行で記載されるためです。つまり，どのような計算過程を経て算定された数値か不明であることから，調整勘定等の算出過程を明らかにするために，注記が必要とされています。

2 活動区分ごとの調整勘定等の加減の計算過程の注記方法

活動区分ごとの調整勘定等の計算過程は，「25高私参第8号」Ⅲ1（注記例）の様式を用いて記載します。記載の仕方ですが，資金収支計算書に計上されている資金収入の調整項目及び資金支出の調整項目（注記例における「項目」列）を，それぞれ「教育活動による資金収支」，「施設整備等活動による資金収支」及び「その他の活動による資金収支」に区分します。どの活動区分に分類するかは，基本的に調整勘定の相手勘定がどの活動区分に該当するかで判断し

ます。例えば，未収入金の相手勘定が学生生徒等納付金収入であれば，「教育活動による資金収支」の区分の調整勘定になり，未収入金の相手勘定が施設設備補助金収入であれば「施設整備等活動による資金収支」区分の調整勘定になります（「学校法人会計基準の改正に関する説明会」への質問回答集（平成26年2月）A6）。

そして，注記例の活動区分ごとの調整勘定等の計算過程の記載欄には，前受金，未収入金，未払金，前払金に関連する項目以外に，（何）という項目がありますが，ここには手形債権及び債務に関連する収支の項目が含まれます（「実務指針第45号」1－7）。

なお，「25高私参第8号」Ⅲ1（注記例）の脚注において，「（注）該当する項目のみに数値を記入する。」と明記されていることから，該当する項目に金額がない場合であっても項目を省略することはできません（「実務指針第45号」5－1）。

また，注記の各活動区分の「収入計－支出計」欄の金額は，活動区分資金収支計算書の各々の調整勘定等の金額と一致します。

●第3章　活動区分資金収支項目●

（注記例）

　活動区分ごとの調整勘定等の計算過程は以下のとおり。

（単位　円）

項目	資金収支 計算書計上額	教育活動 による資金収支	施設整備等活動 による資金収支	その他の活動 による資金収支
前受金収入	×××	×××	×××	×××
前期末未収入金収入	×××	×××	×××	×××
期末未収入金	△×××	△×××	△×××	△×××
前期末前受金	△×××	△×××	△×××	△×××
（何）	（△）×××	（△）×××	（△）×××	（△）×××
収入計	（△）×××	（△）×××	（△）×××	（△）×××
前期末未払金支払支出	×××	×××	×××	×××
前払金支払支出	×××	×××	×××	×××
期末未払金	△×××	△×××	△×××	△×××
前期末前払金	△×××	△×××	△×××	△×××
（何）	（△）×××	（△）×××	（△）×××	（△）×××
支出計	（△）×××	（△）×××	（△）×××	（△）×××
収入計－支出計	（△）×××	（△）×××	（△）×××	（△）×××

（＊）該当する項目のみに数値を記入する。

教育活動による資金収支の「調整勘定等」欄の金額と一致

施設整備等活動による資金収支の「調整勘定等」欄の金額と一致

その他の活動による資金収支の「調整勘定等」欄の金額と一致

（吹き出しは筆者が追記したものです）

161

Q3-8
寄付金収入を教育活動と施設整備等活動とに区分する方法とは？

寄付金収入は，教育活動による資金収支と施設整備等活動による資金収支に区分する必要があるとのことですが，区分の仕方を教えてください。

 1 寄付金収入の区分の方法

寄付金収入は，「教育活動による資金収支」と「施設整備等活動による資金収支」に区分する必要がありますが，区分の基本的な考え方として，「寄付者の意思」で判断します。

具体的には，活動区分資金収支計算書における「特別寄付金収入」とは，「用途指定のある寄付金収入のうち，施設設備寄付金収入を除いたものをいう」と定義され，「施設設備寄付金収入」とは，「施設設備の拡充等のための寄付金収入をいう」と定義されていることから（「25高私参第8号」Ⅰ2(1)②，(2)③），施設設備拡充等のためという寄付者の意思が明確な寄付金収入のみ「施設整備等活動による資金収支」の区分に「施設設備寄付金収入」の科目で計上し，それ以外の寄付金収入は，「教育活動による資金収支」の区分に用途指定の有無で，「特別寄付金収入」又は「一般寄付金収入」の科目として計上することになります。

なお，活動区分資金収支計算書における「教育活動による資金収支」の区分の「特別寄付金収入」又は「一般寄付金収入」は，事業活動収支計算書においては教育活動収支の「寄付金」に「特別寄付金」又は「一般寄付金」として計

●第3章　活動区分資金収支項目●

上されることになります。

　また，活動区分資金収支計算書における「施設整備等活動による資金収支」
の区分の「施設設備寄付金収入」は，事業活動収支計算書では，「特別収支」
の「その他の特別収入」に「施設設備寄付金」として計上することになります
（「実務指針第45号」１－２）。

2　寄付者の意思が明確ではない場合の寄付金収入の区分の方法

　寄付者の意思が可能な限り明確になるよう，寄付金趣意書や寄付金申込書等
の様式を整えることが望ましいですが，寄付者の意思が明確でない場合には，
「教育活動による資金収支」の活動区分に計上することになります（「実務指針
第45号」１－２）。

3　寄付者の意思が特定できない場合の寄付金収入の区分の方法

　例えば，寄付金趣意書において「目標総額１億円，寄付金一口10万円から，
使途として，①新キャンパス建設資金，②奨学基金の拡充」と記載して募集を
行っている場合，寄付者の意思が①②のどちらにも特定できません。

　このように，使途について寄付者の意思が特定できない場合の寄付金収入
は，主たる目的の活動区分に計上するなどの方法によることになると考えられ
ますが，あらかじめ寄付金趣意書や寄付金募集要項等の様式で区分を明示して
おくことが望まれます。

　なお，①は「施設整備等活動による資金収支」，②は「教育活動による資金
収支」に計上することになります（「実務指針第45号」１－３）。

4　施設整備目的で収受した寄付金収入の区分の方法

　寄付金収入の区分の拠り所は「寄付者の意思」であると前述したところです
が，これは寄付金収入を原資とした支出の会計処理に，寄付金収入の区分は左
右されないことを意味します。つまり，寄付者の意思が施設設備の拡充である
限り，「施設整備等活動による資金収支」に区分されるということです。例え

163

ば，寄付金収入を原資として取得した資産が経理規程等に定められた固定資産計上基準額未満であるため経費処理を行ったとしても，その目的が施設設備の拡充である場合には，「施設整備等活動による資金収入」の区分に施設設備寄付金収入の科目で計上します（「実務指針第45号」1－5）。

●第3章　活動区分資金収支項目●

Q3-9

補助金収入を教育活動と施設整備等活動とに区分する方法は？

補助金収入は教育活動による資金収支と施設整備等活動による資金収支に区分する必要があるとのことですが，区分の仕方を教えてください。

　1　経常費等補助金収入と施設設備補助金収入とは

補助金収入は，「教育活動による資金収支」と「施設整備等活動による資金収支」に区分する必要がありますが，区分の基本的な考え方として，「交付の目的」で判断します。

ここで，「経常費等補助金収入」とは，「補助金収入のうち，施設設備補助金収入を除いたものをいう」と定義されており，また「施設設備補助金収入」とは，「施設設備の拡充等のための補助金収入をいう」と定義されています（「25高私参第8号」Ⅰ2(1)③，(2)④）。

したがって，補助金交付の根拠法令や交付要綱等の趣旨から，施設設備のためという目的が明確な補助金収入のみ「施設整備等活動による資金収支」の活動区分に「施設設備補助金収入」の科目で計上し，それ以外の補助金収入は，「教育活動による資金収支」の活動区分に「経常費等補助金収入」の科目で計上します。

なお，活動区分資金収支計算書における「教育活動による資金収支」の活動区分の「経常費等補助金収入」は，事業活動収支計算書では，「教育活動収支」の「経常費等補助金」として計上します。また，活動区分資金収支計算書にお

165

ける「施設整備等活動による資金収支」の活動区分の「施設設備補助金収入」
は，事業活動収支計算書では，「特別収支」の「施設設備補助金」として計上
します（「実務指針第45号」1－4）。

2　活動区分資金収支計算書における「教育活動による資金収支」と「施設整備等活動による資金収支」の区分例

①　利子補給を目的とした補助金（「実務指針第45号」1－4）

　　新校舎の建設の融資に係る利子の一部を助成する補助金は，融資に対する利子の補助金であり，また「その他の活動による資金収支」にも該当していないことから，「教育活動による資金収支」の活動区分に計上するという考え方があります。しかし，施設の充実を図る目的で補助されるものであるため，補助金の交付者の目的に照らして「施設整備等活動による資金収支」の活動区分に計上します。

②　経常費補助金のうち設備支出を対象とする部分（「実務指針第45号」1－4）

　　「施設整備等活動による資金収支」及び「その他の活動による資金収支」は「25高私参第8号」に従い区分して計上します。一方，それ以外の収支は広く「教育活動による資金収支」の活動区分に計上するというのが基本的な考え方です。そのため，「施設整備等活動による資金収支」の活動区分に含まれる補助金は，交付者の目的が，施設又は設備の取得等に充てることが明確な場合に限定されます。

　　私立大学等経常費補助金には，図書や機器備品といった設備関係支出を補助対象とした補助金も含まれていますが，当該補助金は私立大学等の教育活動の維持向上等に寄与するための経常的経費の補助です。したがって，交付者の目的が，施設又は設備の取得等に充てることが明確とはいえず，その収入全てを「教育活動による資金収支」の活動区分に計上することになります。

③　経常費補助金を構成する特別補助（「実務指針第45号」1－4）

　　特別補助は，「私立大学における学術の振興及び私立大学又は私立高等

●第3章　活動区分資金収支項目●

専門学校における特定の分野，課程等に係る教育の振興のため特に必要があると認めるとき」（私立学校振興助成法第7条）に従来から実施されている一般補助金を増額して交付できるというものです。

したがって，特別補助は，経常費補助金における一般補助の増額分であり，その名称・目的・内容等から，一部が施設設備の購入に充てられることが想定される特別補助であっても，「教育活動による資金収支」の活動区分に計上します。

④　GP（Good Practice）等の補助金（「実務指針第45号」1－4）

GP（Good Practice）等の補助金については，教育の質向上に向けた大学教育改革の取組みに係る補助であるため，その名称・目的・内容等から，一部が施設設備の購入に充てられることが想定されたとしても，「教育活動による資金収支」の活動区分に計上します。

3　施設整備目的で収受した補助金収入の区分について

補助金収入は，交付の目的に基づき判断すると前述したところですが，これは，補助金収入を原資とした支出の会計処理に，補助金収入の区分は左右されないことを意味します。つまり，交付目的が施設設備の拡充である限り，「施設整備等活動による資金収支」に区分されるということです。例えば，補助金収入を原資として取得した資産が経理規程等に定められた固定資産計上基準額未満であるため経費処理を行ったとしても，その目的が施設設備の拡充である場合には，「施設整備等活動による資金収入」の区分に施設設備補助金収入の科目として計上します（「実務指針第45号」1－5）。

167

Q3-10
活動区分資金収支計算書を利用した財務分析の方法は？

活動区分資金収支計算書の重要な科目や意味，そして利用方法を教えてください。

 1　各活動区分の収支差額の意味

① 教育活動資金収支差額

　教育活動による資金収支は収入と支出に区分され，この収入から支出を控除した金額である「差引」に「調整勘定等」を加減算した結果，「教育活動資金収支差額」が算定されます。

　この「教育活動資金収支差額」がプラスかマイナスかで，学校法人にとって本業である教育活動によって，教育活動以外（②③）の収支不足分を賄えているかの収支状況を把握することができます。

② 施設整備等活動資金収支差額

　施設整備等活動による資金収支は収入と支出に区分され，この収入から支出を控除した金額である「差引」に「調整勘定等」を加減算した結果，「施設整備等活動資金収支差額」が算定されます。

　この「施設整備等活動資金収支差額」がプラスかマイナスかで，当年度の施設設備の取得の状況と取得のための財源（寄付金か補助金かなど）及び施設整備等の収支状況を把握することができます。

③ その他の活動資金収支差額

　その他の活動による資金収支は収入と支出に区分され，この収入から支

●第3章　活動区分資金収支項目●

出を控除した金額である「差引」に「調整勘定等」を加減算した結果，「その他の活動資金収支差額」が算定されます。

この「その他の活動資金収支差額」がプラスかマイナスかで，借入金の収支，資金運用の状況等，主に財務活動の収支状況を把握することができます。

2　各活動区分の収支差額を利用した学校法人の経営状態の把握

① 通常時

学校法人は，通常の経営状態では，本業である教育活動により，教育活動以外の支払資金を賄うため，教育活動資金収支差額はプラスになります。

② 施設整備時

学校法人が施設整備に力を入れている状況では，固定資産の取得が多くなるため，施設整備等活動収支差額はマイナスになり，教育活動資金のプラスのみでは賄いきれない部分を借入等(その他の活動資金)のプラスで補う傾向があります。

（下表では，本業である教育活動資金収支差額が通常の経営状態である学校法人を想定しています。）

③ 経営困難時

①通常時と対照的に，経営困難時の学校法人は，本業である教育活動により教育活動以外の支払資金を賄うことができず，教育活動資金収支差額がマイナスになります。

下表以外の資金収支の状況として，例えば，その他の活動資金収支差額は，主に，過去大きな借入を行っていれば，その返済が負担となってマイナスとなる傾向があり，施設整備等活動を行うにあたり，その資金を寄付金や補助金ではなく借入により賄っている場合には，プラスになる傾向があります。

169

＜文部科学省 学校法人会計基準の改正に関する説明会（平成25年12月13日〜12月25日）（資料１）
学校法人会計基準の改正について①（省令編）P.7＞

区分	通常	施設整備時	経営困難
教育活動	**＋**	**＋**	**－**
施設整備等活動	－	**－**	－
その他の活動	＋ **－**	**＋** －	**＋ －**

3　教育活動資金収支差額が重要な科目である理由

　本業である教育活動によって支払資金を生み出すことができない学校法人は，極端な例を挙げると，施設整備等に資金を回すことができず，借入金返済の原資もありません。その結果，魅力的な教育施策や研究環境を学生・生徒に提供できず，徐々に他の学校法人と比べて競争力が落ちていくことが考えられます。また，将来的には学生生徒等の獲得が厳しくなり，さらなる経営困難に陥るという悪循環のシナリオが待っているといえます。そのため学校法人にとっては，教育活動によってどのくらいの支払資金を生み出せているかが非常に重要なポイントです。

　この状況をひと目で把握することを可能としたのが，「教育活動資金収支差額」です。以上のことから，活動区分資金収支計算書は，活動区分ごとの資金の流れを大きな観点から掴める非常に有用な計算書であり，その中でも，「教育活動資金収支差額」は，特に重要な科目と考えられます。

第4章

事業活動収支関連項目

Q4-1 事業活動収支計算の目的は？

当校では，日常の会計処理を入出金伝票により行い，毎月，資金収支計算書を作成しています。そして，年度末には，この他に事業活動収支計算書も作成していますが，事業活動収支計算の目的はどこにあるのでしょうか。

1 計算書類の利用者

学校法人の計算書類を利用するのは学校法人内部の人に限られるわけではありません。一般的には次のような人たちが利用者となります。

① 学校法人の理事，監事，評議員，教職員
② 学生，学費負担者
③ 文部科学省や都道府県等の所轄庁
④ 日本私立学校振興・共済事業団，私立学校振興会や貸付けを行う金融機関

これらの利用者は各々異なる利用目的を有していますが，これらの利用者の会計情報に対する要請に応えられるように学校法人の計算体系は構築されています。そして，その計算体系が，①資金収支計算，②事業活動収支計算，③貸借対照表（財産）計算，④活動区分資金収支計算です。

2 事業活動収支計算の目的

事業活動収支計算の目的については，「基準」第23条に次のように記載されています。

●第4章　事業活動収支関連項目●

「事業活動収支計算書は，当該会計年度の次に掲げる活動に対応する事業活動収入及び事業活動支出の内容を明瞭に表示するとともに，当該会計年度において第12条及び第13条の規定により基本金に組み入れる額（以下「基本金組入額」という。）を控除した当該会計年度の諸活動に対応する全ての事業活動収入及び事業活動支出の均衡の状態を明瞭に表示するものとする。

　　一　教育活動

　　二　教育活動以外の経常的な活動

　　三　前二号に掲げる活動以外の活動」

　つまり，資産や用役の消費額である事業活動支出とその填補に充当できる事業活動収入とを活動ごとに対比し，両者の均衡の状態を明らかにするということが事業活動収支計算の目的となっています。活動ごととは，学校法人の活動を経常的活動と臨時的活動に区分し，さらに，経常的活動を教育研究に係る活動と教育活動外（財務活動及び収益事業）に区分して，それらの収支状況を把握し，対比できるようにすることです。本業である教育研究活動の収支差額と，資金調達・運用，収益事業の収支差額を足して経常収支差額を計算し，さらに臨時的に発生する特別収支差額を合計し，基本金組入前の当年度収支差額を計算します。ここから基本金組入額を控除し，当年度収支差額が計算されることによって，学校法人の経営の状況をよりわかりやすく示すこととなります。

　この事業活動収支計算は企業会計の損益計算に類似していますが，利益獲得を目的としている企業の計算体系が，営利を目的としていない学校法人に導入されることになった経緯については，日本会計研究学会の「学校法人会計の基本問題中間報告（報告目的と計算体系，第1部）3－3」で次のように説明されています。

　「……周知のとおり企業会計における損益計算は，収益および費用の額を対

173

比して利潤の稼得額を計算表示するものであるが，その根底に横たわるものは，なによりも企業維持ないしは企業資本維持の根源的要請である。そして企業維持の要請は，ひとり営利原則に支配される企業に固有のものでなく，あらゆる事業体にとって通有のものといわなければならない。（中略）それが資産の消費もしくは利用を不可欠の手段として運営されるかぎり，学校法人といえども，各年度における資産の消費額を各年度において塡補しておかなければ，長期にわたる法人の維持が物的に困難になる。すなわち，学校法人における各年度の消費額（消費支出）[*1]と，その塡補に充当しうる収入（消費収入）[*1]とが，持続的に均衡しなければ，事業体としての法人の生命を維持できない。……」

　このように，学校法人は営利を目的としていないが永続的な運営が要請されており，そのためには事業活動収支の均衡が確保されていなければなりません。この均衡の状態を明らかにするため事業活動収支計算は行われることになります。

　就学者人口の減少により私学経営が難しくなっている今日においては，従来以上に事業活動収支の均衡の状態が注目されるようになっています。

（*1）　現在は「消費支出」は「事業活動支出」に，「消費収入」は「事業活動収入」に読みかえます。

●第4章　事業活動収支関連項目●

Q4-2
学校法人会計基準で定める事業活動収支計算の方法は？

事業活動収支計算はどのような方法で行うのでしょうか。資金収支計算との違いについてもご説明ください。

　1　「基準」で定める事業活動収支計算の方法

事業活動収支計算の方法は「基準」第24条で次のように定められています。

①　事業活動収入の計算は，当該会計年度の学校法人の負債とならない収入について行うものとする。

②　事業活動支出の計算は，当該会計年度において消費する資産の取得価額及び当該会計年度における用役の対価に基づいて行うものとする。

③　事業活動収支計算は，前条各号に掲げる活動ごとに，前二項の規定により計算した事業活動収入と事業活動支出を対照して行うとともに，事業活動収入の額から事業活動支出の額を控除し，その残額から基本金組入額を控除して行うものとする。

2　資金収支計算と事業活動収支計算の違い

両計算の違いを特徴的に示している代表的な項目を拾い出して表すと，次の算式のようになります。

　　　事業活動収入＝資金収入－借入金収入－基本金組入額
　　　事業活動支出＝資金支出－借入金返済額－資本的支出＋減価償却額
　　この式から生じる資金収支と事業活動収支の差は，①借入金収入－同返済

額，②資本的支出－減価償却額及び③基本金組入額，という3つの部分に分けることができます。そのうち①が前記第24条第1項に対応し，②が第2項に対応し，③が第3項に対応しています。

(1) 借入金収入と返済額

　学校法人が借入を行った場合，これは資金収入となりますが，学校法人にとって負債となる収入であるため，事業活動収入には含まれません。これは前受金や預り金など他の負債となる項目についても同様です。

(2) 資本的支出と減価償却額

　事業活動支出は当該会計年度に消費する資産の取得価額に基づいて計算するものとされています。したがって，資本的支出がなされた場合，資金支出とはなりますが，その支出の対象となった資産は当年度で全ての価値が消費されるわけではないため，減価償却計算を行い消費されたとみなされた分のみ事業活動支出とされます。この「当該会計年度において消費する資産の取得価額及び当該会計年度における用役の対価に基づいて計算するものとする。」という定義は，当年度の活動に対応する支出であり，その原因となる事実が当年度に発生しているものであること，このような支出に漏れがないことを事業活動支出に求めているものです。

(3) 基本金組入額

　基本金は学校を永続的に維持していくために優先的に組み入れられるものであり，当年度組入れが必要とされた額については事業活動支出に充てるべきでないという学校法人会計の基本的な考え方があります。このため，事業活動支出に充てられる事業活動収入は事業活動収入から事業活動支出を控除して，その残額から基本金組入額を控除して計算されることになります。仮に事業活動収支計算書で事業活動収入から事業活動支出を控除した額がマイナスとなった場合でも，そのマイナスの数値から基本金組入額をさらに控除することになります。

176

●第4章　事業活動収支関連項目●

Q4-3
資金収支取引と事業活動収支取引との関係は？

資金収支取引と事業活動収支取引の関係が今ひとつ理解できないのですが，体系的にわかりやすく教えてください。

1　資金収支取引と事業活動収支取引の関係

資金収支取引と事業活動収支取引の関係は次のように表されます。

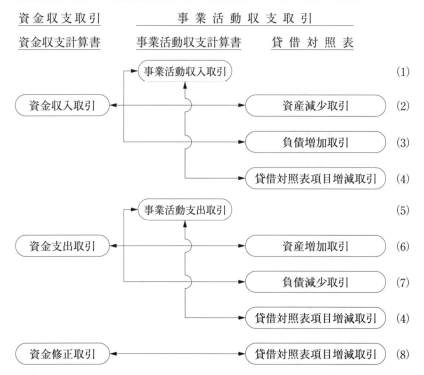

177

(1) **資金収入取引＝事業活動収入取引**

　資金収入がそのまま事業活動収入となるもので，次の(2)，(3)に該当しない資金収入取引です。

(2) **資金収入取引＝資産減少取引**

　具体的には資産売却収入，貸付金回収収入，立替金回収収入，仮払金回収収入などで，資金収入の内容が資産の売却や回収であり，資産を減少させることになる取引です。

　なお，資産売却収入はこの取引の範囲に含めていますが，売却損益部分は事業活動収支取引であり，資産減少と事業活動収支を含んだ複合的取引といえます。

(3) **資金収入取引＝負債増加取引**

　具体的には借入金収入，前受金収入，預り金収入などで，資金の受取ではあるが，将来の支出（返済等）が予定されていたり，翌年度以降の諸活動に対応するものであり，負債の増加となる取引です。

(4) **事業活動収支取引＝貸借対照表項目増減取引**

　資金の動きは伴わないが，事業活動収支計算を行うために必要な事業活動収支固有の取引です（〔Ｑ4－4〕参照）。

(5) **資金支出取引＝事業活動支出取引**

　資金支出がそのまま事業活動支出となるもので，次の(6)，(7)に該当しない資金支出取引です。

(6) **資金支出取引＝資産増加取引**

　具体的には設備関係支出，資産運用支出，貸付金支払支出，立替金支払支出などであり，資産の増加に対応して資金支出となる取引です。

(7) **資金支出取引＝負債減少取引**

　具体的には借入金返済支出，未払金支払支出，預り金支払支出などであり，負債の減少に対応して資金支出となる取引です。

(8) **資金修正取引＝貸借対照表項目増減取引**

　未収入金，前受金などの資金収入調整勘定及び未払金，前払金などの資金支

出調整勘定であり，これらの取引は貸借対照表の各勘定を増減させるものです。

2　資金収支と事業活動収支の関係

前記の取引の関係を整理すると，次のように資金収支と事業活動収支の関係を表すことができます。

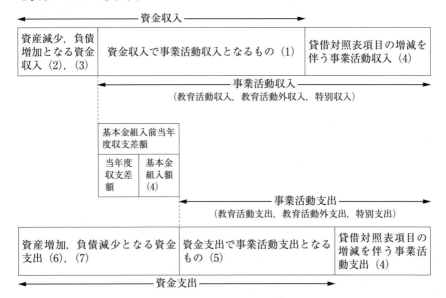

Q4-4

事業活動収支計算書の作成手順は？

経理課長より資金収支の試算表を渡され，事業活動収支計算のための仕訳を行うよういわれました。資金収支の試算表に，どういう処理を行えば事業活動収支計算書ができるのでしょうか。

 1 事業活動収支計算書作成のための処理の流れ

資金取引記録から事業活動収支計算書を作成するために行う処理を段階的に表すと，次のようになります。

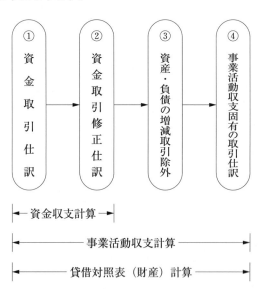

「①資金取引仕訳」は資金の収入及び支出が伴う取引を網羅的に仕訳したもので，これに当該会計年度の諸活動に対応するように資金収入・支出調整勘定

で修正を行う「②資金取引修正仕訳」を加え，資金収支計算書が作成されます。

経理課長から渡された資金収支の試算表はこの段階までの仕訳が織り込まれたもので，事業活動収支計算書を作るためにはこれから「③資産・負債の増減取引除外」と「④事業活動収支固有の取引仕訳」を行う必要があります。

2 資産・負債の増減取引除外

資金取引の中には，「当年度の資産・用役の消費となる支出及びこれに充てるための収入」と「資産・負債の増減」となる取引の2つが含まれています。

資金収支計算書を基に，これを大まかに区分すると次のようになります。

事業活動収入・支出となる取引については資金収支の勘定科目から「収入」と「支出」をとることにより，そのまま事業活動収支計算書の勘定科目として使うことができます。一方，資産・負債の増減となる取引については貸借対照表作成のための仕訳を行い，事業活動収支計算書から除かれます。

3 事業活動収支固有の取引仕訳

事業活動収支固有の取引仕訳とは，資金の動きは伴わないが当年度の資産の消費あるいは用役の収受であるため事業活動支出となるもの及び当年度の事業

活動収入とみなされるものを追加する修正仕訳です。

これらは具体的には次のようなものがあります。

① 機器備品，図書，不動産などを現物で受け取る寄付（〔Q4－9〕参照）

② 資産の処分及び売却（売却額と簿価の差額に関する処理）取引（〔Q4－10〕参照）

③ 退職給与引当金の繰入れ（〔Q4－12〕参照）

④ 固定資産の減価償却（〔Q4－13〕参照）

⑤ 徴収不能引当金の繰入れ又は徴収不能額の計上（〔Q4－15〕参照）

⑥ 有価証券等の評価減（〔Q5－5〕参照）

⑦ 貯蔵品や販売用品等の期末日在庫の調整（〔Q5－10〕参照）

⑧ 基本金の組入れ・取崩し（〔Q6－1〕参照）

4　収入・支出の事業活動ごとに分解

事業活動収支計算書は，教育活動，教育活動以外の経常的活動，前2つ以外の活動ごとに事業活動収入・支出を対比させて明らかにするという目的があります。資金収支計算書に示す収支のうち，事業活動収支となるものと貸借対照表項目の増減を伴う事業活動収支を活動ごとに分解することが必要となります。

分解イメージ

	資金収支計算書の科目等	教育	教育外	特別
資金収支のうち、事業活動収支となるもの	学生生徒等納付金収入	○		
	手数料収入	○		
	寄付金収入 　特別寄付金収入 　一般寄付金収入	 ○ ○		 ○
	補助金収入	○		○
	付随事業・収益事業収入 　収益事業収入	○ 	 ○	
	受取利息・配当金収入		○	
	雑収入	○		○
	人件費支出	○		
	教育研究経費支出	○		
	管理経費支出 　デリバティブ解約損失	○ 		 ○
	借入金等利息支出		○	
事業活動収支を伴う貸借対照表項目の増減を	現物寄付	○		○
	資産の処分及び売却			○
	退職給与引当金の繰入れ 退職給与引当金の特別繰入れ	○ 		 ○
	固定資産の減価償却	○		
	徴収不能引当金の繰入れ	○		
	有価証券の評価減			○

Q4-5 事業活動収支計算書と資金収支計算書の具体的相違点は？

事業活動収支計算書とはどういうものでしょうか。また，これは資金収支計算書とどういう点で異なっているのでしょうか。

 1　事業活動収支計算書と資金収支計算書

　事業活動収支計算書や資金収支計算書は「基準」でその様式が明らかにされていますので，これをご参照ください。

　ここでは，事業活動収支計算書を体系的に理解するため，資金収支計算書と事業活動収支計算書の違いを特徴的に示している代表的な項目により具体的金額を挙げて説明します。

●第4章　事業活動収支関連項目●

活動区分

資金収支計算書

資金収支計算書	金額	教育	教育外	特別
学生生徒等納付金収入	5,000	5,000		
手数料収入	100	100		
寄付金収入	120	100		20
特別寄付金収入(ハ)	100	80		20
一般寄付金収入	20	20		
補助金収入	1,000	1,000		100
国庫補助金収入(ハ)	950	900		50
設備補助金収入(ハ)	50			50
資産売却収入(ニ)	80			
付随事業・収益事業収入	100	90	10	
補助活動収入	90	90		
収益事業収入(ハ)	10		10	
受取利息・配当金収入(ハ)	80		80	
雑収入	161	150		11
雑収入	150	150		
過年度修正額(ハ)	11			11
借入金等収入(イ)	131			
前受金収入(イ)	1,600			
その他の収入	166			
貸付金回収入(イ)	166			
資金収入調整勘定	△1,200			
前期末前受金(イ)	△1,200			
前年度繰越支払資金(イ)	4,300			
収入の部合計	11,638		90	131
人件費支出	3,000	3,000		
教職員人件費支出	2,800	2,800		
退職金支出(イ)	200	200		
教育研究費支出	1,800	1,800		
管理経費支出	450	435		15
管理経費支出	435	435		
デリバティブ解約損失(ハ)	15			15
借入金等利息支出(ハ)	20		20	
借入金等返済支出(イ)	300			
施設関係支出(イ)	500			
設備関係支出(イ)	200			
資産運用支出(イ)	2,300			
その他の支出	600			
前期末未払金支出(イ)	600			
資金支出調整勘定	△420			
期末未払金(イ)	△420			
翌年度繰越支払資金(イ)	2,908			
支出の部合計	11,638		20	15

事業活動収支計算書

活動区分	区分	項目	金額
教育活動収支	事業活動収入	学生生徒等納付金	5,000
		手数料	100
		寄付金	150
		特別寄付金	80
		一般寄付金	20
		現物寄付(ロ)	50
		経常費等補助金	900
		国庫補助金	900
		付随事業収入	90
		雑収入	150
		教育活動収入計	6,390
	事業活動支出	人件費	3,183
		教職員人件費	2,800
		退職給与引当金繰入額(ロ)	328
		退職金	55
		教育研究経費	2,300
		教育研究経費	1,800
		減価償却額(ロ)	500
		管理経費	485
		管理経費	435
		減価償却額(ロ)	50
		徴収不能額等(ロ)	5
		教育活動支出計	5,973
		教育活動収支差額	417
教育活動外収支	事業活動収入	受取利息・配当金	80
		その他の教育活動外収入	10
		収益事業収入	10
		教育活動外収入計	90
	事業活動支出	借入金等利息	20
		教育活動外支出計	20
		教育活動外収支差額	70
		経常収支差額	487
特別収支	事業活動収入	資産売却差額(ニ)	56
		その他の特別収入	131
		施設設備寄付金	20
		現物寄付(ロ)	50
		施設設備補助金	50
		過年度修正額	11
		特別収入計	187
	事業活動支出	資産処分差額(ロ)(ニ)	21
		その他の特別支出	55
		災害損失(ロ)	40
		デリバティブ解約損失	15
		特別支出計	76
		特別収支差額	111
		基本金組入前当年度収支差額	598
		基本金組入額(ロ)	△700
		当年度収支差額	△102

2 事業活動収支計算書と資金収支計算書の相違

⑴ 計算目的の相違

　資金収支計算書は会計年度の諸活動に対応する収入及び支出の内容並びに支払資金の収支のてん末を明らかにし，事業活動収支計算書は活動ごとに事業活動収入・支出の内容を明らかにするとともに，基本金組入額を控除した全ての事業活動収支の均衡の状態を明らかにするものでした。

　上記の資金収支計算書を見ると，前年度繰越支払資金4,300に当年度の収入を加えたものが収入の部となり，支出の部で当年度の支出の内容が明らかにされ，この収支の結果，次年度繰越支払資金2,908が残ることがわかります。このような形で，当年度の収支の内容と支払資金のてん末を明らかにしています。

　これに対し事業活動収支計算書は，教育活動収支差額417と教育活動外収支差額70と特別収支差額111が活動ごとに明らかにされ，3つの活動の収支差額を合計した598から基本金組入額700を控除して，当年度収支差額を△102と算出し，その均衡の状況を明らかにしています。この差額が事業活動収支の均衡の状態の結果となるもので，マイナスが続けば学校法人の永続性に問題が生じることになります。

⑵ 含まれる項目の相違

① 　資金収支計算書で㈤を付したものは事業活動収支計算では資産・負債の増減となるものであり，事業活動収支計算書からは除外され貸借対照表に反映させられるものです。

② 　事業活動収支計算書で㈥を付したものは事業活動収支固有の取引となるものです。

③ 　資金収支計算書で㈦を付したものは事業収支計算書上，教育活動外収支若しくは特別収支に該当するものが含まれるため，組替の要否を検討する必要があります。

④ 　資産，売却収入，資産売却差額の関係，及び資産処分差額については，〔Q4－10〕にて解説します。

●第4章　事業活動収支関連項目●

Q4-6
事業活動収支計算書の活動別収支の内容は？

事業活動収支計算書の教育活動収支，教育活動外収支，特別収支はどういうものでしょうか。作成時に留意することはありますか。

　1　事業活動収支計算書のそれぞれの活動収支の定義

「25高私参第8号」で，教育活動収支，教育活動外収支，特別収支などの定義が示されています。

①　教育活動収支とは，経常的な事業活動収入及び事業活動支出のうち，教育活動外収支に係る事業活動収入及び事業活動支出を除いたものをいう。

②　教育活動外収支とは，経常的な財務活動（資金調達及び資金運用に係る活動）及び収益事業に係る活動に係る事業活動収入及び事業活動支出をいう。

③　特別収支とは，特殊な要因によって一時的に発生した臨時的な事業活動収入及び事業活動支出をいい，①及び②以外に係る事業活動収入及び事業活動支出をいう。特別収支には，「資産売却差額」，「施設設備寄付金」，「現物寄付」，「施設設備補助金」，「資産処分差額」，「過年度修正額」，「災害損失」及びデリバティブ取引の解約に伴う損失又は利益が該当するものとする。災害損失とは資産処分差額のうち，災害によるものをいう。「退職給与引当金特別繰入額」についても特別収支に該当する。

④　事業活動収支計算書の様式に定める「（参考）」の表中の「事業活動収入計」には「教育活動収入計」，「教育活動外収入計」及び「特別収入計」を合計した金額を，「事業活動支出計」には「教育活動支出計」，「教育活動

187

外支出計」及び「特別支出計」を合計した金額を表示するものとする。なお，予備欄については，「予備費」の未使用額を含めるものとする。

以上の定義から，全ての勘定科目の内容をみて，個々の勘定ごとに教育活動，教育活動外，特別と分類するのではなく，分類の手順としては，まず定義で限定列挙されている「資産売却差額」等を特別収支とし，資金調達及び資金運用に係る活動に係るものと，収益事業に係るものを教育活動外収支とし，それ以外の勘定科目は教育活動収支となるものと考えられます。

2　教育活動外収支

教育活動外収支は経常的な財務活動（資金調達及び資金運用に係る活動）及び収益事業に係る活動に係る事業活動収支です。教育活動外収支の事業活動収入に計上されるものとしては，「収益事業収入」（収益事業会計からの繰入収入）のほか，第3号基本金引当特定資産の運用により生ずる「第3号基本金引当特定資産運用収入」やこれ以外の預金，貸付金等の利息，株式の配当金等の「その他の受取利息・配当金」が該当します。教育活動外収支の事業活動支出に計上されるものとしては，借入金利息や学校債利息が挙げられます。

また，その他の経常的な財務活動に含まれるものとして，外国通貨及び外貨預金の本邦通貨への交換や外貨建債権債務の決済の際に生ずる為替換算差額が挙げられます。

3　特別収支

「25高私参第8号」により示された計上すべき科目については，金額の多寡を問わず，「特別収支」に計上しなければなりません。仮に特別収支に該当する項目がない場合でも，「特別収支の部」は事業活動収支計算書の様式の一部であるため，省略できません。また，特別収支の大科目，例えば，「資産処分差額」「その他の特別支出」に該当する項目がなくても，大科目は省略できず，0（ゼロ）を記載することになります。小科目については，掲げる科目に計上すべき金額がない場合は省略できます。

●第4章　事業活動収支関連項目●

		大科目	小科目
特別収支	事業活動収入の部	資産売却差額 その他の特別収入	施設設備寄付金 現物寄付 施設設備補助金 過年度修正額
	事業活動支出の部	資産処分差額 その他の特別支出	災害損失 デリバティブ解約損失 退職給与引当金特別繰入額 過年度修正額

　なお，有価証券の時価の著しい下落による有価証券評価損（有価証券評価差額）は従来より「資産処分差額」に含まれるので，特別収支に該当します。また，デリバティブ取引の解約に伴う損失又は利益については，特別収支として計上します。

4　寄付金

　寄付金のうち，「施設設備寄付金」は「特別収支」の「その他の特別収入」に計上します。それ以外の寄付金は「教育活動収支」の「寄付金」に「特別寄付金」又は「一般寄付金」として計上します。施設設備拡充等のためという寄付者の意思が明確なもののみ「施設設備寄付金」としますが，寄付者の意思が明確でない場合には，「教育活動収支」の「一般寄付金」に計上します。なお，「現物寄付」は，施設設備の受贈の場合は「特別収支」となり，それ以外の受贈は「教育活動収支」となります。例えば，貯蔵品の受贈，学校法人の固定資産計上基準が20万円以上だった場合，20万円未満の備品の受贈，図書に計上しない雑誌の受入等は「教育活動収支」に計上します。

189

5 補助金

補助金のうち，施設整備費補助金は「特別収支」の「施設設備補助金」に計上します。経常費等補助金は，「教育活動収支」の「経常費等補助金」として計上します。それ以外の補助金は，補助金の交付者の目的に基づき，施設設備拡充等の補助の目的であれば「特別収支」の「施設設備補助金」に計上されます。経常費等補助金のうち設備支出を対象とする部分があったとしても，また，経常費等補助金の特別補助に設備支出を対象とする部分があったとしても「教育活動収支」の「経常費等補助金」に計上します。GP（Good Practice）等の補助金も「教育活動収支」の「経常費等補助金」に計上します。GP等の補助金とは「特色ある大学教育支援プログラム（特色GP）」に選定・採択され，文部科学省から交付された場合の補助金をいいます。

施設設備拡充のための借入金の利子補給を目的とした補助金については，「特別収支」の「施設設備補助金」に計上します。

6 徴収不能額，徴収不能引当金繰入額

学生生徒等納付金に係る未収入金や，学生生徒・教職員への貸付金や，大学の附属病院における医療収入未収入金や，その他の未収入金等，徴収不能額や徴収不能引当金繰入額が計上される場合があります。これらについては，全て教育活動収支の事業活動支出として，大科目「徴収不能額等」，小科目「徴収不能引当金繰入額」，又は「徴収不能額」に計上します。

7 大学の附属病院における「医療収入」「医療経費」

「大学の附属病院に係る計算書類の記載方法について（通知）」（25高私参第15号）により，事業活動収支計算書における「医療収入」「医療経費」の処理が示されています。医療収入及び医療経費は教育活動収支に該当するものとし，医療収入は大科目「付随事業収入」の中に中科目「医療収入」を設けて処理します。ただし，学校法人において特に必要がある場合には，「付随事業収

●第4章　事業活動収支関連項目●

入」の大科目の次に「医療収入」の大科目を設けることもできます。

　医療業務に要する経費は「教育研究経費」の大科目の中に「医療経費」の中科目を設けて処理し，その他の経費については，従来どおり，「教育研究経費と管理経費の区分について」（昭和46年　雑管第118号）によって処理されます。

Q4-7 災害損失として区分するものは？

どのような災害に係る損失が計上できるのですか。また，災害に伴い，様々な復旧費用がかかりましたが，災害損失に計上できますか。

 1 災害損失

「災害損失」とは「25高私参第8号」によると「資産処分差額のうち，災害によるもの」とされています。また，「実務指針第45号」によると，「災害」とは，「一般的に暴風，洪水，高潮，地震，大水その他の異常な現象により生ずる災害をいう。ここでは盗難，事故，通常の火災などは含まれない」とされています。したがって，かなり大規模な災害により，校舎や校地等が使えなくなったことにより，除却又はそれと同等の状態になった場合に災害損失として計上することになるものと考えられます。通常起こりうる火事や災害による損失はここにいう災害損失の範囲に含まれません。

また，災害に対応する復旧や原状回復のための支出については，特別収支の「災害損失」には含められず，「教育活動収支」の該当する科目に計上されることになります。震災に係る弔慰金，被災した教職員への見舞金，修繕費用，後片付け等の撤去費用，震災時の盗難損失，復旧支援費用等についても同様に災害損失には含められず，教育活動収支となります。

2 災害に係る保険金の会計処理

災害に伴い保険金や損害賠償金を受け取った場合，その金額を災害損失から控除せずに受取額を教育活動収支の事業活動収入に計上することとなります。

●第4章　事業活動収支関連項目●

特別収支の科目は限定されているため，受取保険金，受取損害賠償金について
は教育活動収支に計上します。

Q4-8
過年度修正額の内容は？

過年度修正額には具体的にどのようなものがありますか。

事業活動収支計算書の特別収支に計上される過年度修正額とは、前年度以前に計上した収入又は支出の修正額です。

1 資金収支を伴う過年度修正額

過年度の給与や退職金計算の誤りを当年度に発見し精算した場合、精算額が支出であれば事業活動支出に、精算額が収入であれば事業活動収入に計上します。また、過年度に未払金として計上するべきであった経費を当年度に支払った場合は事業活動支出に計上し、過年度に徴収不能額として処理した債権を当年度に回収した場合は事業活動収入に計上します。

2 資金収支を伴わない過年度修正額

過年度の減価償却額や退職給与引当金の計算について、当年度に計算誤りを発見した場合が考えられます。

3 補助金返還額

補助金は過年度においていったん確定し収受されているので、その一部に返還があったとしてもそれは返還命令決定通知に従ったものであり、過年度の修正に該当しないことから、補助金返還額は、教育活動収支の管理経費に計上され、特別収支には計上しません。

●第4章　事業活動収支関連項目●

Q4-9
現物寄付の会計処理のポイントは？

① 当校を卒業された方がお亡くなりになり，遺言で，所有されていた土地の現物寄付を受けることになりました。これに伴う会計処理について説明してください。
② 美術品を寄贈された場合の，評価額はどのように決定すればよいでしょうか。なお，受け入れた美術品は高名な作家の作品であり，減価償却の対象となるものではないと考えています。

1　土地の現物寄付の会計処理

　金銭でなく現物により寄付を受ける場合も学校にとっては金銭と同じく収入であり，事業活動収支計算において次の仕訳を行う必要があります。なお，当該土地は施設設備の受贈であり，特別収支の事業活動収入に区分されます。

〈仕訳〉

（借方）土　　　　地　　／　（貸方）現　物　寄　付

　この仕訳を行う際の評価額については，「基準」第7条のただし書で次のように定められています。
　「贈与された資産の評価は，取得又は贈与の時における当該資産の取得のために通常要する価額をもってするものとする。」
　すなわち，受贈資産の評価は調達価額（時価）で行うことが求められています。
　この調達価額の算出は土地の場合，客観的に評価することが難しいため，不

動産鑑定士の評価証明書の入手等により行われます。

　また，寄付を受けた資産が土地等の場合，基本金組入れの対象となるかどうかの判断が必要です。すなわち，学校施設の建設など教育の用に供する予定（基本財産）のときには基本金組入れが必要となりますが，すぐに売却し，資金化するような場合（運用財産）にはその必要はなくなります。したがって，早い時期に土地の利用方針を検討する必要があります。

2　美術品の評価額

　美術品についても，「基準」第7条に従うことになります。したがって，専門家に鑑定を依頼するか，あるいは，最近の売買事例や美術年鑑等の評価額を参考に学校法人自らが評価を行い，取得価額を決定することになります（「研究報告第20号」1－7）。なお，美術品の受入が固定資産に計上される場合，施設設備の受贈と考えられるため，特別収支の事業活動収入に区分されます。

3　現物寄付に関する留意点

⑴　現物寄付の報告制度

　現物寄付は資金の動きがないため，会計処理の漏れが発生しやすいものです。現物寄付を受けた場合の経理部門への報告制度を設けておく必要があります。

　報告書に記載すべき事項はおよそ次のようなものです。

① 　寄付者の氏名，住所，学校法人との関係

② 　寄付申込月日，現物受入月日

③ 　物品名称，数量

④ 　評価金額及び評価の方法

⑤ 　その他（受入承認者等）

⑵　著しく低い価額での譲受け

　資産を購入した場合でも，その価額が通常取得のために要する価額と比較して著しく低いとき，その差額は現物寄付として処理する必要があります。

●第4章　事業活動収支関連項目●

譲渡者が，教育機関への譲渡ということで，寄付の意思を含んで低い価額で
譲渡することが時折ありますので注意を要します。

(3)　消耗品費処理される現物寄付

　寄付を受けた現物が消耗品費（費用）となるような場合，会計処理を行っ
ても行わなくても事業活動収支の当年度収支差額に影響を及ぼしませんが，
実態に即して（借方）消耗品費，（貸方）現物寄付と仕訳し，その事実を会
計上認識しておくことが望ましいといえます。なお，消耗品費処理される場
合は，施設設備以外の現物資産等の受贈額となり，教育活動収支の事業活動
収入に区分されます。

Q4-10 資産売却差額・処分差額の会計処理のポイントは？

① 当年度，固定資産について現物確認を行い，帳簿記録と突合せをしました。その結果，不要と判断したものを廃棄処分にしています。売却できたものについては，入金額を資産売却収入として計上していますが，事業活動収支計算のためにはどのような処理を行えばよいのでしょうか。

② 改築を含む大改修を行い，建物に対する追加的支出をしました。当該改修において建物を部分的に撤去していますが，会計上は撤去した部分の金額の把握が困難であるため，除却処理を行っていません。問題はないでしょうか。

1 事業活動収支計算における資産売却

資産売却取引は，資金収支計算では資産売却による入金という事実を表しますが，事業活動収支計算では次の2つのことを表します。

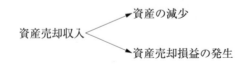

すなわち，売却によって貸借対照表に計上されていた資産は減少し，その資産と売却代金との差額が当年度の特別収入の資産売却差額（売却代金が大きい場合）あるいは特別支出の資産処分差額（小さい場合）として認識されます。この2つの取引に区分することにより，当年度の事業活動収支及び財産の状況

●第4章　事業活動収支関連項目●

を把握することができるようになります。

2　具体的な会計処理

設例を用いて会計処理を説明します。

【設例1】

2,000で取得し，減価償却累計額が1,600となっている車両を600で売却した。

┌─〈事業活動収支仕訳〉─────────────────────────────
│
│（借方）車 両 売 却 収 入　　600　／　（貸方）車　　　　　　両　2,000
│　　　　減 価 償 却 累 計 額　1,600　／　　　　　車 両 売 却 差 額　　200
│
└──

この仕訳は資金収支計算書から調整を行う場合の仕訳であり，直接仕訳を行う場合には「車両売却収入」が「現金」となります。

【設例2】

5,000で購入していた有価証券を4,000で売却した。

┌─〈事業活動収支仕訳〉─────────────────────────────
│
│（借方）有価証券売却収入　4,000　／　（貸方）有　価　証　券　5,000
│　　　　有価証券処分差額　1,000　／
│
└──

資産簿価よりも低い価額で売却し，差額が借方で計上された場合には，「資産売却差額」ではなく「資産処分差額」という表示になります。

【設例3】

機器備品3,000（減価償却累計額2,200）を廃棄処分した。

┌─〈事業活動収支仕訳〉─────────────────────────────
│
│（借方）減 価 償 却 累 計 額　2,200　／　（貸方）機　器　備　品　3,000
│　　　　機器備品処分差額　　800　／
│
└──

資産を廃棄した場合には資金の動きがなく，資金収支の仕訳は起きていません。上記の事業活動収支の仕訳だけを行います。

3　資産売却差額・処分差額に係る留意点

⑴　廃棄処理の会計処理

　資産の廃棄，無償での譲渡，紛失等については資金の受払が生じないため，会計処理を失念しがちとなります。①稟議や承認の制度を整備し，これらの事実が必ず報告されるようにしておくこと，②定期的に機器備品などの棚卸を行い，現物を確認することなどが必要です。

　また，空調設備，電気設備等の建物附属設備は改修取換工事を行ったような場合，資産計上だけ行い，除却の処理がなされないことがあります。基本金の組入額にも影響するものであり，固定資産管理台帳を整備して除却対応額を把握できるようにしておき，資産計上と同時に除却処理も行う必要があります。

⑵　改修工事に伴い撤去された部分の除却処理

　廃棄処理の会計処理は基本的に⑴で示したとおりですので，ご質問②のように改修工事に伴い撤去された部分の除却処理についても，改修時に建物の一部を部分的に撤去していることから，当該撤去の実態に応じて会計上も建物の一部を除却する必要があります。

　除却処理すべき部分の金額の把握が困難である場合でも，建築時に入手した見積書，仕様書，設計書等（以下「見積書等」という。）と改修工事に当たって入手した見積書等を比較して，面積等の一定の指標を利用して按分計算するなどの方法により，除却すべき部分の金額を適切に見積もることは可能かと思います。

　もし，建築時に見積書等がない場合でも，例えば，改修工事に当たって入手した見積書等を基に，国土交通省から公表されている建設工事費デフレーター等の指標を用いて除却すべき金額を推定する方法等も考えられます（「研究報告第20号」4－3）。

⑶　資産売却差額・処分差額で処理される取引

　固定資産の除売却が資産売却差額・処分差額で処理され，貯蔵品など物品

●第4章 事業活動収支関連項目●

の除売却は雑収入・雑費で処理されます。ただし，有価証券については流動資産で計上しているものについても資産売却差額・処分差額で処理する必要があります。資産処分差額のうち災害によるものについては，「特別収支」の事業活動支出に「災害損失」として計上します。

Q4-11
基本金組入額・取崩額の表示方法は？

基本金組入額及び取崩額は，事業活動収支計算書上，どのように表示するのですか。また，事業活動収支内訳表ではどこの部門で計上するのですか。

   1　事業活動収支計算書

事業活動収支計算書は活動ごとに事業活動収入・支出の内容を明らかにするとともに，基本金組入額を控除した全ての事業活動収支の均衡の状態を明らかにするものです。

2　基本金に係る事業活動収支計算書の記載方法

教育活動，教育活動以外の経常的な活動及びそれ以外の活動ごとに，収支差額を計算し，3つの収支差額の合計値（基本金組入前当年度収支差額）から基本金組入額を控除して，当年度収支差額を表示することとされています。全ての活動の収支差額合計から組み入れ，それが均衡しているかどうか，当年度収支差額に表されることとなります。これは学校法人が，継続的に維持すべき資産の額を基本金として組み入れ，組み入れ後であっても事業活動収支の均衡を確保すべきであるという学校法人会計の基本的な考え方に基づくものといえます。

一方，基本金の取崩額は，「翌年度繰越収支差額」の前に「基本金取崩額」として表示します。すなわち，基本金取崩額は過年度に組み入れた基本金の戻入れであるので，当年度の事業活動収支に影響を与えず，過年度の事業活動収

●第4章　事業活動収支関連項目●

支差額の累積額である「前年度繰越収支差額」に加算する形で記載します。

　基本金の修正額は，厳密には過年度の基本金組入額の修正であるので，基本金取崩額と同様に「前年度繰越収支差額」に加減算すべきとも考えられますが，基本金対象資産に変更があるわけでもなく，通常，修正金額が多額にはならないので，「基本金組入額合計」の中で修正増減差額を調整（相殺）して一括表示することとされています。

　基本金に係る事業活動収支計算書の記載例を示せば，次のとおりになります。

事業活動収支計算書

○○年4月1日から
○○年3月31日まで　　　　　　　　　（単位　円）

		科　　　目	予　算	決　算	差　異
教育活動収支	事業活動収入の部	学生生徒等納付金			
		・・・			
		手数料			
		・・・			
		寄付金			
		・・・			
		経常費等補助金			
		・・・			
		付随事業収入			
		・・・			
		雑収入			
		・・・			
		教育活動収入計			
		科　　　目	予　算	決　算	差　異
	事業活動支出の部	人件費			
		・・・			
		教育研究経費			
		・・・			
		管理経費			
		・・・			
		徴収不能額等			
		・・・			
		教育活動支出計			
	教育活動収支差額				

		科　　　目	予　算	決　算	差　異
教育活動外収支	事業活動収入の部	受取利息・配当金			
		・・・			
		その他の教育活動外収入			
		・・・			
		教育活動外収入計			
	事業活動支出の部	科　　　目	予　算	決　算	差　異
		借入金等利息			
		・・・			
		その他の教育活動外支出			
		・・・			
		教育活動外支出計			
		教育活動外収支差額			
		経常収支差額			
特別収支	事業活動収入の部	科　　　目	予　算	決　算	差　異
		資産売却差額			
		・・・			
		その他の特別収入			
		・・・			
		特別収入計			
	事業活動支出の部	科　　　目	予　算	決　算	差　異
		資産処分差額			
		・・・			
		その他の特別支出			
		・・・			
		特別支出計			
		特別収支差額			
〔予備費〕					
基本金組入前当年度収支差額			48,000	39,000	9,000
基本金組入額合計			△50,000	△48,950	△1,050
当年度収支差額			△2,000	△9,950	7,950
前年度繰越収支差額			120,000	120,000	－
基本金取崩額			22,000	23,000	1,000
翌年度繰越収支差額			140,000	133,050	6,950
(参考)					
事業活動収入計			880,000	875,000	5,000
事業活動支出計			832,000	836,000	△4,000

●第4章　事業活動収支関連項目●

3　各部門別の基本金組入額の算定方法

　事業活動収支内訳表を作成する場合における基本金組入額の各部門への配分額は，要組入資産の各部門での使用状況に応じて計算します。

　例えば，学校法人で教育研究用の固定資産（要組入資産）を取得し，大学部門のみが使用している場合には，当該資産に係る基本金組入額は全額大学部門で計上します。

　一方，大学部門の他，法人部門でも使用する場合には，それぞれの部門での使用面積等で基本金組入額を按分して各部門で計上することになります。また，自己資金と借入金によって上記の固定資産を取得し，借入金に係る分の未組入れが生じている場合には，借入金返済時に返済額に相当する基本金組入額について各部門へ配分することになりますが，これについても同様に使用状況に応じて各部門に配分します。

205

Q4-12
退職給与引当金繰入額の調整計算とは？

私学退職金団体や私立大学退職金財団に加入していると退職給与引当金の繰入額が調整されるということですが，どのように行われるのでしょうか。また，両団体で調整の方法が異なっているのはどうしてでしょうか。

1 私学退職金団体と私立大学退職金財団

退職金支給の一部を保障し，確実なものとするための制度として都道府県ごとに私学退職金団体（社団又は財団）が設置され，主として小，中，高校の教職員を対象とし，退職金の交付金給付事業が実施されています。

私立大学に勤務する教職員に対しても，制度は異なりますが私立大学退職金財団が設けられており，退職金支給の資金面での保証を行っています。

両団体ともこれに加入した場合には一定の掛金を支払い，教職員が退職した場合に退職金支払に充てるための交付金の給付を受けることになります。このため，退職給与引当金が設定されている場合，引当金繰入れの調整を行う必要が生じます。

ただし，両団体は基本的にその財政方式が異なるため，引当金の調整方法も違ったものとなります。

　　事前積立方式……将来の教職員の退職に充てるための交付金（資金）を掛金等で事前に積み立てていく方式（私学退職金団体）

　　修正賦課方式……各年度の退職資金の学校法人への交付は学校法人の負担金（掛金）で賄うという財政方式（私立大学退職金財団）

●第4章　事業活動収支関連項目●

2　負担金及び交付金の会計処理，退職給与引当金の計上方法

　次表が両団体への負担金及び交付金に関する会計処理並びに退職給与引当金計上における繰入額の調整方法についてまとめたものです。私学退職金団体の場合，退職金の要支給額から受け取ることができる交付金の額を直接控除することで計算が行われます。一方，修正賦課方式をとる私立大学退職金財団の場合，原則的に将来への積立てを行ったものでないため，直接の控除は行われないことになっていますが，財団に対する掛金の累積額と交付金の累積額の差額である繰入調整額を加減することで計算が行われます。

摘　　　　要	私学退職金団体	私立大学退職金財団
団体に対する入会金負担等の支出の会計処理	大科目…人件費 小科目…適当な細分科目（例えば，「所定福利費」「私学退職金社団掛金」等）	大科目…人件費 小科目…独立した細分科目（例えば，「私立大学退職金財団負担金」等）
団体から受ける交付金の会計処理	大科目…雑収入 小科目…適当な小科目（例えば，「私学退職金社団交付金収入」等） 事業活動収支計算書において，退職金との相殺表示ができる。	大科目…雑収入 小科目…適当な小科目（例えば，「私立大学退職金財団交付金収入」等） 事業活動収支計算書における退職金との相殺表示はできない。
退職給与引当金の計上方法	会計年度末の退職金要支給額から同日において団体から受ける交付金相当額（在籍する教職員が自己都合により同日現在で退職するとした場合に交付を受ける金額）を控除した学校負担要支給額を計上する。	期末要支給額に掛金の累積額と交付金の累積額（財源が掛金であること）の差額である繰入調整額を加減して計上する。

　なお，私大退職金財団からの退職資金の交付金は，原則として掛金のみを財源としていますが，掛金を財源としない交付金が支給される場合があります。この掛金を財源としない交付金については，繰入調整額の計算（掛金の累積額

207

と交付金の累積額の差額）において，交付金の累積額には含めません。したがって，調整計算上，交付金の累積額は，財源が掛金部分のみによることになります。

3　具体的な会計処理（私立大学退職金財団）の場合

設例を用いて，調整方法を含む具体的な会計処理について説明します。

【設例】

退職給与引当金は，期末要支給額の100％を基にして計上しています。

項　　目	金額
①　前期末引当金計上額	5,000
②　退職金支給に伴う引当金取崩額	1,000
③　当年度掛金支出額	1,100
④　当年度交付金受入額	900
⑤　掛金累積額	3,000
⑥　交付金累積額	2,400
⑦　当期末要支給額	6,000

⑴　退職金支給に伴う引当金取崩し（上記②）

（借方）退職給与引当金　1,000　／　（貸方）現　金　預　金　1,000

⑵　私立大学退職金財団への掛金支払（上記③）

（借方）退職金財団負担金（人件費）　1,100
　　　　　　　　　　／　（貸方）現　金　預　金　1,100

●第4章　事業活動収支関連項目●

⑶　**私立大学退職金財団からの交付金受入（前記④）**

（借方）現金預金　900　／　（貸方）退職金財団交付金（雑収入）　900

⑷　**退職給与引当金の繰入れ（前記⑦－①＋②）**

（借方）退職給与引当金繰入額　2,000

／　（貸方）退職給与引当金　2,000

⑸　**掛金の累積額が交付金の累積額を上回る場合の調整計算（前記⑤－⑥）**

（借方）退職給与引当金　600　／　（貸方）退職給与引当金繰入額　600

Q4-13

減価償却とは？

減価償却とは，どのような性質のものでしょうか。また，償却の対象となる資産や償却方法にはどのようなものがあるのでしょうか。

　1　減価償却の性質

「基準」では次のように減価償却を行うことを求めています。

> 第8条　固定資産のうち時の経過によりその価値を減少するもの（以下「減価償却資産」という。）については，減価償却を行うものとする。
> 2　減価償却資産の減価償却の方法は，定額法によるものとする。

事業活動収支計算では「当年度に消費する資産の取得価額」が事業活動支出となります。つまり，固定資産への支出額（取得価額）ではなく，その年度に消費した価値が事業活動支出額となるということで，資産の取得価額をその消費する（利用する）各年度に配分する処理が必要となり，これを行うのが減価償却です。

2　減価償却の方法

減価償却の方法は，毎年均等額を償却する定額法によることとされており，減価償却額は次の算式により計算されます。

　　　減価償却額＝（取得価額－残存価額）÷耐用年数

●第4章　事業活動収支関連項目●

(1)　対象資産

　減価償却を行うのは時の経過により価値が減少していくもの，つまり一定期間後には使用できなくなるもので，具体的には，建物，機器備品，車両などがあります。一方，価値の減少がない土地，美術品，骨董品などは減価償却の対象とされません。

　固定資産のうち，時の経過により，その価値が減少するものは，未使用期間又は未使用部分についても減価償却をすべきです。例えば，工事完成後，引渡しを受けた固定資産を長期間にわたって使用しない場合，又は一部未使用部分がある場合の，未使用期間又は未使用部分が挙げられます（「研究報告第20号」3－4）。

　また，休止中の施設設備であっても，時の経過によりその価値は減少するため，減価償却を行わなければいけません。なお，休止中の施設設備の減価償却は管理経費に計上することになります（「研究報告第20号」3－6）。

　図書については原則的に減価償却を行わず，除却処理を行ったときに事業活動支出となりますが，除却による経理が困難なときは減価償却を行うこともできるとされています（昭和47年　雑管第115号）。

(2)　耐用年数

　耐用年数とは固定資産の使用可能年数であり，資産の種類ごとに平均的な年数を算定し，事前に決定しておきます。

　この算定は，一般的には「委員会報告第28号」の〈参考〉の耐用年数表（この場合経理規程等にその旨明記する必要あり）及びこれを若干変更したもの，あるいは財務省令の耐用年数に近い年数などが使われますが，各学校法人で使用の実情に即して合理的に行うべきものです。例えば，無形固定資産の耐用年数を決めようと固定資産の耐用年数表を「委員会報告第28号」の〈参考〉の耐用年数表をみても，その他の固定資産については，施設利用権以外の記載がありません。つまり，「委員会報告第28号」による耐用年数表は〈参考〉であって，学校法人が実情に即して経理規程等で，全ての固定資産について独自に定める必要があります。ただし，この場合は，財務省令等

211

は参考になるでしょう（「研究報告第20号」3－2）。

　新たに取得した中古資産の耐用年数は，当該資産の経過年数等を勘案して残存使用可能期間を見積もるべきです。この残存使用可能期間の見積りが困難な場合は，税法のいわゆる，簡便法によることも一法です（「研究報告第20号」3－3①）。

⑶　残存価額

　残存価額とは耐用年数が経過した時点での資産価値（予想される売却価額など）をいいますが，これも学校の資産の実情により合理的に算定するものとされています。しかし，実際には残存価額を「0」としている学校が多いようです。この場合でも，減価償却が終了した資産の管理を帳簿上で行うため，1円とか100円の備忘価額は残しておく必要があります。

⑷　取得した年度の減価償却額

　資産を取得した年度の減価償却額計算は，年間償却額を使用月数で按分する方法が合理的なものですが，各取得資産について按分計算を行うのは煩雑であるため，重要性のない場合には，以下のような方法も認められています。

　　①　取得年度では償却を行わず，翌会計年度から行う。

　　②　取得年度から償却額年額の償却を行う。

　　③　取得年度では償却額年額の2分の1の償却を行う。

●第4章　事業活動収支関連項目●

Q4-14
減価償却における個別償却とグループ償却とは？

減価償却の方法には個別償却とグループ償却があるということですが，どのような方法なのでしょうか。

1　個別償却とグループ償却

固定資産1件1件，個別に償却計算を行うのが個別償却であり，資産をグルーピングしてそのグループごとに一括で償却計算を行うのがグループ償却です。学校における機器備品については，取得年度ごとに同一耐用年数のものをグループ化して行うグループ償却が一般的な償却方法として使われています。

具体的には，会計年度で取得した機器備品の取得価額を耐用年数ごと（例えば，5年，10年，15年ごと）に集計し，その集計額を各耐用年数で除して減価償却額を計算します。原則的には，個別償却を行った場合と償却額の差は生じませんが，計算は簡略化できます。グループ償却は，耐用年数が経過した後に備忘価額を残さず，会計上自動的に除却処理されてしまうため，固定資産の廃棄時における会計処理の煩雑さを避けることができます。

2　個別償却とグループ償却の選択

個別償却によるかグループ償却によるかの判断は原則として学校法人で行うものですが，所轄庁によってはこれを定めているところがあります。例えば，東京都では減価償却について以下の内容（部分抜粋）で通知がなされています。

(1) 機器備品及び図書を除く減価償却資産は，1個又は1組ごとに償却を

213

すること。

(2) 機器備品

① 一定金額以上のものは，個別償却をすること。この一定金額は，100,000円から1,000,000円の範囲内で，学校法人が定めること。

② 一定金額未満のものであっても，その取扱い上個別償却が適していると思われるものについては，個別償却をすることができる。

③ 上記①，②以外のものについては，取得年度ごとに，同一耐用年数のものをグループ化し，一括して償却をすること。

(3) 期中取得の償却資産

① 個別償却資産については，償却額年額の月数按分によること。

② グループ償却資産については，取得年度の翌年度から償却すること。

学校によっては，機器備品の耐用年数をすべて10年としているようなところもあり，これもグループ償却の一種ということができます。

3　グループ償却資産の償却終了時の処理

個別償却資産は一般的に備忘価額が付され，帳簿上で償却終了後も管理されますが，グループ償却資産は件数が多く資産個々には重要性も少ないことから備忘価額による管理は行われません。

これを具体的にいうと，例えば取得価額1,000の機器備品を個別償却している場合（残存価額を1とする。）には，償却終了後も帳簿上，借方に機器備品が1,000，貸方に減価償却累計額が999計上されています。一方，グループ償却している場合，現物が使用されていたとしても償却終了年度で以下の除却処理が行われ，帳簿から除外されます。

(借方) 減価償却累計額　1,000　／　(貸方) 機　器　備　品　1,000

●第4章　事業活動収支関連項目●

　ただし，この場合，グループ償却資産といえども現物管理を継続していかな
ければならないことに変わりはなく，別途，資産管理台帳を設けることが必要
になります。

Q4-15

徴収不能引当金繰入額の会計処理は？

徴収不能引当金とはどういうものでしょうか。具体例により，その会計処理について説明してください。

A 「基準」では，金銭債権に徴収不能の恐れがある場合に，その見込額を徴収不能引当金に繰り入れるものとしています（「基準」第10条）。ただし，高等学校が設置されていない知事所轄学校法人（会計監査人を置く法人を除く。）については繰り入れないことができます（「基準」第48条）。ここでいう金銭債権には学生生徒等納付金の未収入金，学生への奨学貸付金，教職員への貸付金等が該当し，これらに対する徴収不能額を毎年度見積もることになります。通常，個々に回収可能性を検討し，徴収不能と思われる額を見積もります。徴収不能額，徴収不能引当金繰入額はいずれも教育活動収支の事業活動支出として計上します。

徴収不能に関する会計処理は次のように行われます。

【設例】

① 学生生徒等納付金の回収不能額が800見積もられた。

〈事業活動収支仕訳〉

（借方）徴収不能引当金繰入額　800　／　（貸方）徴収不能引当金　800

② 徴収不能引当金を繰り入れていなかったが，回収不能が確実となった。

〈事業活動収支仕訳〉

（借方）徴 収 不 能 額　　800　／　（貸方）未 収 入 金　800

●第4章　事業活動収支関連項目●

　なお，徴収不能引当金は年度末に未収入金から控除し，その控除額を貸借対照表の注記として記載します。

第5章

貸借対照表関連項目

Q5-1 貸借対照表の読み方は？

毎年度作成される計算書類の1つに貸借対照表がありますが，その目的と仕組みを説明してください。また，貸借対照表を読む方法を教えてください。

 1 貸借対照表とは

貸借対照表は，年度末における学校法人の財政状態（運用形態と調達源泉）を明らかにする計算書類であり，資産，負債，純資産に属する項目を金額で表示しています。

資産とは，教育研究活動に使用（運用）される学校法人の財産であり，負債とはその財産の調達先のうち，将来返済しなければならない債務です（他人資本）。純資産は，調達資金のうち，法人外部へ返済の必要のない学校法人に完全に帰属する資金総額であり（自己資本）正味財産と呼ばれています。このように，貸借対照表は財産の運用形態と資金の調達源泉をまとめて一表にしたものであり，次の等式が成り立っています。

$$資産 = 負債 + 純資産$$
$$\|$$
$$総資産 = 他人資本 + 自己資本$$

貸借対照表とは別に，学校法人の資産，負債の内訳を表示する書類に財産目録があります。財産目録は，毎会計年度終了後3か月以内に作成するもの及び学校法人の設立申請時等の寄附行為の認可又は変更認可申請書類の添付書類と

●第5章　貸借対照表関連項目●

して作成するものがあります。これらの財産目録は，所在地，面積等の数量情報を重視する点で貸借対照表と基本的に相違します。

2　貸借対照表の目的

貸借対照表には，①学校法人の財政状態が健全であるかどうかの情報を提供する，②教育研究のための必要な資産の保有状況を表示する，という2つの目的があります。

①の財政状態というのは，日常の支払資金が確保されているか，外部資金によらず自己資金による内部留保が充実しているか等の財務の安全性について，貸借対照表から読むことができます。

例えば，現金預金残高と前受金残高を比較して現金預金の方が少ないならば，翌年度の学生生徒等納付金収入となるべき資金をすでに当年度中に使い込んでしまっていることが疑われます。流動資産より流動負債が多いならば，支払うべき負債より手元資金が少ないことを意味しますので資金繰りがタイトであると読み取れます。また，固定資産残高が固定負債と自己資金（純資産）の合計額以内であれば，固定資産は返済が長期の資金（固定負債）と返済不要の自己資金によって賄われていると考えられます。さらに，運用資産の科目名から財産運用の安全性も読めます。例えば，定期預金がわずかで貸付金や立替金が多額である場合，学校会計の手元資金がすぐに換金できない資産になってしまっています。この場合，貸付金や立替金の回収可能性を疑ってみることが必要です。また多額の有価証券残高は，債券や貸付信託のように元本の保証されたものばかりでなく，株式や株式投資信託など株価の変動により元本の回収ができなくなる資産もあり，運用内容を注意してみることが必要になります。

このように貸借対照表から財産内容の状態や学校法人としての経営が安定しているか，保有財産は安全か等の情報が読み取れるのです。

②では，貸借対照表の固定資産の科目別残高により，教育研究活動のための施設・設備の保有状況が読み取れるということです。ただし，例えば所有権移転外ファイナンス・リース取引によって取得した資産でも，リース契約1件当

221

たりのリース料総額が300万円以下のものについては，賃貸借取引に準じた会計処理が認められています。したがって教育設備の状況は必ずしも貸借対照表の計上額のみでなく，脚注の情報，固定資産明細書（〔Q5－3〕参照）等を総合して読むことが必要です。

3　貸借対照表の仕組み

貸借対照表に記載する金額は，学校法人で発生した全ての取引について複式簿記の方法によって仕訳を行い，その仕訳が勘定科目別に会計帳簿に記帳され，その整理の結果，残高として導き出された金額です。このように，貸借対照表は計算体系において誘導的に作成されるものですから，貸借対照表上の金額は期末時点の財産価値そのものではなく，当初の取得価額で計上されたものです（取得原価主義という。）。

4　貸借対照表を読む方法

貸借対照表は「2　貸借対照表の目的」でみたように，単年度の資産と負債等の金額を比較しただけでも財政状態を読み取ることができます。しかし，貸借対照表は決算日一時点の状況を表しているのに対して，学校法人は継続的に教育事業を行っており，財政状態は日々変化しています。経営状態，財政状態をより動体的に読むためには決算書の数値をいろいろ組み合わせて比較，分析することが必要となります。

貸借対照表を分析する方法には，金額そのものを単年や複数期間でみる方法（実数法）と，数値相互間の関連性を一定の比率に加工して比較する方法（比率法）があります。

実数法では，貸借対照表の金額を単独でみる場合（上記2①を参照）と，資金収支計算書等の他の計算書類と関連する数値を比較する方法，さらにそれらの数値の複数期間の推移をつかむ方法があります。また，各々の数値につき，他の学校法人との比較を行う方法もあります。実数法は具体的な数値を対象とするので，学校法人の規模がわかり，資金留保はどれだけ必要か，純資産はど

●第5章　貸借対照表関連項目●

れほど必要か等の経営上の指針を具体的に示します。

　比率法は，2つ以上の数値間の割合をみることによって学校法人の財政状態がどのような状態に置かれているかを把握するものです。比率は学校法人の規模の大小に影響されないので，学校法人間の相互比較を行う場合にはきわめて便利です。また，同じ法人の比率の変化を過去複数期間で比較するのは実数法の場合と同じです。

Q5-2
固定性配列法を採用している理由は？

貸借対照表の科目の記載順序は，固定性の高いものから順次記載していますが，一般の企業では逆に流動性の高いものから記載しています。なぜ違うのでしょうか。

貸借対照表の科目の配列方法には，流動性配列法と固定性配列法の2つの方法があります。

流動性配列法においては，資産の部は現金，預金，受取手形，売掛金，棚卸資産…と現金に近い資産（換金化の容易性＝流動性）の順に配列し，負債の部は，支払手形，買掛金，借入金，未払金…と支払（現金の支出）が早い順に配列します。この配列は一般の企業で広く採用されています。逆に，資産を換金化しにくい有形固定資産から，負債は支払の遅い長期のものから順に配列していく方法を固定性配列法といい，鉄道や電力業界及び学校法人等ごく一部の業種に限られて採用されています。

流動性配列法の特徴は，流動項目が上位に記載されていることから会社の支払能力に重点を置いた表示方法といえます。一般の企業では，たとえ利益を出していても支払不能の事態を招けば倒産に追い込まれてしまう（黒字倒産と呼ばれます。）ので，支払資金が確保されているかどうかが重要となります。

一方，固定性配列法は，固定項目が上位に記載されていることから，固定資産を比較的多額に有する会社や事業に適した方法といえます。大きな機械設備により，人手を要さずに大量生産を可能にするような鉄鋼，電力，ガス事業等の装置産業型の業種では，その事業に必要な設備が保有されているかどうかが重要です。

●第 5 章　貸借対照表関連項目●

　学校法人では，教育研究活動に必要な施設設備等の維持，充実に努める必要
があり，主要な財産は校地，校舎，器具備品等といった固定資産から構成され
ています。このように，学校法人では固定資産が重要であり，装置産業型の企
業に類似していることから固定性配列法が採用されています。

貸借対照表の様式

　学校法人の貸借対照表の様式は，「基準」第一号様式に示されています。な
お，第一号様式に示されている大科目及び中科目は金額がなくても省略するこ
とはできません（「『学校法人会計基準の改正に関する説明会』への質問回答
集」（平成26年 2 月）Q 9 ）。

貸 借 対 照 表
年 月 日

(単位 円)

資産の部			
科　　目	本年度末	前年度末	増減
固定資産			
有形固定資産			
土地			
建物			
構築物			
教育研究用機器備品			
管理用機器備品			
図書			
車輌			
建設仮勘定			
（何）			
特定資産			
第 2 号基本金引当特定資産			
第 3 号基本金引当特定資産			
（何）引当特定資産			
その他の固定資産			
借地権			
電話加入権			
施設利用権			
ソフトウエア			
有価証券			
収益事業元入金			
長期貸付金			
（何）			
流動資産			
現金預金			
未収入金			
貯蔵品			
短期貸付金			
有価証券			
（何）			
資産の部合計			

負債の部			
科　　目	本年度末	前年度末	増減
固定負債			
長期借入金			
学校債			
長期未払金			
退職給与引当金			
（何）			
流動負債			
短期借入金			
1 年以内償還予定学校債			
手形債務			
未払金			
前受金			
預り金			
（何）			
負債の部合計			

科　　目	本年度末	前年度末	増減
基本金			
第 1 号基本金			
第 2 号基本金			
第 3 号基本金			
第 4 号基本金			
繰越収支差額			
翌年度繰越収支差額			
純資産の部合計			
負債及び純資産の部合計			

●第5章　貸借対照表関連項目●

　資産及び負債は，固定と流動とに分けられます。この分け方は，1年基準（ワンイヤールール）に従います。資産であれば貸借対照表の日付後1年を超えて使用又は保有されるかどうかであり，負債であれば返済期限が貸借対照表の日付後1年を超えるかどうかということです。固定資産はさらに，有形固定資産，特定資産，その他の固定資産に分けて表示されます。

Q5-3
固定資産明細書の作成上の留意点は？

固定資産については固定資産明細書の作成が求められていますが、どんな点に留意すべきでしょうか。現物寄付を受けた場合等、特殊な事例も含めて説明してください。

 1　固定資産明細書とは

　学校法人が永続的に教育研究活動を遂行するためには、膨大な施設・設備を必要とします。したがって、学校法人が有する固定資産については計算書類においてその状態を特に明らかにしておく必要があるといえます。

　貸借対照表には固定資産の種類別に、期末の残高が示されています。しかし、固定資産は通常、減価償却という方法でそれぞれの耐用年数にわたり償却（費用配分）するので、貸借対照表の期末残高は取得時の購入価額ではなく、償却後の残高が示されます。計算書類に、教育研究活動を運営維持するためにいくら固定資産に投資したのか（固定資産の取得価額）、そしていくら償却しているのか（減価償却額の累計額）が示されていれば、教育研究施設・設備の規模（金額）がより明らかになります。また、今年度はどのような新設備の拡充があったのか（当期増加額）、あるいは古い資産の除却や売却はあったのか（当期減少額）等の動きを知る必要もあるでしょう。さらに、学校法人には有形固定資産だけでなく、特定資産（第2号基本金引当特定資産、第3号基本金引当特定資産等）、借地権等の無形固定資産、ソフトウェア、有価証券等のその他の固定資産もあるので、それらの異動の状況についても明らかにする必要があります。そこで固定資産の各科目別に、その増減の状況やその事由等を記

●第5章　貸借対照表関連項目●

載した固定資産明細書を作成することとしています。固定資産明細書は，貸借対照表に附属する明細書として毎年度作成する計算書類の1つです。

2　記載上の留意点

固定資産明細書は，「基準」の第五号様式に示されています。記載においては以下の留意点が挙げられます。

① 各科目の「期首残高」，「当期増加額」，「当期減少額」及び「期末残高」は取得価額で記入します。「期末残高」から「減価償却額の累計額」を差し引いた帳簿価額が「差引期末残高」です。貸借対照表の金額は減価償却後の帳簿価額で記載されるので，この「差引期末残高」と一致することとなります。

② 「減価償却額の累計額」合計は，貸借対照表の脚注と一致していなければなりません。当年度に除却又は売却した資産については，その取得価額を「当期減少額」に記入するとともに「減価償却額の累計額」の算定においてその除売却した資産の減価償却額の累計額を差し引きます。

③ 記載する科目は，貸借対照表に計上されている固定資産の各科目に従って漏れなく記載します。期末残高が「0」である場合でも，期首残高がある場合，あるいは期中増減がある場合には記載します。

④ 売買による増減以外の特殊な事由による増減があった場合には，その事由を摘要欄に記載します。例えば，贈与（現物寄付）を受けたことによる増加，災害による廃棄等です。

　また，売買による増減の場合でも，同一科目についての増加額又は減少額が貸借対照表の資産総額の100分の1を超える場合には同様にその事由を記載します。なお，記載内容が多い場合には摘要欄に記載することに代えて脚注することができます。

⑤ 「当期増加額」及び「当期減少額」は，資金収支計算書又は事業活動収支計算書と次のような関連性があります。「当期増加額」は，現物寄付を差し引けば，資金収支計算書の施設関係支出，設備関係支出，資産運用支

229

出等と原則として一致します。

「当期減少額」は，減価償却額の累計額を差し引いた金額（帳簿残高）と売却価額との差額が事業活動収支計算書に一致します。すなわち，売却価額の方が大であればその差額は資産売却差額となり，逆に帳簿残高の方が大であればその差額は資産処分差額で表示します。この場合，売却価額は当然，資金収支計算書の資産売却収入と一致します。なお，当期の減価償却額は，固定資産明細書に表示されていませんが事業活動支出（教育研究経費及び管理経費）として事業活動収支計算書に表示されます。

3　固定資産明細書の様式

固定資産明細書（「基準」第五号様式）を示すと次のとおりです。

●第5章　貸借対照表関連項目●

固 定 資 産 明 細 書

年　月　日から
年　月　日まで

(単位　円)

科　　　　目		期首残高	当期増加額	当期減少額	期末残高	減価償却額の累計額	差引期末残高	摘　要
有形固定資産	土地							
	建物							
	構築物							
	教育研究用機器備品							
	管理用機器備品							
	図書							
	車両							
	建設仮勘定							
	（何）							
	計							
特定資産	第2号基本金引当特定資産							
	第3号基本金引当特定資産							
	（何）引当特定資産							
	計							
その他の固定資産	借地権							
	電話加入権							
	施設利用権							
	ソフトウエア							
	有価証券							
	収益事業元入金							
	長期貸付金							
	（何）							
	計							
合　　　　　計								

(注)　1　この表に掲げる科目に計上すべき金額がない場合には，当該科目を省略する様式
によるものとする。
　　　2　この表に掲げる科目以外の科目を設けている場合には，その科目を追加する様式
によるものとする。
　　　3　期末残高から減価償却額の累計額を控除した残高を差引期末残高の欄に記載す
る。
　　　4　贈与，災害による廃棄その他特殊な事由による増加若しくは減少があった場合又
は同一科目について資産総額の1／100に相当する金額を超える額の増加若しくは減
少があった場合には，それぞれその事由を摘要の欄に記載する。

Q5-4
借入金明細書の作成上の留意点は？

借入金について借入金明細書の作成が求められていますが、どんな点に留意すべきでしょうか。この明細書には学校債も含まれるのですか。

 1　借入金明細書とは

　学校法人は，その諸活動に使用する施設及び設備を取得するに当たって多額の資金を必要としますが，寄付金や自己資金で賄えない部分は，外部からの借入金で調達しなければなりません。また，月々の人件費や諸経費の支払の財源は，授業料や寄付金等の収入を充てますが，これらの収入は1年の一定時期にまとめて受け入れますから一時的に資金が不足して借り入れる場合もあります。

　借入先としては，まず，政府出資の特殊法人であり，学校法人に長期かつ低利で融資を行うことを業務としている日本私立学校振興・共済事業団及び各都道府県に設置された私立学校振興会が考えられます。これらは国等による財政援助の1つであり，その財源は国民の貴重な税金によって賄われているのですから，助成の効果が上がるように適正に使用すること及び返済の保証（担保能力）が求められます。また，返済計画に従い，確実に返済を実行しなければなりません。この点は，銀行等の金融機関についても同様です。

　そこで，借入金明細書に借入金の使途，担保物件の種類，返済期限等を記載することとし，それらの内容が学校法人として適切なものかどうかの判断資料となっています。借入金明細書は貸借対照表に附属する明細書として，毎年度

作成する計算書類の１つです。

　なお，学校債は借入金同様に外部から調達した資金ではありますが，借入金明細書は長期借入金と短期借入金のみを記載する様式になっており，学校債の記載は必要ありません（「研究報告第33号」）。

2　記載上の留意点

　借入金明細書は，「基準」の第六号様式に示されています。記載上は以下の留意点が挙げられます。

① 　長期借入金及び短期借入金について，「公的金融機関」，「市中金融機関」及び「その他」に区分して記載します。「公的金融機関」には，日本私立学校振興・共済事業団，私立学校振興会，住宅金融公庫等が挙げられます。「市中金融機関」には，銀行，信託会社，保険会社等が挙げられます。「その他」の区分には，個人からの借入金等が記載されます。

　　　ただし，個別の金融機関名は記載せず，「公的金融機関」，「市中金融機関」，「その他」に区分して記載します。

　　　該当借入先がない場合，例えば「その他」に長期借入金がない場合は，当該項目の各欄の小計に「０」を記入します。

② 　長期借入金のうち，その分割返済期限が貸借対照日後１年以内に到来するものは，借入先ごとに区分せず一括して，短期借入金の項の「返済期限が１年以内の長期借入金」として記載します。当期末，新たに「返済期限が１年以内の長期借入金」となった金額は，長期借入金の当期減少額欄のそれぞれの金額及び短期借入金の「返済期限が１年以内の長期借入金」の当期増加額欄の金額の頭に※印をつけて関連を明らかにします。

　　　なお，長期借入金の期限前返済があったときには，長期借入金の当期減少額欄に※印金額と区分して二段書きにします（「研究報告第33号」）。

③ 　「摘要」には，借入金の使途及び担保物件の種類を記載します。この担保物件の種類は，貸借対照表の脚注「担保に供されている資産の種類及び額」の種類と一致します。なお，記載内容が多い場合には，「摘要」に記

載することに代えて脚注することができます。

　同じ借入先について複数の契約口数がある場合には，「利率」「返済期限」及び「摘要」を一括して，例えば「○年3/5〜8/5」のように要約して記載します。

④　「期首残高」及び「期末残高」は，長期借入金，短期借入金それぞれについて，貸借対照表の当該科目の金額と一致します。また，「当期増加額」及び「当期減少額」は，資金収支計算書の当該収支金額と一致します。つまり，長期借入金の「当期増加額」の計は，資金収支計算書の「長期借入金収入」に一致し，短期借入金の無印の「当期増加額」は（※印は資金収支と関連がないため除く。）「短期借入金収入」に一致し，「当期減少額」の合計の無印は「借入金返済支出」に一致します。

⑤　基本金設定対象資産を借入金をもって取得した場合には，その借入金の返済額は基本金の組入計算と関連します。すなわち，「当期減少額」の返済額が基本金明細書の「過年度未組入れに係る組入れ」となり，「期末残高」が基本金明細書の「未組入高」と原則として一致します。

3　借入金明細書の記載例

借入金明細書の記載例を示すと次のとおりです。

●第5章 貸借対照表関連項目●

借入金明細書

令和　年　月　日から
令和　年　月　日まで

(単位　円)

区　　分		期首残高	当期増加額	当期減少額	期末残高	返済期限	摘　　要
長期借入金	公的金融機関	359,122,000	34,500,000	※75,100,000	318,522,000	○年3/5～8/5	施設費借入（土地・建物担保）
	市中金融機関	65,824,260	0	※25,000,000	40,824,260	○年2/5	施設費借入（土地・建物担保）
	その他	0	0	0	0		
	計	424,946,260	34,500,000	※100,100,000	359,346,260		
短期借入金	公的金融機関	0	0	0	0		
	市中金融機関	20,500,000	10,000,000	20,500,000	10,000,000	○年2/12	運転資金（無担保）
	その他	0	0	0	0		
	小　計	20,500,000	10,000,000	20,500,000	10,000,000		
	返済期限が1年以内の長期借入金	113,025,000	※100,100,000	113,025,000	100,100,000		
	計	133,525,000	10,000,000 ※100,100,000	133,525,000	110,100,000		
	合　計	558,471,260	44,500,000 ※100,100,000	133,525,000 ※100,100,000	469,446,260		

235

Q5-5
有価証券の時価が大幅に低下した場合は？

減価償却引当特定資産として保有している株式（取得価額1株当たり3,000円）が大幅に低下し，時価1,000円になりました。会計処理はどのように行えばよいのでしょうか。

 1 余裕資金及び各種引当資産の運用上の留意点

学校法人の資産は，その設置する学校の教育研究活動を安定的・継続的に支えるための大切な財産です。余裕資金（当面支払の必要のない資金の在高）及び各種引当資産の運用においては，収益性（より高い金利又は収益が得られるかどうか）ばかりに気を取られることなく，安全性（元本が確実に回収できるかどうか），流動性（必要なときにいつでも換金できるかどうか）についても十分に検討していくことが大切です。

株式，ワラント，株式を含む投資信託は，発行会社の業績や株式市場の動向等により配当や株価が上下するものであり，投資した元本が回収される保証はなく，安全性は乏しいといえます。また，仕組債も一般にデリバティブ（金融派生商品）取引が組み込まれた債券とされ，必ずしも元本保証のあるものではありません。このような資産で運用する場合は，リスクを十分に考慮して慎重に対応する必要があります。資産運用の留意点については，〔Q10－8〕を参照してください。

2 有価証券の評価基準及び評価方法

有価証券を含む資産の評価は取得価額をもってするとされており（「基準」

第7条），移動平均法による原価法で評価を行います（「退職給与引当金の計上等に係る会計方針の統一について（通知）」平成23年2月17日　22高私参第11号）。

また有価証券については，その時価が著しく低くなった場合には，その回復が可能と認められるときを除き，時価によって評価すること（「基準」第9条）になっています。

ただし，「時価によって評価する」とは，時価会計の導入を意図したものではなく，取得原価主義の枠内での帳簿価額の切り下げであり，企業会計でいうところの有価証券の減損処理に相当するものです。

なお当該評価の方法は，通常の有価証券だけでなく，ご質問の減価償却引当特定資産のような引当特定資産についても同様に適用されるものです（「研究報告第29号」Q7）。

3　「著しく低くなった場合」に該当するかどうかの判定

個々の銘柄の有価証券の時価が「著しく低くなった場合」とは，必ずしも数値化できるものではありませんが，以下のとおり，時価の下落率に応じて「著しく低くなった場合」に該当するか判定されます（「実務指針第45号」4－3）。

時価の下落率	「著しく低くなった場合」かどうかの判定
50%以上	「著しく低くなった場合」に該当する。
30%以上50%未満	各学校法人において，著しく低くなったと判断するための合理的な基準を設けて判断する。
30%未満	「著しく低くなった場合」に該当しない。

このように少なくとも個々の有価証券銘柄の時価が取得価額の50%以上下落した場合には「著しく低くなった場合」に該当すると判断すべきです。

また，時価の下落率が50%未満であっても，状況によっては時価の回復可能性がない時価の著しい下落として判定の対象とされることもあります。この場合，時価の著しい下落率についての固定的な数値基準を定めることはできない

237

ため，時価の下落率が30%以上50%未満の場合には，状況に応じ個々の学校法人において時価が「著しく低くなった」と判断するための合理的な基準を設けて判断することとなります。なお，恣意性を排除するために，「合理的な基準」については文書をもって設定しておき，毎期継続的に適用することが必要です（「実務指針第45号」4－5）。

4　著しい下落であっても「回復が可能と認められる」の判断

　一般的に，有価証券の時価の「回復が可能と認められる」と判断されるのは，以下のような場合です（「実務指針第45号」4－4）。

	「回復が可能と認められる」	「回復する見込みがあると認められない」
株式	・時価の下落が一時的なものであり，期末日後おおむね1年以内に時価が取得価額にほぼ近い水準にまで回復する見込みのあることを「合理的な根拠」をもって予測できる場合。	・株式の時価が過去2年間にわたり著しく下落した状態にある場合。 ・株式の発行会社が債務超過の状態にある場合又は2期連続で損失を計上しており，翌年度もそのように予想される場合。
債券	・単に一般市場金利の大幅な上昇によって時価が著しく下落した場合であっても，いずれ時価の下落が解消すると見込まれる場合。	・格付けの著しい低下があった場合や，債券の発行会社が債務超過や連続して赤字決算の状態にある場合など，信用リスクの増大に起因して時価が著しく下落した場合。

　したがって，例えば，会計年度末日から計算書類の理事会承認日までの間に，時価が取得価額まで回復している場合であれば限定的に回復の事実が明らかと言えますが，1年後の時価は通常予測可能なものではないため，実務的には合理的な根拠をもってこれを予測して示すことは極めて困難と思われます。

5　有価証券を評価換えした場合の処理

　有価証券評価差額は資金支出を伴わないため，事業活動収支計算書上のみで表示されることになります。有価証券の評価換えによる損失額は，経常的な事業活動を通じて発生する性格のものではなく，時価の著しい下落という特殊な

●第5章　貸借対照表関連項目●

要因によって一時的に発生した臨時的な資産価額の強制的引下げであって，資産の処分に伴う損失額に準ずる性格のものであると考えられます。

「25高私参第8号」では，資産処分差額は事業活動収支計算書の特別収支に含まれることとしていることから，大科目「資産処分差額」，小科目「有価証券評価差額」と表示します。

また，引当特定資産に含まれる有価証券について評価換えによる損失が生じた場合には，一般の有価証券の評価差額とは区分して表示します。

したがって，質問の場合は，時価が50％以上下落していますから，計算書類の理事会承認までの間に，時価が取得価額まで回復しているといった稀なケースを除き，1株当たり1,000円に評価換えし，1株当たり2,000円の大科目「資産処分差額」，小科目「減価償却引当特定資産評価差額」を計上することになります。

Q5-6 有価証券の時価とは？

有価証券については，著しく時価が下落した場合は，回復する見込みがある場合を除き，時価まで評価減を行う必要があります。また，注記事項の1つとして時価情報を開示します。この時価とはどのような価額をいうのでしょうか。

 1 有価証券の時価

有価証券の時価とは，金融商品に関する会計基準に定める内容と同様に公正な評価額であり，取引を実行するために必要な知識を持つ自発的な独立第三者の当事者が取引を行うと想定した場合の取引価額をいいます。具体的には，当該有価証券が市場で取引され，そこで成立している価格がある場合の「市場価格に基づく価額」と，市場価格がない場合の「合理的に算定された価額」とがあります（「実務指針第45号」4－2）。

そこで，時価を有価証券の種類ごとに例示すれば，次の表のようになります。

なお，会計年度末の時価については原則として市場価格に基づいて算定された価額としますが，継続して適用することを条件として，会計年度末前1か月の市場価格の平均に基づいて算定された価額を用いることもできます（「実務指針第45号」4－2）。

240

●第5章　貸借対照表関連項目●

有価証券の種類		市　場　価　格	合理的に算定された価額
株　式	上　場	・取引所の終値又は気配値	
	非上場	・ブローカー又はシステム上の売買価格又は店頭気配値	
債　券	上　場	・取引所の終値又は気配値	
	非上場	・業界団体が公表する売買参考統計値 ・ブローカー又はシステム上の売買価格又は店頭気配値	・比準価格方式等により算定した価格 ・取扱金融機関等（証券会社，ブローカー，情報ベンダーを含む）から入手した評価価格
証券投資信託		取引所の終値若しくは気配値又は業界団体が公表する基準価格	・投資信託委託会社が公表する基準価格 ・取扱金融機関等（証券会社，ブローカー，情報ベンダーを含む）から入手した評価価格

2　株式の時価

　株式に付すべき時価は市場価格のみで，合理的に算定された価額は適用されません。市場価格は，市場において公表されている取引価格の終値を優先的に適用し，終値がなければ気配値を適用します。この場合の気配値は，公表された売り気配の最安値又は買い気配の最高値であり，それらがともに公表されている場合にはそれらの仲値となります。また，当日に終値も気配値も公表されていない場合は，同日前直近において公表された終値又は気配値を時価とします。

　また，ブローカーの店頭及びシステム上において取引されている株式についてはそこで成立している売買価格又は店頭気配値を市場価格とします。

3　債券の時価

　債券に付すべき時価は，市場価格を優先的に適用します。市場価格には，株式と同様に，取引所における取引価格，業界団体が公表する売買参考統計値，

241

ブローカーの店頭又はシステム上における売買価格又は店頭気配値が含まれます。この場合の売買価格又は店頭気配値は，株式の場合と同様に終値又は気配値の適用を準用することになります。

市場価格がない場合には，市場価格に準ずるものとして合理的に算定された価額が得られれば，その価額が時価となります。その価額には，取引所等が公表する市場価格に基づき，利子率，残存償還期間，当該債券の発行体の信用度等を勘案して算定する理論価格方式によるもの，債券の種類ごとに類似した銘柄を選定し，業界団体が公表する売買参考統計値の利回りを用いて算定する比準価格方式によるもの等があります。学校法人において合理的な算定が困難な場合には，これらの方法に基づき算定された価格を取扱金融機関等（証券会社，ブローカー，情報ベンダーを含む。）に問い合わせることも考えられます。

4 証券投資信託

証券投資信託は，株式と同様に資本証券であり，市場で流通し，この有価証券に付すべき時価は，基本的には市場価格です。この市場価格には，取引所における取引価格と業界団体が公表する基準価格が含まれます。

市場価格がない場合には，市場価格に準ずるものとして合理的に算定された価額が得られれば，その価額が時価となります。具体的には，投資信託委託会社の公表する基準価格，取扱金融機関等（証券会社，ブローカー，情報ベンダーを含む。）から入手する評価価格が考えられます。

●第5章 貸借対照表関連項目●

Q5-7
債券の会計処理は？

　当法人は，X１年４月１日に既発で額面10,000のＸ社社債を9,400で取得し，満期（X４年３月31日）まで保有するつもりでいます。利払日は毎年９月末日及び３月末日の年２回で300を受け取りますが，どのように会計処理すればよいでしょうか。

1　債券の会計処理方法

　債券を取得した場合，取得原価法か償却原価法で処理を行うことになります（「研究報告第29号」Q４）。取得原価法は取得時に9,400を有価証券に計上し，額面との差額600は満期償還時に資産売却差額として一括して収益計上されます。償却原価法とは，債券を債券金額より低い価額又は高い価額で取得した場合において，当該差額に相当する金額を償還期に至るまで毎期一定の方法で貸借対照表価額に加減する方法であり，当該加減額は受取利息（教育活動外収入）に含めて処理されます。償却原価法は，取得原価法と比較して取得原価と額面の差額が各年度に配分されるため，より合理的な会計処理といえます。償却原価法には利息法と定額法がありますが，簡便で一般的に利用されることが多い定額法について，以下で会計処理を示します。

　なお，償却原価法の仕訳については，例えば，債券の取得価額が額面より低い割引発行の場合，２つの方法が考えられます。

① 　資金の収支はないが，受取利息収入と有価証券購入支出をあったものとして資金収支仕訳を行う方法
② 　事業活動収支仕訳によって有価証券を増額させる方法

243

2　取得原価法による会計処理

①　X1年4月1日（取得日）

〈資金収支仕訳〉

（借方）　有価証券購入支出　9,400／（貸方）　支　払　資　金　9,400

〈事業活動収支仕訳〉

（借方）　有　価　証　券　9,400／（貸方）　現　金　預　金　9,400

②　X1年9月30日（第1回利払日），以降の利払日の仕訳は同様

〈資金収支仕訳〉

（借方）　支　払　資　金 150／（貸方）　その他の受取利息・配当金収入 150

〈事業活動収支仕訳〉

（借方）　現　金　預　金 150／（貸方）　その他の受取利息・配当金 150

③　X4年3月31日（満期日）

〈資金収支仕訳〉

（借方）　支　払　資　金　10,000／（貸方）　有価証券売却収入　10,000

〈事業活動収支仕訳〉

（借方）　現　金　預　金　10,000／（貸方）　有　価　証　券　9,400
　　　　　　　　　　　　　　　　　　　　　　有価証券売却差額　　　600

3　償却原価法（定額法）による会計処理

(1)　資金の収支はないが，受取利息収入と有価証券購入支出をあったものとして資金収支仕訳を行う方法

①　X1年4月1日（取得日）

●第5章　貸借対照表関連項目●

〈資金収支仕訳〉

（借方）　有価証券購入支出　9,400／（貸方）　支　払　資　金　9,400

〈事業活動収支仕訳〉

（借方）　有　価　証　券　9,400／（貸方）　現　金　預　金　9,400

②　X1年9月30日（第1回利払日），以降の利払日の仕訳は同様

〈資金収支仕訳〉

（借方）　支　払　資　金　150／（貸方）　その他の受取利息・配当金収入　150

〈事業活動収支仕訳〉

（借方）　現　金　預　金　150／（貸方）　その他の受取利息・配当金　150

③　X2年3月31日（決算日）

〈資金収支仕訳〉

（借方）　有価証券購入支出　　　200／（貸方）　支　払　資　金　　　200
　　　　　支　払　資　金　　　200／その他の受取利息・配当金収入　　　200

〈事業活動収支仕訳〉

（借方）　有　価　証　券　200／（貸方）　その他の受取利息・配当金　200

　　X2年度以降も上記②③と同様の会計処理を行います。償却原価法で有価証券に加算する金額は，期間が12か月となりますので200となります。

　　　（10,000－9,400）×12か月／36か月＝200

④　X4年3月31日（満期日）

〈資金収支仕訳〉

（借方）　支　払　資　金　10,000／（貸方）　有価証券売却収入　10,000

245

〈事業活動収支仕訳〉

（借方）現　金　預　金　10,000／（貸方）有　価　証　券　10,000

(2)　事業活動収支仕訳によって，有価証券を増額させる方法

①　X 1 年 4 月 1 日（取得日）

〈資金収支仕訳〉

（借方）有価証券購入支出　9,400／（貸方）支　払　資　金　9,400

〈事業活動収支仕訳〉

（借方）有　価　証　券　9,400／（貸方）現　金　預　金　9,400

②　X 1 年 9 月30日（第 1 回利払日），以降の利払日の仕訳は同様

〈資金収支仕訳〉

（借方）支　払　資　金　150／（貸方）その他の受取利息・配当金収入　150

〈事業活動収支仕訳〉

（借方）現　金　預　金　150／（貸方）その他の受取利息・配当金　150

③　X 2 年 3 月31日（決算日）

〈事業活動収支仕訳〉

（借方）有　価　証　券　200／（貸方）その他の受取利息・配当金　200

　　X 2 年度以降も上記②③と同様の会計処理を行います。

④　X 4 年 3 月31日（満期日）

〈資金収支仕訳〉

（借方）支　払　資　金　10,000／（貸方）有価証券売却収入　10,000

〈事業活動収支仕訳〉

（借方）現　金　預　金　10,000／（貸方）有　価　証　券　10,000

●第5章　貸借対照表関連項目●

Q5-8
有価証券の評価－その他

　市場価格のない株式や外貨建て有価証券の評価及び評価換えはどのように行いますか。

　1　市場価格のない株式の評価及び評価換え

　市場価格のない株式の実質価額は「一般に公正妥当と認められた企業会計の基準に従い作成された財務諸表を基礎とした1株当たりの純資産額」であり，これを時価とみなすことになります（「25高私参第8号」）。ここで，「基礎とした」とあることから，より実態に近い財政状態を算定するため，発行会社の財務諸表を無条件に使用するのではなく，発行会社の保有する資産等を時価評価して算定することも考えられます。したがって，発行会社の財務諸表において資産等の時価評価が行われていない場合は，発行会社の土地の含み損益等，時価評価のための資料が合理的に入手可能であれば，これを考慮して実質価額を算定することになります。

　その結果，実質価額が取得価額に比べて50％以上下落し「時価が著しく低くなった場合」に該当した場合には評価換えを行う必要があります。

　また，「時価が著しく低くなった場合」に該当したとしても，例えば学校法人からの出資割合が2分の1以上の出資先会社等であって，事業計画等を入手して回復可能性を判定することが可能なこともあるため，回復することが合理的に裏付けられる場合には，「十分な証拠」と考えることができ，評価換えをしないことも認められます。

　ただし，事業計画等は実行可能で合理的なものでなければならず，その回復

247

可能性の判断は毎期見直すことが必要であり，その後の実績が事業計画等を下回った場合など，事業計画等に基づく業績回復が予定どおり進まないことが判明したときは，その期末において評価換えをするか否かについて検討しなければなりません。

2　外貨建て有価証券の評価及び評価換え

外貨建て有価証券の場合，取得価額と比較する時価には外貨ベースと邦貨ベースの2つがあります。

著しい下落の判定において，まず，取得価額と時価との比較は外貨ベースで行います。その結果，著しい下落として評価換えを行う場合には，貸借対照表価額は決算時の為替相場により円換算した額によることとなります。取得価額と当該円換算額の差額が当該有価証券の評価差額となります。

3　具体例

(例)　時価のある外貨建株式A銘柄を1,000株所有している。

取得価額＝外国通貨による取得原価（200米ドル／株）×取得時レート（85円／米ドル）×1,000株＝17,000,000円

決算時の外国通貨による時価（80米ドル／株），会計年度末レート（115円／米ドル）

　①　「著しく下落した」かどうかの判定

　　（80米ドル－200米ドル）÷200米ドル＝△60％

　　著しい下落である。

　②　会計年度末の評価額

　　80米ドル×115円／米ドル×1,000株＝9,200,000円

　③　評価差額の計算

　　取得価額17,000,000円－会計年度末の評価額9,200,000円＝7,800,000円

Q5-9

少額重要資産の会計処理及び資産管理のポイントは？

机，椅子，書架，ロッカー等少額であっても重要な資産は消耗品費とすることなく，固定資産に計上すること（「文管振第62号」）とされていますが，どのように会計処理し管理すればよいですか。

1 少額重要資産とは

固定資産とは，長期間（1年以上）使用可能な資産をいいますが，きわめて少額のものまで固定資産として会計処理しますと，現物と会計帳簿との日常管理は大変煩雑になります。そこで，備品管理の簡便性を考慮して一定金額以下のもの（東京都通知では，一定金額は1個又は1組の金額が5,000円～50,000円の範囲で定めるように指示されています。）は，その使用期間の長短にかかわらず固定資産とせず，一般に消耗品費，備品費などの経費として取り扱います。

しかし，1個又は1組の金額が上記の備品計上基準未満であっても，少額重要資産については経費処理せずに全て教育研究用機器備品として計上しなければなりません。少額重要資産というのは，「学校法人の性質上基本的に重要なもので，その目的遂行上常時相当多額に保有していることが必要とされる資産」をいいます（「文管振第62号」）。具体的には，学生生徒園児用の机，椅子，ロッカー，その他の校具，図書館等の書架など常時多量に保有するものです。これらは，1点の金額は少額ですが，学校教育の上で直接かつ基本的に重要であることから，金額基準とは別個に資産計上を求めているのです。この場合，

常時相当多額に保有することが要件ですので，教育上重要であっても少量のものは経費処理してかまいません。いかなるものを少額重要資産とするかは，各学校法人が自らの学校の規模，種類等を考慮して判断することとなります。なお，経理規程等に少額重要資産の具体的な内容を明記しておくことが必要です。

2　会計上の取扱い

　機器備品の減価償却についてはグループ償却という方法によることができ，多くの学校法人で採用しています。機器備品（主として，机，椅子等）の減価償却について，取得年度ごとに同一耐用年数のものをグループ化し，一括して毎会計年度償却をするものです。この場合，少額重要資産も含まれます。

　また，機器備品の耐用年数は，物品の構造，用途等を勘案して学校法人が選択適用することになっていますが，グループ償却を採用した場合は，耐用年数の最終年度に現物の有無にかかわらず一括除却処理を行います。したがって，償却が完了した段階で取得価額と減価償却累計額を相殺仕訳して「0」とします。例えば，少額重要資産として計上している機器備品の実地棚卸を行ったところ，所在不明により紛失として処理すべきもの，修理不能な破損等により廃棄すべきものが発見された場合であっても，グループ償却を採用している場合には，紛失が判明した年度ないし廃棄した年度での除却処理を行わないことになります。ただし，グループ償却はあくまで事務手続きの簡素化という観点から認められるものであり，例えば，災害等で大量に廃棄すべき資産が生じたような場合にまで，耐用年数経過時まで除却処理を行わないのは適当ではありません。その場合には，当該事象が発生した年度において会計上も除却処理すべきです（「研究報告第20号」4－4）。

　また，年間の購入量が少なくとも，少額重要資産として計上している物品の追加取得については，固定資産計上する必要があります。例えば，少額重要資産として計上している学生生徒用の机，椅子を現在それぞれ2,000個程度保有しており，最近は年に10個から20個程度しか購入していないような場合でも取

●第5章　貸借対照表関連項目●

得した年度に少額重要資産として固定資産計上することになります（「研究報告第20号」4－5）。

3　少額重要資産の現品管理

　上記のように，グループ償却の対象となる少額重要資産を含む機器備品について，会計上は事務手続の簡素化を図るために耐用年数経過時に除却処理を行いますが，現実には耐用年数満了以前に廃棄した資産や，あるいは逆に耐用年数後も使用している資産があります。したがって，会計帳簿上の取得年度別グループ管理とは別に，固定資産の場所別グループ管理台帳を設けて現品管理を行うことが必要です。

　現品管理とは，一定時期に保有する少額重要資産全ての現品を確認し，管理帳簿の数量と突き合わせすることをいいます。この現品管理により，物品の損傷，欠落の有無が確認でき，次回の購入計画に役立てることもできます。なお，少額重要資産が常時多量に保有しているという性質上，個別に機器備品台帳に登録して管理するのは煩雑なので，保有場所ごとに一括して管理台帳に登録することも考えられます。

251

Q5-10
固定資産・貯蔵品等の棚卸資産管理のポイントは？

学校法人では多種多様の固定資産を保有していますが，資産管理方法としてどのようなことに気を付けたらよいでしょうか。

また，学校法人における貯蔵品とはどのようなものをいうのでしょうか。購入時に消耗品費として経費処理したもののうちに，年度末の未使用残がありますが，貯蔵品に振り替えなければいけないでしょうか。

学校法人において，その目的とされる教育研究活動を維持していくために欠かせない必須の施設や設備等が固定資産です。また，学校法人を運営するために使用する様々な事務用品や販売用品が棚卸資産です。

資産管理においては，次のポイントが挙げられるでしょう。

1　固定資産管理台帳の整備

会計部門においては，減価償却計算や除却・売却の簿価及び基本金組入額の算定が可能となる固定資産管理台帳を整備する必要があります。そのため，個々の資産ごとに，取得年月，取得価額，償却方法，耐用年数，償却率，期首帳簿価額，当期償却額，期末帳簿価額，担保差入の有無等を記載します。また，広く教育研究用の固定資産は基本金組入対象となりますが，基本金組入対象外の固定資産がある場合はその旨を記載して区別します。

固定資産管理台帳の記載については，将来，取替工事が行われたとき，除却資産がいくらであるのかが容易に把握し得るよう，工事代金を1号棟4億円というように一括して記載するだけでなく，建物などを構成する工事内容ごとに

●第5章　貸借対照表関連項目●

記載しておく必要があります。特に学校法人会計では，固定資産を取替更新した場合に基本金組入額がいくらになるのか（除却した旧資産の取得価額と新たに取得した資産との差額が基本金要組入額）という問題がありますから，工事内容ごとの記載は重要です。

　次に，固定資産を実際に利用する部門において物品管理のために，どこに何がいくつあるのかといった情報が記載されている固定資産管理台帳が必要です（機器備品については〔Q5－9〕参照）。

　会計上の固定資産管理台帳と物品管理上の固定資産管理台帳とを兼ねた台帳を作ることが理想的ですが，会計単位（小，中，高，学部別等）と物品管理単位（○○校舎，○○校別）との整合性を保った合理的なシステムを作ることが望まれます。

2　固定資産管理規程

　固定資産管理規程は，固定資産の管理方法，固定資産管理台帳の記載方法，現物照合の方法等，物品の管理に関する事項を定めます。例えば，校舎等の建物は，建物の外部と内部に分けて点検・補修項目とそれぞれの点検周期を定めておきます。また，機器備品は学校指定の備品番号札（シール）を貼付して固定資産管理台帳に登録します。固定資産管理台帳上の記録番号と現物に貼付された備品番号札（シール）を照合することにより，備品の欠落，損傷等を点検することが可能となります。備品番号札（シール）には名称，取得年度，管理部門，整理番号，教育研究用か管理用かの区分等何を記入するかその様式を規定します。

3　所有権の登記

　土地・建物等の不動産については，権利関係を明らかにするために所有権移転や所有権保全の登記をします。

253

4 損害保険

学校の施設設備が火災・地震等の災害により重大な損害を被ると，教育活動が継続して行えなくなってしまいます。万一の損害に備えて，施設設備の再投資等に十分な額の保険を付しておく必要があります。

5 貯蔵品の範囲は

棚卸資産とは，一般の企業では商品，製品，仕掛品等販売目的で保有する資産並びに貯蔵品で，期末にはその在高を把握するために棚卸（数量の把握，陳腐化の有無の検討等）を行うのでこの名称があります。貯蔵品は消費目的で保有する資産であり，荷造包装材料，燃料，事務用消耗品等のうち，決算期末に未使用の物品をいいます。これらは，当期中に財貨の消費がないので当期の費用とせずに翌期以降の費用とされるものです。

学校法人の棚卸資産としては「貯蔵品」のほかに，食堂や売店等の補助活動において販売目的で保有している用品（書籍，文具及び原材料等）の期末有高を表示する「販売用品」があります。

購入時に消耗品費として経費処理したもののうち，年度末において，未使用の物品があれば，貯蔵品として資産計上します。例えば，ノート，用紙，その他の文房具，実験用の薬品やその他の材料等です。その他に，除却済の固定資産でスクラップとして売却予定のもの，販売用品が少額の場合（「実務指針第22号」）等も貯蔵品に含めて表示します。

なお，貯蔵品の合計額が僅少である場合には，資産計上することを省略できると解されています。

6 貯蔵品の計上額

貯蔵品は会計年度末に棚卸をして，その数量と金額を計算します。例えば，用紙の場合，未使用枚数を数えて，未使用枚数相当額の取得価額をもって貯蔵品に計上することとなります。このとき，金額的に少額であり，かつ，棚卸に

●第5章　貸借対照表関連項目●

手数がかかるような場合は，封を切ってあるものの枚数は数えずに未使用で封をされたもののみを一〆単位をもって計算する簡便法も認められると考えられます。

　貯蔵品の範囲，棚卸方法及び評価方法については，あらかじめ経理規程等で定めておきます。評価方法は，同種のものの直近時の購入価格を用いるのが簡便です（最終仕入原価法）。

Q5-11

固定資産の評価－1

固定資産の評価が行われるようになった経緯を教えてください。また，評価等が行われる固定資産にはどのようなものがありますか。

　1　固定資産の評価の概要

　近年，大規模な災害等により，学校法人が保有する固定資産の使用が困難となり，また，処分もできないような状況が生じています。そのような状況にある固定資産を資産として計上し続けることは，学校法人の財政状態を適切に表さないと考えられます。そのため，学校法人が保有する固定資産について，現に使用することをやめ，かつ，将来も転用するなどにより，使用する予定のないものについては，理事会及び評議員会（私立学校法第36条第4項及び第66条第4項の規定に基づき寄附行為をもって評議員会の議決を要することとしている場合に限る。）の承認を得た上で，備忘価額を残して貸借対照表の資産の計上額から除くことができます。

2　固定資産の評価が適用される場合

　固定資産について貸借対照表の資産の計上額から除くことができるのは，現に使用することをやめ，かつ，将来も転用するなどにより，使用する予定のない状態にあるものですが，以下の①～③の条件に全て該当する場合になります（「実務指針第45号」3－2）。
　①　固定資産の使用が困難である場合
　　　社会通念上誰にとっても使用することが困難である場合であり，当該学

●第5章　貸借対照表関連項目●

校法人の個別的な事由で使用が困難な場合は含まれません。なお，使用が困難である場合には，固定資産の使用を継続するために巨額な支出が必要である場合や使用目的から考えて明らかに合理的でない場合が該当します。

② 処分ができない場合

通常想定される方法で処分できない場合であり，例えば以下のようなケースが考えられます。

・物理的なアクセスが制限されている場合

・当該固定資産を処分するためには教育活動を長期にわたり中断しなければならないなど事業を行う上で重要な支障があり，ただちに処分することが合理的でない場合

・法令の規制など，学校法人の都合によらない外部要因によりただちに処分することができない場合

③ ①及び②に該当する固定資産であって，備忘価額を残して貸借対照表の資産計上額から除くことについて理事会及び評議員会の承認を得た場合（なお，理事会等の承認は会計処理を行う年度に行われる必要がありますが，いわゆる決算理事会において有姿除却損失等が計上された計算書類が承認された場合は対象年度に承認があったとみなされます。）

①及び②の条件を満たす場合として以下が考えられます。

・立入禁止区域にある固定資産

・地中に大きな空洞があり，崩落の危険があるような場合で，埋め戻して使用可能な状態にするためには巨額な支出を要する土地・建物

・使用が困難となった構築物だが，校舎と一体となっており，処分するためには長期にわたり校舎を閉鎖しなければならない場合

・外部要因により処分するのに相当期間を要すると想定されるもの

3　適用される固定資産の範囲

原則として，学校法人が保有する固定資産であって，2の①〜③の条件に全

て該当する場合は固定資産の評価の対象となります。以下のような固定資産も同様です。

(1) 土　　地

　2の①～③の条件に全て該当する場合には，土地についても固定資産の評価の対象となります。土地については使用が困難でかつ処分のできない状況は通常想定されません。しかし，今後数十年にわたり，立入禁止とされ，その後の状況も判断できないような場合には固定資産の評価を行うことが認められます。例えば，土地が警戒区域内や計画的避難区域等に指定され，使用が不可能である場合等が考えられます。

(2) 無形固定資産

　2の①～③の条件に全て該当する場合には無形固定資産（例えば，借地権，施設利用権等）についても固定資産の評価の対象となります，なお，通常無形固定資産は処分のできない状況は想定されないため，使用が困難となった時点で除却すれば足ります。

(3) グループ償却

　グループ償却を行った場合，現物の有無にかかわらず，耐用年数の最終年度に一括除却処理する方法が認められていることから，本来グループ償却を採用している場合には固定資産の評価の対象となりません。しかし，あくまでもグループ償却は事務手続の簡素化の観点から認められており，災害等で使用が困難となり，かつ処分もできないような固定資産が大量に生じたような場合にまで固定資産の評価を行わないのは適当ではありません。

4　再使用

前年度以前に固定資産の評価を行った固定資産について，将来状況が変化し使用が困難でなくなったため，再度使用又は転用した場合であっても，当該固定資産の帳簿価額を増額させることはできません。

Q5-12
固定資産の評価－2

固定資産の評価の会計処理はどのように行うのですか。また留意点があれば教えてください。

1　会計処理

固定資産の評価の対象となる建物の取得価額を10,000，期首の減価償却累計額を4,000，当期の減価償却額を200，備忘価額を1とした場合，備忘価額を残して固定資産の計上額を減少させることとなります。仕訳で示すと以下のとおりになります。

（借方）	減価償却累計額	4,000	（貸方）	建　物	9,999
	減 価 償 却 額	200			
	有姿除却等損失	5,799			

2　事業活動収支計算書の表示

固定資産の評価により備忘価額を残して貸借対照表の資産の計上額から除いた場合は，事業活動収支計算書の「特別収支」の大科目「資産処分差額」に小科目として「有姿除却等損失」等を設けて表示します。

3　固定資産明細書の表示

固定資産明細書の当期減少額の欄に当該固定資産の取得価額から備忘価額を

除いた金額（１の仕訳例では9,999）を記載し，減価償却累計額は固定資産明細書の減価償却累計額から減少させる必要があります。また，有姿除却等損失を計上した場合は「基準」第五号様式の注４「贈与，災害による廃棄その他特殊な事由による増加若しくは減少があった場合」に該当するため，当該事由を固定資産明細書の摘要欄（書ききれない場合は脚注）に記載しなければなりません。

4　基本金の取崩し

固定資産の評価を行った場合，当該固定資産はその全額が基本金の取崩しの対象になります。ここで，固定資産は備忘価額を残していることから，固定資産明細書の当期減少額及び期末残高と基本金明細書の要組入額の取崩額及び当期末残高が一致しないことになります。基本金明細書（第七号様式）では特段注記は求められていませんが，その差異内容を基本金明細書等に記載することが望まれます。

●第5章　貸借対照表関連項目●

Q5-13

引当特定資産の設定と
会計処理のポイントは？

貸借対照表の「特定資産」に計上される引当特定資産にはどのようなものがあるでしょうか。設定の方法，運用及び会計処理について教えてください。

 1　引当特定資産の設定と種類

引当特定資産は，将来の特定の支出に備えるために資金を留保した場合に設ける勘定科目です。

従来，特定資産は，「その他固定資産」として計上されていましたが，「その他固定資産」に占める割合が大きいため，貸借対照表の中科目として独立表示されました。

特定資産には，第2号基本金に対応する「第2号基本金引当特定資産」，第3号基本金に対応する「第3号基本金引当特定資産」の他に，「減価償却引当特定資産」，「施設設備拡充引当特定資産」，「退職給与引当特定資産」等，将来の支出目的を記載したものがあります。

第2号基本金又は第3号基本金については，固定資産の取得又は基金の設定に係る基本金繰入計画に従い引当特定資産を設定する必要があります。一方，その他の引当特定資産の設定については，何ら強制されておらず各学校法人の自由です。したがって，たとえ「0」であっても学校法人会計上は不当といえません。しかしながら，教育活動を永続的に継続していくためには，必要な施設設備を継続的に維持し，教職員を継続的に確保していかなければなりませ

261

ん。校舎が古くなり使用が不能となったときには校舎の建て替えが必要です
し，教職員の退職時には退職金を支払い，新しい教職員を採用しなければなり
ません。

　そのときに，それに充当する資金が積み立てられていなければ支払が困難と
なり，ひいては教育水準を維持できなくなってしまいます。このように，引当
特定資産は，学校法人を維持していくために必要な資金留保であり，長期的な
資金計画に従って着実に実行されるべきものといえます。

　特定資産には，その目的に応じて種々のものがあり，一般的には次のような
ものが計上されています。

① 第2号基本金引当特定資産

　　将来の多額な固定資産の取得（例えば，グランド用土地，校舎建設，研
　究棟建設や図書館建設等）に備えた取得資金であり，第2号基本金組入額
　に相当する額を特定資産として設定しておくものです。

② 第3号基本金引当特定資産

　　奨学基金，研究基金，海外交流基金等の元本であり，基金として継続的
　に保持し，かつ運用する資産です。運用の結果である果実は，基金の設定
　目的を遂行するために使用します。

③ 減価償却引当特定資産

　　有形固定資産の減価償却額に対応させて，又はその一部を資金留保した
　ものであり，有形固定資産の再取得資金を確保することが目的です。その
　性格上，減価償却累計額を超える積立ては避けるべきです。

④ 施設拡充引当特定資産

　　減価償却引当特定資産と同様に資産の取得資金の確保が目的と考えられ
　ます。また，特定の資産取得を目的として資金留保する場合もあります。
　減価償却引当特定資産を超え資産の取得資金を確保する場合，その超過額
　をこの科目で処理します。

⑤ 退職給与引当特定資産

　　教職員の将来の退職に備えて，退職金相当額をあらかじめ積み立ててお

●第5章　貸借対照表関連項目●

くものです。その金額は，通常，退職給与引当金の範囲内と考えられます。したがって，退職金の支払が労働協約や就業規則に基づかないため，退職給与引当金が設定できない場合には，この名称でなく，例えば，退職資金特定資産等を用いて支払原資を留保するのが妥当でしょう。

⑥　○周年事業引当特定資産

創立何周年といった記念事業に備えて積み立てるものです。

2　引当特定資産の運用

引当特定資産は，特定の目的のために資金を確保したものですから，その使用目的のために元本が確実に回収されるような運用を検討すべきです。運用方法としては，主に貸付信託，金銭信託，定期預金，公社債投資信託，金融債，国債，債券現先等々，元本の安全性とより高い利息収入を意図して運用していくことが必要です。

3　会計処理のポイント

貸借対照表上の引当特定資産の増加及び減少については，資金収支計算書を通して処理します。つまり，その積立ての場合，預金，公社債等に対する投資は，資金収支計算書上において「○○引当特定資産繰入支出」として表示します。また，逆に取り崩す場合，資産の解約又は売却は，「○○引当特定資産取崩収入」とします。特定目的を変更する場合，例えば，○周年事業引当特定資産を体育館建設引当特定資産に充当するような場合も，「○周年事業引当特定資産取崩収入」と「体育館建設引当特定資産繰入支出」と両建により，資金収支計算書上で表示することとなります。

これに対して，同一の引当特定資産内での資金移動で金額に増減を伴わない場合，例えば，満期となって定期預金を書き替えた場合まで，資金収支計算書上で「繰入支出」，「取崩収入」と処理する必要はないと考えられます。

なお，特定資産の取崩しは，その目的に対してはいつでもできますが，目的外のために取り崩すことは望ましくありません。

4 基本金組入れとの関係

第2号基本金引当特定資産及び第3号基本金引当特定資産の価額はそれぞれ第2号基本金及び第3号基本金と一致していることが必要です。減価償却引当特定資産や退職給与引当特定資産等は，任意の積立てであり，必要な時期にいつでも支払に充当されるものです。したがって，継続的に保持されるものではなく，基本金の組入対象とはなりません。

●第5章　貸借対照表関連項目●

Q5-14

退職給与引当金等負債項目の会計処理のポイントは？

貸借対照表の負債の部は大別して3つの種類の負債があります。1つ目は長期，短期の借入金や未払金のようなもの，2つ目は前受金のように翌年度に事業活動収入となるもの，3つ目が退職給与引当金です。同じ負債ではありますが各々性格を異にしていると考えます。それぞれの会計処理で留意すべき点を教えてください。

1　負債の性格

負債は，資金の調達源泉の中の外部資金をいい，それは，支払義務の確定している法律上の確定債務と，法律的には必ずしも債務として確定してはいないが，債務と同じように，将来資産が減少したり何か役務を提供することを必要とするもの（以下「会計上の負債」という。）に分けられます。法律上の確定債務は借入金，未払金等であり，会計上の負債は，事業活動収支の期間計算をする上で計上されるものであり，「退職給与引当金のほか，引当金については，会計年度の末日において，将来の事業活動支出の発生に備えて，その合理的な見積額のうち当該会計年度の負担に属する金額を事業活動支出として繰り入れることにより計上した額を付すものとする。」（「基準」第11条第2項）とされています。

負債についても，資産と同様に1年基準（ワンイヤールール）により固定と流動に分けて表示します（〔Q5-2〕参照）。

265

2 退職給与引当金

　教職員が退職した場合に支払われる退職金は，就業規則等によって給付額の計算及び給付の条件等が定められており，勤続年数に従って支払給付額が増加します。ただ，退職という事実が生じてはじめて金額や支払時期が確定するので，教職員の在職中は学校法人が退職金の支給義務を条件付き及び期限付きで負っていることになります。そこで，毎会計年度の会計事実を明瞭に表示するために，毎会計年度の負担に属すべき退職金の額はその支出の事実によらず，支出の原因又は効果の期間帰属に基づいて毎会計年度の事業活動支出（退職給与引当金繰入額）として認識し，この負担額の累積額を引当金として計上します（「実務指針第44号」）。具体的には，退職金規程に基づく年度末の要支給額を計算し，前年度末からの増差額を当年度の負担額として認識します。

　退職給与引当金は，年度末における要支給額の全額を引き当てます。また，教職員の退職金の全部又は一部に充当するために私立学校退職金団体又は私立大学退職金財団に加入している場合には，退職金規程に基づいて計算される年度末要支給額から，同日にこの団体から受け取るべき交付金相当額を控除した額を基礎として，その学校法人の計上基準により算定します（「実務指針第44号」）。なお，学校法人が採用した算定方法は貸借対照表に脚注として記載します。

　退職給与引当金は，設定額の全額が翌期に取り崩されるのではなく，翌期以降退職者が生じた場合に順次取り崩すので，固定負債として表示します。

3 前受金

　前受金は，翌年度の事業活動収入として計上されるべき収入が当年度に入金された場合に計上される科目です。例えば，翌年度に入学する学生生徒等から当年度中に受け入れた学生生徒等納付金（入学金や授業料等）や当年度に受け入れた翌年度分の施設設備利用料収入等が該当します。したがって，他の負債のように返済義務や支払の必要はありません。事業活動収支計算書上で事業活

動収入の帰属年度を明確にするために計上するものです。

4　その他の負債項目

　借入金，未払金，預り金等は，返済期限が決算日後1年以内に到来するか否かで短期と長期に分けます。また，賞与引当金などについて，以下の引当金の計上要件を満たした場合は引当金を計上する必要があります。

　①将来の特定の費用又は損失であること

　②発生が当期以前の事象に起因していること

　③発生の可能性が高いこと

　④金額を合理的に見積ることができること

5　注記について

　引当金の計上基準は学校法人会計基準により，「重要な会計方針」として必ず注記しなければならない事項とされており，毎年度記載する必要があります。そのため，退職給与引当金及び賞与引当金などの引当金について，各引当金ごとに計上基準を注記することが必要です。

Q5-15

リース取引の種類は？

学校法人会計におけるリース取引は，通常の売買取引に係る方法に準じた会計処理を行うと聞きました。一方で，通常の賃貸借取引にかかる方法に準じた会計処理も可能な場合があるとも聞きます。リース取引にはどのような種類があるのですか。

  1　リース取引の種類

　リース取引とは，特定の物件の所有者たる貸手が，当該物件の借手に対し，合意された期間（リース期間）にわたり，これを使用する権利を与え，借手は，合意された使用料を貸手に支払う取引をいいます。

　リース取引は，ファイナンス・リース取引とオペレーティング・リース取引に区分されます。「リース取引に関する会計処理について（通知）」（平成20年9月11日　20高私参第2号／以下「リース通知」という。）によると，リース取引がファイナンス・リース取引と判定された場合は通常の売買取引に係る方法に準じた会計処理を行い，オペレーティング・リース取引と判定された場合は通常の賃貸借取引に係る方法に準じた会計処理を行うことになるため，両者の区分は大変重要になります。

(1) ファイナンス・リース取引

　ファイナンス・リース取引とは，①リース契約に基づくリース期間の中途において当該契約を解除することができないリース取引又はこれに準ずるリース取引で，②借手がリース物件（リース契約に基づき借手が使用する物件）からもたらされる経済的利益を実質的に享受することができ，かつ，当

●第5章　貸借対照表関連項目●

該リース物件の使用に伴って生ずるコストを実質的に負担すること（フルペイアウト）となるものをいいます。すなわち，ファイナンス・リース取引の判定においては，解約不能とフルペイアウトが重要な判断基準となります。

　なお，上記において「これに準ずるリース取引」とは，法的には解約可能であるとしても，解約に相当の違約金を支払わなければならない等の理由から，事実上解約不能と認められるリース取引をいいます。また，「借手がリース物件からもたらされる経済的利益を実質的に享受する」とは，当該リース物件を自己所有するとするならば得られると期待されるほとんど全ての経済的利益を享受することをいい，「当該リース物件の使用に伴って生ずるコストを実質的に負担する」とは，当該リース物件の取得価額相当額，維持管理等の費用，陳腐化によるリスク等のほとんど全てのコストを負担することをいいます。

⑵　オペレーティング・リース取引

　オペレーティング・リース取引とは，リース取引のうち，ファイナンス・リース取引以外のものをいいます。

2　具体的な判定基準

リース取引が次の要件のいずれかに該当する場合には，ファイナンス・リース取引と判定されます（学校法人委員会報告第41号「『リース取引に関する会計処理について（通知）』に関する実務指針」（平成21年1月14日／以下「リース実務指針」という。）1－1）。

⑴　現在価値基準

　解約不能のリース期間中のリース料総額の現在価値が，当該リース物件を現金購入すると仮定した場合の合理的見積金額の概ね90％以上であること。

⑵　耐用年数基準

　解約不能のリース期間が，該当リース物件の耐用年数の概ね75％以上であること（ただし，リース物件の特性，耐用年数の長さ，リース物件の中古市場の存在等を勘案すると⑴の判定結果が90％を大きく下回ることが明らかな

269

場合を除く）。

(3)　**具体例（「リース実務指針」1－8）**

　以下のリース物件がリース期間中，解約不能である場合，ファイナンス・リース取引に該当するか否かを(1)(2)に従って判定してみましょう。

教育用機器備品

　(1)　リース期間：5年

　(2)　リース料の総額：60,000（月額1,000円を毎月支払い）

　(3)　現金購入価額：50,000

　(4)　追加借入利子率：年5％

　(5)　減価償却方法：定額法，耐用年数10年

　(6)　残存価額：0

　(7)　リース取引開始日：X1年4月1日，年度末3月31日

---

①　現在価値基準による判定

　貸手の計算利子率が不明なため，借手の追加利子率である年5％を用いてリース料総額を現在価値に割り引くと，

$$\frac{1,000}{(1+0.05\times1/12)}+\frac{1,000}{(1+0.05\times1/12)^2}+\cdots\cdots$$

$$+\frac{1,000}{(1+0.05\times1/12)^{60}}=52,991$$

　現在価値52,991÷見積現金購入価額50,000＝106％＞90％

②　耐用年数基準による判定

　解約不能リース期間5年÷耐用年数10年＝50％＜75％

したがって，(1)の90％以上の基準に該当するため，このリース取引はファイナンス・リース取引に該当することになります。

Q5-16
ファイナンス・リース取引の会計処理は？

ファイナンス・リース取引の会計処理はどのようになるのでしょうか。

 1 ファイナンス・リース取引の会計処理

一定の場合を除き，リース取引開始日に，通常の売買取引に係る方法に準じた会計処理により，リース物件及びこれに係る債務を，それぞれ該当する固定資産等の科目及び負債の未払金（長期未払金）に計上します。

ファイナンス・リース取引については，その取引契約に係る法的形式は賃貸借契約であったとしても，その経済的実態は当該物件を売買した場合と同様の状態にあると認められるものが多々あると考えられます。しかも，学校法人のリース取引については，教育研究用のコンピュータをはじめ，医療機器，車両等各種資産に範囲が拡大するとともに，取引量も年々増加する傾向にあります。そのため，リース取引に係る経済的実態を的確に計算書類に反映させる要請に応えるため，一定の場合を除き，通常の売買取引に係る方法に準じた会計処理が適用されます。

2 通常の賃貸借取引に係る方法に準じた会計処理が行える場合とは

上記1における「一定の場合」とは，次のいずれかに該当する場合であり，通常の賃貸借取引に係る方法に準じた会計処理を行うことができます（「リース通知」3(1)①）。

① リース料総額が学校法人の採用する固定資産計上基準額未満のもの（リー

ス物件が少額重要資産の場合を除く。）

②　リース期間が1年以内のもの

③　リース契約1件当たりの「リース料総額」が300万円以下のもの（ただ
し，「所有権移転外ファイナンス・リース取引」に限る。）

　上記において「リース料総額」とは，リース債務の元本返済額，利息相当額
及び維持管理費用相当額をいい，「所有権移転外ファイナンス・リース取引」
とは，ファイナンス・リース取引のうち，所有権移転ファイナンス・リース取
引以外のものをいいます。

　ここで，所有権移転ファイナンス・リース取引とは，ファイナンス・リース
取引のうち，次のいずれかに該当するものをいいます（「リース通知」2(4)）。

①　リース契約上，リース期間終了後又はリース期間の中途で，リース物件
の所有権が借手に移転することとされているもの

②　リース契約上，借手に対して，リース期間終了後又はリース期間の中途
での割安購入選択権（名目的価額又はその行使時点のリース物件の価額に
比して著しく有利な価額で買い取る権利をいいます。）が与えられており，
その行使が確実に予想されるもの

③　リース物件が借手の用途等に合わせた特別な仕様によるものであって，
当該リース物件の返却後，貸手が第三者に再リースし，又は売却すること
が困難であるため，その使用可能期間を通じて借手によってのみ使用され
ることが明らかなもの

これらを図解すると次ページのようになります。

【図1】 リース取引の会計処理の全体像

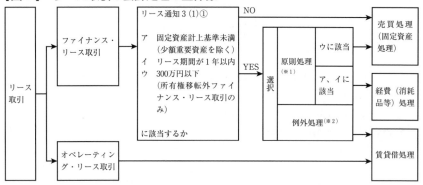

※1：通常の売買取引に係る方法に準じた会計処理
※2：通常の賃貸借取引に係る方法に準じた会計処理

3 リース対象資産の固定資産価額等

　リース物件のうち，通常の売買取引に係る方法に準じた会計処理により，貸借対照表に資産として計上されるものを「リース対象資産」といいます。

　リース対象資産の固定資産価額等は，利子抜き法に基づき計上することを原則としますが，リース対象資産の総額に重要性が乏しいと認められる場合には，利子込み法によることも可能です。

　ここで，利子抜き法とは，リース料総額を，リース債務の元本返済額部分，利息相当額部分及び維持管理費用相当額部分に区分し，元本返済額部分をもって固定資産価額等とすることをいいます。これに対し利子込み法は，このような区分をすることなく，リース料総額をもって固定資産価額等とすることをいいます。

　なお，利子込み法が適用可能となるリース対象資産の総額に重要性が乏しい場合とは，図2で算定した割合が10％未満である場合をいいます（「リース実務指針」1－4）。

【図2】 利子込み法の重要性の判定計算

$$\frac{未経過リース料の期末残高(※1)}{未経過リース料の期末残高 + 有形固定資産及びその他の固定資産の期末残高(※2,3)} < 10\%$$

※1：リース取引開始日が平成21年4月1日以降のすべてのリース取引の未経過リース料の期末残高のうち，利子込み法により固定資産に計上されている未経過リース料のみが該当

※2：利子込み法により処理した場合におけるファイナンス・リース取引に係るリース対象資産に係るものを除く。

※3：その他の固定資産については，ソフトウェア，借地権，電話加入権，施設利用権等いわゆる企業会計でいう無形固定資産が該当することになる。

利子抜き法により処理する場合，利息相当額の総額をリース期間中の各期に配分する方法は，原則として，利息法（各期の支払利息相当額をリース債務の未返済元本残高に一定利率を乗じて算定する方法）によるものとします。

なお，リース対象資産の総額に重要性が乏しいと認められる場合においても利子込み法によらず利子抜き法により処理するときには，定額法（利息相当額の総額をリース期間中の各期にわたり，定額で配分する方法）によることもできます。

【図3】 利子抜き法と利子込み法

一方，リース対象資産以外のリース物件については，利子込み法によりリー

●第5章　貸借対照表関連項目●

ス料総額をもって経費として処理することを原則とします。

4　リース対象資産の減価償却

　リース対象資産の減価償却額は，所有権移転ファイナンス・リース取引に係るものについては，自己所有の固定資産に適用する減価償却方法と同一の方法により算定し，所有権移転外ファイナンス・リース取引に係るものについてはリース期間を耐用年数とし残存価額をゼロとして算定します。

　なお，会計年度の中途で取得した所有権移転外ファイナンス・リース取引に係るリース対象資産の減価償却額の計算においても，当該リース対象資産について計算される年間減価償却額を月数按分したものによるほか，次の簡便法を採用している場合も，重要性がない場合には，妥当な会計処理として取り扱うことができます（「リース通知」3⑴③）。

①　取得時の会計年度は，償却額年額の2分の1の額により行う。

②　取得時の会計年度は，償却を行わず，翌会計年度から行う。

③　取得時の会計年度から償却額年額により行う。

5　その他

⑴　再リース料の処理（「リース通知」3⑴⑤）

　再リースを行う場合の再リース料は，賃借料等の経費として処理します。

⑵　リース物件の表示（「リース通知」3⑶①）

　リース物件については，該当する固定資産の科目又は消耗品費・賃借料等の経費科目に含めて表示します。

⑶　リース物件に係る債務（「リース通知」3⑶②）

　リース物件に係る債務については，貸借対照表日後1年以内に支払いの期限が到来するものは流動負債に属するものとし，貸借対照表日後1年を超えて支払いの期限が到来するものは固定負債に属するものとします。

⑷　所有権移転外ファイナンス・リース取引の注記

　〔Q7－12〕に記載しています。

275

Q5-17

設例に基づくファイナンス・リース取引の 具体的な会計処理は？

　以下の教育研究用機器備品の所有権移転外ファイナンス・リース取引について具体的な会計処理を教えてください。

---

(1) リース期間：5年

(2) リース料：リース料の総額60,000（月額1,000を毎月末支払い）

(3) 現金購入価額：50,000

(4) 追加借入利子率：年5％

(5) 減価償却方法：定額法，耐用年数　10年

(6) 残存価額：0

(7) リース取引開始日：Ｘ1年4月1日，年度末3月31日

　設例について，「リース実務指針」1−8に従って具体的に仕訳を示すと以下のようになります。

(1) 利息相当額を利息法で会計処理する場合

　リース料総額の現在価値より借手の見積現金購入価額の方が低い額であるため，50,000が固定資産及び債務の計上価額となります。この場合の利息相当額の算定に必要な利子率の計算は次のとおりです。

●第5章　貸借対照表関連項目●

$$\frac{1,000}{(1+r\times1/12)} + \frac{1,000}{(1+r\times1/12)^2} + \cdots\cdots + \frac{1,000}{(1+r\times1/12)^{60}} = 50,000$$

r＝7.420%

未払金の返済スケジュールは次の表のようになります。

回数	返済日	前月末元本	返済合計	元本分	利息分	月末元本
1	X1.4.30	50,000	1,000	691	309	49,309
2	X1.5.31	49,309	1,000	695	305	48,614
・ ・ ・	・ ・ ・	・ ・ ・	・ ・ ・	・ ・ ・	・ ・ ・	・ ・ ・
12	X2.3.31	42,162	1,000	739	261	41,423
13	X2.4.30	41,423	1,000	744	256	40,679
・ ・ ・	・ ・ ・	・ ・ ・	・ ・ ・	・ ・ ・	・ ・ ・	・ ・ ・
59	X6.2.28	1,982	1,000	988	12	994
60	X6.3.31	994	1,000	994	6	―
	合計	―	60,000	50,000	10,000	―

―X1年4月1日（リース取引開始日）―――――――――――――――――――――

（借方）　教育研究用機器備品支出　50,000／（貸方）　期　末　未　払　金　50,000

―X1年4月30日（第1回支払日）―――――――――――――――――――――――

（借方）　期　末　未　払　金　　691／（貸方）　現　金　預　金　1,000
　　　　　未払金利息支出　　　309／

＊計算は次のとおりです。

　利息分　50,000×7.420%×1/12＝309

　元本分　1,000－309＝691

277

以後も毎月同様な会計処理を行います。

―Ｘ２年３月31日（第12回支払日・年度末）――――――――――――――――

（借方）　期 末 未 払 金　　　739／（貸方）　現　金　預　金　1,000
　　　　　未 払 金 利 息 支 出　　261／

（借方）　減 価 償 却 額　10,000／（貸方）　減価償却累計額　10,000

＊減価償却額はリース期間を耐用年数とし，残存価額をゼロとして計算します。

　50,000×1/5＝10,000

―Ｘ２年４月30日（翌年度第１回支払日）――――――――――――――――

（借方）　前期末未払金支払支出　　744／（貸方）　現　金　預　金　1,000
　　　　　未 払 金 利 息 支 出　　256／

以後も毎月同様な会計処理を行います。

―Ｘ６月３月31日（最終回の支払とリース物件の返還）―――――――――――

（借方）　前期末未払金支払支出　　994／（貸方）　現　金　預　金　1,000
　　　　　未 払 金 利 息 支 出　　　6／

（借方）　減 価 償 却 額　10,000／（貸方）　減価償却累計額　10,000

（借方）　減価償却累計額　50,000／（貸方）　教育研究用機器備品　50,000

⑵　利息相当額の総額をリース期間中の各期に定額で配分する場合

―Ｘ１年４月１日（リース取引開始日）――――――――――――――――――

（借方）　教育研究用機器備品支出　50,000／（貸方）　期　末　未　払　金　50,000

―Ｘ１年４月30日（第１支払日）―――――――――――――――――――――

（借方）　期 末 未 払 金　　　834／（貸方）　現　金　預　金　1,000
　　　　　未 払 金 利 息 支 出　　166／

●第5章　貸借対照表関連項目●

＊利息相当額の総額10,000を，リース期間中の各期にわたり定額で配分します。

10,000×1/5×1/12＝166

以後も毎月同様な会計処理を行います。

―X2年3月31日（第12回支払日・年度末）――――――――――――――――――

（借方）　期　末　未　払　金　　834／（貸方）　現　金　預　金　1,000
　　　　　未払金利息支出　　　166／

（借方）　減　価　償　却　額　10,000／（貸方）　減価償却累計額　10,000

―X2年4月30日（翌年度第1回支払日）―――――――――――――――――――

（借方）　前期末未払金支払支出　　834／（貸方）　現　金　預　金　1,000
　　　　　未払金利息支出　　　166／

以後も毎月同様な会計処理を行います。

―X6年3月31日（最終回の支払とリース物件の返還）――――――――――――

（借方）　前期末未払金支払支出　　834／（貸方）　現　金　預　金　1,000
　　　　　未払金利息支出　　　166／

（借方）　減　価　償　却　額　10,000／（貸方）　減価償却累計額　10,000

（借方）　減価償却累計額　50,000／（貸方）　教育研究用機器備品　50,000

⑶　利子込み法で処理する場合

―X1年4月1日（リース取引開始日）――――――――――――――――――――

（借方）　教育研究用機器備品支出　60,000／（貸方）　期　末　未　払　金　60,000

―X1年4月30日（第1回支払日）―――――――――――――――――――――

（借方）　期　末　未　払　金　1,000／（貸方）　現　金　預　金　1,000

以後も毎月同様な会計処理を行います。

```
─X2年3月31日（第12回支払日・年度末）─────────────
 （借方）　期　末　未　払　金　1,000／（貸方）　現　金　預　金　1,000
 （借方）　減　価　償　却　額　12,000／（貸方）　減価償却累計額　12,000
```

　＊減価償却額はリース期間を耐用年数とし，残存価額をゼロとして計算しま
　す。

　　60,000×1/5＝12,000

```
─X2年4月30日（翌年度第1回支払日）─────────────
 （借方）　前期末未払金支払支出　1,000／（貸方）　現　金　預　金　1,000
```

　以後も毎月同様な会計処理を行います。

```
─X6年3月31日（最終回の支払とリース物件の返還）─────────
 （借方）　前期末未払金支払支出　1,000／（貸方）　現　金　預　金　1,000
 （借方）　減　価　償　却　額　12,000／（貸方）　減価償却累計額　12,000
 （借方）　減価償却累計額　60,000／（貸方）　教育研究用機器備品　60,000
```

Q5-18
ソフトウェアを資産計上する場合は？

ソフトウェアが資産として計上されるのはどのような場合か教えてください。

 1　趣旨及び定義

ソフトウェアとは，コンピュータを機能させるように指令を組み合わせて表現したプログラム及びこれに関連する文書をいいます。

ソフトウェアは，その利用により将来の収入獲得又は支出削減が確実であると認められる場合には当該ソフトウェアの取得に要した支出に相当する額を資産として計上し，それ以外の場合には，経費として処理します。

学校法人の教育研究活動や管理運営業務において，ソフトウェアの果たす役割の重要性が増してきたこと，また，ソフトウェアがファイナンス・リース取引の対象となる場合の会計処理について「リース取引に関する会計処理について（通知）」との整合性を確保するため，「ソフトウェアに関する会計処理について（通知）」（平成20年9月11日　20高私参第3号）（以下「ソフトウェア通知」という。）が発出され，平成21年4月1日以降に購入等されるソフトウェアに関して会計処理の取扱いが統一されました。

なお，日本公認会計士協会は当該通知を実務に適用するための具体的な指針として学校法人委員会報告第42号「『ソフトウェアに関する会計処理について（通知）』に関する実務指針」（平成21年1月14日／改正平成26年7月29日）（以下「ソフトウェア実務指針」という。）を公表しています。

2　ソフトウェアが資産計上される要件

⑴　将来の収入獲得が確実であると認められる場合

　「将来の収入獲得が確実であると認められる場合」とは，例えば，ソフトウェアの機能を学生生徒等に提供することによって学生生徒等から利用料を徴収する場合，インターネット予約システムを導入し予約増による施設設備利用料等の収入増が確実に認められる場合，学校法人が制作したソフトウェアを外部に販売する場合などが該当すると考えられます。

⑵　将来の支出削減が確実であると認められる場合

　「将来の支出削減が確実であると認められる場合」とは，例えば，学籍管理，履修登録，成績管理，人事管理，給与計算又は会計処理などのソフトウェアの導入により，業務が効率化し，利用する前に比べ人件費，経費の削減効果が確実と見込まれる場合が該当すると考えられます。

　上記⑴，⑵の判断に当たっては，ソフトウェアを利用している実態を十分に把握して，資産計上の要件を満たしているか否かについて検討する必要があります。

　なお，上記に基づいて資産として計上するソフトウェアは，学校法人の採用する固定資産計上基準額以上のものとなります。ただし，ソフトウェアについても要件を満たせば少額重要資産として取り扱うことも可能です。

3　教育研究用ソフトウェアと事務用ソフトウェア

　学校法人において利用されるソフトウェアには，教育研究の質的向上等の目的で利用される教育研究用ソフトウェアと，学校法人の効率的な運営等に資する目的で利用される事務用ソフトウェアがあります。

　教育研究用ソフトウェアは，その利用に伴い外部より相当額の利用料を徴収する等の例外的なものを除き，将来の収入獲得又は支出削減が確実であると認められない場合が多く，この場合には経費として処理することになります。

　一方，事務用ソフトウェアは事務の効率化のために使用することが多く，そ

れによって支出削減が確実であると認められる場合には資産として計上することになります（「ソフトウェア通知」3⑴）。なお，事務用ソフトウェアには教育研究用に使用するものと管理用に使用するものがあると考えられるため，経費処理する場合であっても，管理経費だけとは限らず，教育研究経費になる場合と管理経費になる場合があることに留意する必要があります（「ソフトウェア実務指針」1－2）。

4　機器備品等に組み込まれているソフトウェア

　機器備品等に組み込まれているソフトウェアは，両者が別個では機能せず一体としてはじめて機能するものであり，経済的耐用年数も相互に関連性が高いことから，原則として両者を区分せず，当該機器備品等に含めて処理します（「ソフトウェア通知」3⑵）。

5　学内制作したソフトウェアの処理

　将来の収入獲得又は支出削減が確実であると認められる状況になるまでは，経費処理し，将来の収入獲得又は支出削減が確実であることを立証できる状況になってからは，ソフトウェア仮勘定などの資産科目への計上を開始します。そして，実質的にソフトウェアの制作作業が完了したことを立証できる状況になったときにソフトウェア仮勘定からソフトウェアへの振替えを行います。ただし，集計する経費の範囲については，資産計上開始時から終了時までの人件費，教育研究経費及び管理経費であり，データコンバート費用，トレーニング費用は集計しません（「ソフトウェア実務指針」1－3）。

6　コンピュータの購入に伴い取得した基本ソフトウェア

　コンピュータのハード本体は基本ソフトウェアがあって初めて動作を行うことが可能となるので，基本ソフトウェアを購入時において明確に区分できるかどうかを問わず，当該コンピュータのハード本体に含めて処理することになります。すなわち，ハード本体と基本ソフトウェアを一体として学校法人の採用

する固定資産の計上基準により判定し，機器備品に計上するか，経費処理します（「ソフトウェア実務指針」1－5）。

7　コンテンツ

ソフトウェアがコンピュータに一定の仕事を行わせるプログラム等であるのに対し，コンテンツはその処理対象となる情報の内容であり，データベースソフトウェアが処理対象とするデータや，映像・音楽データ等が例として挙げられます。

したがって，コンテンツは，図書と類似の役割を有するものと考えられるので，利用の態様に従い，図書に準じて処理します（「ソフトウェア実務指針」1－6）。

8　バージョンアップ

ソフトウェアのバージョンアップは，機能維持活動とは明確に区分され，大きく次の2種類に分けられます。

① 仕様の大部分を作り直す大幅なバージョンアップ

② 既存の製品に機能を追加する又は操作性を向上するなど，それほど大幅ではないバージョンアップ

①，②のいずれも，新規のソフトウェアの購入等と同様に，将来の収入獲得又は支出削減が確実と認められる場合には資産として計上し，それ以外の場合には経費として処理します（「ソフトウェア実務指針」1－11）。

●第5章 貸借対照表関連項目●

Q5-19

ソフトウェアに関する具体的な会計処理は？

ソフトウェアについて，以下の点を教えてください。

(1) 耐用年数の決定

(2) 除却処理

(3) グループ償却の可否

(4) 教育研究と販売の両方の利用目的があるソフトウェアの会計処理

(5) 保守料の会計処理

(6) 表示科目

(7) 固定資産明細書への記載

(1) 耐用年数の決定

固定資産に計上したソフトウェアの耐用年数は，学校法人が当該ソフトウェアの利用の実態等を勘案して，自主的に決定することになります（「ソフトウェア通知」3(4)）。

(2) 除却処理の方法（「ソフトウェア実務指針」1－8）

ソフトウェアを償却途中で除却した場合の会計処理は，有形固定資産を除却した場合と同様に，未償却残高を事業活動支出として処理することになります。この場合，計算書類には，大科目「資産処分差額」に「ソフトウェア処分差額」等の小科目を設けて表示することが適当です。

(3) グループ償却の可否（「ソフトウェア実務指針」1－10）

事務手続の簡素化のため，ソフトウェアの減価償却についても，取得年度ごとに同一耐用年数のものをグループ化し，一括して毎会計年度償却をし，耐用年数の最終年度に一括除却処理を行うグループ償却の方法によることも

285

できます。

(4) 教育研究と販売の両方の利用目的があるソフトウェアの会計処理（「ソフトウェア実務指針」1－4）

ソフトウェアを資産計上する要件は，「将来の収入獲得又は支出削減が確実」な場合です。このため，教育研究又は販売のいずれかの目的について，上記要件を満たすと判断される場合には，ソフトウェア原価相当額を目的に応じて按分することなく，総額が資産計上されることになります。

毎年度の減価償却額については，適切な配分基準により教育目的部分は教育研究経費とし，販売目的部分は管理経費に計上することになります。

(5) 保守料の会計処理（「ソフトウェア実務指針」1－12）

ソフトウェアの保守は，ソフトウェアの設置や稼動確認作業及び操作指導など一定期間のサービスであり，保守料はそのサービスの対価と考えられます。したがって，当該ソフトウェアの保守料は，時の経過とともに経費処理します。

(6) 表示科目（「ソフトウェア実務指針」2－1）

ソフトウェア通知では「ソフトウェア」等の適切な科目を設けて処理することとなっており，勘定科目を「ソフトウェア」に限定しているわけではありません。学校法人が小科目を設定することは任意であり，「教育研究用ソフトウェア」と「管理用ソフトウェア」等に分類して表示することも差し支えありません。

(7) 固定資産明細書への記載（「ソフトウェア実務指針」2－2）

次のように「その他の固定資産」の小科目として記載することになります。

科目		期首残高	当期増加額	当期減少額	期末残高	減価償却額の累計額	差引期末残高
有形固定資産	計	30,000,000	1,200,000	0	31,200,000	20,240,000	10,960,000
その他の固定資産	ソフトウェア	500,000	0	0	500,000	200,000	300,000
	計	500,000	0	0	500,000	200,000	300,000
合計		30,500,000	1,200,000	0	31,700,000	20,440,000	11,260,000

Q5-20

ソフトウェア通知とリース通知との関係は？

　ソフトウェアをリース取引により取得した場合，リース通知とソフトウェア通知の適用関係をどのように考えればよいか教えてください。

　ソフトウェアについての両通知の適用関係をフローチャートで示せば次ページのとおりになります（「ソフトウェア実務指針」3－2）。

●第5章　貸借対照表関連項目●

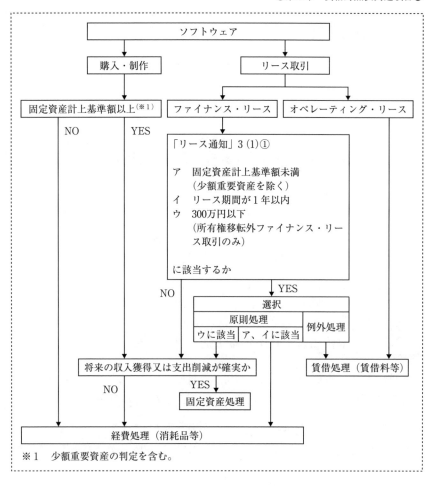

　「ソフトウェア通知」3(5)によれば，ソフトウェアについてファイナンス・リース取引をした場合，「リース通知」の3(1)①アからウまでに該当する場合を除き，通常の売買取引に係る方法に準じた会計処理を行い，その会計処理について当通知を適用することとされています。

　したがって，リース物件がソフトウェアであっても，「リース通知」の3(1)①アからウに該当し，通常の賃貸借取引に準じた会計処理をする方法を選択した場合には，賃貸借取引に係る方法に準じた会計処理を行うことになります。

Q5-21
土地信託の会計処理は？

① 学校法人が利用する土地信託の概要について説明してください。
② 土地信託に係る会計処理はどのようにすればよいのでしょうか。
③ 基本金対象資産である校地について土地信託に充てましたが，その土地についての基本金の取扱いについて説明してください。また，その土地に建設された土地信託事業のための建物は，基本金の対象資産とすべきでしょうか。

 1 学校法人が利用する土地信託の概要

　学校法人が，現在は校地として利用しておらず，今後も長期にわたって利用計画のない土地を所有している場合，その土地の有効利用を目的として土地信託（通常は賃貸型土地信託）を行うことがあります。

　賃貸型土地信託とは，土地所有者（委託者）が土地の有効な運用管理を目的として，土地を信託会社（受託者）に信託し，信託会社は，土地利用の企画立案，建築資金の調達，建物の建設・賃貸・管理等一切の業務を行い，受益者に信託期間中，その成果を交付するとともに，信託終了時には当該信託財産を受益者に交付（受託者と委託者が同一人の場合は，信託財産は委託者に返還）することを内容とする信託契約のことを指します（「研究報告第28号」）。

　信託契約では，信託財産の所有権は信託会社に移転しますが，委託者と受益者が同一人である場合には，経済的実態においては委託者の所有関係に変化はありません。学校法人が土地信託を行う場合には，委託者と受益者が同一人であるのが通常です。

●第5章　貸借対照表関連項目●

2　土地信託に係る会計処理について

　賃貸型の土地信託の場合，その経済的実態に従って，学校法人がその財産（信託財産）を保有しているものとみなして会計処理をすることが妥当と考えられます（総額方式）。この場合，信託会社における決算報告書の資産，負債，収益，費用はそのまま学校法人が受け入れることになります。

　土地信託に関する仕訳を示すと次のようになります（「研究報告第28号」）。

	資金収支仕訳		事業活動収支仕訳	
	借　方	貸　方	借　方	貸　方
信託設定時	仕訳なし		土地信託土地	土地
建物・借入金の受入れ	土地信託建物支出 土地信託現金預金支出	土地信託借入金収入	土地信託建物 土地信託現金預金	土地信託借入金
信託決算の受入れ，減価償却の計上	土地信託経費支出 土地信託借入金利息支出 土地信託現金預金支出	土地信託賃貸料収入	土地信託経費 土地信託借入金利息 土地信託現金預金 減価償却額	土地信託賃貸料 土地信託建物
信託配当金受領時	現金預金	土地信託現金預金からの繰入収入	現金預金	土地信託現金預金
信託財産の返還	現金預金	土地信託現金預金からの繰入収入	現金預金 土地 建物	土地信託現金預金 土地信託土地 土地信託建物

3　土地信託事業の対象資産の基本金の取扱いについて

　土地信託に充てられた土地は，基本金対象資産の範囲には含まれないものと考えられますが，直ちにその土地についての基本金を取り崩すことにはなりません。信託終了時にその土地は学校法人に返還されることから，経営の合理化により第1号基本金の対象とされている土地の価額を維持する必要がなくなった場合など，「基準」第14条に定める基本金の取崩しの要件に該当する場合以外は，基本金の取崩しは必要ありません。

291

また，土地信託事業のために建設された建物は，通常その規模及び構造から相当長期間保有されることになりますが，その使用目的から基本金対象資産の範囲には含まれないものと考えられます（「研究報告第28号」）。

第6章

基本金関連項目

Q6-1 基本金とは何か？

学校法人の決算では，基本金の処理が重要であると聞きましたが，そもそも基本金とはどのような性質のものですか。

 1 基本金の意義

学校法人は，その本来の目的である教育研究活動を円滑に遂行していくために必要な資産を継続的に保持していかなければなりません。そのために必要な金額を事業活動収入の中から留保したものが基本金です。

「基準」第12条では「学校法人が，その諸活動の計画に基づき必要な資産を継続的に保持するために維持すべきものとして，その事業活動収入のうちから組み入れた金額を基本金とする。」と規定しています。以下，「基準」の文言に基づき説明します。

(1) 「その諸活動の計画に基づき」

学校法人の諸活動とは，学校法人本来の目的が教育，研究であることから，教育研究活動と考えられます。この場合の教育研究活動は広く解し，教育，研究，教育研究管理等の全ての諸活動が含まれるとされています。

(2) 「必要な資産を継続的に保持するため」

必要な資産を継続的に保持するとは，学校法人が教育研究活動をしていくために欠かせない必須の諸資産を，永続的に保持することが必要であることを意味しています。また，ここでいう「継続的に保持」とは，教育水準の低下とならないようにすること，そして，教育水準の低下を一時的にもたらすことになった場合でも，従来の水準にすみやかに引き上げることが意図され

●第6章　基本金関連項目●

ているものと考えられます。

⑶　**「維持すべきものとして，その事業活動収入のうちから組み入れた金額」**

「維持すべきもの」とは，基本金として維持すべきもの，という意味です。すなわち，基本金組入れの対象とすべき資産を定め，これらの資産に相当する額を基本金として維持することを表しています。「事業活動収入のうちから組み入れた金額」とは，基本金への組入れは事業活動収入を財源として行われることを明示したものです。

2　事業活動収支計算を通じた基本金の組入れ

「基準」では，事業活動収支計算の目的の1つとして，基本金組入額を控除した事業活動収入と事業活動支出の均衡の状態を明らかにすることを挙げています（「基準」第23条）。すなわち，基本金の組入れは当該年度の事業活動収入から行われ，差し引いた残額をもって事業活動支出に充てるという考え方がとられています。

なお，事業活動収支計算書において，基本金組入額は基本金組入前当年度収支差額の次に記載されることになりました。従来の長期的な収支の均衡状態に加えて，基本金組入れ前の収支差額を表示することで毎年度の収支の均衡状態も計算書類上把握できることになりましたが，基本金の組入れに関する考え方は，上記のとおり従来から変更ありません（「基準」第28条第4項，〔Q4－11〕参照）。

3　計画的な基本金組入れの必要性

基本金の組入れは，本来，計画的に行うべきものであり，その計画自体が事業活動収支の均衡も考慮したものでなければなりません。

基本金に組み入れる金額については，「基準」第13条で具体的に明確に示しています。したがって，基本金組入額を自由に加減することによって事業活動収支の均衡を意図的に保つような調整をすべきではありません。また，規模の大きな基本金組入れが特定の年度に集中することのないよう，組入計画を立

295

て，それに従って年次的，段階的かつ計画的に基本金の組入れを行っていく必要があります。

4　基本金の取崩し

　従来，基本金の取崩しは，その設置する学校，学部，学科の廃止，定員の減少など，その諸活動の量的規模の縮小の場合に限って認められましたが，学校法人が設置する学校を運営する上で，運営方針，教育方法，将来計画等，様々な見直しが行われている中，その状況にあわせて基本金を取り崩す会計処理も必要になってきました。

　教育水準の低下を招かないように十分留意している限りにおいては，「基準」第14条各号のいずれかに該当し，これに該当する資産等を継続的に保持しない場合には，当該基本金は取崩対象額となり，第1号基本金から第4号基本金の各号ごとに基本金の取崩対象額が組入対象額を超える場合には，その差額が取り崩されることになります。

●第6章 基本金関連項目●

Q6-2

基本金と一般企業における資本金との違いは？

学校法人の基本金は，一般企業における資本金と同様のものと思われるのですが，どのような相違点がありますか。

1 「資本金」と「基本金」の意義

株式会社における「資本金」は，株主から過去に払込み又は給付をされた財産の価額の全部又は一部を計上した会社の計算書類上の計数です。

一方，「基本金」は，「基準」第12条においてその設定する目的と意味を次のように定めています。

「学校法人が，その諸活動の計画に基づき必要な資産を継続的に保持するために維持すべきものとして，その事業活動収入のうちから組み入れた金額を基本金とする。」

図表1 株式会社の貸借対照表

資　産	負　債		
	純資産	株主資本	資　本　金
			資本剰余金
			利益剰余金
			自　己　株　式
		評価・換算差額等	
		新　株　予　約　権	

図表2　学校法人の貸借対照表

資　　産	負　　　　債	
資　　産	純資産	基　本　金
	純資産	繰越収支差額

2　両者の相違点

「基本金」は，企業会計の「資本金」と似ている面もありますが，両者には次のような相違点があります。

⑴　「資本金」及び「基本金」の増加

株式会社はその設立後も，必要に応じて株式を発行して資金を調達します。これがいわゆる増資ですが，その結果，「資本金」が増加します。

一方，「基本金」については，教育の用に供する固定資産等の増加及び恒常的に保持すべき資金の額の増加等に伴い，各年度の事業活動収入のうちから「基本金」に組み入れる必要があり，これによって「基本金」は増加します。したがって，増加する要因が両者は全く異なっています。

⑵　「資本金」及び「基本金」の減少

企業は，以下のように「資本金」を減少させるケースがあります。

1つは，企業規模を縮小するために，資本金の減少に際して，剰余金の配当等をとおして株主に会社財産を払い戻す場合があります。

また，「資本金」を切り捨てて欠損を塡補する場合があります。

これに対して「基本金」を減少させるケースですが，教育水準の質的低下を招かないことに十分留意することを前提に，「基準」第14条の各号のいずれかに該当し，これに該当する資産等を継続的に保持しない場合に，当該各号に定める額の範囲内で取崩対象額として把握することになります。そして第1号基本金から第4号基本金の各号ごとに基本金の取崩対象額が組入対象額を超える場合には，その差額が取り崩されることになります。

「基準」第14条各号とは，具体的には，

●第6章　基本金関連項目●

① その諸活動の一部又は全部を廃止した場合　その廃止した諸活動に係る基本金への組入額

② その経営の合理化により第1号基本金対象固定資産を有する必要がなくなった場合　その固定資産の価額

③ 第2号基本金対象資産を将来取得する固定資産の取得に充てる必要がなくなった場合　その金銭その他の資産の額

④ その他やむを得ない事由がある場合　その事由に係る基本金への組入額

の4項目です。

以上のように，学校法人会計における「基本金」と企業会計における「資本金」は本質的に異なるものです。

Q6-3
基本金組入れと減価償却との関係は？

学校法人会計においては，取得した固定資産の価額に相当する額を「基本金」として組み入れるとともに，さらに，この基本金組入対象資産の一部について減価償却を実施しています。この結果，二重に資金留保されるのではないでしょうか。

1　論点

減価償却を実施している固定資産（償却資産）に対しても基本金の組入れを行うことが「基準」の仕組みになっています。つまり，取得した固定資産相当額を基本金組入額として事業活動収入から控除し，さらに当該固定資産に係る減価償却額を事業活動支出の一部として事業活動収入から控除するという二重構造になっているといえるわけです。このことが，重複して負担しているのではないかという疑問が持たれる原因となっています。

2　減価償却の目的及び本質

校舎や機器備品等の固定資産は，時の経過や使用度に応じて年々価値が減少していきます。このような価値の減少に見合う部分を経費計上する処理が減価償却です。すなわち，減価償却は，学校法人会計において適正な事業活動収支計算を行うために，固定資産の取得原価から見積残存価額を差し引いた額（要償却額）を耐用年数期間に割り当てて，計画的・規則的に経費計上することです。

これを資金的な面からみれば，事業活動収入から差し引くということは，固

●第6章　基本金関連項目●

定資産に投下された資金が回収されることを意味しています（固定資産の資金化）。すなわち，減価償却額は現金支出を伴わない経費ですから，その額に相当する現金等の資金が学校法人内部に留保されることになります。

　学校法人は，その使命から，諸活動の計画に基づいた必要な資産を継続的に維持していかなければなりません。したがって，耐用年数が経過して，その固定資産の帳簿価額が「0」となり，当該固定資産の使用が不能となったときには，引き続き諸活動を行うために必要な資産を継続的に維持するために，同一の資産を再取得する必要があり，それに充当する資金が積み立てられていることが必要です。当該資金が減価償却によって留保されていくので，これを減価償却の再取得資金積立機能といい，減価償却の重要な機能の1つといわれています。

3　基本金組入れと減価償却との関係

　学校法人は，その諸活動の計画に基づく必要な資産を継続的に保持するために維持すべきものとして基本金を組み入れることが要求されています（「基準」第12条）。

　「基準」における財産維持構造は，以下のようになっています。まず，貸借対照表の借方に「維持すべき資産」を，貸方に「維持すべき資産に見合う収入」を基本金として計上することにより，事業活動収入が当該基本金計上額だけ事業活動収支計算から除かれることとなります。一方，当該維持すべき資産については減価償却を実施することにより，その減価償却累計額に相当する再取得資金が留保されていきます。このような，基本金組入れと減価償却との関係を例を用いて説明すれば，次のようになります。

⑴　固定資産取得時

　固定資産100を取得。耐用年数10年。残存価額はゼロ。減価償却額は毎年10ずつ。なお，毎会計年度，減価償却相当額の事業活動収入があるものとします。

301

貸 借 対 照 表

固定資産	100	基本金	100

　この学校法人にとって，継続的に保持していかなければならない資産は100であり，そのために維持すべきものとして組み入れる基本金も100となります。この基本金100は，学校法人にとって不可欠の財源として永続的に維持していかなければならないものです。

　なお，事業活動収支計算書において，収入から支出を控除し基本金組入前当年度収支差額が算定されますが，その金額のいかんにかかわらず基本金への組入れは生じることとなることに留意が必要です。

(2)　第1回減価償却実施年度

　固定資産が，時の経過とともに消耗していくのに対応して減価償却が行われます。

貸 借 対 照 表

固定資産	90	基本金	100
その他の資産（現金等）	10		

事業活動収支計算書

減価償却額	10	事業活動収入	10

　＊減価償却累計額　10

(3)　減価償却実施完了年度（耐用年数終了時）

　耐用年数の経過時には，固定資産の減価償却は完了し，その額に相当する現金等が学校法人に留保されます。

貸 借 対 照 表

固定資産	0	基本金	100
その他の資産（現金等）	100		

　＊減価償却累計額　100

以上からわかるとおり，固定資産は減価償却を実施することによって結果的にその他の資産（現金等）に入れ替わったことになり，基本金に対応して維持されることになります。したがって，基本金組入れと減価償却の双方又は一方

●第 6 章　基本金関連項目●

が実施されない場合には，当該固定資産の耐用年数終了時において，当該資産
の再取得に必要な資金が留保されないことになります。

　なお，設例では毎会計年度，減価償却相当額の事業活動収入があると仮定し
ましたが，仮に減価償却相当額の事業活動収入がなかった場合には，現金等の
資産を留保できないので（下記参照），持続的に事業活動収支の均衡を図って
いく必要があります。

貸 借 対 照 表

固定資産	0	基本金	100
		繰越収支差額	△100

　　＊減価償却累計額　100

　以上から，減価償却の機能が再取得資金を積み立てることにあるのに対し，
基本金の組入れは，固定資産の新規取得時においてその取得源泉が自己資金に
より確実に確保され，財政的基盤が安定していることを示しているといえま
す。したがって，両者は異なる機能，目的のために行われているのであって，
二重負担となっているわけではありません。両者を行うことによって，学校法
人を永続的に維持，すなわち，学校法人に必要不可欠な資産を自己資金で維持
することができるといえます。

303

Q6-4

基本金組入れの対象となる資産は？

基本金組入れの対象となる資産にはどのようなものがありますか。特定の資産に限定されるのでしょうか。また，それ以外の資産はなぜ対象とならないのですか。

1 基本金組入れの対象となる資産及び金額

「基準」は，基本金に組み入れる対象となる資産及び金額について次のとおり定めています（「基準」第13条第1項）。

① 学校法人が設立当初に取得した固定資産で教育の用に供されるものの価額又は新たな学校の設置若しくは既設の学校の規模の拡大若しくは教育の充実向上のために取得した固定資産の価額（第1号基本金）

② 学校法人が新たな学校の設置又は既設の学校の規模の拡大若しくは教育の充実向上のために将来取得する固定資産の取得に充てる金銭その他の資産の額（第2号基本金）

③ 基金として継続的に保持し，かつ，運用する金銭その他の資産の額（第3号基本金）

④ 恒常的に保持すべき資金の額（第4号基本金）

2 第1号基本金の組入れ対象となる資産

基本金は，「学校法人が，その諸活動の計画に基づき必要な資産を継続的に保持する」（「基準」第12条）ことを目的とするものなので，第1号基本金の組入れ対象となる資産については，狭義の教育用固定資産だけでなく，広く教育

●第6章　基本金関連項目●

研究用の固定資産及び教育研究を成り立たせるために必要なその他の固定資産も含まれます。具体的には，次のとおりとなります。

①　上記の条件に該当するものであれば，有形固定資産（建設仮勘定も含む）のほか，無形固定資産（例えば，借地権，電話加入権，施設利用権，水利権，温泉権，ソフトウェア等）を含みます。ただし，投資を目的にする資産は除かれます。

②　法人本部施設，教職員・学生生徒の福利厚生施設等の設備（教職員寮，学生生徒寮，食堂，売店など）も含まれます。

③　学校法人の所有する少額重要資産（学校法人の性質上，基本的に重要な資産で，その目的遂行上，常時相当多量かつ多額に保有していることが必要とされる資産。例えば，学生生徒園児等の机，椅子，ロッカー，書架など）は，個々の金額は僅少であっても固定資産（機器備品）に計上するとともに基本金組入れの対象とします。

なお，リース対象資産も，継続的に保持する計画のあるものは基本金組入れの対象としなければなりません。

3　基本金設定の対象とならない資産

①　流動資産

②　有価証券・収益事業元入金・長期貸付金

これらの資産は，投資を目的としたもの，あるいは投資性の強いものであり，基本金対象資産から除かれます。

③　第2号，第3号基本金に係るもの以外の引当特定資産

引当特定資産はその目的に応じて種々のものがあり，次のような特定資産は基本金設定の対象となりません。

ア　減価償却引当特定資産

すでに基本金に組み入れられた有形固定資産の建替資金として積み立てられたもので，基本金組入対象資産とはなりません。

イ　退職給与引当特定資産

305

教職員の将来の退職に備えて，退職金相当額をあらかじめ積み立てておくもので，消費的支出に充てられるものです。したがって，継続的に保持されるものではなく対象外となります。

●第6章　基本金関連項目●

Q6-5

固定資産の取替更新に伴う基本金組入れは？

　機器備品が老朽化したため，このたび取替更新を行いました。この場合，除却した機器備品と取替のために取得した機器備品に対応して，基本金をどのように会計処理するのですか。

A　固定資産を取替更新した場合は，原則として，個々の固定資産ごとに基本金要組入額を改訂するべきかどうかについて判断します（「文管振第62号」3(1)）。すなわち，土地や建物を取替更新した場合に限らず，機器備品を取替更新した場合も，原則として個々の固定資産を対応させて改訂計算を行うことになります。

　しかし，機器備品のように単価が低く，かつ多量に取替更新するものについては，除却資産と新規取得資産との個別の対応関係が必ずしも明確でない場合が多いといえます。例えば，机，椅子，ロッカー等の少額重要資産は，学校法人の性質上，基本的に重要なものであるため，金額のいかんにかかわらず固定資産に計上し，基本金設定の対象とされますが，この取替更新に際して，新旧資産を個別に対応させることは実務上困難です。したがって，機器備品の取替更新に伴う基本金組入れについては，下記の1の原則的処理のほか，2の例外的処理が認められています（「文管振第62号」3(2)ア）。実務上は，むしろ2の方法をとることが多いと考えられます。

307

1 個別対応ができる取替更新の場合

⑴ 特定の機器備品を廃棄し，次年度に同一種類の機器備品（基本金組入対象資産）を取得する予定である場合

基本金はそのままとし，そのマイナス差額は，将来の同一種類の機器備品（基本金組入対象資産）の取得年度において，当該資産に係る基本金分として繰り延べ充当することになります。

⑵ 次年度以降に同一種類の資産を取得する予定がない場合

当該価額の減少部分は，取崩対象額となり，第1号基本金の取崩対象額が組入対象額を超える場合にはその差額が取り崩されることになります。

2 個別対応ができない取替更新（いわゆる年度一括対応での取替更新）の場合

⑴ 取替更新にプラス差額がある場合

新たに取得した機器備品の取得価額が，除却した機器備品の取得価額を上回る場合は，「当年度中に取得した機器備品の取得価額」から，「当年度中に除却した機器備品の取得価額」を差し引いた額が，当年度の基本金要組入額となります。

⑵ 取替更新にマイナス差額がある場合

上記⑴とは逆に，除却した機器備品の取得価額が，新たに取得した機器備品の取得価額を上回る場合には，取替更新にマイナス差額が生ずることになります。

この場合は，このマイナス差額部分について，次年度以降に同一種類の資産を取得する予定の有無で取扱いが異なります。

次年度以降に同一種類の資産を取得する予定がある場合には，当該金額を次年度以降に繰り延べることになります。

一方，取得する予定がない場合には当該金額の減少部分は，取崩対象額となり，第1号基本金の取崩対象額が組入対象額を超える場合にはその差額が

●第 6 章　基本金関連項目●

取り崩されることになります。

　なお，同一種類の資産を当初に取得した資産より低い価額で取得し，今後同等の金額水準まで機器備品を取得しない場合は，当該金額の減少部分は取崩対象額となります。

Q6-6
基本金を取り崩すかどうかの判断は部門別に行ってよいか？

基本金の組入れは，原則として基本金の設定対象資産と結びつけて算定され，基本金の組入計算も各法人の実態に応じて部門別に行うことになっていると思いますが，基本金を取り崩すかどうかの判断，つまり今後資産を継続的に保持するかどうかの判断も部門別に行うことになるのでしょうか。

1 部門別把握か，法人全体で把握か

基本的には，組入れ時と同様に考え，取崩しについても原則として部門別に判断することになります。

しかし，基本金の設定対象資産を複数の部門で共有したり，使用する部門が変更されることもありますので，学校法人がその諸活動の計画に基づいて必要な資産を法人全体で判断している場合には，基本金の取崩しに関しても法人全体をもって判断することも認められます。

2 具体的な考え方

部門別に把握するか，法人全体で把握するかについて，具体例で示すと次のようになります。

第1号基本金の設定対象機器備品の部門別の増減表を以下とします。

●第6章　基本金関連項目●

部門	期首残高	当期増加高	当期減少高	期末残高
大学	5,000	500	200	5,300
短期大学	2,500	100	150	2,450
法人本部	1,000	50	-	1,050
合計	8,500	650	350	8,800

⑴　資産を継続的に保持するために維持すべき金額を部門別に判断している場合

　減少したものについては継続的に維持しないことを前提とし，当期増加高を組入対象額，当期減少高を取崩対象額と考えます。

　それゆえ，各部門ごとに組入対象額と取崩対象額を比較し，「組入対象額」＞「取崩対象額」の場合にはその超過額が基本金組入額となり，「組入対象額」＜「取崩対象額」の場合にはその超過額が基本金取崩額となります。

　上表の例を用いれば，

①　大　　学：組入れ　500－200＝　300

②　短期大学：取崩し　100－150＝△50

③　法人本部：組入れ　50－　0＝　50

となり，基本金明細書の表示上，第1号基本金の部分に，「当期組入高」と「当期取崩高」が両建てで記載されることになります。

⑵　資産を継続的に保持するために維持すべき金額を法人全体で判断している場合

　この場合は，⑴のような計算を法人全体で行うことになりますので，組入対象額650と取崩対象額350を比較して，300だけ組入対象額が大きいことから，300の基本金組入れが必要となります。

　また，法人全体で認識したこの300の組入額を各部門ごとに合理的な基準に基づいて割り振ることが必要になります。合理的な基準はいろいろあると思いますが，使用割合等を勘案して按分計算することになります（研究報告第15号「基本金に係る実務上の取扱いに関するQ＆A」（以下，「研究報告第15号」という。）3－7）。

311

Q6-7
建設中の資産の基本金組入れは？

当年度より新体育館の建設工事を開始しましたが，工事の完成，引渡しは次年度の予定です。工事総額は100百万円ですが，当年度中に60百万円を支払っています。年度末決算における当該建設工事に係る会計処理を教えてください。この場合，基本金の組入れは必要ですか。

  1 建設中の資産の会計処理

当年度の60百万円の支出は，貸借対照表上，「有形固定資産」の「建設仮勘定」で表示します。

なお「基準」は，「建設仮勘定」を「建設中又は製作中の有形固定資産をいい，工事前払金，手付金等を含む。」（別表第一）としています。したがって，60百万円の中に教育研究経費や管理経費，あるいは電話加入権のような無形固定資産の性格を有するものが含まれている場合には，それぞれの科目に振り替えた後の金額を「建設仮勘定」で表示することが望ましいといえます。また，「工事前払金，手付金等を含む」としていますから，仮に年度末に着工していない場合でも手付金等を支払っていれば「建設仮勘定」として表示する必要があります。

2 建設仮勘定と基本金組入れ

この60百万円の支出を有形固定資産の「建設仮勘定」で処理した場合，当該資産は，第1号基本金として組入れの対象資産となります。

●第6章　基本金関連項目●

　なぜならば，「基準」第13条第1項第1号で基本金に組み入れる金額として，「既設の学校の規模の拡大若しくは教育の充実向上のために取得した固定資産の価額」とされているからです。たとえ，体育館が未完成で，現実には教育研究の用に供していないとしても，体育館は学校法人がその教育研究活動を行うに当たって継続的に保持すべき資産であり，かつ，その取得のために一部を当年度の収入から支出したのですから，支出した当年度に支出金額分を基本金に組み入れるべきです。もし，工事の完成，引渡し年度に一括して組入れを行いますと，その年度に多額の収支差額（マイナス）が生じ，事業活動収支の均衡が崩れる結果となることから，望ましくありません。

3　基本金明細書の表示

（当年度）

事　項	要組入高	組入高	未組入高	摘　要
第1号基本金				
当期組入対象額				
1．建設仮勘定	60	60	0	
計	60	60	0	

（次年度）
次年度に残金40百万円を支払い，体育館が完成した場合。
（未組入高はないものとする）

事　項	要組入高	組入高	未組入高	摘　要
第1号基本金				
当期組入対象額				
1．建物	100	100	0	
2．建設仮勘定	△60	△60	0	
計	40	40	0	

313

Q6-8 基本金の未組入れとは？

基本金の未組入れ処理があると聞きました。どのような処理か教えてください。

 1　固定資産を取得した場合の基本金組入れ

　学校法人は，その諸活動の計画に基づいて必要な資産を継続的に保持していく必要がありますが，これを金額的に維持していくものとして，事業活動収入の中から組み入れた金額を基本金とよんでいます。そして学校法人が，「基準」第13条第1項第1号に規定する固定資産を取得した場合においては，取得した固定資産の価額に相当する金額を基本金に組み入れる必要があります。

2　基本金の未組入れとは

　基本金の未組入れとは，第1号基本金について，固定資産の取得年度において基本金組入れを行わず，翌会計年度以降の会計年度へ基本金組入れを延期することをいいます。これについて「基準」第13条第3項では次のように規定しています。

　「学校法人が第1項第1号の固定資産を借入金（学校債を含む。以下この項において同じ。）又は未払金（支払手形を含む。以下この項において同じ。）により取得した場合において，当該借入金又は未払金に相当する金額については，当該借入金又は未払金の返済又は支払（新たな借入金又は未払金によるものを除く。）を行つた会計年度において，返済又は支払を行つた金額に相当する金額を基本金に組み入れるものとする。」

●第 6 章　基本金関連項目●

　すなわち，第 1 号基本金の組入れは，固定資産を全額自己資金で取得した場合には，当該取得年度において基本金組入れを行いますが，借入金・学校債・未払金・手形債務といった外部資金（負債）で固定資産を取得した場合には，取得年度において基本金組入れは行わず，当該債務を実質的に支払った（返済した）会計年度において基本金組入れを行うことになります。この取扱いはリース対象資産も同様です。したがって，当該リース対象資産の未払金相当額は当年度の第 1 号基本金として組み入れることはできず，未組入高となり，次年度以降の支払った年度で，当該未払金の支払額相当額を基本金に組み入れることになります。

3　基本金の未組入れは任意に行うことができるか

　上記の「基準」第13条第 3 項の規定は，「当該借入金又は未払金の返済又は支払（新たな借入金又は未払金によるものを除く。）を行つた会計年度において，返済又は支払を行つた金額に相当する金額を基本金に組み入れるものとする。」という強制の規定であり，学校法人の意思により自由に未組入額を増減させることはできません。したがって，基本金の未組入高は，原則として，外部負債（借入金，学校債，未払金，手形債務）のうち，固定資産（基本金の組入対象資産に限る。）に係るものの合計残高に一致することになります。

　なお，会計年度末における基本金の未組入高の残高は，貸借対照表に「翌会計年度以後の会計年度において基本金への組入れを行うこととなる金額」として注記することが要求されています（「基準」第40条第 6 号）。

315

Q6-9 借入金の借換えの場合の未組入れ処理は？

基本金の未組入額については，借入金の返済を行った場合，返済額と同額を基本金に組み入れることになっています。このたび，当校では低い金利の資金に乗り換えるため，高金利の残債を一括返済し，同日付けで同額の低利資金を借り入れました。この場合も基本金に組み入れるのでしょうか。

1　借入金の借換えの場合の未組入れ処理

「基準」第13条第3項では「当該借入金又は未払金に相当する金額については，当該借入金又は未払金の返済又は支払（新たな借入金又は未払金によるものを除く。）を行つた会計年度において，返済又は支払を行つた金額に相当する金額を基本金に組み入れるものとする。」と規定しています。ここでいう「新たな借入金」が「借換え」といわれているものであり，旧債務（借入金等）を新債務へ引き継ぎ，それに連続性が認められる場合をいいます。このように「基準」では，「借入金の返済」の取扱いを，自己資金による実質的な返済が行われた場合に限定しています。すなわち，形式的な返済（いわゆる借換え）は返済とみなさないこととしており，この場合には基本金の未組入額の組入れは行わないことになっています。

2　「新たな借入金又は未払金によるもの」の判断

上記の「新たな借入金又は未払金によるもの」かどうかは，当初の債務が自己資金によって返済されたかどうか，すなわち，実質的な返済が行われたかど

●第6章　基本金関連項目●

うかによって判断されますが，具体的には，借換えの要因，時期，金額，当該
学校法人の長期・短期の資金計画（予算）等を勘案して，実質的，総合的に判
断することになります。

3　ご質問における借換えの場合

　ご質問の借換えについては，その要因（低利資金に乗り換えるため），時期
（旧債務の返済と同時に借り入れる），金額（同額）から判断して，実質的に返
済したことにはならず，「基準」でいう「新たな借入金」に該当しますから，
借換え時においては，基本金の未組入額を組み入れることは認められません。
将来，実質的な返済が行われたときに組入れを行います。

　なお，未払金を借入金で調達した資金により支払ったような場合も，上記2
により判断して，実質的な返済があったとは考えられず，基本金の未組入額を
組み入れることは認められません。

317

Q6-10 基本金の「取崩し」とは？

「基準」第14条では,「学校法人は,次の各号のいずれかに該当する場合には,当該各号に定める額の範囲内で基本金を取り崩すことができる。」と規定されていますが,基本金の「取崩し」とはどのようなことですか。また,これらに該当する場合でも必ずしも取り崩さなくてもよい,ということでしょうか。

 1 基本金の「取崩し」とは

基本金の取崩しは単独では判断することができず,組入れとワンセットで考えることが必要です。基本金の組入額及び取崩額の計算は,「基準」第13条第1項各号の基本金ごとに,組入れの対象となる金額が取崩しの対象となる金額を超える場合には,その超える金額を基本金の組入額として取り扱うものとし,また,取崩しの対象となる金額が組入れの対象となる金額を超える場合には,その超える金額を基本金の取崩額として取り扱うものとする一方で,固定資産を取得するために,第2号基本金を第1号基本金に振り替える場合には,この計算に含めないとされています。このように基本金を取り崩すかどうかは,組入対象額との比較によって決定されることになります。

基本金の組入れの対象額に関しては「基準」第13条に,また,取崩しの対象額に関しては「基準」第14条に規定されています。特に「取崩し」に関しては,教育の質的水準の低下を招かないように十分留意する必要があり,これに十分留意している限りにおいては,「基準」第14条各号に該当し,資産等を継続的に保持しない場合には取崩対象額として把握されることになります。

●第6章　基本金関連項目●

また，基本金の取崩しが安易に行われないようにすることが必要であるため，理事会等の学校法人の定める適正な手続を経るようにすることが重要です。

2 「基準」第14条に該当する場合でも，必ずしも取崩しを行わなくてもよいか

「基準」第14条各号に該当する場合は，資産を他に転用するなどして継続的に保持する場合のほかは基本金取崩しの対象としなければならず，教育水準の低下を招かず，資産等を継続的に保持しない場合には，任意適用ではなく，当該基本金は必ず，取崩対象額として把握されることとなり，第1号基本金から第4号基本金までの各号ごとに，基本金の取崩対象額が組入対象額を超える場合には，その差額を取り崩すことになります。

319

Q6-11

基本金の取崩しの対象となる金額の把握は？

基本金を取り崩す場合には，具体的にはどのように金額を把握するのでしょうか。

1 取崩対象額の把握

「基準」第14条の規定により，学校法人は次のいずれかに該当する場合には，次に定める額の範囲内で基本金を取り崩すことができるとされています。

① その諸活動の一部又は全部を廃止した場合　その廃止した諸活動に係る基本金への組入額

② その経営の合理化により第1号基本金対象固定資産を有する必要がなくなった場合　その固定資産の価額

③ 第2号基本金対象資産を将来取得する固定資産の取得に充てる必要がなくなった場合　その金銭その他の資産の額

④ その他やむを得ない事由がある場合　その事由に係る基本金への組入額

これらの要因により把握された金額は基本金の取崩対象額となり，第1号基本金から第4号基本金までの各号ごとに，取崩対象額が組入対象額を超える場合に，その差額を取り崩すことになります。

なお，次年度以降に同一種類の資産を再取得する場合には，これに該当する基本金は取崩対象額とすることなく，翌年度へ繰り延べます。

●第 6 章　基本金関連項目●

2　基本金の組入れ及び「基準」第14条に定める取崩しの全体的な流れ

「研究報告第15号」 3 － 2 において，次ページの図が掲載されています。

なお，次ページの図は令和 6 年の「基準」の改正前の図になるため，以下のとおり読み替えが必要となります。

・第31条第 1 号→第14条第 1 号

・第31条第 2 号→第14条第 2 号

・第31条第 3 号→第14条第 3 号

・第31条第 4 号→第14条第 4 号

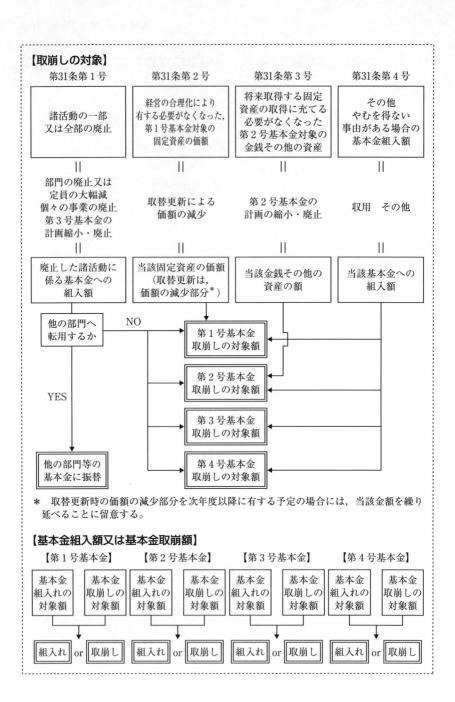

● 第6章 基本金関連項目 ●

Q6-12
基本金を取り崩す場合の具体例は？

基本金の取崩対象額を把握する場合の具体例について教えてください。

 1　第1号基本金の取崩対象額を把握する場合の具体例

「基準」上では，第14条第1号に定める諸活動の一部又は全部を廃止した場合，同条第2号の経営の合理化により固定資産を有する必要がなくなった場合，同条第4号のその他やむを得ない事由がある場合が該当します。

具体的には，以下のような例が挙げられます。

① 諸活動の一部又は全部を廃止した場合
　・学部，学科等を廃止し，又は定員が減少した場合
　・学生寮事業を廃止した場合
② 経営の合理化により固定資産を保有する必要がなくなった場合
　・複数のキャンパスを統合した場合
　・学生通学用のバスを売却したが，今後取得しない場合
　・校外の研修施設を処分したが，今後は学内施設で研修を行うため再取得しない場合
　・校舎等の建替えに要した額が，当初に取得した校舎等の取得価額を下回った場合
　・年度一括対応によっている機器備品について，除却資産の取得価額より本年度に取得した資産の取得価額の合計額が少なく，今後当該除却資産と同額の金額水準まで機器備品を取得しない場合

323

2　第2号基本金の取崩対象額を把握する場合の具体例

「基準」上では，第14条第1号に定める諸活動の一部又は全部を廃止した場合，同条第3号の金銭その他の資産を将来取得する固定資産の取得に充てる必要がなくなった場合，同条第4号のその他やむを得ない事由がある場合が該当します。

具体的には，以下のような例が挙げられます。

・施設設備計画を大幅に見直し，計画規模を縮小した場合
・学部設置計画や体育館新築計画を廃止又は変更した場合

3　第3号基本金の取崩対象額を把握する場合の具体例

「基準」上では，第14条第1号に定める諸活動の一部又は全部を廃止した場合，同条第4号のその他やむを得ない事由がある場合が該当します。

具体的には，以下のような例が挙げられます。

・奨学事業を縮小又は廃止した場合
・教職員の住宅資金借入に係る利子補給事業を見直して廃止した場合
・配当金を奨学金に充てるよう指定されて受け入れた株式の発行会社が銀行取引停止となり，当該有価証券を評価換えしたことにより資産価額が低下したが，他の資産を追加繰入れすることなく将来計画を見直す場合

4　「基準」第14条第4号のやむを得ない事由とは

「17文科高第122号」第三1(6)によれば，「地方公共団体等による土地収用の場合など，学校法人の自己都合による資産の処分ではなく外的要因によるものが該当するものであること。」とされています。

Q6-13
基本金の「修正」とは？

　過年度における基本金の組入れが間違っていたことが当年度において判明しました。当校としては正しい数値に修正したいのですが，どのように修正したらよいでしょうか。また，基本金の減額修正は，「基準」第14条の「取崩し」と同義語とみなしてもよろしいでしょうか。

　「基準」には基本金の修正に関する規定はありませんが，次のように考えられます。

　すなわち，基本金の修正とは，過年度に行われた基本金の組入れについて誤謬があった場合に，正しいものに修正することをいいます。したがって，過年度に基本金の過大計上又は過少計上があった場合には，その修正のため基本金を減額又は増額する処理がとられます。

　この修正に伴う基本金の増減額は，修正を行う年度において，基本金の組入れの対象になる金額又は取崩しの対象になる金額に含めることになります。過年度に基本金の過大計上があった場合には，当該修正額を取崩対象額に含め，過小計上があった場合には，当該修正額を組入対象額に含めて把握することになります。

Q6-14
基本金明細書の必要性と記載方法のポイントは？

計算書類の1つとして基本金明細書の作成が要求されていますが，具体的な様式及び記載上の留意点を説明してください。

1 基本金明細書とは

基本金明細書は学校法人の作成する附属明細書の1つです。貸借対照表には基本金の部が設けられ，第1号から第4号の基本金の期末残高がそれぞれ表示されますが，これだけでは基本金について当期にどのような内容の組入れ及び取崩し等が行われたかわかりません。そこで各号の基本金別に，当期組入高及び取崩高を原因となる事実ごとに記載し，これに期首，期末残高を表示した基本金明細書を作成することとしているのです。

2 基本金明細書の記載上の留意事項

基本金明細書の様式は，「基準」の第七号様式に示されていますが，「詳説」等によると，その記載上の留意事項は次のとおりです。

(1) 基本金明細書の事項欄には，各号別（第1号基本金，第2号基本金，第3号基本金，第4号基本金）による基本金の区分表示を行った上で，合計欄を示し，基本金の内容を明確にする必要があります。各号基本金別の前期繰越高及び当期末残高は，貸借対照表の各号基本金の前年度末残高及び本年度末残高と一致します。

なお，これらの事項で計上すべき金額がないときはその号は省略します。

また，記載金額は他の計算書類及びその附属明細書と同様に円単位とし

●第 6 章　基本金関連項目●

ます。

⑵　第 1 号基本金は，前期繰越高，当期組入対象額，当期取崩対象額，当期組入額（又は当期取崩額）及び当期末残高について，それぞれ要組入高，組入高，未組入高（両社の差額）を記載します。

⑶　「当期組入対象額」及び「当期取崩対象額」は，土地，建物，構築物等，貸借対象表の小科目項目単位に区分して記載します。「当期組入額（又は当期取崩額）」は，当期組入対象額と当期取崩対象額との差し引きで記載します。

⑷　当期組入対象額及び当期取崩対象額について，第 1 号基本金は「土地」「建物」「構築物」等の貸借対照表の小科目項目単位による記載が必要です。第 1 号基本金以外については，当期の組入対象額・取崩対象額を合計で記載することとなります。

⑸　第 2 号基本金及び第 3 号基本金の要組入高及び未組入高の欄は，「－」とします（金額は記載しません）。これは，これらの基本金に係る組入予定額及び組入目標額が，基本金組入れの計画であり，将来の事情に応じ，変更され得るという予定的・可変的な性格を持っていることと，本来，未組入高が認められないことによります。

⑹　第 4 号基本金の要組入高は，文部科学大臣の定める額の方式により算出した金額となります（〔Ｑ 6 －19〕参照）。未組入高は原則として発生しないので，通常「0」となります。

⑺　第 1 号基本金の未組入高の合計（当期末残高）は，計算書類に対する注記に「翌会計年度以後の会計年度において基本金への組入れを行うこととなる金額」として記載されます。

⑻　第 2 号基本金及び第 3 号基本金については，基本金明細書の付表として，基本金の組入れに係る計画集計表（様式第 1 ～ 2 ）を作成して添付します。なお，それぞれの基本金の当期組入高は，当該計画集計表の当期末残高の合計と一致します。

⑼　「組入高」欄の合計のうち，「当期組入高」及び「当期取崩高」は事業活

327

動収支計算書の「基本金組入額合計」及び「基本金取崩額」に一致します。

⑽　第2号基本金から第1号基本金への振替等，基本金間の振替がある場合は，その旨をそれぞれの基本金の当期組入対象額又は当期取崩対象額の「事項」欄に記載し，対応する金額を「組入高」に加減する方法で記載します。

3　基本金明細書の記載例

第七号様式は次のとおりとなります。

●第6章　基本金関連項目●

第七号様式（第42条関係）

基 本 金 明 細 書

年　月　日から
年　月　日まで

（単位　円）

事　　項	要組入高	組　入　高	未組入高	摘　　要
第1号基本金				
前期繰越高				
当期組入対象額				
（何）				
計				
当期取崩対象額				
（何）	△	△		
計	△	△		
当期組入額（又は当期取崩額）				
当期末残高				
第2号基本金				
前期繰越高	──		──	
当期組入対象額				
（何）	──		──	
計	──		──	
当期取崩対象額				
（何）	──	△		
計	──	△	──	
当期組入額（又は当期取崩額）	──		──	
当期末残高	──			
第3号基本金				
前期繰越高	──		──	
当期組入対象額				
（何）	──		──	
計	──		──	
当期取崩対象額				
（何）	──	△		
計	──	△	──	
当期組入額（又は当期取崩額）	──		──	
当期末残高	──		──	
第4号基本金				
前期繰越高				
当期組入対象額				
当期取崩対象額	△	△		
当期組入額（又は当期取崩額）				
当期末残高				
合　　計				
前期繰越高	──			
当期組入額	──			
当期取崩額	──	△		
当期末残高				

329

Q6-15
第2号基本金とは？

第2号基本金とはどのようなもので，なぜ設定する必要があるのか教えてください。また，第2号基本金を設定する場合は，必ず同額の特定資産を設定する必要があるのでしょうか。

1 第2号基本金とは

「基準」は，「学校法人が新たな学校の設置又は既設の学校の規模の拡大若しくは教育の充実向上のために将来取得する固定資産の取得に充てる金銭その他の資産の額」に相当する金額を基本金に組み入れるものとしており（「基準」第13条第1項第2号），この規定によって組み入れる基本金が第2号基本金です。

すなわち，第2号基本金とは，将来取得する予定の固定資産（第1号基本金対象資産）の取得源資とするために，先行的，計画的に組み入れる基本金であり，計画対象とした固定資産の取得時には第1号基本金に振り替えられるものです。

この「取得に充てる金銭その他の資産」としては，第1号基本金対象資産の取得のために内部調達された金銭等のほか，固定資産を取得すべきものとして収受した特別寄付金，施設設備補助金等が挙げられます。

2 第2号基本金の設定の趣旨

多額の固定資産を取得する場合に，取得年度において一度に基本金組入れを行うと，その年度に多額の収支差額（マイナス）が生じ，事業活動収支の均衡が大きく崩れてしまいます。そこで，将来多額の固定資産を取得することが予定されている場合には，早めに基本金組入計画を樹立し，年次的，段階的に基

●第6章　基本金関連項目●

本金の組入れを行い，基本金組入れの平準化と持続的な事業活動収支の均衡を図ろうとするものです。したがって，各年度の当年度収支差額のいかんによって組入額を調整することは避けなければなりません。

3　必ず同額の特定資産を設定する必要があるか

第2号基本金の設定の趣旨（将来の多額な固定資産の取得に備えてその取得資金を用意すること）に照らして，第2号基本金組入額に相当する額は特定資産として設定しておく必要があります。

なぜならば，第2号基本金に対応する資産が，取得のための源資として保有されていなければ，当該固定資産の取得が困難になり，第2号基本金に組み入れておいた意味がなくなってしまうからです。

なお，この対応する資産は，平成27年度からの学校法人会計基準の一部改正により，第2号基本金との対応関係を明確化するために，「第2号基本金引当特定資産」として表示することが必要です（「25文科高第90号」第二7）。

4　組入計画表の作成

学校法人が，第2号基本金を漠然とした計画のみで先行して組入れを行うことを認めると，学校法人が恣意的に基本金組入額及び当年度収支差額を調整する余地が生じます。このようなことを防ぐために，「基準」では，第2号基本金組入れを行うに先だって，理事会及び評議員会（寄附行為をもって評議員会の決議を要することとしている場合に限ります。）の決議に基づき，基本金組入れに係る計画表を作成し，それに従い基本金の組入れを行うことを要求しています（「基準」第13条第2項）。

なお，「基準」に定めるこの計画表の記載例が「基本金明細表（第4号基本金関係）等の記載例」（昭和62年文部省作成・配付資料）に示されています。

331

Q6-16

第2号基本金を取り止めることはできるか？

3年後の創立50周年行事の一環として体育館建設を予定し，第2号基本金の組入れと特定資産の積立てを毎年行ってきました。しかしながら，当年度において，諸般の事情により同計画を中止することになりました。基本金はどのように処理すればよいのでしょうか。

A 固定資産の取得計画に基づき，特定資産の積立てと第2号基本金の組入れを行う場合には，具体的でかつ確実な計画に基づいて慎重に実施されるべきであり，安易な計画によって実施することは慎まなければなりません。

しかし，校舎の増築を計画していたが少子化により計画を見直し，現有資産の改築によることになったような場合には，当該特定資産並びに第2号基本金はその意義を失うことになり，「基準」第14条第3号により，基本金の取崩対象額が把握されることになります。

この年度の第2号基本金の組入対象額が上記取崩対象額より少なければ，第2号基本金が取り崩されることになります。

Q6-17 第3号基本金とは？

　第3号基本金とはどのようなもので，なぜ設定する必要があるのか教えてください。また，第3号基本金相当額の特定資産を設定する必要があるのでしょうか。

 1　第3号基本金とは

　第3号基本金に組み入れる金額は「基金として継続的に保持し，かつ，運用する金銭その他の資産の額」（「基準」第13条第1項第3号）と規定されています。具体的には，「第3号基本金の対象となる資産には，元本を継続的に保持運用することにより生じる果実を教育研究活動に使用するために，寄付者の意思又は学校法人独自で設定した奨学基金，研究基金，海外交流基金等が該当し，これらが第3号基本金引当特定資産」となります（「研究報告第15号」1－3）。

　すなわち，「第3号基本金に組み入れる金額」は，下記の3つの条件を満たしているものです。

(1) **元本を継続的に保持運用すること**

　元本に永続性があるものであり，かつ，運用し得るような資産でなければなりません。第3号基本金の対象資産は，特定資産の中に独立して「第3号基本金引当特定資産」として計上されます。これは，通常，預金や元本の安定した有価証券で運用され，その内容が変動することはあっても，第3号基本金引当特定資産自体は減少することがあってはならないものです。

(2) 元本から生じる果実を教育研究活動に使用する

運用の結果である果実の使用は教育研究活動に限定されています。果実の使用は，基金の設定目的を遂行するために行われますから，基金の設定目的が教育研究を目的としたものであることが必要です。

(3) 寄付者の意思又は学校法人独自で設定

これは基金の財源を表しています。基金の財源は法人の外部である寄付者と内部である学校法人の両者が含まれます。

2 基本金対象資産とする理由

上記の条件を満たす基金が，第3号基本金の対象とされるのは，この基金が寄付者又は学校法人の意思によって，永続的に特定の事業目的のために基金の運用果実をもって運用されなければならないからです。

なお，第3号基本金は，全ての学校法人で必ず設けなければならないものではなく，寄付者又は学校法人の意思により基金が設定された場合にのみ組み入れられるものです。

3 同額の特定資産を設定する必要があるか

第3号基本金を組み入れる場合には，必ず同額の特定資産を設定し，当該資産を「第3号基本金引当特定資産」として貸借対照表上の「特定資産」の区分に計上しなければなりません。

4 基金の運営方法

基金の事業目的ごとに運用規程等を理事会等の承認をもって作成し，この規程等に基づいて運営されることが必要です。

5 運用資産

運用資産は「金銭その他の資産」と規定されていますが，主として金融資産が該当します。具体的には，預貯金，金銭信託，特定金銭信託，株式，社債，

●第6章　基本金関連項目●

国債，中期国債ファンド，現先取引，抵当証券等があります。

　運用資産で留意すべき事項は次の2点です。

⑴　**リスクの高いものは避ける**

　　果実を永続的に確保していくためには，元本の保証がされないようなリスクの高い金融資産は避けるべきで，基金の運営に支障をきたさないようにする必要があります。

⑵　**果実の獲得が毎年度安定しているものであること**

　　毎年度一定額以上の果実を生みだすものでなければなりません。

6　組入計画表の作成

　奨学基金等の基金について第3号基本金を組み入れるときには，「その主たる財源が特別寄付金以外の収入である場合にあっては，長期的観点からその形成を図ることとし，その基本金組入れは，組入計画に従って，年次的・段階的に行うこと。」（「文高法第232号」Ⅲ2⑴②）とされています。さらに「組入れは，基本金組入計画に従い計画的に行われるべきものであるので，当年度又は前年度の消費収入超過状況（筆者注：事業活動収支計算書における「収支差額の状況」）の如何によるそのつどの組入予定額の変更はしないこと。」（「文高法第232号」Ⅲ2⑵）とされています。

　なお，「基準」に定めるこの計画表の記載例が「基本金明細表（第4号基本金関係）等の記載例」（昭和62年文部省作成・配付資料）に示されています。

335

Q6-18

第3号基本金を取り止めることはできるか？

奨学基金を第3号基本金として設定していますが，諸般の事情からやむを得ず奨学制度を廃止することになりました。基本金の会計処理はどのようにすればよいでしょうか。

A 第3号基本金とは「基金として継続的に保持し，かつ，運用する金銭その他の資産の額」（「基準」第13条第1項第3号）とされています。これは，寄付者の意思あるいは学校法人独自で設定した奨学基金や研究基金等をいい，これらの基金を運用することにより得られる配当金や利息を奨学金や研究費等の特定の目的に充てることになります。

こういった寄付者や学校法人の意思に基づいて考えれば，元本を継続的に保持運用するために基本金の対象として組み入れられた第3号基本金は本来，取り崩すべきものではありませんが，「基準」第14条によれば，基本金を取り崩す要因として，第1号に「諸活動の一部又は全部を廃止した場合」と示しており，これは第3号基本金も対象としていると考えられます。

それゆえ，ご質問の諸般の事情の中で，寄付者等の意思を損なわず，教育水準の質の低下を伴わないのであれば，第3号基本金はその意義を失うこととなり，「基準」第14条第1号に該当し，基本金の取崩対象額が把握されることになります。

この年度の第3号基本金の組入対象額が上記取崩対象額より少なければ，第3号基本金が取り崩されることになります。

●第6章　基本金関連項目●

Q6-19

第4号基本金とは？

第4号基本金とはどのようなもので，なぜ設定する必要があるのか教えてください。

1　第4号基本金の意義及び趣旨

「基準」は，「恒常的に保持すべき資金として別に文部科学大臣の定める額」を基本金に組み入れることを規定しています（「基準」第13条第1項第4号）。

学校法人は必要な運転資金を常時保持していなければ，その諸活動を円滑に行っていくことはできません。このため，一定額の資金を基本金として組み入れ，継続的に保持すべきものとして「基準」が規定したものが第4号基本金です。

当該金額については，「別に文部科学大臣の定める額」として平成25年9月2日付文部科学大臣裁定（「文科高第381号」）が指示されており，各学校法人は，この統一的・客観的基準により金額を算定する必要があります。したがって，各学校法人が任意に当該金額を定めることはできません。なお，高等学校を設置しない知事所轄学校法人（中学校，小学校及び幼稚園を設置する法人）は，第4号基本金の全部又は一部を組み入れないことができます。

2　「資金」の意味

「支払資金」は，「現金及びいつでも引き出すことができる預貯金」をいいます（「基準」第32条）。一方，第4号基本金に係る恒常的に保持すべき「資金」は，支払資金に限定されないより広い概念であり，他の金融資産（公社債，貸

付信託等）も含むものと考えられます。

　ただし，第4号基本金として設定された金額は単に計算されたものであり，それに見合う具体的な特定資産等の設定を条件とはしていません。しかしながら，第4号基本金の性格から同金額以上の資金を保有することが望まれ，その金額に相当する資金を年度末時点で有していない場合には，その旨と対応策を注記する必要があります（「基準」第40条第7号，〔Q6－21〕参照）。

3　「別に文部科学大臣の定める額」

　「別に文部科学大臣の定める額」については，「文科高第381号」で次のように定められています。

「文科高第381号」

1．学校法人が学校法人会計基準第30条第1項第4号（編注：令和7年4月1日以降は第13条第1項第4号）の規定に基づき，恒常的に保持すべき資金の額は，前年度の事業活動収支計算書における教育活動収支の人件費（退職給与引当金繰入額及び退職金を除く。），教育研究経費（減価償却額を除く。），管理経費（減価償却額を除く。）及び教育活動外収支の借入金等利息の決算額の合計を12で除した額（100万円未満の端数があるときは，その端数金額を切り捨てることができる。）とする。

　　なお，本項により計算した額（以下「計算額」という。）が前年度の保持すべき資金の額を下回るときは，その差額を取崩しの対象としなければならない。

2．（特例）

　ア．計算額が，前年度の保持すべき資金の額の100分の80以上100分の100未満の場合は，前項の規定にかかわらず，前年度の保持すべき資金の額をもって，当年度の保持すべき資金の額とする。

　イ．計算額が，前年度の保持すべき資金の額の100分の100を超えて100

●第6章　基本金関連項目●

分の120以内の場合は，前項の規定にかかわらず，前年度の保持すべき資金の額をもって，当年度の保持すべき資金の額とすることができる。

3．（経過措置）

　ア．平成27会計年度に係る計算額

　　①　平成27会計年度に係る計算額は，平成26会計年度の消費支出の人件費（退職給与引当金繰入額（又は退職金）を除く。），教育研究経費（減価償却額を除く。），管理経費（減価償却額を除く。）及び借入金等利息の決算額の合計を12で除した額（100万円未満の端数があるときは，その端数金額を切り捨てることができる。）とする。

　　②　①により計算した額が，前年度の保持すべき資金の額を下回るときは，①の規定にかかわらず，前年度の保持すべき資金の額をもって，当年度の保持すべき資金の額とする。

　　③　①により計算した額が，前年度の保持すべき資金の額の100分の100を超えて100分の120以内の場合は，①の規定にかかわらず，前年度の保持すべき資金の額をもって，当年度の保持すべき資金の額とすることができる。

　イ．平成28会計年度に係る計算額

　　平成28会計年度に係る計算額が，平成27会計年度に係る基本金の額を下回る場合については，2．ア．に定める特例は適用しないものとする。

　ウ．都道府県知事所轄法人に関する特例

　　都道府県知事を所轄庁とする学校法人にあっては，3．ア．及びイ．に示すものについては，「平成26会計年度」を「平成27会計年度」に，「平成27会計年度」を「平成28会計年度」に，「平成28会計年度」を「平成29会計年度」にそれぞれ読み替えるものとする。

339

4 部門別の計算は必要か

　第4号基本金の恒常的資金の組入れは法人全体で計算するのが原則です。会計単位及び資金が部門別に独立している場合は，計算を部門別に行うこともできます（「実務指針第45号」5-10）。

Q6-20
第4号基本金の具体的な計算方法は？

X1年度の1年間の事業活動支出額及び第4号基本金の期末残高が以下のような状況であった場合，X2年度の「恒常的に保持すべき金額」はいくらになるか教えてください。

科　　目	ケースA	ケースB	ケースC	ケースD
人件費	5,600	4,400	3,200	2,000
（うち退職給与引当金繰入額）	(100)	(100)	(100)	(100)
教育研究経費	2,000	2,000	2,000	2,000
（うち減価償却額）	(300)	(300)	(300)	(300)
管理経費	450	450	450	450
（うち減価償却額）	(50)	(50)	(50)	(50)
借入金等利息	200	200	200	200
第4号基本金（前年度末）	500	500	500	500

A　「文科高第381号」の定めにより，「恒常的に保持すべき資金の額」は原則として前年度の事業活動支出額に基づき下記の計算式により計算されます。

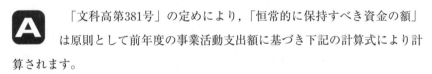

(注)　*1　退職給与引当金繰入額及び退職金を除く。
　　　*2　減価償却額を除く。
　　　*3　100万円未満の端数があるときはその端数金額を切り捨てることができる。

【ケースＡ（計算額が前年度の基本金の額の120％を超える）の場合】

上記計算式によると当年度の計算額は次のようになります。

$(5,600-100+2,000-300+450-50+200)÷12＝650$

前年度の基本金金額500の1.2倍である600を超えていますから，当年度の保持すべき資金の額は650であり，150の基本金組入れが必要になります。

【ケースＢ（計算額が前年度の基本金の額を超えて120％以内）の場合】

上記と同様に計算しますと，当年度の計算額は550になります。

前年度の基本金の額を超えて1.2倍の範囲内にありますから，当年度の保持すべき資金の額は550又は500のいずれかを選択し得ることになります（「文科高第381号」１．（原則）若しくは２．（特例）イ．の適用。500と550との間の任意の金額を選択することはできません）。

550を選択した場合は，50の基本金組入れを行うことになります。

【ケースＣ（計算額が前年度の基本金の額を下回るが80％以上）の場合】

当年度の計算額は450になり，前年度の基本金金額を下回りますが，0.8倍の範囲内にありますから，当年度の保持すべき資金の額は前年度残高と同額の500となります（「文科高第381号」２．（特例）ア．の適用）。よって，基本金取崩しの必要はありません。

ただし，都道府県知事所轄法人においては平成29年度は経過措置が適用され，差額の50が基本金取崩しの対象となります。

【ケースＤ（計算額が前年度の基本金の額の80％を下回る）の場合】

当年度の計算額は350になり，前年度の基本金の額の0.8倍を下回りますから，原則どおり差額の150が基本金の取崩しの対象となります。

●第6章 基本金関連項目●

Q6-21

第4号基本金に相当する
資金を有していない場合の対応は？

第4号基本金に相当する資金を有していない場合には，その旨と対応策の注記が必要ですが，第4号基本金に相当する資金をどのように算定すればよいのでしょうか。また，注記の具体的な様式について説明してください。

1 第4号基本金に相当する資金とは

第4号基本金とは，「恒常的に保持すべき資金として別に文部科学大臣の定める額」と「基準」に定められており，その金額に相当する資金を言わば学校法人の運転資金として継続的に保有することが必要になると考えられます。

第4号基本金に相当する資金を年度末時点で有していない場合には，その旨と対応策を注記することが必要です（「基準」第40条第7号）が，「第4号基本金に相当する資金」をどのように算定するかが問題となります。

「25高私参第8号」Ⅲ2(2)によれば，「『第4号基本金に相当する資金』とは，現金預金及びこれに類する金融商品とするものとする。この現金預金とは貸借対照表上の現金預金であり，これに類する金融商品とは，他の金融商品の決済手段として用いられるなど，支払資金としての機能をもっており，かつ，当該金融商品を支払資金と同様に用いている金融商品をいい，第4号基本金に対応する名称を付した特定資産を含み，その他の特定資産は含めないものとする。」とされています。すなわち，現金預金，譲渡性預金やMMF（マネー・マネジメント・ファンド）等の現金預金に類する金融商品及び第4号基本金に対応し

343

た特定資産が算定の対象となります。

2 注記の様式

「25高私参第8号」Ⅲ2(1)によれば，第4号基本金に相当する資金を有していない場合の注記例は以下のとおりです。

当該会計年度の末日において第4号基本金に相当する資金を有していない場合のその旨と対策

第4号基本金に相当する資金を以下のとおり有していない。

   第4号基本金　×××円

   資金

     現金預金　　　　　　×××円

     有価証券(※1)　　　×××円

     ○○特定資産(※2)　×××円

        計　　　　　×××円

（※1）有価証券は現金預金に類する金融商品である。

（※2）○○特定資産は第4号基本金に対応した特定資産である。

現在，主要な債権者である○○等と協議の上，平成○○年度から平成○○年度までの経営改善計画を作成し，○○等の経営改善に向けた活動を行っている。

対応策については，第4号基本金に相当する資金が不足している状況を改善するために，学校法人が現在行っている又は計画中の取組み（金融機関からの資金調達の計画，遊休資産の売却等）を具体的に記載する必要があります。

なお，第4号基本金に相当する資金を有している場合にも，注記は省略できないと解され（「実務指針第45号」5－6），「25高私参第8号」Ⅲ2(1)の注記例は以下のとおりです。

●第 6 章　基本金関連項目●

当該会計年度の末日において第 4 号基本金に相当する資金を有していない
場合のその旨と対策

　第 4 号基本金に相当する資金を有しており，該当しない。

Q6-22
基本金管理簿の作成は必要か？

基本金を管理するために基本金管理簿を作成している学校があると聞きましたが，作成する必要があるのでしょうか。また，作成する場合，どのような様式で作成すればよいでしょうか。

1 基本金管理簿の必要性

学校法人が，基本金の増減及び残高の管理を行い，年度末において基本金明細書をはじめとする計算書類を正確に作成するためには，各号別・科目別・組入対象資産別の基本金について，その要組入額・組入済額・未組入額の残高及び期中増減額を把握しておく必要があります。また，取替更新に伴う繰延べ等がある場合にも当該金額を把握しておく必要があります。

2 基本金組入総括表と基本金組入明細書

各年度の基本金組入れの状況を明らかにするために，基本金対象資産と対応させて基本金管理簿としての基本金組入総括表を作成します。さらに，必要に応じて，その明細書として個々の対象資産の物件ごとに基本金組入明細書を作成します。

基本金組入明細書は対象資産の内容を明確にするために作成するので，固定資産管理台帳と対応している必要があります。したがって，この明細書には，総括表の記載事項に加えて，個々の物件名，固定資産番号，所属部門等の記載欄が必要です。なお，土地や建物についてはこの明細書の作成が必要ですが，その他は科目ごとに一括組入処理しているので必要ないでしょう。

●第6章　基本金関連項目●

基本金組入総括表
X1年3月31日

（単位　円）

部門名：

基本金の種類	科目	(A) 組入対象資産〔固定資産明細書の取得原価〕	(B) 取替更新等に伴う繰延額	(C=A+B) 要組入額	(D) 組入済額	(E=C-D) 未組入額	未組入額の内訳				摘要
							借入金	学校債	未払金	支払手形	
第1号	土地（附属設備も含む）	3,855		3,855	2,455	1,400	400	1,000			
	建築物	10,852		10,852	9,652	1,200	200	1,000			
	構築物	772		772	672	100			100		
	教育研究用機器備品	1,142	8	1,150	1,134	16				16	
	その他の機器備品	172	18	190	190						
	図書	2,000		2,000	2,000						
	建設仮勘定	255		255	255						
	電話加入権	4		4	4						
	借地権	10		10	10						
	小　計	19,062	26	19,088	16,372	2,716	600	2,000	100	16	
第2号	第2号基本金引当特定資産	5,000		5,000	5,000						
第3号	第3号基本金引当特定資産	400		400	400						
第4号	恒常的資金	500		500	500						
	合計			24,988	22,272	2,716	600	2,000	100	16	

（注）　1.　各号基本金の（D）組入済額（の小計）の金額は、貸借対照表の基本金の部の金額と一致します。
　　　　2.　（E）未組入額の合計は、貸借対照表の注記に一致します。

第7章

計算書類の注記事項

Q7-1
注記事項の追加の趣旨，内容及び考え方は？

「基準」の一部改正によって，注記事項が追加されていますが，どのような趣旨で改正され，どのような内容でしょうか。また，どの項目を必ず記載しなければならないのでしょうか。

 1 注記事項の追加の趣旨

令和6年改正前の「基準」では注記の記載方法について，「第3節　貸借対照表の記載方法等」のセクションにおいて「計算書類の末尾に記載する」と規定されている一方，「基準」第七号様式では，貸借対照表の脚注に記載される形で記載されており，統一されていませんでした。この点，令和6年改正後の「基準」では計算書類の末尾に記載することを明示すべく，新たに「注記」の節を設けた上で，貸借対照表の様式から脚注を削除することとされています。

その他の改正点として，他の非営利法人の基準や学校法人等の経営環境等を踏まえて「重要な偶発債務」「関連当事者との取引の内容に関する事項」「重要な後発事象」に関する注記事項が新学校法人会計基準に明記されている他に，以下の注記が追加されています。

(1) **セグメント情報の注記**

各学校法人等の業務内容等に応じた適切な区分に基づき，セグメント別の明細を注記します（〔Q7-20〕参照）。

●第 7 章　計算書類の注記事項●

⑵　子法人の注記

　令和 5 年の私立学校法改正に伴って，子法人が「学校法人がその経営を支配している法人として文部科学省令で定めるもの」と規定され（私立学校法第31条第 4 項第 2 号等），私立学校法施行規則において，子法人の定義（学校法人が議決権の過半数を有する他の法人等）が規定されました。

　これまでも，学校法人と他法人等との取引内容等の注記については「学校法人の出資による会社に係る事項」「関連当事者との取引」「学校法人間の財務取引」に重要性がある場合に記載が求められてきましたが，これら現行の注記に子法人の注記が追加されました。（〔Q 7 － 9 〕参照）。

2　注記事項の内容

「基準」40条及び「22高私参第11号」「25高私参第 8 号」に示される注記内容は，以下のとおりです。

⑴　重要な会計方針
　①　引当金の計上基準（徴収不能引当金及び退職給与引当金等）(＊ 5)
　②　その他の重要な会計方針(＊ 1)
　　・有価証券の評価基準及び評価方法(＊ 4)
　　・たな卸資産の評価基準及び評価方法
　　・外貨建資産・負債等の本邦通貨への換算基準
　　・預り金その他経過項目に係る収支の表示方法
　　・食堂その他教育研究活動に付随する活動に係る収支の表示方法，等
⑵　重要な会計方針の変更等(＊ 2)
⑶　減価償却額の累計額の合計額
⑷　徴収不能引当金の合計額
⑸　担保に供されている資産の種類及び額
⑹　翌会計年度以後の会計年度において基本金への組入れを行うこととなる金額

351

(7) 当該会計年度の末日において第4号基本金に相当する資金を有していない場合のその旨と対策

(8) セグメント情報

(9) 重要な偶発債務

(10) 子法人に関する事項

(11) 学校法人の出資による会社に係る事項

(12) 関連当事者との取引の内容に関する事項

(13) 学校法人間の財務取引

(14) 重要な後発債務

(15) その他財政及び経営の状況を正確に判断するために必要な事項^(＊1)

  ① 有価証券の時価情報

    ・総括表

    ・明細表

  ② デリバティブ取引

  ③ 主な外貨建資産・負債

  ④ 通常の賃貸借取引に係る方法に準じた会計処理を行っている所有権移転外ファイナンス・リース取引^(＊3)

  ⑤ 純額で表示した補助活動に係る収支　等

（＊1）　重要性がある場合に記載しますが，この場合の「重要性」は，注記項目が計算書類に与える影響額又は学校法人の財政及び経営の状況に及ぼす影響により判断します。また，これらは，該当がない場合あるいは重要性がない場合については，項目自体の記載を要しません。なお，学校法人の出資による会社に係る事項については，該当がある場合は記載します。

（＊2）　(1)から(15)までは「基準」40条に定められているため，事項を記載しなければなりません。重要な会計方針の変更等がない場合あるいは第4号基本金相当の資金を有している場合であってもその事項と

●第7章　計算書類の注記事項●

該当がない旨の記載をしなければなりません。

　　・重要な会計方針の変更等　　　　　なし

　　・当該会計年度の末日において，第4号基本金に相当する資金を有

　　　していない場合のその旨と対策

　　　　第4号基本金に相当する資金を有しており，該当しない。

（＊3）　リース契約1件当たりのリース料総額が300万円以下のもの（た

　　　　だし，所有権移転外ファイナンス・リース取引に限る。）で通常の

　　　　賃貸借取引に準じた会計処理を行った取引とリース取引開始日が平

　　　　成21年3月31日以前のリース取引で通常の賃貸借取引に準じた会計

　　　　処理を行った取引について記載します。

（＊4）　有価証券の評価基準は，「基準」第7条により，原価法となりま

　　　　す。また，有価証券の評価方法については「22高私参第11号」によ

　　　　り，平成23年度から移動平均法に統一されています。

（＊5）　「22高私参第11号」により，各学校法人の退職給与規程等に基づ

　　　　いて算出した退職金の期末要支給額の100パーセントを退職給与引

　　　　当金として計上することとされています。なお，私大退職金財団に

　　　　加入している学校においては必要な調整計算を行い，いわゆる積立

　　　　方式を採用している私学退職金団体に加入している学校において

　　　　は，各団体から交付される額を控除します。

　なお，上記以外であっても学校法人の財政及び経営の状況をより明確に示す
ために，必要な項目がある場合は，その項目を注記することになります。

3　注記事項の考え方

　「基準」の様式で定められている事項については，該当がなくても必ずその
事項を注記しなければなりません。その他，次の項目は必ず記載することにな
ります。

(1) **重要な会計方針**

・引当金の計上基準には，徴収不能引当金及び退職給与引当金に係る計上基準を必ず記載し，これら以外の引当金を設定している場合には併せて必ず記載します。

(2) **その他財政及び経営の状況を正確に判断するために必要な事項**

・学校法人の出資会社に係る事項は，通知に定められているため，該当がある場合に必ず記載します。

また，重要性がある場合に記載する事項の「重要性」は，重要な会計方針においても，その他財政及び経営の状況を正確に判断するために必要な事項においても，重要であるかどうかの考え方は同じです。計算書類の重要性の例として固定資産明細書の注記の基準である「総資産の100分の1」が判断の参考となりますが，学校法人の規模等によって一概に金額基準を示すことはできないため，金額基準は示されていません。したがって，学校法人の資産総額若しくは事業活動収入計，経常収支差額又は基本金組入前当年度収支差額などに照らして重要な影響を与える場合やその事項に重要性がある場合を各々の学校法人で判断しなければなりません。

具体的には，次のように計算された影響額が重要であれば，該当するものと考えられます。

・当該項目が資産・負債であれば，貸借対照表の総資産に与える影響

・当該項目が収支であれば，事業活動収入計や経常収支差額又は基本金組入前当年度収支差額に与える影響

・当該項目に係る含み損益（時価と簿価との差額）が基本金組入前当年度収支差額に与える影響

例えば，有価証券の簿価総額が3,000万円以下かつ総資産の100分の1以下であった場合でも，有価証券の含み損又は含み益が2,000万円の場合，当年度の基本金組入前当年度収支差額が5,000万円の場合において，明らかに重要性があるものと考えられます。また，上記の各指標によって計算された影響額が10％を超えるような場合には，同様に重要性があるものと考えられます。

●第 7 章　計算書類の注記事項●

　なお，関連当事者との取引の重要性の考え方については，〔Q 7 −16〕で，
学校法人間取引の重要性の考え方については〔Q 7 −18〕で説明します。

Q7-2
重要な会計方針と重要な会計方針の変更等は？

会計方針を注記するのはどのような意味があるのでしょうか。また，会計方針を変更した場合にどのような内容を注記するのですか。

1　会計方針の注記の趣旨

　会計方針とは，計算書類の作成に当たって，その財政及び経営の状況を正確に判断するために採用した会計処理の原則及び手続並びに表示の方法をいいます。計算書類の作成に当たって採用する会計方針は，それぞれの学校法人について必ずしも同一ではなく，1つの会計事象や取引について複数の会計処理が認められている場合，その中から1つの会計処理を選択適用しており，どの方針を採用するかによって計算書類の収支等が異なることになります。したがって，重要な会計方針としてどのような手続等を採用しているかを計算書類に注記することによって，計算書類の信頼性を高め，計算書類の前年度との比較が可能となります。

　なお，いったん採用した会計方針は毎年度継続して適用することとなり，みだりにこれを変更してはいけません。

　また，注記の対象となるのは全ての会計方針ではなく，〔Q7－1〕で示すように重要な会計方針のみが注記の対象となります。

2　重要な会計方針の注記内容

　重要な会計方針を注記する場合，計算書類のどの科目に関連するかを明示して，その会計処理の原則及び手続並びに表示の方法を記載します。

●第7章　計算書類の注記事項●

3　会計方針の変更等

　会計方針の変更とは，従来採用していた一般に公正妥当と認められる会計方針（会計処理又は表示方法）から他の一般に公正妥当と認められる会計方針（会計処理又は表示方法）に変更することをいいます。会計方針は正当な理由により変更を行う場合を除き，毎期継続して適用されますが，正当な理由による会計方針の変更に該当するものは以下のとおりです（研究報告第16号「計算書類の注記事項の記載に関するＱ＆Ａ」（以下，「研究報告第16号」という。）Q12）。

⑴　「基準」等の改正に伴う会計方針の採用又は変更

　「基準」等の改正によって特定の会計処理又は表示方法の採用が強制され，他の会計処理又は表示方法を任意に選択する余地がない場合，これに伴って会計方針を採用又は変更する場合も，当該変更の事実を明確にするために，正当な理由による会計方針の変更として取り扱われます。この会計基準等の改正には，既存の会計基準の変更のほか，新たな「基準」の設定，実務指針等の公表・改廃及び法令の改正等が含まれます。

　なお，会計方針の変更に類似する事項ではありますが，以下の事項は，会計処理の対象となっていた事実に係る会計上の見積りの変更，あるいは新たな会計処理の採用等であるため，会計方針の変更には該当しません。

　　①　会計上の見積りの変更

　　②　重要性が増したことに伴う本来の会計処理への変更

　　③　新たな事実の発生に伴う新たな会計処理の採用

⑵　複数の会計処理が認められている場合の会計処理の変更

　1つの会計事象や取引について複数の会計処理が認められており，その中から1つの会計処理を選択適用する場合において，従来から採用している認められた会計処理から他の認められた会計処理への変更は，正当な理由により変更するものである限り，会計方針の変更となります。なお，誤った会計処理をしていて，正しい会計処理に変更することになった場合については，

357

当然に正しい会計処理に基づいて計算書類を修正しなければならず，会計方針の変更には該当しません。

⑶　表示方法の変更

表示方法とは，一般に計算書類項目の科目分類，科目配列及び報告様式をいい，表示方法の変更には，貸借対照表の固定資産あるいは流動資産の区分や収支計算書の同一区分内での勘定科目の区分掲記，統合あるいは勘定科目名の変更等を行うものと，当該区分を超えて表示方法を変更するものがあります。前者は単なる表示方法の変更ですが，後者の区分を超えての表示方法の変更は重要な表示方法の変更として扱い，重要な会計方針の変更と同様に「重要な会計方針の変更等」に含めて注記します。

金額的重要性が高まったことにより，区分掲記する場合などは前者に該当する表示方法の変更となります。

4　重要な会計方針の変更等の注記内容

重要な会計方針を変更した場合には，変更の旨，変更理由及び当該変更が計算書類に与える影響額を注記します。ただし，当該変更又は変更による影響が軽微である場合は注記を要しません。この場合の影響額について，企業会計の場合にはどういう損益に与える影響額を記載するかが定められていますが，学校法人においては利益という概念がなく，計算構造も異なるため，変更の影響額を記載する場合にどの項目に重要な影響を与え，注記として記載するかを検討する必要があります。

【記載例】

重要な会計方針の変更等

（会計処理の変更）

たな卸資産の評価基準及び評価方法は従来より先入先出法による原価法を採用していたが，より正確な払出計算を行うため，たな卸資産システム導入に伴い，当事業年度より移動平均法による原価法に変更した。この変更による計算書類に与える影響は軽微である。

●第7章 計算書類の注記事項●

（会計処理の変更）

　有価証券の評価方法は，従来，総平均法を採用していたが，「退職給与引当金の計上等に係る会計方針の統一について」（平成23年2月17日付け22高私参第11号文部科学省高等教育局私学部参事官通知）が発出されたことに伴い，当年度から移動平均法に基づく評価方法に変更した。この変更による計算書類に与える影響は軽微である。

（表示方法の変更）

　補助活動事業に係る収支は，従来，純額により表示していたが，当年度から総額により表示することに変更した。なお，前年度に純額表示していた補助活動事業に係る収支を総額表示した場合は，補助活動収入×××円，人件費支出×××円，管理経費支出×××円である。

　平成27年度（知事所轄学校法人は平成28年度以後）においては，計算書類の様式が改正されるため，例えば，以下の注記が必要となります。

　重要な会計方針の変更等

（会計処理の変更等）

　学校法人会計基準の一部を改正する省令（平成25年4月22日文部科学省令第15号）に基づき，計算書類の様式を変更した。なお，貸借対照表（固定資産明細表を含む。）について前年度末の金額は改正後の様式に基づき，区分及び科目を組み替えて表示している。

359

Q7-3 重要な会計方針-1

有価証券,たな卸資産,外貨建資産・負債に係る会計方針はどのような内容で,どのように注記するのですか。

1 有価証券の評価基準及び評価方法

「基準」第7条において,「資産の評価は,取得価額をもつてするものとする。」と規定されており,有価証券の評価基準は原価法です。満期保有目的の債券については,償却原価法を採用することも認められます(〔Q5-7〕参照)。評価方法については平成23年2月17日に発出された「退職給与引当金の計上等に係る会計方針の統一について(通知)」(22高私参第11号)により,平成23年度から移動平均法に統一されています。

移動平均法による場合の有価証券の評価は,以下のとおりです。

・移動平均法……銘柄が同じ有価証券を取得するたびに以下の計算式で平均単価を計算し,その平均単価によって売却簿価を算定する方法です。

(計算式)

$$\frac{\text{取得する直前の有価証券の帳簿価額}+\text{新たに取得した有価証券の取得価額}}{\text{取得する直前の有価証券の数}+\text{新たに取得した有価証券の数}}$$

【計算例】

期首帳簿価額　A銘柄　1,000株　×　単　価　100円　＝　100,000円

●第7章　計算書類の注記事項●

4月30日取得	〃	2,000株	単　　価	150円
7月15日売却	〃	1,000株	売却単価	180円
10月31日取得	〃	2,000株	単　　価	200円

・移動平均法の場合，

$$\frac{1,000株×100円＋2,000株×150円}{1,000株＋2,000株}＝133円$$

7月15日売却簿価　　　　＝1,000株×133円＝133,000円

〃　　売却差額（売却益）＝1,000株×180円－133,000円＝47,000円

3月31日期末帳簿価額　　＝1,000株×100円＋2,000株×150円＋2,000株×

200円－133,000円＝667,000円

【記載例】

有価証券の評価基準及び評価方法

・満期保有目的有価証券の評価基準は償却原価法である。

・有価証券の評価基準及び評価方法は移動平均法に基づく原価法である。

2　たな卸資産の評価基準及び評価方法

　有価証券と同様に，たな卸資産の評価基準は原価法です。また，評価方法については先入先出法，総平均法，移動平均法等があります。移動平均法の計算方法は有価証券と同様です。

・総平均法……たな卸資産ごとに平均単価を計算し，その平均単価によって払出簿価を算定する方法です。なお，年次で計算する方法と1か月ごとに総平均法により計算する方法があります。

（計算式）

$$\frac{期首におけるたな卸資産の帳簿価額＋期中に取得したたな卸資産の取得価額}{期首におけるたな卸資産の数＋期中に取得したたな卸資産の数}$$

361

・先入先出法……最も古く取得されたものから順次払出しが行われ，期末
　　　　　　　　たな卸品は最も新しく取得されたものからなるものとみ
　　　　　　　　なして期末たな卸品の価額を算定する方法です。

【計算例】

期首繰越在庫　　　在庫A　100個　×　単　　価　100円　＝　10,000円

5月30日購入　　　　〃　　200個　　　単　　価　120円

6月10日払出　　　　〃　　150個　　　売却単価　150円

8月30日購入　　　　〃　　150個　　　単　　価　140円

9月30日購入　　　　〃　　100個　　　単　　価　110円

10月10日払出　　　　〃　　250個　　　売却単価　150円

　　　残数　　　　　〃　　150個

・（年次）総平均法の場合，年度が終了しないととな卸資産の評価単価が
確定しません。

$$\frac{100個×100円＋200個×120円＋150個×140円＋100個×110円}{100個＋200個＋150個＋100個}$$

　　　　　＝120円

　　6月10日売却簿価　　　　　＝150個×120円＝18,000円

　　　〃　　売却差額（売却益）＝150個×150円－18,000円＝4,500円

　　10月10日売却簿価　　　　　＝250個×120円＝30,000円

　　　〃　　売却差額（売却益）＝250個×150円－30,000円＝7,500円

　　3月31日期末帳簿価額　　　　＝150個×120円＝18,000円

・先入先出法の場合，

　　6月10日売却簿価　　　　　＝100個×100円＋50個×120円＝16,000円

　　　〃　　売却差額（売却益）＝150個×150円－16,000円＝6,500円

　　10月10日売却簿価　　　　　＝（200個－50個）×120円＋100個×140円

　　　　　　　　　　　　　　　＝32,000円

●第7章　計算書類の注記事項●

10月10日売却差額（売却益）＝250個×150円－32,000円＝5,500円

3月31日期末帳簿価額　　　＝100個×110円＋50個×140円＝18,000円

【記載例】

たな卸資産の評価基準及び評価方法

移動平均法に基づく原価法である。

3　外貨建資産・負債等の本邦通貨への換算基準

外貨建資産・負債は，外貨建を円貨に換算して表示しますが，年度末日の為替相場で換算する場合と取得時又は発生時の為替相場で換算する場合とでは収支に与える影響が異なります。したがって，外貨建資産・負債等に金額的重要性がある場合には，本邦通貨への換算基準を注記します。

ここで，本邦通貨への換算基準として取得時又は発生時の為替相場により円換算している旨を記載した場合には，「その他財政及び経営の状況を正確に判断するために必要な事項」として，「主な外貨建資産・負債」の注記をすることとなります（〔Q7－10〕参照）。

【記載例1】

外貨建資産・負債等の本邦通貨への換算基準

外貨建短期金銭債権債務については，期末時の為替相場により円換算しており，外貨建長期金銭債権債務については，取得時又は発生時の為替相場により円換算している。

【記載例2】

外貨建資産・負債等の本邦通貨への換算基準

外貨建金銭債権債務については，期末時の為替相場により円換算している。

Q7-4 重要な会計方針−2

引当金の計上基準，収支の表示方法（預り金その他経過勘定項目に係る収支及び食堂その他教育研究活動に付随する活動に係る収支）はどのような内容で，どのように注記するのですか。

1 引当金の計上基準

引当金とは，将来の特定の事業活動支出であって，当年度の負担に属する額を当年度の事業活動支出として計上したときの貸方項目であり，その発生が当年度以前の事象に起因し，発生の可能性が高く，かつ，その金額を合理的に見積もることができる場合に計上されます。引当金の計上基準は科目の重要性があるため必ず記載する項目であり，計上の理由，計算の基礎その他の設定の根拠を記載することとなります。

「基準」に示されている引当金は，徴収不能引当金及び退職給与引当金であり，会計年度末に引当金残高がない場合においても会計方針として引当金の計上基準を注記することとなります。そのほかにも計上している引当金がある場合には注記します。

【記載例】

引当金の計上基準

徴収不能引当金

（例１）金銭債権の徴収不能に備えるため，一般債権については徴収不能実績率等により，徴収不能懸念債権については個別に見積もった徴収不能見込額を計上している。

●第7章　計算書類の注記事項●

（例2）未収入金の徴収不能に備えるため，個別に見積もった徴収不能
　　　見込額を計上している。

退職給与引当金

（例1）退職金の支給に備えるため，期末要支給額×××円の100％を基
　　　にして，私立大学退職金財団に対する掛金の累積額と交付金の累
　　　積額との組入調整額を加減した金額を計上している。

（例2）退職金の支給に備えるため，私立大学退職金財団加入者につい
　　　ては，期末要支給額×××円の100％を基にして，同財団に対す
　　　る掛金の累積額と交付金の累積額との繰入調整額を加減した金額
　　　を計上している。△県○○退職金団体加入者については，期末要
　　　支給額×××円から同退職金団体からの交付金を控除した額の
　　　100％を計上している。

（例3）期末要支給額××円は，○○私学退職金団体よりの交付金と同
　　　額であるため，退職給与引当金は計上していない。

2　預り金その他経過勘定項目に係る収支に係る表示の方法

　計算書類に記載する金額は，総額をもって表示するのが原則ですが，預り金
に係る収入と支出その他経過的な収入と支出については，純額をもって表示す
ることができると規定されており（「基準」第4条），総額表示と純額表示の双
方の表示方法が認められています。また，どちらの方法を採用するかは勘定科
目ごとに任意に選択することができます。

【記載例】

　　預り金その他経過項目に係る収支の表示方法

　　　預り金に係る収入と支出は相殺して表示している。

3　食堂その他教育研究活動に付随する活動に係る収支の表示方法

　2に示す「基準」第4条及び「実務指針第22号」（平成26年9月30日改正）
において，純額表示する場合の収支相殺の範囲がいくつか例示されており，総

365

額表示する場合と純額表示する場合が考えられます。補助活動事業の金額に重要性が認められ，相殺処理を行っている場合には，その処理方法を注記する必要があります。

【記載例】

食堂その他教育研究活動に付随する活動に係る収支の表示方法

補助活動に係る収支は純額で表示している。

Q7-5 有価証券の時価情報—1

有価証券の時価情報はどのような内容で，どのように注記するのですか。また，記載に当たって留意すべき点はありますか。

1 有価証券の時価情報の注記趣旨

学校法人会計は，企業会計のように金融商品会計基準を適用していないため，有価証券の含み損益が計算書類に明示されません。学校法人が時価の変動する有価証券を所有している場合，市場変動リスクにさらされており，取得価額による表示だけでは実態を表しているとはいえません。したがって，保有する有価証券の簿価総額あるいは含み損又は含み益に金額的重要性がある場合には有価証券の時価情報を注記して，保有する有価証券の含み損又は含み益を注記することになります。なお，有価証券は，特定目的の引当資産に含まれるものも時価情報の対象となります。

2 有価証券の時価情報の注記内容

(1) 総括表

時価情報の注記内容として，以下のような区分が考えられます。
時価が貸借対照表価額を超えるものと超えないものに区分して記載します。

a 貸借対照表計上額（時価のある有価証券のみ集計する。）
b aの時価
c 差額 （b－a）（マイナスの場合は△）

債券を満期まで所有するという積極的意思とその能力をもって保有する場合

には，会計年度末における評価損益が多額であっても実現する可能性が低いことから，満期保有目的の債券を内書きして記載することが望ましいとされています。

貸借対照表の有価証券の簿価と整合させるため，時価のない有価証券の貸借対照表計上額についても記載します。なお，時価のない有価証券の例示としては，合理的に価額を算定することが困難な非上場株式，私募債等が該当します。

【記載例１】

有価証券の時価情報

(単位　円)

種　　類	当年度（××年３月31日）		
	貸借対照表計上額	時　　価	差　　額
時価が貸借対照表計上額を超えるもの	115,004,000	127,000,000	11,996,000
（うち満期保有目的の債券）	(19,000,000)	(19,400,000)	(400,000)
時価が貸借対照表計上額を超えないもの	38,000,000	35,400,000	△2,600,000
（うち満期保有目的の債券）	(－)	(－)	(－)
合　　計	153,004,000	162,400,000	9,396,000
（うち満期保有目的の債券）	(19,000,000)	(19,400,000)	(400,000)
時価のない有価証券	5,000,000		
有価証券合計	158,004,000		

(2)　明細表

「25高私参第８号」では，「近年の金融商品の多様化や，特にリーマンショック以降の経済状況の大きな変化に伴い，学校法人の資産運用のリスクを一層明確に把握しやすくすることが重要となっていることから，有価証券の時価情報

●第7章　計算書類の注記事項●

を種類別に注記するものとする。」としていることから，従来の有価証券の時価情報の注記に加えて，有価証券の種類ごとの情報について，記載します。

　この注記は学校法人の保有する有価証券を種類別に記載することにより，運用リスクを一層明確に開示することを目的としているため，債券，株式，投資信託，貸付信託の4種類については，該当する種類がない場合であっても省略できません。なお，注記の趣旨より，さらに詳細な種類内容を記載することもできます。

【記載例2】

　有価証券の時価情報

（単位　円）

種類	当年度（xx年3月31日）		
	貸借対照表計上額	時　　価	差　　額
債券	19,000,000	19,400,000	400,000
株式	58,004,000	65,000,000	6,996,000
投資信託	76,000,000	78,000,000	2,000,000
貸付信託	－	－	－
その他	－	－	－
合　　計	153,004,000	162,400,000	9,396,000
時価のない有価証券	5,000,000		
有価証券合計	158,004,000		

　このほか各学校法人の実態に応じて，併せて次のような記載をすることも考えられます。

・有価証券の運用方針の記載や満期保有目的の債券の評価損益が多額であっても実現する可能性が低い場合にはその旨の注記

・時価の下落率が30%以上50%未満の場合における「著しく低くなった」と判断するための「合理的な基準」の注記

369

3　時価情報を注記する際の留意事項

　時価情報を注記しなければならない有価証券の範囲は，時価のある有価証券のみであり，特定目的の引当資産に含まれる有価証券についても，時価のある有価証券であれば，注記の対象になります。

　また，外貨建有価証券の時価については，外貨建の時価に年度末日の為替相場により円換算した額によることとなります。

　なお，時価については〔Q5－6〕で詳細を解説しています。

Q7-6 有価証券の時価情報—2

有価証券の時価情報で，満期保有目的の債券の区分が例として示されていますが，それはどのような内容で，貸借対照表価額はどのように計算されるのですか。また，途中で売却したり，満期まで保有しないこととしたときはどのように区分されますか。

1 満期保有目的の有価証券とは

「満期まで所有する意思をもって保有する」とは，学校法人が償還期限まで所有するという積極的な意思とその能力に基づいて保有することをいいます。保有期間が漠然と長期であると想定し，保有期間をあらかじめ決めていない場合，又は市場金利や為替相場の変動等の将来の不確定要因の発生如何により売却が予測される場合には，満期まで所有する意思があるとは認められません。また，資金繰計画等からみて，満期までの継続的な保有が困難と判断される場合には，満期まで所有する能力があるとは認められません。

2 満期保有目的の債券の貸借対照表価額

学校法人会計において，資産の評価は取得価額をもって行うこととなっており，その保有目的を問わず，保有する全ての有価証券を取得原価で評価することとなります。債券の貸借対照表価額については，償却原価法（〔Q5－7〕参照）による価額も取得原価の枠内であると認められていることから，取得原価又は償却原価法による価額のどちらかになります。また，償却原価法については，利息法を原則としますが，継続適用を条件として，簡便法である定額法

を採用することができることとされています。

　なお，取得原価で評価する場合も，償却原価法により評価する場合も，毎年度継続して同じ方法により評価することが必要です。

3　満期保有目的の債券の一部を償還前に売却した場合，又は満期まで保有しないこととなった場合の残りの債券の注記方法

　学校法人会計では評価基準は原価法であるため，保有目的を変更しても評価基準に変更はなく，実態に合わせて注記に正しく集計すればよいものとされています。当初，満期まで所有する意思をもって保有していたが，その一部を償還期限前に売却し，残りについても満期まで所有する意思がない場合には，満期保有目的の債券に集計しません。学校法人会計において，満期保有目的の債券を内書きして記載することの意味は，満期保有目的の債券の会計年度末における含み損益がたとえ多額であっても，満期まで保有するので実現する可能性が低いことを示すために記載するものです。

　一方，企業会計では，金融商品会計に関する実務指針に従い，満期保有目的の債券に分類された債券について，その一部を償還期限前に売却を行った場合は，満期保有目的の債券に分類された残りの全ての債券について，保有意思の如何にかかわらず，保有目的の変更があったものとして保有目的区分を変更しなければならず，評価基準も変更後の保有目的区分に従って行われることとされています。学校法人会計では保有目的区分に応じて評価基準に違いはなく，全て原価法であるため，残りの債券について満期まで所有するという積極的意思とその能力をもって保有する場合には，満期保有目的の債券に集計すればよいものと考えられます。

4　満期まで保有する予定の償還元本が増減するような債券の注記方法

　満期保有目的の債券を内書して記載することの意味は，満期保有目的の債券の会計年度末における含み損益がたとえ多額であっても，満期まで保有するの

●第7章　計算書類の注記事項●

で実現する可能性が低いことを示すために記載するものです。例えば，途中償還は円貨100％であるが最終償還は外貨であるような仕組債は，最終償還の外貨換算為替レートが相当な円高水準に設定されていても，償還元本が増減する場合には，満期の時点で含み損益が実現する可能性が認められるため，満期保有目的の債券として集計しないものと考えられます。

また，償還時の平均株価等によって償還元本が増減することが約定された株価リンク債，償還時の為替相場によって償還元本が増減する為替リンク債等の仕組債については，そのスキーム上，リスクが元本に及ぶものであるため，複合金融商品として組込デリバティブ部分を区分処理するとしても満期保有目的の条件を満たさないとされています。これらの場合も有価証券の時価情報の満期保有目的の債券には集計しないものと考えられます。

一方，抽選償還が特約として付されている債券又は期前償還する権利を発行者がコール・オプションとして有している債券（いわゆるコーラブル債）については，満期到来前に償還される可能性があるとしても，満期保有目的の条件を損なうものではないため，有価証券の時価情報の満期保有目的の債券に集計するものと考えられます。

Q7-7 デリバティブ取引の注記－1

デリバティブ取引の会計処理はどのように行われ，どのように注記するのですか。

 1 デリバティブとは

金融商品（株式，債券，預貯金・ローン，外国為替等）のリスクをヘッジする場合，又は投機の場合の手法として考案されたのがデリバティブです。デリバティブの代表的なものとして，先物取引，スワップ取引，オプション取引等がありますが，その他それらを組み合わせた様々な取引があります。デリバティブ取引は，取引により生じる正味の債権又は債務の時価の変動により保有者が利益を得たり，損失を被るものです。例えば，為替予約取引，金利スワップ取引があり，他社株転換社債，日経平均株価連動社債等のいわゆる仕組債もデリバティブが組み込まれた複合金融商品と考えられます。

2 ヘッジ目的と投機目的とは

ヘッジとは，リスクを回避するという意味で，デリバティブ取引の将来の金利・為替等の相場の変動によるリスクを回避することを目的とする場合，ヘッジ目的といいます。一方，投機とは，将来の相場の変動を予想して，積極的にリスクをとって，その差益を得るために行う取引で，そのような取引を行う目的とする場合，投機目的といいます。

●第7章 計算書類の注記事項●

3 デリバティブ取引の会計処理

学校法人会計では，デリバティブ取引を行っていても，契約上の決済時まで会計処理が行われません。ただし，デリバティブ取引に係る価格変動，金利変動及び為替変動による損失が確定しているか，あるいは確定が見込まれる場合は，計上することも考えられます。なお，デリバティブ取引に係る損失については，「25高私参第8号」により，事業活動収支計算書上は特別収支の事業活動支出に大科目「その他の特別支出」に小科目「デリバティブ解約損」又は「その他の特別収入」に小科目「デリバティブ解約益」等として表示する必要があります。ただし，賃借対照表に計上されている現物の金融商品と組み合わされたデリバティブ取引に係る損失で，当該金融商品に係る売却又は処分差額と区分することが困難な場合を除きます。なお，解約に伴う損失以外の損失については，教育活動外収支の大科目「その他の教育活動外支出」に区分し，小科目は「デリバティブ運用損」等とします。

4 デリバティブ取引の注記の趣旨

デリバティブ取引の契約金額又は決済金額に重要性がある場合には，決済時に多額の損益が計上される可能性があり，会計年度末において時価の変動による影響額を把握するために注記が必要となります。

5 デリバティブ取引の注記内容

「17高私参第1号」に記載例として示されている注記内容は，取引の時価に関する事項であり，以下のとおりです。なお，学校法人会計はヘッジ会計が適用されないため，ヘッジ目的であろうと投機目的であろうと注記の対象となります。

デリバティブ取引は，取引の対象物の種類（通貨，金利，株式，債券及び商品等）ごとに集計して注記します。

① 賃借対照表日における契約額等（契約額又は契約において定められた元

375

本相当額）

② 契約額等のうち１年超のもの　（該当がない場合は「－」とします。）

③ ①の時価

　　（例えば，為替予約取引の場合は，会計年度末の先物為替相場に基づき計算した時価を，金利スワップ取引の場合は，金融機関等から会計年度末の金利相場に基づいて計算された時価に基づく評価損益（評価損の場合は△）を入手して記載します。）

④ 評価損益

　　（例えば，為替予約の売建の場合，①－③がマイナスの場合は△，金利スワップの場合は③）

⑤ 当該時価の算定根拠

　取引の種類は，（先物取引，オプション取引，先渡取引及びスワップ取引）による区分，市場取引とそれ以外の取引の区分，買付約定に係るものと売付約定に係るものの区分，貸借対照表日から取引の決済日又は契約の終了時までの期間による区分等の区分により，デリバティブ取引の状況が明瞭に示されるよう記載することが望まれます。

　「17高私参第１号」では，デリバティブ取引の状況に関する事項の記載は求められていません。しかしながら企業会計と同様に，取引の状況に関する事項として，以下の内容を記載することによってデリバティブ取引の状況がより明瞭になるものと考えられます。

　また，学校法人がデリバティブ取引についてのリスク管理をどのような方針に基づき，どのような規程，承認体制のもとにどの部署で行っているかを示すことは重要であるものと考えます。

・取引の内容（ヘッジ手段とヘッジ対象等）

・取引に対する取組方針

・取引の利用目的　（ヘッジ目的あるいは投機目的である旨）

・取引に係るリスクの内容（市場価格の変動に係るリスク等）

・取引に係るリスク管理体制（リスク管理方針，リスク管理規程，リスク管

●第7章　計算書類の注記事項●

理部署の状況）

・注記した取引の時価に関する事項についての補足説明　（ヘッジ目的で評
価損益が実現する可能性が低い場合には，その旨）

【記載例】

デリバティブ取引

デリバティブ取引の契約額等，時価及び評価損益　（単位　円）

対象物	種　　類	当年度（××年3月31日）			
		契約額等	契約額等の うち1年超	時　価	評価損益
為替予約取引	売建 米ドル	12,000,000	－	11,200,000	800,000
	買建 米ドル	76,000,000	－	66,000,000	△10,000,000
金利スワップ 取引	受取固定・ 支払変動	21,000,000	－	34,000	34,000
合　　　計		－	－	－	△9,166,000

（注1）　上記，為替予約取引は外貨建金銭債権債務の将来の為替変動リスクをヘ
ッジすることを目的として締結している。金利スワップ取引は，借入金の
金利変動リスクをヘッジすることを目的として締結している。なお，投機
的な取引は行わない方針である。

（注2）　時価の算定方法
為 替 予 約 取 引……先物為替相場によっている。
金利スワップ取引……取引銀行から提示された価格によっている。

（注3）　取引に係るリスク管理体制
デリバティブ取引の執行・管理については，学内規程に基づき，財務
部が決裁担当者の承認を得て行っている。

Q7-8
デリバティブ取引の注記－2

デリバティブ部分を区分できない仕組債はどのように注記されますか。

 デリバティブが組み込まれた複合金融商品の注記

仕組債のように，デリバティブが組み込まれた複合金融商品について，複合金融商品の時価は測定できますが，組込デリバティブを区分して測定できない場合の注記については，次の2つのパターンが考えられます。

① 当該複合金融商品を有価証券に含めて注記し，有価証券に含めている旨を記載する。

② デリバティブ取引として契約額，時価，評価損益を記載する。

仕組債の例として，他社株転換社債，日経平均株価リンク債及び償還特約型為替連動債を保有していた場合を考えてみます。

・他社株転換社債

社債に株式のオプションを組み込んだものであり，特定の銘柄の株価に連動して，償還条件が変動します。例えば，株価が上がった場合，金銭で償還し，株価が下がった場合には，当該株式を現物で引き取る債券です。

・日経平均株価リンク債

日経平均が一定期間内に契約時に決めた価格を上回れば元本と利息を受け取ることができるオプションを組み込んだ債券であり，期間中に1回でも水準を下回れば元本保証がなくなります。

・償還特約型為替連動債

●第7章　計算書類の注記事項●

利率及び償還額が共に為替レートに連動しますが，払込及び早期償還は円貨100％で行われる仕組債です。

【記載例１】　有価証券の時価情報に含めて注記する場合

(単位　円)

種　　類	当年度（××年３月31日）		
	貸借対照表計上額	時　　価	差　　額
時価が貸借対照表計上額を超えるもの(注1)	×××	×××	×××
（うち満期保有目的の債券）	（××）	（××）	（××）
時価が貸借対照表計上額を超えないもの(注2)	×××	×××	△×××
（うち満期保有目的の債券）	（××）	（××）	（△××）
合　　　計	×××	×××	×××
（うち満期保有目的の債券）	（××）	（××）	（××）
時価のない有価証券	×××		
有価証券合計	×，×××		

(注１)　他社株転換社債（貸借対照表計上額10,000,000円，時価10,020,000円及び差額20,000円）が含まれております。

(注２)　日経平均株価リンク債（貸借対照表計上額100,000,000円，時価87,000,000円，差額△13,000,000円）及び償還特約型為替連動債（貸借対照表計上額100,000,000円，時価92,000,000円，差額△8,000,000円）が含まれております。

379

【記載例2】 デリバティブ取引として注記する場合

（単位　円）

対象物	種　　類	契約額等	契約額等の うち1年超	時価	評価損益
株式関連	他社株転換社債	10,000,000	－	10,020,000	20,000
債券関連	日経平均株価リンク債	100,000,000	－	87,000,000	△13,000,000
	償還特約型為替連動債	100,000,000	－	92,000,000	△8,000,000

（注1）　時価の算定方法
　　　　　取引先証券会社から提示された価格に基づき算定しております。
（注2）　契約額等には，他社株転換社債，日経平均株価リンク債又は償還特約型
　　　　　為替連動債の額面金額を記載しております。

Q7-9
学校法人の出資による会社に係る事項及び子法人に関する事項

学校法人の出資による会社に係る事項及び子法人に関する事項はどのように注記するのですか。

1 学校法人の出資による会社に係る事項

学校法人が，学校の教育研究活動と密接な関係を有する事業を一層効率的に行うことを目的として，出資割合が出資先会社の総出資額の2分の1以上の会社を設立することが認められています。このような会社がある場合，学校法人の実態を明らかにするために，当該会社の状況及び学校法人との資金，取引等の状況等を注記することとなっています。

2 学校法人の出資による会社に係る事項の注記内容

「13高私参第1号」により，貸借対照表に学校法人の出資割合が2分の1以上の会社がある場合に，注記として記載するように定められています。

注記内容は，以下のとおりです。

① 名称及び事業内容
② 資本金又は出資金の額
③ 学校法人の出資金額等及び当該会社の総株式等に占める割合並びに当該株式等の入手日
④ 当期中に学校法人が当該会社から受け入れた配当及び寄附の金額並びにその他の取引の額

⑤　当該会社の債務に係る保証債務

【記載例1】

学校法人の出資による会社に係る事項

　　当学校法人の出資割合が総出資額の2分の1以上である会社の状況は次のとおりである。

名　　　　　　　称	有限会社○○					
事　業　内　容	文房具・鞄・袋物の販売・不動産の賃貸借・管理					
出　　資　　金	10,000,000円　　　200口					
学校法人の出資状況	7,000,000円　　　140口　　総出資金額に占める割合70%					
出　資　の　状　況	令和○年4月1日　6,000,000円　　　120口 令和×年4月1日　1,000,000円　　　20口					
当期中に学校法人が受け入れた配当及び寄付の金額並びに学校法人との資金, 取引等の状況	（単位　円）					
	当該会社からの受入額	配当金	300,000	一般寄付金	1,000,000	
		現物寄付金	3,150,000	賃貸料	9,000,000	
		受取利息	200,000			
	当該会社への支払額			委託手数料	3,000,000	

（単位　円）

	期首残高	資金支出等	資金収入等	期末残高
当該会社への出資金等	6,000,000	1,000,000	0	7,000,000
当該会社への貸付金	10,000,000	20,000,000	5,000,000	25,000,000
当該会社への未払金	500,000	500,000	700,000	700,000
当該会社からの借入金	0	0	2,000,000	2,000,000
当該会社からの未収入金	300,000	800,000	300,000	800,000

保　証　債　務	当該会社の銀行借入1億円について債務保証を行っている。

【記載例2】

学校法人の出資による会社に係る事項

　　当学校法人の出資割合が総出資額の2分の1以上である会社の状況は次のとおりである。

①　名称及び事業内容　　　株式会社○○　　清掃・警備・設備関連業務の委託

●第7章　計算書類の注記事項●

② 資本金の額　　　　　　　　　　　　　×××円

③ 学校法人の出資金額及び当該会社の総株式等に占める割合並びに当該
株式の入手日

令和××年××月××日　　×××円　　×××株

総出資金額に占める割合　　××％

④ 当期中に学校法人が当該会社から受け入れた配当及び寄付の金額並び
にその他の取引の額

受入配当金　××円，寄付金　××円，

当該会社からの長期借入金　×××円

⑤ 当該会社の債務に係る保証債務

学校法人は当該会社について債務保証を行っていない。

3　子法人に関する事項

令和5年の私立学校法改正に伴って，子法人が「学校法人がその経営を支配
している法人として文部科学省令で定めるもの」と規定され（私立学校法第31
条第4項2号等），私立学校法施行規則第11条において，子法人の定義が下記
のとおり規定されました。

一　当該学校法人又はその一若しくは二以上の子法人が意思決定機関におけ
る議決権の過半数を有する他の法人

二　意思決定機関の構成員の総数に対する次に掲げる者の数の割合が百分の
五十を超える他の法人

イ　当該学校法人の役員，評議員又は職員

ロ　当該学校法人の一又は二以上の子法人に係る子法人役員又は子法人に
使用される者

ハ　当該学校法人又はその一若しくは二以上の子法人によって当該構成員
に選任された者

ニ　当該構成員に就任した日前5年以内にイ，ロ又はハに掲げる者であっ
た者

383

令和5年改正の私立学校法のポイントの1つとして子法人に対するガバナンスが強化されており，子法人に該当する法人がある場合，学校法人の実態を明らかにするために，当該法人の状況及び学校法人との資金，取引等の状況等を注記することとなっています。

なお，出資会社が子法人に該当する場合は，注記内容の重複を避けるため，当該法人に関する開示情報は「子法人」の注記に記載し，「学校法人の出資による会社に係る事項」の注記項目のうち重複する内容については記載を省略します。

また，「子法人」の注記及び「学校法人の出資による会社に係る事項」の注記のそれぞれにおいて，両方に該当する旨を示す様式とします。

加えて，「関連当事者との取引」の注記，「学校法人間の財務取引」の注記に関しても，同時に記載対象に該当するケースが想定されるため，同様の様式とします。

4　子法人に関する事項の注記内容

子法人に該当する法人がある場合，以下の注記が求められています。

① 　子法人の概要

② 　当学校法人と子法人の取引の関連図

③ 　子法人との取引の状況

④ 　子法人の債務に係る保証債務

●第7章　計算書類の注記事項●

【記載例】

①　子法人の概要

子法人の名称	事業の内容	資本金の額	学校法人の出資金額等及び当該会社の総株式等に占める割合並びに当該株式等の入手日	議決権の所有割合	役員の兼任等	出資割合が総出資額の2分の1以上	関連当事者	学校法人間の財務取引
株式会社○○		××円	平成×年×月×日×××円×××株総出資金額に占める割合××%	××%	兼任○人代表取締役社長（理事）取締役（元理事）監査役（理事）	○	○	
学校法人○○	教育研究事業	－	－	－	兼任○人理事長（理事）理事（理事）監事（理事）	－	○	○
(公財)●●	●●事業	－	－	－				

385

② 当学校法人と子法人の取引の関連図

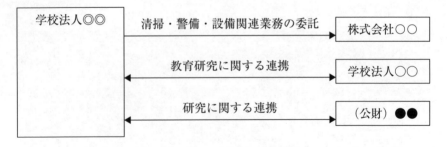

③ 子法人との取引の状況

子法人の名称	取引の内容	取引金額	勘定科目	期末残高
株式会社〇〇	清掃・警備・設備関連業務の委託	××円	未払金	××円
	受入配当金	××円	−	−
	受入寄付金	××円	−	−
	長期借入金	××円	長期借入金	××円
学校法人〇〇	資金の貸付	××円	貸付金	××円

④ 子法人の債務に係る保証債務

学校法人は子法人について債務保証を行っていない。

Q7-10 主な外貨建資産・負債の注記

主な外貨建資産・負債は，どのように注記するのですか。

  1 主な外貨建資産・負債の会計処理

外貨建の預金及び借入金等は，外貨建を円貨に換算して表示しますが，これらの外貨建資産・負債等は，為替変動の影響を受けることにより，学校法人の財政及び経営の状況に影響を及ぼすことがあります。

主な外貨建資産・負債につき，取得時又は発生時の為替相場で換算する会計方針の場合には，年度末日の会計処理はなされませんが，年度末日の為替相場によって換算が行われた場合は，取得時又は発生時の為替相場で計算された金額と年度末日の為替相場によって計算された金額との差額が収支に含まれており，2つの方法で収支が異なることとなります。

なお，外国通貨及び外貨預金の本邦通貨への交換や外貨建債権債務の決済の際に生じる為替換算差額，外貨建債権債務等につき期末日の為替相場に換算する場合に生じる為替換算差額は，事業活動収支計算書上，教育活動外収支に計上されます。

2 主な外貨建資産・負債の注記内容

取得時又は発生時の為替相場で換算する会計方針を採用している場合には，年度末日の為替相場で換算した場合のように計算書類に換算差額が含まれていないため，その旨，年度末日の為替相場による円換算額及び換算差額を注記することとなります。年度末日の為替相場で換算する会計方針を採用している場

合には，注記の必要はありません。

　なお，外貨建有価証券については，為替変動の影響が有価証券の時価情報の注記に含まれることになるため，記載を要しません。

【記載例】

主な外貨建資産・負債　　　　　　（単位　円）

科　目	外貨額	貸借対照表計上額	年度末日の為替相場による円換算額	換算差額
その他の固定資産 （定期預金）	米ドル　10,000	1,100,000	1,000,000	△100,000
長　期　借　入　金	ユーロ　50,000	6,500,000	6,300,000	200,000

●第7章　計算書類の注記事項●

Q7-11

重要な偶発債務

重要な偶発債務は，どのように注記するのですか。

1　偶発債務とは

偶発債務は，将来において当該法人の負担となる可能性のあるものをいい，債務の保証，係争事件に係る賠償義務，割引手形，裏書譲渡手形等が考えられます。債務の保証には，経営指導念書等の債務の保証と同様の効果を有するものも含まれるものと考えられます。

2　重要な偶発債務の注記内容

偶発債務は，将来債務を負う又は損害を被る可能性が年度末日においてすでに存在しているため，注記が求められるものです。

なお，学校法人の出資による会社に係る事項で当該会社の債務による保証債務を注記している場合には，重複することになるため，ここでの記載を要しません。

記載内容は以下のとおりです。

・偶発債務……その内容（その種類及び保証先）及び金額

・係争事件に係る賠償義務……その事件の概要及び相手方等

・手形割引高……金額

・手形の裏書譲渡高……金額

【記載例】

① 債務保証を行った場合

下記について債務保証を行っている。

教職員の住宅資金借入	×××円
役員の銀行借入金	×××円
Ａ学校法人（姉妹校）の銀行借入金	×××円
Ｂ社（食堂業者）の銀行借入金	×××円
理事（又は監事）が取締役であるＣ社の銀行借入金	×××円

② 経営指導念書を差し入れている場合

Ｃ社（清掃請負業者）の銀行借入金	×××円

③ 係争中の事件がある場合

当学校法人を被告とする○○事件について△△と係争中であり，×××円の損害賠償請求を受けている。

④ 手形の割引又は裏書を行った場合

手形の割引高	×××円
手形の裏書譲渡高	×××円

Q7-12
所有権移転外ファイナンス・リース取引

注記が必要とされる所有権移転外ファイナンス・リース取引はどのようなものですか。またどのように注記するのですか。

 1　注記が必要とされる所有権移転外ファイナンス・リース取引とは

〔Q5－16〕に示すように、次のいずれかに該当する場合には、通常の賃貸借取引に係る方法に準じた会計処理を行うことができます。
①　リース料総額[*1]が学校法人の採用する固定資産計上基準額未満のもの（リース物件が少額重要資産の場合を除く。）
②　リース期間が1年以内のもの
③　リース契約1件当たりのリース料総額が300万円以下のもの（ただし、所有権移転外ファイナンス・リース取引に限ります。）。

このように通常の賃貸借取引に係る方法に準じた会計処理を行った場合で、これらのリース料総額の合計額に重要性があるときは、「リース物件（又はリース資産）の種類」「リース料総額」及び「未経過リース料期末残高」等を注記します。

また、注記に当たっては、平成21年4月1日以降に開始したリース取引[*2]と平成21年3月31日以前に開始したリース取引とを区分して記載することとなります。

(*1)　「リース料総額」とは、リース債務の元本返済額、利息相当額及び維持管理費用相当額をいいます。
(*2)　「リース取引開始日」とは、借手がリース物件を使用収益する権利

を行使することができることとなった日をいいます。

2 「リース料総額に重要性があるとき」とは

リース料総額に重要性があるときは注記することとなりますが，重要性は学校法人の資産総額等の規模等を勘案して決定されます。リース料総額は，上記1③のリース契約1件当たりのリース料総額が300万円以下のもの（ただし，所有権移転外ファイナンス・リース取引に限る。）と平成21年3月31日以前に開始したリース取引で通常の賃貸借取引に準じた会計処理を行った取引との合計額で重要性を検討することになります。

【記載例】

通常の賃貸借取引に係る方法に準じた会計処理を行っている所有権移転外ファイナンス・リース取引

① 平成21年4月1日以降に開始したリース取引

リース物件の種類	リース料総額	未経過リース料期末残高
教育研究用機器備品	××円	××円
管理用機器備品	××円	××円
車両	××円	××円
教育研究用消耗品	××円	××円

② 平成21年3月31日以前に開始したリース取引

リース資産の種類	リース料総額	未経過リース料期末残高
教育研究用機器備品	××円	××円
管理用機器備品	××円	××円
車両	××円	××円

●第7章　計算書類の注記事項●

　平成21年4月1日以降に開始したリース取引の注記のうち，リース物件の種類に「教育研究用消耗品」と記載されています。これは，例えばリース料総額が300万円以下のソフトウェアに関するファイナンス・リース取引で，通常の賃貸借取引に準じた会計処理を行った場合の記載例です。

Q7-13

純額で表示した補助活動に係る収支の注記とは？

純額で表示した補助活動に係る収支の注記は，どのような場合に必要となるのでしょうか。

1 補助活動に係る収支の注記の必要性

〔Q2-14〕にて示したとおり，学校法人が行う補助活動事業（食堂，売店，学生寄宿舎等）に係る収入と支出については，総額表示を原則としつつも，純額表示することが認められています（「基準」第4条）。

この取扱いにより，総額表示する場合と純額表示する場合で資金収支計算書及び事業活動収支計算書に計上される金額が大きく異なる場合があります。したがって，補助活動事業の金額に重要性が認められ，相殺処理（純額表示）を行っている場合には，その処理方法を注記する必要があります。

2 純額で表示した場合の注記の内容

補助活動事業に係る収入と支出を純額で表示している場合には，その表示方法を注記します。

【記載例】

食堂その他教育研究活動に付随する活動に係る収支の表示方法
　補助活動に係る収支は純額で表示している。

●第7章　計算書類の注記事項●

Q7-14
関連当事者との取引－1

関連当事者の範囲は，どのように考えればよいでしょうか。

1　関連当事者の範囲

関連当事者の範囲は，企業会計の範囲と異なります。学校法人には株式会社のように資本金という概念がないため，持分等によって学校法人を支配するという考え方はありません。「17高私参第1号」による学校法人における関連当事者の範囲は以下のとおりです。

・関係法人
・当該学校法人と同一の関係法人をもつ法人
・当該学校法人の役員及びその近親者（配偶者又は2親等以内の親族）又はこれらの者が支配している法人

2　関係法人

関係法人の定義付けは「17高私参第1号」では明示されていませんが，注記の対象となる関係法人とは，一定の人的関係，資金関係等を有する法人をいいます。具体的には以下のとおりです。

---
①　一方の法人の役員若しくは職員等が，他方の法人の意思決定に関する機関の構成員の過半数を占めていること

② 法人の資金調達額（貸借対照表の負債の部に計上されているものに限る。）の総額の過半について融資を行っていること

③ 法人の意思決定に関する重要な契約等が存在すること

　広い意味での関係法人は，一般的に学校法人の出資割合が2分の1超という形式的な支配のみならず，実質的な支配関係の有無によって決定されますが，ここで，注記の対象となる関係法人とは，一定の人的関係，資金関係等を判断基準として決定されることになります。学校法人の出資割合が2分の1以上の会社については，別途注記されるため，関係法人であっても関連当事者との取引の注記事項としては扱わないものとされています。

　なお，財務上又は事実上の関係から法人の意思決定に関し，重要な影響を及ぼさないことが明らかな場合には，関連当事者の対象外とされており，具体的には，日本私立学校振興・共済事業団から資金調達の総額の過半について借入れを実行していたとしても，関連当事者には該当しないものと考えられます。

3　当該学校法人と同一の関係法人をもつ法人

　2で判定された関係法人（仮に「X社」とします。）の子会社（仮に「Y社」とします。）のように，学校法人にとって直接Y社が関係法人の定義に該当しなくとも，X社とY社は同一の関係法人グループであるような場合が考えられます。

4　当該学校法人の役員及びその近親者（配偶者又は2親等以内の親族）又はこれらの者が支配している法人

　役員（理事長，理事，監事）及びその近親者の範囲は次のとおりです（「研究報告第16号」Q25）。

（参考）　配偶者又は2親等以内の親族

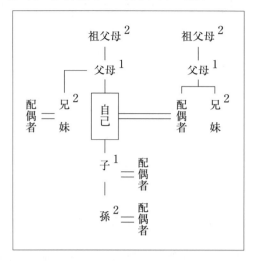

　また，ある役員の出資割合が2分の1以下であり，それだけでは支配しているとはいえない法人であっても，その役員の近親者又はこれらの者が支配する法人の出資割合と合計して2分の1超である法人についても，該当することとなります。出資割合が2分の1超という形式的な支配のみならず，実質的に法人の意思決定に関する機関の構成員の過半数を占めている場合も該当するものと考えられます。

5　関連当事者の判定時期

　関連当事者に該当するか否かは，個々の取引の開始時点で判定されます。関連当事者が会計年度中に関連当事者に該当しなくなった場合には，関連当事者に該当している間の取引については注記しなければならず，同一会計年度における取引であっても関連当事者に該当しなくなった後の取引については記載を要しません。

Q7-15
関連当事者との取引-2

関連当事者との取引の注記は，どのように記載すればよいでしょうか。

 1 関連当事者との取引の注記の趣旨

関連当事者との取引は恣意性の介入する余地があり，特に透明性が要求されるため，関連当事者が自己又は第三者のために学校法人と取引を行った場合には，取引内容を記載することとなります。

2 関連当事者との取引の注記内容

関連当事者との取引の注記の記載事項は以下のとおりです（「研究報告第16号」Q27）。

なお，関連当事者が会社等の場合には，「子法人に関する事項」の注記，「学校法人の出資による会社に係る事項」の注記及び「学校法人間の財務取引」の注記にも該当するケースが想定されるため，いずれに該当するかを示します。また，それらの注記に該当する場合，重複する内容については記載を省略することとされています。

(1) 当該関連当事者が会社等の場合には，その名称，所在地，資本金又は出資金，事業の内容（及び当該会社等の議決権に対する当該学校法人の所有割合）
(2) 当該関連当事者が個人の場合には，その氏名，職業

●第 7 章　計算書類の注記事項●

⑶　当該学校法人と当該関連当事者との関係

⑷　取引の内容

⑸　取引の種類別の取引金額

⑹　取引条件及び取引条件の決定方針

⑺　取引により発生した債権債務に係る主な科目別の期末残高

⑻　取引条件の変更があった場合には，その旨，変更の内容及び当該変更
　が計算書類に与えている影響の内容

【記載例】

関連当事者との取引

関連当事者との取引の内容は，次のとおりである。

(単位　円)

属性	役員，法人等の名称	住所	資本金又は出資金	事業内容又は職業	議決権の所有割合	関係内容 役員の兼任等	関係内容 事業上の関係	取引の内容	取引金額	勘定科目	期末残高	子法人	出資割合が総出資額の2分の1以上	学校法人間の財務取引
関係法人	株式会社○○社	東京都××区	省略	省略	省略	省略	省略	省略	省略	省略	省略	○		
関係法人	学校法人○○	東京都○○区	-	省略	-	省略	省略	省略	省略	省略	省略	○	○	○
理事	鈴木一郎	-	-	A社代表取締役	-	-	-	資金の貸付	××	貸付金	××			
理事長××が議決権の過半数を有している会社	B社	東京都××区	××	不動産の賃貸及び管理地	×%	兼任1人	不動産の賃貸借契約の締結	家賃の支払	××	敷金	××			
理事	田中二郎	-	-	-	-	-	-	無償の土地使用	0	-	0			

(注)　貸付金については，市場金利を勘案して貸付金利を合理的に決定している。

出所：学校法人会計基準の在り方に関する検討会報告書（令和6年1月31日）（文部科学省）

●第7章　計算書類の注記事項●

3　記載上の注意事項

「研究報告第16号」Q27に示す，記載上の注意は以下のとおりです。なお，下記(8)の取引条件及び取引条件の決定方針ですが，当該取引の条件が一般の取引と比較して，有利又は不利であったりする場合のみならず，当該会社以外からも複数の見積りを入手した場合や市場価格を勘案して一般的取引条件と同様に決定している場合についても，記載することになります。

(1)　「属性」の欄には，関連当事者の種類を記載する。具体的には，関係法人，当該学校法人と同一の関係法人を持つ法人，理事長，理事，監事，役員の近親者，当該学校法人の役員及びその近親者が支配している法人，団体等があげられる。なお，複数の属性をもつ関連当事者については，影響が強いと考えられる属性により重要性を判断することが考えられる。

(2)　「住所」の欄には，関連当事者が法人，団体等の場合，市町村（政令指定都市においては区）までを記載する。ただし，役員及びその近親者等，個人である場合には記載を要しない。

(3)　「議決権の所有割合」の欄には，当該学校法人の所有割合を記載する。その他は注記で補う。

(4)　「役員の兼任等」の欄には，兼任をしている役員のほか，出向，転籍等の形態により派遣されている役員の年度末日現在の人数を記載する。学校法人の職員が出向又は転籍して当該法人の役員の過半数を占め，当該法人の意思決定に関する機関の構成員が過半数を占めることとなった場合についても，兼任の数に含める。

(5)　「事業上の関係」の欄には，資金援助，設備の賃貸借，業務委託等の関係内容について簡潔に記載する。

(6)　「取引金額」の欄には，会計年度中の関連当事者である期間の取引について，取引の種類ごとに総額で記載する。

401

(7) 「科目」及び「期末残高」の欄には，取引により発生した債権債務に係る主要な科目及びその期末残高を記載する。

(8) 取引条件及び取引条件の決定方針を注記することが望ましい。なお，取引条件が，一般の取引に比べ著しく異なる場合には，その条件を具体的に記載する。

(9) 役員及びその近親者等，個人である場合には，「資本金又は出資金」及び「関係内容」の欄の記載を要しない。

Q7-16
関連当事者との取引－3

関連当事者との取引の注記において，記載しなくてもよいのはどのような取引ですか。

 1 記載を要しない取引

注記を要しない取引は「17高私参第1号」において，次のとおり示されています。

> ア．一般競争入札による取引並びに預金利息及び配当金の受取りその他取引の性格からみて取引条件が一般の取引と同様であることが明白な取引
> イ．役員に対する報酬，賞与及び退職慰労金の支払
> ウ．当該学校法人に対する寄附金

なお，関連当事者との取引が無償の場合又は有償であっても取引金額が時価に比して著しく低い金額等による場合には，原則として第三者間において通常の取引として行われる場合の金額等によって重要性を判断して注記することとされています。

2 重要性が乏しく，記載を要しない取引

その他取引金額及び残高からみて重要性が乏しい取引については，省略することができます。その場合の重要性の判断については，学校法人が決定し，毎年度継続的に採用することが望ましいものと考えられています。例えば，以下

のように決定することが「研究報告第16号」Q28に示されています。その他の注記の重要性の基準に比べて金額が小さくなっていますが，この考え方は公益法人会計，企業会計等においても同様です。

・役員及びその近親者との取引については，100万円を超える取引については全て注記する。
・その他の関連当事者との取引は，事業活動収入計の1/100に相当する金額（その額が500万円を超える場合には，500万円）を超える取引については全て注記する。

●第7章 計算書類の注記事項●

Q7-17
重要な後発事象の注記とは？

重要な後発事象の注記は，どのようなものですか。

1 後発事象とは

　監査対象となる後発事象とは，会計年度末日の翌日から監査報告書日までの間に発生した会計事象で，学校法人の財政及び経営の状況に影響を及ぼすものをいい，修正後発事象と開示後発事象に区分されます。

(1) **修正後発事象**

　修正後発事象は，会計年度末日後に発生した事象ですが，その実質的な原因が会計年度末日現在においてすでに存在しており，会計年度末日現在の状況に関連する会計上の判断又は見積りをする上で，追加的又はより客観的な証拠を提供するものとして考慮しなければならない事象です。したがって，重要な事象については，計算書類の修正を行うものであり，注記の対象となる後発事象ではありません。

(2) **開示後発事象**

　開示後発事象は，会計年度末日後において発生し，当該会計年度の計算書類には影響を及ぼさないが，次年度以降の計算書類に影響を及ぼす事象です。したがって，重要な事象については，学校法人の財政及び経営の状況に関する的確な判断に資するため，当該会計年度の計算書類に注記を行うものです。

　開示後発事象のうち，次年度以降の計算書類に重要な影響を及ぼすものについては，次年度以降の学校法人の財政及び経営の状況を正確に判断するた

めに後発事象として注記することとなります。

2　重要な後発事象の例示

重要な後発事象の例としては，次のようなものがあります。
・火災，震災，出水等による重大な損害の発生
・学校法人の合併，分離，解散等
・重要な係争事件の発生又は解決
・募集の停止又は再開

3　重要な後発事象の注記内容

重要な後発事象の注記内容について，事象発生の時期と開示する事項の例は次のように考えられます。

●第7章　計算書類の注記事項●

事　　象	事象発生の時期	開示する事項の例
火災，震災，出水等による重大な損害の発生	火災，震災，出水等による損害の発生を認知したとき	1．その旨 2．被害の状況（被災場所，被災資産の種類及び帳簿価額，撤去費用の見積額等） 3．損害額の合理的な見積りに関し説明を要する場合，その旨及びその理由 4．復旧の見通し 5．当該被害が教育研究活動又は収益事業に及ぼす影響 6．その他重要な事項がある場合にはその内容
学校法人の合併	所轄庁の認可のとき	1．その旨及び目的 2．合併する相手校の名称 3．合併の方法，合併後の名称 4．引き継ぐ資産・負債・基本金の額 5．相手校の内容，規模，学生数 6．合併の時期 7．その他重要な事項がある場合はその内容
学校法人の分離	所轄庁の認可のとき	1．その旨及び理由 2．分離する事業内容，規模 3．分離の形態 4．分離後の名称，資産・負債及び純資産の額，学生数等 5．分離の時期 6．その他重要な事項がある場合にはその内容
重要な係争事件の発生又は解決	訴えが提起されたとき又は解決したとき	1．その旨 2．事件の内容，相手の名 3．損害賠償請求額，その他の要求の内容 4．事件に対する学校法人の意見 5．裁判又は交渉の進展状況 6．判決，和解，示談の成立等があった場合にはその内容 7．その他重要な事項がある場合にはその内容
募集の停止又は再開	理事会決議のとき	1．その旨及び理由 2．時期

407

【記載例】

後発事象

① 震災により，被害を受け，計算書類に与えるその影響が重要である場合

　令和××年3月×日に発生した○○大震災により，△△県□市に所在する×××高等学校の校舎の一部が損壊する被害を受けた。被災した主な資産は建物（帳簿価額×××円），教育研究機器備品（帳簿価額×××円）であり，これらの資産処分差額は震災関連資産処分差額として処理している。被災した×××高等学校の今後の復旧工事の方法等は早急に検討する予定である。なお，現在，当該部門の教育活動は，被災地での活動を休止し，被災を免れた地域において行っている。

② 火災により被害を受けたが，損害額が未確定の場合

　令和××年5月×日，○○高等学校本館が火災により焼失した。現在のところ火災事故の原因を調査継続中であり，この火災による損害額は未確定である。当該事故は当学院の財政状態及び経営の状況に重大な影響を与えないものと予想している。

③ 係争事件が新たに発生した場合

　令和××年4月×日，本学園を被告とし，△△社から×××円の賠償請求を受ける○○事件の訴訟が提起された。学園としては最終的な結果は不明だが，現時点においては，本件が学園の財政状態及び経営の状況に重大な影響を与える見込はないと考えている。

④ 設置者変更

　本法人が設置している○○高等学校は，令和××年5月×日の文部科学大臣認可により，令和××年×月×日をもって，学校法人△△学園へ設置者の変更を行うこととなった。

⑤ 募集の停止

　令和××年5月×日に開催された評議員会・理事会において，××短期大学について，学生数減少に伴う経営の悪化により，令和××年度よ

●第 7 章　計算書類の注記事項●

り学生募集を停止し，在学生の卒業を待って，廃学する旨を決定した。

Q7-18

学校法人間の財務取引の注記とは？

学校法人間の財務取引の注記に含まれる取引の範囲はどのようなものですか。

 1 注記の内容

「25高私参第8号」によると，学校法人の経営状況や財政状態についてより透明性を高める観点から，関連当事者の注記に該当しない場合についても，例えば貸付金・債務保証等の学校法人間の取引について注記することとされています。注記する学校法人間取引は貸付け，借入れ，寄付金（現物寄付を含む），人件費等の負担及び債務保証その他これらに類する取引であり，当該年度中の取引金額と債権又は債務残高が期末にある場合は，注記します。なお，この「学校法人間の財務取引」の注記は，子法人との取引又は関連当事者との取引に該当する場合であっても注記します。その際，「子法人に関する事項」の注記又は「関連当事者との取引の内容に関する事項」の注記にも同時に記載対象になるケースが想定されるため，いずれに該当するかを示します。そして，それらの注記に該当する場合，重複する内容については記載を省略することとされています。

また，「子法人に関する事項」の注記及び「関連当事者との取引の内容に関する事項」の注記は，「学校法人間の財務取引」の注記に該当する場合であっても注記します。

【記載例】

学校法人間取引の内容は，次のとおりである。

●第7章　計算書類の注記事項●

(単位　円)

学校法人名	住所	取引の内容	取引金額	勘定科目	期末残高	子法人	関連当事者
学校法人○○	省略	省略	省略	省略	省略	○	○
●●学園	大阪府○○市	債務保証	×××		×××		

出所：学校法人会計基準の在り方に関する検討会報告書（令和6年1月31日）
（文部科学省）

2　注記の範囲

　学校法人間の財務取引について注記すべき範囲は，学校法人の経営状況や財政状態についてより透明性を高めるという目的から，財政的な支援取引が対象となります。しかし，どのような取引が財政的な支援か一律に定められない面があるため，重要性があると認められる場合には，原則として有償・無償にかかわらず，明らかに財政的な支援取引ではないものを除き，学校法人間における全ての取引が対象となります。

　注記の対象とならない取引の例として，実務指針では科学研究費補助金により取得した教育研究用機器備品を教員の移籍に伴い移籍元の学校法人から移籍先の学校法人に寄付する場合のように，法令等の要請による取引など明らかに財政的な支援ではないものが挙げられています。

　「25高私参第8号」で示されている，学校法人間での貸付け，借入れ，寄付金（現物寄付を含む），人件費等の負担及び債務保証以外の取引の例としては，固定資産等の売買及び賃貸借，学校債の発行・引受，担保提供・受入れ等が該当します。担保提供・受入れがある場合は「取引の内容」の欄に，その旨，担保資産の種類及び金額（担保の提供を受けている場合には債務の額）を記載します。

3　記載の重要性

　原則として有償・無償にかかわらず，明らかに財政的な支援取引ではないものを除き，重要性があると認められる場合，学校法人間における全ての取引が

対象となります。その場合の重要性の判断については，学校法人が決定し，毎年度継続的に採用することが望ましく，以下のように決定することが「研究報告第16号」Q29－2に示されています。

・事業活動収入計の1／100に相当する金額（その額が500万円を超える場合には，500万円）を超える取引又は残高については，全て注記する。

関連当事者との取引と同様に，取引が無償の場合又は有償であっても取引金額が時価に比して著しく低い金額による場合には，原則として第三者間において通常の取引として行われる場合の金額によって重要性を判断することになります。

Q7-19
その他考えられる注記項目とは？

その他考えられる注記項目とはどのようなものですか。

 1 その他の重要な会計方針

その他の重要な会計方針のうち，考えられる注記項目は，以下のとおりです。

(1) 減価償却の方法等について

減価償却の方法については，「基準」第8条第2項において，減価償却の方法は定額法と定められており，その他の方法の選択はできません。しかしながら，学校法人にとって固定資産は重要な資産であり，その会計方針を示すことは望ましいものと考えられます。

また，減価償却額の計算の構成要素である耐用年数については，学校法人が自主的に決定している場合のほか，「減価償却資産の耐用年数等に関する省令」（財務省令）による場合又は「委員会報告第28号」（昭和56年日本公認会計士協会）に掲げる「固定資産耐用年数表」によっている場合も妥当な処理として認められています。

さらに，残存価額を零として行った場合であっても，妥当な処理として認められています。耐用年数等の相違によってその減価償却額の金額が異なり，事業活動収支計算に影響を及ぼすと判断される場合には，どのように算定しているかを注記することが望ましいものと考えられます。

【記載例】
残存価額を零とする定額法による減価償却を実施している。

耐用年数は「委員会報告第28号」による耐用年数を採用しており，主な耐用年数は以下のとおりである。

建　　物　　50年

構　築　物　　15年

機器備品　　10年

(2)　減価償却資産の計上基準について

基準では減価償却資産の計上基準について何ら規定しておらず，また各都道府県によっては計上基準について定めている場合もありますが，その設定金額の範囲は一定ではありません。しかし，減価償却資産は基本金の設定対象となり基本金組入前当年度収支差額に影響を及ぼすと判断されるので，当該計上基準を注記することが考えられます。

【記載例】

取得日後１年を超えて使用する有形固定資産（土地，建設仮勘定，図書を除く。）のうち，１個又は１組の金額が10万円以上のものを減価償却資産として計上している。ただし，学生生徒が使用する机，椅子等は少額重要資産として金額の多寡にかかわらず教育研究用機器備品に計上している。

2　その他財政及び経営の状況を正確に判断するために必要な事項

その他財政及び経営の状況を正確に判断するために必要な事項として考えられる注記項目は以下のとおりです。

(1)　退職年金制度について

退職給与引当金に記載した退職金制度とは別に退職年金制度に加入している場合には，注記することが望まれます。注記する内容として以下が考えられます。

・その制度の概要

・年金資産額

・退職給付債務（又は年金財政計算上の責任準備金）の額，等

●第7章　計算書類の注記事項●

(2)　継続企業の前提について

　学校法人がいわゆる「継続企業の前提」に重要な疑義を生じさせるような場合に該当しているという状況を自ら認識し，何らかの対策等を自主的に行っている場合には，自主的に講じている対策等を注記することが望まれます。

　その場合の注記項目として，以下の内容が考えられます。

　・その旨

　・その内容

　・継続企業の前提に関する重要な疑義の存在

　・当該事象や状況に対する理事者の対応及び事業計画

　・当該重要な疑義の影響を計算書類に反映しているか否か，等

Q7-20 セグメント情報の注記とは？

令和6年の学校法人会計基準改正で新設されたセグメント情報の注記とはどのようなものですか。

 1 セグメント情報の注記の趣旨

令和6年の学校法人会計基準改正により，計算書類の様式から部門別の内訳表は除かれることとなりました。もともと内訳表は，経常費補助金の算定の基礎という性質が強い書類であったことから，開示用の書類として馴染まないと考えられたためです。

しかしながら，学生等やその保護者をはじめとするステークホルダーにとって，学校法人における学校，附属施設等の部門別の情報は関心の高い情報です。そこで，学校法人全体の経営状況に加えて，各学校等の個別の部門に関する情報開示の必要性が検討され，セグメント情報の注記が導入されました。「基準」第40条第8号に，セグメント情報の注記が新設されています。

ただし，当書籍発刊現在，セグメント情報の注記内容の詳細は決まっていません。文部科学省に設置された「学校法人会計基準の諸課題に関する検討ワーキンググループ」で検討が行われています。以下は，「学校法人会計基準の在り方に関する検討会」報告書（令和6年1月31日）で示された方向性に基づき，記載しています。

2 セグメント区分の方法

セグメントとは，学校法人を構成する一定の単位をいいます。セグメント区

●第7章　計算書類の注記事項●

分の考え方として，企業ではマネジメント・アプローチ（経営上の意思決定や業績評価を行う単位で事業を区分する考え方）が採用されており，その区分方法は企業により様々ですが，学校法人会計では，拠点区分別（設置学校・附属施設別）が採用されました。これは，学校法人の場合，学部・学科・学校単位で収支予算管理がされることが多く，予算管理の区分と整合することや，比較可能性の面で有用という考えに基づいています。

　具体的なセグメント区分は，各学校法人の業務内容（学校の設置状況等）に応じて適切に定めることとされていますが，一定のセグメント情報については，全ての学校法人で共通に開示することとされました。全ての学校法人で共通に開示する必要があるセグメント区分は，現在「学校法人会計基準の諸課題に関する検討ワーキンググループ」で検討されています。

3　開示科目

　事業活動収支計算書のセグメント別の内訳を開示します。具体的にどのレベルの科目まで開示するかは学校法人に委ねられていますが，少なくとも「教育活動収入計」「教育活動支出計」「教育活動収支差額」「教育活動外収支差額」「経常収支差額」「特別収支差額」「基本金組入額当年度収支差額」「基本金組入合計」「当年度収支差額」は開示する必要があります。

4　配分基準

　これまで，私立学校振興助成法に基づき作成する内訳表については，配分方法が文部科学省通知で定められていました。そこでは，経常費補助金算定上の必要から，例えば人件費については，教員が複数の学校を兼務していたとしても按分は行わず，発令の内容や主たる勤務部門により一部門に計上することが求められていました。そのため，部門ごとの収支は，必ずしも部門別の教育研究コストの実態を表すものとはなっていませんでした。

　これに対し，セグメント情報の注記では，原則的な配分基準として「経済実態をより適切に表す配分基準」が導入されます。「経済実態をより適切に表す

417

配分基準」の具体的内容は，主に人件費の按分や，医学部と附属病院の按分のあり方を論点として，現在「学校法人会計基準の諸課題に関する検討ワーキンググループ」で検討されています。

「経済実態をより適切に表す配分基準」の検討には時間を要することから，当該基準が策定されるまでの当分の間は，資金収支内訳表の配分基準を採用することとされています。「経済実態をより適切に表す配分基準」の策定後も，例外的な取り扱いとして，資金収支内訳表の配分基準を採用できるかどうか，採用できる期限を設けるかどうかについては，今後「学校法人会計基準の諸課題に関する検討ワーキンググループ」で検討される予定です。

図１　「経済実態をより適切に表す配分基準」策定のスケジュールと経過措置

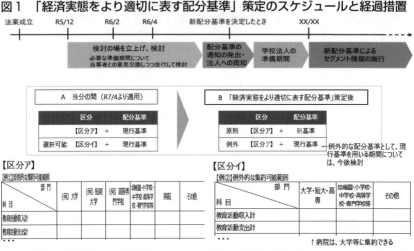

出所：学校法人会計基準の在り方に関する検討会報告書（令和６年１月31日）（文部科学省）

●第7章　計算書類の注記事項●

図2　セグメント情報の注記イメージ（全体像）

※当書籍発刊現在の様式案。「学校法人会計基準の諸課題に関する検討ワーキング
　グループ」の検討により，様式は今後変更される可能性がある。下記様式案に，
　合計欄を加えることなどが検討されている。

セグメント（部門別）情報

部　門　＼　科　目	(何) 大学	(何) 短期大学	(何) 高等専門学校	幼稚園・小学校・中学校・高等学校・専門学校等	病院	その他
教育活動収入計						
教育活動支出計						
教育活動収支差額						
教育活動外収支差額						
経常収支差額						
特別収支差額						
基本金組入前当年度収支差額						
基本金組入額合計	△	△	△	△	△	△
当年度収支差額						

(注)　1. セグメント情報は拠点区分別（設置学校・附属施設別）の収支情報内訳
　　　　を示すものであり，必ずしも理事会が経営資源の配分の決定及び業績を
　　　　評価すること等を目的とした財務情報にはなっていない。

　　　2. 各セグメントの主な区分方法は，拠点区分に応じて「○○大学」「○○
　　　　短期大学」「○○高等専門学校」「幼稚園・小学校・中学校・高等学校・
　　　　専門学校等」「病院」「その他」に区分している。「幼稚園・小学校・中
　　　　学校・高等学校・専門学校等」には，附属幼稚園，・・・を含んでい
　　　　る。「その他」には，○○部門，△△研究所，学校法人部門を含んでい
　　　　る。

　　　3. 収入又は支出の各セグメントへの主な計上方法は，「資金収支内訳表等
　　　　の部門別計上及び配分について」（昭和55年11月4日文部省管理局長通
　　　　知）に記載の計上方法を採用している。

出所：学校法人会計基準の在り方に関する検討会報告書（令和6年1月31日）
　　　　　　　　　　　　　　　　　　　　　　　　　　　　　　（文部科学省）

419

第8章

部門別会計関連項目

Q8-1

部門別会計と資金収支内訳表及び事業活動収支内訳表との関係は？

学校法人の部門別会計は資金収支内訳表及び事業活動収支内訳表の2表によって示されますが，前者の作成目的と両者の特色はどのような点にありますか。当校（4年制のA大学（法学部，商学部），B高等学校（普通科，商業科）及びC中学校を有する学校法人，このほかに法人本部あり）の例で両表の作成例を示してください。

 1　資金収支内訳表作成の目的と特色

資金収支内訳表作成の趣旨については，「資金収支内訳表について」（通知）（昭和47年4月26日　文管振第93号）に以下の2点が挙げられています。

① 国又は地方公共団体において，私立学校に対する経常費補助の効果を具体的に把握し，教育活動の実態に即した有効適切な振興策策定のための資料が得られるようにする。

② 資金収支計算書の収入支出の決算額から学校法人の諸活動の内容・状況を総括的に把握することはできるが，教育研究のための諸活動は，学部等の部門を単位として行われるのであるから，経常費補助の効果を具体的に把握するためには，その諸活動に対応する収入支出の内容を部門別に明らかにすることが必要である。また，これにより，学校法人においても，今後の効果的な運営の参考資料を得ることができる。

すなわち，資金収支内訳表は，経常費補助の効果を具体的に把握するために部門別に計上する必要があることを明らかにしています。

●第8章　部門別会計関連項目●

　資金収支内訳表上に記載される部門について私立学校振興助成法施行規則第
3条，第4条において次のとおり定めています。

　a　学校法人

　b　各学校（専修学校及び各種学校を含み，以下のcからeを除く）

　c　研究所

　d　各病院

　e　農場，演習林その他c，dと同程度の規模を有する各施設

　以上の部門別分類に当たっては，bの各学校について，さらに以下のように
細分するように定められています。

(イ)　2つ以上の学部を置く大学は，学部ごとに区分する。

　　i　学部の専攻に対応する大学院の研究科，専攻科及び別科は各学部に含
　　　まれる。

　　ii　学部の専攻に対応しない大学院の研究科は学部とみなす。

　　iii　学校教育法第103条に規定する大学に置く大学院の研究科は大学の学
　　　部とみなす。

　　iv　通信教育を行う大学の当該担当機関は学部とみなす。

　　v　夜間部と昼間部は区分する。

(ロ)　2つ以上の学科を置く短期大学は，学科ごとに区分する。

　　i　学科の専攻に対応する専攻科及び別科は各学科に含まれる。

　　ii　通信教育を行う短期大学の当該担当機関は学科とみなす。

　　iii　夜間部と昼間部は区分する。

(ハ)　2つ以上の課程を置く高等学校は，課程ごとに区分する。

　　i　課程に対応する専攻科及び別科は各課程に含まれる。

　　ii　夜間部と昼間部は区分する。

2　事業活動収支内訳表の特色

　一方，事業活動収支内訳表上の部門の記載については資金収支内訳表と同
様，

a　学校法人

b　各学校（専修学校及び各種学校を含み，以下のcからeを除く）

c　研究所

d　各病院

e　農場，演習林その他c，dと同程度の規模を有する各施設

に区分しますが，各学校について学部，学科，課程の各区分ごとに記載する必要はありません（私立学校振興助成法施行規則第3条）。

3　ご質問に対する回答

　部門別会計における資金収支内訳表と事業活動収支内訳表の記載上の差異は，前記の1，2のとおりですが，貴学の場合の資金収支内訳表と事業活動収支内訳表に記載される各部門は次のようになります（私立学校振興助成法施行規則第一号様式，第二号様式）。

●第8章　部門別会計関連項目●

資 金 収 支 内 訳 表
年　　月　　日から　　年　　月　　日まで
収 入 の 部　　　　　　　（単位　円）

科目＼部門	学校法人	A 大学			B 高等学校			C中学校	総額
		法学部	商学部	計	全日制	通信制	計		
学生生徒等納付金収入									
授業料収入									
入学金収入									
実験実習料収入									
施設設備資金収入									

事 業 活 動 収 支 内 訳 表
年　　月　　日から　　年　　月　　日まで
（単位　円）

科目＼部門			学 校 法 人	A 大 学	B 高等学校	C中学校	総　額
教育活動収支	事業活動収入の部	学生生徒等納付金					
		授業料					
		入学金					
		実験実習料					
		施設設備資金					

4　セグメント情報作成の目的

　従来の内訳表については，資金収支内訳表は部門別の計上方法が文部科学省通知（資金収支内訳表等の部門別計上及び配分について（昭和55年11月4日文管企第250号））で定められているものの詳細なルールまでは定められておらず，人件費は経常費補助金算定上の必要から按分等は行わずに発令の内容や主たる勤務部門により計上することを求めています。また，事業活動収支内訳表及び人件費支出内訳表も資金収支内訳表の処理に準じて行うこととされていることから，いずれの書類も必ずしも部門別の教育研究コストの実態を表すものではなかったと考えられています。

425

このため，改正された「基準」では新たに部門別の情報として「セグメント情報」を計算書類の注記に表示することとなりました。

●第 8 章　部門別会計関連項目●

Q8-2

資金収支内訳表等及びセグメント情報との関係は？

　部門別会計として作成すべき書類は私立学校法と私立学校振興助
成法で違いがありますか？

A　　私立学校法に基づき「基準」で作成が求められる部門別会計の書類
と私立学校振興助成法において作成が求められる部門別会計の書類は
異なります。

　「基準」第40条は，計算書類の注記としてセグメント情報を注記しなければ
ならないと定めています。一方で，改正前には計算書類であった以下の内訳表
は，私立学校振興助成法で作成を求める書類として位置付けられました（私立
学校振興助成法施行規則第 2 条）。

① 　事業活動収支内訳表（第一号様式）

② 　資金収支内訳表（第二号様式）

③ 　人件費支出内訳表（第三号様式）

427

Q8-3
資金収支内訳表作成上の留意点は？

資金収支内訳表を作成する場合，どのような点に留意すればよいのでしょうか。

 1　基本的な留意点

資金収支内訳表作成上の留意点として以下の3つが挙げられています（「文管振第93号」）。

① 資金収支内訳表に記載する収入支出は，資金収支計算書に記載された当該会計年度の収入支出の決算額のうち，当該会計年度の諸活動に対応するもののみであること。

② 各部門の収入合計と支出合計の金額は，合致させる必要はないこと。

③ 各部門に区分する収入支出は，当該部門に係る収入支出とし，当該部門において管理，執行する収入支出であるかどうかは問わないこと。

2　具体的な留意点

上記1のほかに留意する点は具体的には以下のとおりです。

(1) 部門の設定

① 学校法人の部門には，法人本部の諸活動に係る収支のほか，その他の部門に該当しない収支が計上されているか。

② 各学校，各病院は，学校ごと又は病院ごと（分院も一部門とする）に，それぞれ一部門として扱っているか。

③ 研究所の部門は，各学校又は各学部に付置されている研究所につい

●第 8 章　部門別会計関連項目●

て，その組織，施設，予算等において相当規模を有するものを対象としているか。

④　各施設は，農場，演習林，図書館その他の附属機関等で，組織，施設，予算等において相当な規模を有し，独立の会計単位として取り扱うことが適当と認められるものであるか。

⑤　学部，学科の区分は，夜間のものであっても昼間のものと区分して一部門として扱っているか。

⑥　資金収支内訳表に記載する部門別の区分に掲げるものは，学校法人が現に有する部門のみであるか。

⑵　**部門計上額，部門共通収支の配分計算**

資金収支内訳表等の部門別計上及び配分については，「文管企第250号」によっているか。

⑶　**資金収支計算書との関連**

①　科目の配列，科目の記載の省略及び科目の追加については，資金収支計算書の様式の場合と同様としているか。

②　各科目の総額欄の額は，資金収支計算書の該当科目の決算額と一致しているか。

③　資金収支計算書と資金収支内訳表は計算範囲が異なるので，各部門の収入合計と支出合計の金額は，一致しないことに留意する。

⑷　**その他**

資金収支内訳表の様式は，私立学校振興助成法施行規則第二号様式のとおりとなっているか。

429

Q8-4 事業活動収支内訳表作成上の留意点は？

事業活動収支内訳表を作成する場合，資金収支内訳表と比べてどのような点に留意すればよいのでしょうか。

「文管企第250号」によれば，事業活動収支内訳表は資金収支内訳表の処理に準じて行い，留意すべき事項は資金収支内訳表と同様です（〔Q8－3〕参照）。

1 資金収支内訳表との関連

各部門の科目ごとの金額は，事業活動収支計算特有の科目を除き，基本的に資金収支内訳表の該当科目の金額と一致します。例えば，減価償却額，退職給与引当金繰入額，基本金組入額等の非資金収支項目は資金収支計算項目ではないので，これらの科目を除き，事業活動収支内訳表と資金収支内訳表の各部門の科目ごとの金額は基本的に一致することになります。

2 事業活動収支計算書との関連

事業活動収支内訳表の総額欄の各科目の金額は，事業活動収支計算書の該当科目の決算欄金額に一致します。学部，学科等をさらに細分する必要はありません。

3 その他

① 事業活動収支内訳表の様式は，私立学校振興助成法施行規則第一号様式によることとされています。
② 基本金組入額についても部門ごとに記載する必要があります。

Q8-5

「学校法人」部門の業務の範囲は？

「学校法人」部門ではどのような業務を行うのですか。また，どのような収入項目及び支出項目があるのですか。

 1 「学校法人」部門の業務の範囲とは

「学校法人」部門の業務の範囲については，次に掲げる9つの業務が限定的に定められています（「文管企第250号」A3(1)）。

① 理事会及び評議員会等の庶務に関すること
② 役員等の庶務に関すること
③ 登記，認可，届出その他の法令上の諸手続に関すること
④ 法人主催の行事及び会議に関すること
⑤ 土地の取得又は処分に関すること（他の部門の所掌に属するものを除く）
⑥ 法人運営の基本方針（将来計画，資金計画等）の策定事務に関すること
⑦ 学校，学部・学科（学部の学科を含む）等の新設事務に関すること
⑧ その他「学校法人」部門に直接係る庶務・会計・施設管理等に関すること
⑨ 他の部門の業務に属さない事項の処理に関すること

2 「学校法人」部門に直接計上される収支額

「学校法人」部門に直接計上される収入額・支出額は，上記1に掲げる9つの業務に必要な収入額・支出額であり，具体的には以下のとおりです（「文管企第250号」A3(2)）。

⑴　収　　入

①　「学校法人」部門の業務の運営に必要な建物，設備に係る使用料収入及び資産売却収入並びに「学校法人」部門の業務の運営に関連して生ずる雑収入

②　土地の処分等に係る売却等収入（他の部門に属するものを除く）

③　「学校法人」部門の業務に係る支出に充てるものとして収受された寄付金収入，借入金等収入

④　「学校法人」部門の業務に係る支出に充てるものとして収益事業会計から繰り入れられた収入

⑤　⑵の①〜⑧の支出に充てるものとして運用している預金・有価証券等に係る受取利息，配当金収入及び当該有価証券売却収入

⑥　学校，学部・学科（学部の学科を含む）等の新設に係る支出に充てるものとして収受された寄付金収入等

⑵　支　　出

①　学校法人の役員等の報酬等の支出

②　理事会及び評議員会等の開催経費の支出

③　主として「学校法人」部門の業務に従事する職員の人件費支出

④　「学校法人」部門の業務の運営に必要な建物設備の取得・保全に係る支出

⑤　土地の取得又は保全に係る支出（他の部門に属するものを除く）

⑥　「学校法人」部門の業務に係るものとして運用している借入金等の利息支出及び返済支出

⑦　学校，学部・学科（学部の学科を含む）等の新設に係る支出

⑧　その他上記１「学校法人」部門の業務の範囲に掲げる業務の運営に直接必要な支出

したがって，「学校法人」部門に計上すべき収入額及び支出額については，上記の各項目に該当する収入及び支出であるかどうかについて検討することになります。

●第8章　部門別会計関連項目●

3　留意すべき点

　資金収支内訳表の部門別計上及び配分に関しては，以下のような点に留意する必要があります（「文管企第250号」の「解説」2(3)）。

①　「学校法人」部門の業務の範囲並びに直接計上できる収入額・支出額の範囲は，上記2(1)，(2)のとおり具体的に明確にされており，不明確なものがあるからといって「学校法人」部門に計上することは認められません。

②　各内訳表における新設の学校等の部門認定は認可の日ではなく，開設年度当初の日からとなります。

③　「学校，学部・学科（学部の学科を含む）等の新設」には，大学院（学部に基礎を置かない大学院を含む）及び高等学校の課程の新設を含みます。

Q8-6
部門共通収支の配分方法の基本原則及び手順は？

　部門別会計においては，各部門に直接配賦することができる収入項目及び支出項目がある一方，各部門に共通する収支項目もあります。このような部門共通収支については，どのように配分すればよいのでしょうか。その基本原則と手順について説明してください。

1　各部門への計上及び配分方法

　特定の部門のものとして把握できる収支は当該部門に直接計上すればよいのですが，部門間に共通する収支の計上及び配分方法についてその手順を要約すれば以下のとおりです（「文管企第250号」A1及び同解説2⑴）。

⑴　各収支項目の「直接配賦」，「各学校共通」及び「部門共通」の3分類

　まず，①特定の部門，学部，学科に直接計上できる収支（直接配賦）と，②特定の学校内の学部，学科に共通する収支（各学校共通）と，③部門間にまたがる共通の収支（部門共通），の3つを区分します。②の各学校共通については，例えば「大学共通」，「短大共通」という項目を設け，関連する収支項目を計上します。③の部門共通については，「部門共通」という項目を設けて関連する収支項目を計上します。

⑵　「部門共通」収支の配分

　次に，⑴で区分した項目のうち，③に相当する部分，すなわち，「部門共通」に計上した収支を，在学者数，教（職）員数，使用時間又は使用面積等，妥当と考えられる配分基準により関係部門（複数の学部を持つ大学では「大学共通」，複数の学科を持つ短大では「短大共通」）に配分します。

●第8章　部門別会計関連項目●

⑶　「各学校共通」収支の配分

　「大学共通」及び「短大共通」に計上した収支を⑵で挙げた配分基準のうち，妥当と考えられる基準によって各学部及び学科等に配分します。

⑷　特別な配分方法

　「部門共通」に計上した収支のうち，上記⑵の配分基準で配分することができないもの，又は当該収支の性質からみて上記の配分基準によることが不合理なものについては，上記⑶の手続の後に算出された各部門，学部，学科等の収入額又は支出額の合計額によって配分します。

2　配分に当たっての留意点

⑴　配分基準等の継続適用

　配分の基準として採用する在学者数，教（職）員数，使用時間又は使用面積等の数値は，妥当と考えられる一定の基準日を設定して算出する必要があります。また，いったん採用した基準日及び配分方法は，それが不合理とならない限り，毎年度継続して適用する必要があります。

　基準日の設定が異なると配分基準となる数値が変わることもあり，配分される額が変動することになります。通常，学校法人等基礎調査票の作成日にあわせて5月1日にするケースが多いようです。

⑵　「部門共通」収支の配分について

　「部門共通」に計上した収支額を関係部門に配分するに当たり，複数の学部，学科を持つ大学部門及び短大部門では，まず「大学共通」，「短大共通」の共通欄に計上します。すなわち，まず妥当と考えられる基準により関連する各学校に配分し，さらに各学校の中で妥当な配分基準により各学部，学科に配分するという方法で進めます。

⑶　基礎資料の保存

　配分計算過程の資料及び各計算段階で使用した配分基準及び基準日等に関する基礎資料は，資金収支内訳表の決算資料として保存しなければなりません。

435

Q8-7
人件費支出の部門別計上方法は？

当校は大学，短期大学及び高等学校の複数の部門で構成されていますが，各部門にまたがって従事している教職員がいます。このような場合においては，どのように教職員の人件費を各部門に計上するのでしょうか。

 1　各部門への計上基準

(1) 発令基準

資金収支内訳表における部門別の教（職）員人件費支出について，各部門，学部，学科等のいずれの教（職）員として発令されているかにより計上するものです。これは通常，発令部門がその教職員の従事する大部分を占め，かつ，その部門から給与の支給を受けているからです。したがって，大学の教授が，一部短大の授業を受け持っている場合でも，この人件費は全額大学部門に計上されます。

発令基準というのは，人事発令という客観的かつ形式的な基準によって部門別に人件費支出を計上する方法ですが，実際の支給が部門別の勤務の実態と大きくかけ離れている場合には，実態に即した部門に人件費を計上する必要があります。

なお，1人の非常勤講師が，法学部と商学部の両方に従事しているような場合には，それぞれの部門との契約で授業時間数，給与等についての定めがあるはずなので，従事した部門の授業時間数等により支給額又は負担すべき額を各部門に計上することになります。

●第8章　部門別会計関連項目●

⑵　実質基準

　発令基準によっては，どの部門の教職員として人件費を計上するべきか判別できない場合には，主たる勤務がいずれであるかという判断によって人件費支出の部門別計上を行うことになります。例えば，ある教職員が複数の部門に従事しており，その従事割合がＡ部門に80％，Ｂ部門に20％であった場合，その教職員の人件費はＡ部門とＢ部門に８：２の割合で配分するのではなく，"主たる勤務"であるＡ部門の方に100％計上することになります。

　また，発令された部門が複数の場合であっても，その教職員のそれぞれの部門での職責及び業務内容，あるいは１か月間の勤務時間の割合等，質的・量的な要因を勘案して"主たる勤務"を決定して当該部門のみに計上します。つまり，ある教職員の人件費を複数の部門に配賦計上することはないということです。

⑶　支出部門基準

　上記⑴及び⑵の場合で，複数の部門に勤務しており，それぞれの部門から給与が支給されているならば，支給の実態に即してそれぞれの支給額を，それぞれの部門に計上します。

⑷　その他の基準

　私立学校振興助成法施行規則第三号様式(注) ２は，「どの部門の支出であるか明らかでない人件費支出は，教員数又は職員数の比率等を勘案して，合理的に各部門に配付する。」と定めており，上記の発令基準や実質基準によって各部門に人件費を計上することができない場合に，この方法によって人件費を各部門に配賦することになります。この場合であっても，ある個人の人件費支出を複数の部門に割り振るのではなく，教職員個々人を各部門に割り振り，その割り振られた個々人の人件費を計上することになります。

2　「学校法人」部門の人件費計上額について

「学校法人」部門に係る人件費支出計上額については，「学校法人」部門の業

務の範囲が定められており，その業務に主として係る職員の人件費をまず「学校法人」部門に計上します（「文管企第250号」A2(2)）。規模の大きな学校法人は通常，独立の「学校法人」部門を設置していますが，「学校法人」部門が独立していない学校法人においては，「学校法人」部門の職員人件費については「学校法人」部門の業務を主として行っている職員の人件費が計上されることになります。

3　医・歯学部及び附属病院の教員人件費について

医・歯学部及び附属病院の教員人件費支出のうち，臨床系教員の人件費支出については，授業科目を担当する教員に係る人件費支出を学部に計上し，その他の教員の人件費支出を附属病院に計上することとされています（「文管企第250号」A2(3)）。

●第8章　部門別会計関連項目●

Q8-8

部門別配分計算の具体的方法は？

　部門別配分計算を行うに当たり，次のような部門を有する学校法人において，資金収支内訳表の各部門への配分計算は具体的にどのように行えばよいのでしょうか。

学 校 等	学部・学科	在学者数	教員数	職員数	校舎使用面積
大　　学	法 学 部	450人	70人	40人	
	商 学 部	480	80	35	
	計	930	150	75	50,000㎡
短　　大	英 文 科	210	30	10	
	国 文 科	220	35	15	
	計	430	65	25	28,000
高　　校		620	50	30	35,000
法人本部				10	500

　（注）　1．体育館，講堂は大学及び短大で共用しているが，上表の校舎使用
　　　　　　面積には含まれていない。
　　　　2．法人本部は，大学の校舎内にある。

　関連費用は以下の表のとおり仮定します。　　（単位　円）

	修繕費支出	借入金等利息支出
大学共通	2,500,000	1,200,000
短大共通	1,800,000	900,000
高　　校	1,200,000	500,000
法人本部	0	800,000
部門共通	1,500,000	2,800,000
合　　計	7,000,000	6,200,000

439

1 修繕費支出

(1) **部門共通の各学校への配分**

① 部門共通1,500,000円の内容は,法人本部が大学の校舎内にあることによる共通費500,000円と体育館・講堂を大学と短大で共用していることによる共通費1,000,000円とします。

② イ ①による共通費500,000円は,校舎使用面積の比で配分計算を行います。

  法人本部分　500,000×500／(50,000+500)＝4,950円
  大学共通分　500,000×50,000／(50,000+500)＝495,050円

  ロ ①による共通費1,000,000円は,校舎使用面積で配分計算を行います。

  大学共通分　1,000,000×50,000／(50,000+28,000)＝641,026円
  短大共通分　1,000,000×28,000／(50,000+28,000)＝358,974円

(2) **各部門共通の学部・学科への配分**

① 大学共通分は2,500,000円+495,050円+641,026円の合計3,636,076円となります。この額を在学者数の比で各学部に配分計算を行います。

  法学部　3,636,076×450／(450+480)＝1,759,392円
  商学部　3,636,076×480／(450+480)＝1,876,684円

② 短大共通分は1,800,000円+358,974円の合計2,158,974円となります。この額を,在学者数の比で各学科に配分計算を行います。

  英文科　2,158,974×210／(210+220)＝1,054,383円
  国文科　2,158,974×220／(210+220)＝1,104,591円

以上の結果,法人本部4,950円,法学部1,759,392円,商学部1,876,684円,英文科1,054,383円,国文科1,104,591円,高校1,200,000円となります。

●第8章　部門別会計関連項目●

2　借入金等利息支出

⑴　部門共通の各学校への配分

①　部門共通の2,800,000円の内容は教職員住宅建設に伴う借入金の利息1,300,000円及び運転資金の借入に伴う利息1,500,000円とします。

②　教職員住宅建設に伴う借入金利息1,300,000円は，教職員数の比で配分計算を行います。

大学共通　$1,300,000 \times (150 + 75) / (150 + 75 + 65 + 25 + 50 + 30 + 10) = 722,222$円

短大共通　$1,300,000 \times (65 + 25) / (150 + 75 + 65 + 25 + 50 + 30 + 10) = 288,889$円

高校共通　$1,300,000 \times (50 + 30) / (150 + 75 + 65 + 25 + 50 + 30 + 10) = 256,790$円

法人本部　$1,300,000 \times 10 / (150 + 75 + 65 + 25 + 50 + 30 + 10) = 32,099$円

⑵　各学校共通の学部・学科への配分

①　大学共通は1,200,000円＋722,222円の合計1,922,222円であり，教職員数の比で配分計算を行います。

法学部　$1,922,222 \times 110 / 225 = 939,753$円

商学部　$1,922,222 \times 115 / 225 = 982,469$円

②　短大共通は900,000円＋288,889円の合計1,188,889円であり，教職員数の比で配分計算を行います。

英文科　$1,188,889 \times 40 / 90 = 528,395$円

国文科　$1,188,889 \times 50 / 90 = 660,494$円

⑶　特例による配分計算

⑴①の運転資金の借入に伴う利息1,500,000円は，在学者数の比で配分することが適切でないので，特例による配分計算を行います。

特例による配分計算前の各部門，学部・学科の支出額の合計が法人本部5,000,000円，法学部8,000,000円，商学部8,500,000円，英文科7,800,000

441

円，国文科7,200,000円，高校9,000,000円総額45,500,000円と仮定して，その支出額の合計の比率により配分します。その結果，以下のとおりとなります。

法人本部　$1,500,000 \times 5,000,000 / 45,500,000 = 164,835$円

法 学 部　$1,500,000 \times 8,000,000 / 45,500,000 = 263,736$円

商 学 部　$1,500,000 \times 8,500,000 / 45,500,000 = 280,220$円

英 文 科　$1,500,000 \times 7,800,000 / 45,500,000 = 257,143$円

国 文 科　$1,500,000 \times 7,200,000 / 45,500,000 = 237,363$円

高　　校　$1,500,000 \times 9,000,000 / 45,500,000 = 296,703$円

以上(1)(2)(3)の結果，部門別計上額の合計は以下のとおりとなります。

法人本部　$800,000 + 32,099 + 164,835 = 996,934$円

法 学 部　$939,753 + 263,736 = 1,203,489$円

商 学 部　$982,469 + 280,220 = 1,262,689$円

英 文 科　$528,395 + 257,143 = 785,538$円

国 文 科　$660,494 + 237,363 = 897,857$円

高　　校　$500,000 + 256,790 + 296,703 = 1,053,493$円

以上の配分結果に基づき，次のような一覧性のある部門別配分集計表を作成します。

部 門 別 配 分 集 計 表

(単位　円)

部門／勘定科目	法人本部	大学			短大			高校	部門共通	配分方法	計算過程等
		法学部	商学部	大学共通	英文科	国文科	短大共通				
修繕費支出	4,950			2,500,000 495,050 641,026			1,800,000 358,974	1,200,000	1,500,000 △500,000 △1,000,000 0	校舎使用面積 校舎使用面積	1 (1)①、②イ 1 (1)①、②ロ
		1,759,392	1,876,684	3,636,076 △3,636,076 0	1,054,383	1,104,591	2,158,974 △2,158,974 0			在学者数	1 (2)①
										在学者数	1 (2)②
配分後合計	4,950	1,759,392	1,876,684	0	1,054,383	1,104,591	0	1,200,000	0		
借入金等支出	800,000 32,099			1,200,000 722,222			900,000 288,889	500,000 256,790	2,800,000 △1,300,000	教職員数	2 (1)
利息支出		939,753	982,469	1,922,222 △1,922,222 0	528,395	660,494	1,188,889 △1,188,889 0			教職員数	2 (2)①
										教職員数	2 (2)②
小計	832,099	939,753	982,469	0	528,395	660,494	0	756,790	1,500,000		下記より転記する
特例配分	164,835	263,736	280,220		257,143	237,363		296,703	△1,500,000	特例配分	2 (3)
配分後合計	996,934	1,203,489	1,262,689	0	785,538	897,857	0	1,053,493	0		
特例配分前支出額合計	5,000,000	8,000,000	8,500,000		7,800,000	7,200,000		9,000,000			
(特例配分)借入金等利息支出	164,835	263,736	280,220		257,143	237,363		296,703	△1,500,000		

Q8-9 部門間の内部取引の会計処理のポイントは？

部門間の内部取引にはどのようなものがありますか。具体例を挙げてその会計処理のポイントについて説明してください。

部門間の内部取引のパターンには，学外の第三者が関わるか否かにより大きく以下の2つに分けられます。

1 学校法人内部のみで完結する内部取引

(1) 部門間で役務提供等の取引があるケース

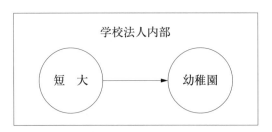

例えば，短大の学生が幼稚園に教育実習に出向き，短大部門から幼稚園部門に謝礼を支払うようなケースは，資金の流れを矢印で示すと上図のような取引パターンとなります。

この場合の仕訳例は，各部門別の収支を仕訳処理すると以下のようになります。

●第8章　部門別会計関連項目●

〈資金収支計算〉

	（借　方）		（貸　方）
（短　　大）	教育実習費支出	／	支　払　資　金
（幼稚園）	支　払　資　金	／	雑　　収　　入

〈事業活動収支計算〉

	（借　方）		（貸　方）
（短　　大）	教　育　実　習　費	／	現　金　預　金
（幼稚園）	現　金　預　金	／	雑　　収　　入

(2)　部門間で資金の貸し借りがあるケース

　短大部門から幼稚園部門に資金を貸し付けるケースも，上記(1)の図と同じ形になります。この場合の仕訳処理は以下のようになります。

〈資金収支計算〉

	（借　方）		（貸　方）
（短　　大）	貸付金支払支出	／	支　払　資　金
	（又は幼稚園）		
（幼稚園）	支　払　資　金	／	借　入　金　収　入
			（又は短大）

〈事業活動収支計算〉

	（借　方）		（貸　方）
（短　　大）	貸　付　　金	／	現　金　預　金
	（又は幼稚園）		
（幼稚園）	現　金　預　金	／	借　　入　　金
			（又は短大）

445

勘定科目を部門名で仕訳するのは，資金の貸付先及び借入先を明らかにし，貸借関係を明確にするためです。この場合，年度末決算において資金収支計算書（同内訳表）及び貸借対照表において相殺処理することが必要です。また，貸付金（支出）・借入金（収入）とした場合にも，同様に相殺処理する必要があります。

　さらに，このような取引に関連して利息の収受が行われる場合も同様に，受取利息と支払利息を相殺処理することが必要です。

2　学校法人外部の第三者が介在する取引があるケース

　他の部門の経費支出を立替払いするケースがこれに該当します。例えば，下図のように，法人本部部門において短大部門の水道光熱費支出の立替払いを行い，短大部門との間で精算した場合の仕訳処理は以下のようになります。

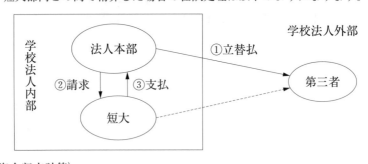

〈資金収支計算〉

	（借　方）		（貸　方）
（法人本部）	水道光熱費支出 （又は立替金支出）	／	支　払　資　金
	支　払　資　金	／	水道光熱費支出 （又は立替金収入）
（短　　大）	水道光熱費支出	／	支　払　資　金

●第 8 章　部門別会計関連項目●

〈事業活動収支計算〉

	（借　方）		（貸　方）
（法人本部）	水 道 光 熱 費	／	現 金 預 金
	（又は立替金）		
	現 金 預 金	／	水 道 光 熱 費
			（又は立替金）
（短　　大）	水 道 光 熱 費	／	現 金 預 金

　この取引は，法人本部では資金の立替と回収であり，水道光熱費支出勘定を使用した場合，回収した時には支払時の逆仕訳を行うので，当初の取引記録は消去されることになります。立替金収入・立替金支出勘定を用いた場合には，同様の結果となるように相殺処理を行うことになります。

　また，この例では経費の立替払いを行いましたが，内部的には経費の付け替えのみで立替払いの回収がない場合は，次のような仕訳処理となります。

〈資金収支計算〉

	（借　方）		（貸　方）
（法人本部）	短　　　　　大	／	支 払 資 金
（短　　大）	水 道 光 熱 費 支 出	／	法 人 本 部

〈事業活動収支計算〉

	（借　方）		（貸　方）
（法人本部）	短　　　　　大	／	現 金 預 金
（短　　大）	水 道 光 熱 費	／	法 人 本 部

447

Q8-10
部門間の内部取引の表示方法は？

当法人は，4年制の大学（法学部，商学部），短期大学（1学科のみ），高等学校及び中学校を有する学校法人ですが，このほかに法人本部があります。これら各部門間の取引については，資金収支計算書，事業活動収支計算書及びそれらの内訳表において，どのように処理するのでしょうか。

 1　計算書類上において内部取引は表示されるか

(1) 企業会計における取扱い

一企業内の部門間の取引は内部取引として会計処理しますが，決算書においては内部取引は消去します。これは決算書においては収益・費用は対外取引だけが計上されるからです。また，内部取引により内部損益が発生し，未実現の損益がある場合にはそれを控除する必要があります。決算書は，企業の対外取引の結果に基づき財政状態・経営成績を示す必要があるので，内部取引を取り除く必要があるわけです。

(2) 学校法人会計における取扱い

学校法人会計の計算書類の一部として，学校法人の対外取引に基づいて作成される資金収支計算書，事業活動収支計算書がありますが，部門別計算に基づく内訳表の作成も私立学校振興助成法施行規則によって要求されています。この場合，内部取引については，各部門における教育研究活動の状況を適切に表示するように部門別の計上額を記載します。そして，各勘定ごとに内訳表上の各部門の合計額は資金収支計算書・事業活動収支計算書と一致し

●第8章　部門別会計関連項目●

ていなければなりません。

　通常，部門間における資金の貸付・借入及び立替・回収のような貸借取引は計算書類上，相殺処理されますが，部門別の収入・支出を実態どおりに表示する必要のある取引については，相殺処理をしません。ただし，部門間での資金移動に伴う利息の収受については，元本分に合わせて相殺処理することが望ましいと考えられます。

2　部門間取引での部門名勘定

　部門間取引における部門名勘定は，最終的には計算書類上，相殺表示されますが，勘定処理方法として以下の2つがあります。

(1) **純額表示**

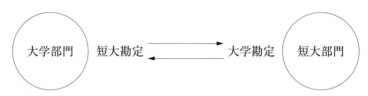

　企業会計における本支店勘定がこの方法であり，相手部門名勘定を貸借両方で用いる方法です。したがって，相手部門名勘定の残高は貸借純額となります。決算時において各部門でそれぞれの相手勘定残高が異なると調整作業が繁雑になるので，内部取引が発生したときに双方の部門において同時に仕訳を起こし，相互に取引後の残高が一致していることを確かめておく必要があります。

(2) **総額表示**

　この方法は，部門間取引で発生する部門名勘定を貸方，借方それぞれ別個に設定するものです。大学部門が短大部門に対して債権を有する場合には，

借方に短大繰出勘定を用います。逆に短大部門に対して債務を有する場合には，貸方に短大繰入勘定を用います。この方法は部門間取引の量が多い場合，やや繁雑となりますが，部門間の繰入・繰出勘定残高に差異が生じた場合，調整作業がやや容易になるといえます。

⑶　**ご質問の場合の部門名勘定**

使用する部門名勘定は，2⑴の純額表示の方法では法学部，商学部，短期大学，高等学校，中学校及び法人本部の各勘定になります。2⑵の総額表示の方法では純額表示法で用いる勘定にそれぞれ繰入れ，繰出しを付けるので，設定する勘定の数は2倍になります。

なお，ご質問に関しては，研究報告第27号「内部取引の表示に関するQ＆A」（平成26年7月29日）を参照してください。

Q8-11

部門間の教職員の異動に伴う処理は？

次の各場合，部門別人件費の計上はどのように考えればよろしいのでしょうか。

① 大学部門から高校部門へ教職員が異動した場合
② 高校部門の教員が3か月間休暇をとることになったので，大学部門の教授がその間授業を受け持つ場合
③ 大学部門の教授が高校の授業を兼務して受け持つ場合

1 基本的な考え方

発令基準によって部門別に人件費を計上するのが原則ですが，発令基準による部門別計上では実態に即しない場合には，主たる勤務である部門に人件費を計上するというのが基本的な考え方です。すなわち，勤務時間数等の最も多い部門に計上するということであり，勤務時間数等の割合で1人の教職員の人件費を関連する部門に分割して計上するという考え方はとりません。したがって，人件費支出については「部門共通」「大学共通」「短大共通」という部門共通費支出としては取り扱わないということです。しかし，複数部門で勤務している場合に，勤務時間等に応じてそれぞれの部門から給与が支給されている場合には，それに応じて部門別計上します。

2　ご質問に対する回答

⑴　年度の途中で異動があった場合（①のご質問に対する回答）

①　異動に際して発令がある場合

　　基本的な考え方では，発令という形式により部門に計上するのが原則であり，年度の途中で異動があった場合には，発令基準によって部門別に人件費の計上を行うことになります。したがって，ご質問のケースでは，人事異動以前の人件費は大学部門に計上し，人事異動以降の人件費は高校部門に計上することになります。

②　異動に際して発令がない場合

　　基本的な考え方に基づき，発令基準によって部門別に人件費を計上すると，年度の途中で大学部門から高校部門に異動したとしても主たる勤務が，大学か高校かにより全てをどちらかの部門に計上することになります。しかしながら，人事異動により勤務する部門が移動するので，人事異動後の人件費を大学部門に計上することは，勤務の実態と異なることになるため，望ましい処理方法とはいえません。したがってこのケースでも①と同様に，人事異動以前の人件費は大学部門に計上し，人事異動以降の人件費は高校部門に計上することになります。

⑵　部門間の応援の場合（②のご質問に対する回答）

　大学部門の教職員が高校部門の業務を応援するという場合，給与の支給は応援元（大学）の部門から支給されている場合が多いので，支給された部門（大学）の人件費として計上されることになります。しかし，応援した程度に応じて高校部門が負担することも考えられるので，実際の支給が大学部門からであれば，大学部門の人件費として計上することになり，高校部門から勤務の程度に応じて給与が支給されるのであれば，支給の実態に即して高校部門でも計上することになります。

⑶　複数部門を兼務する場合（③のご質問に対する回答）

　この場合，複数の部門の発令の有無によらず，給与が支給されている部門

●第 8 章　部門別会計関連項目●

の人件費として計上することになります。すなわち，ご質問の場合，給与の支給が大学部門からであれば，発令基準により大学部門の人件費として計上します。また，大学分の給与と高校分の給与をそれぞれの部門から支給しているならば，支給の実態に即して各部門の人件費として計上することになります。

Q8-12
部門共通収支の配分方法の変更による処理は？

当校は，法学部及び商学部を有する大学法人であり，このほかに法人本部があります。いずれも同一校舎内にあり，支払報酬手数料として処理していた施設設備の保守点検及び保安に係る経費は部門共通経費として捉えておりましたが，今回，この按分基準を人数比から面積比に変更しようと思います。この場合，留意すべき点はどのようなものですか。

   1　基本的な考え方

配分の方法は，特別の理由がない限り，毎年度継続して同一方法により行います（「文管企第250号」Ａ１(5)）。これは，各種内訳表の比較可能性を確保するためのものです。

しかし，学校法人をとりまく環境の変化及び規模の変化等により，従来適切な配分方法として採用していた部門共通収支の配分計算方法が必ずしも合理的でなくなる場合があります。この場合，従来の方法を継続して採用することは，適切な配分計算とはならないため，より適切な配分方法に変更することが必要になります。

2　具体例による説明

上記のご質問に次の条件を加えて説明します。

●第8章　部門別会計関連項目●

	法学部	商学部	計	法人本部	合　計
専任教員数	70人	60人	130人	－	130人
専任職員数	20	15	35	10人	45
計	90	75	165	10	175
学生生徒数	2,200	1,800	4,000	－	4,000
合計	2,290	1,875	4,165	10	4,175

建物使用面積

	法学部	商学部	計	法人本部	計
教育研究経費按分基準	8,100㎡	7,700㎡	15,800㎡	－	15,800㎡
管理経費按分基準	900	1,000	1,900	300㎡	2,200
計	9,000	8,700	17,700	300	18,000

（注）　管理経費按分基準の建物使用内訳は，印刷室，来客室，事務室，応接室及び用務員室です。それ以外を教育研究経費按分基準としています。

支払報酬手数料計上額　1,500,000円

	人　数	比　率
法学部教育研究経費	2,270人	54.37%
法 学 部 管 理 経 費	20	0.48
商学部教育研究経費	1,860	44.55
商 学 部 管 理 経 費	15	0.36
法 人 本 部 管 理 経 費	10	0.24
計	4,175	100

	使用面積	比　率
法学部教育研究経費	8,100㎡	45.00%
法 学 部 管 理 経 費	900	5.00
商学部教育研究経費	7,700	42.78
商 学 部 管 理 経 費	1,000	5.56
法 人 本 部 管 理 経 費	300	1.66
計	18,000	100

	人数比基準による按分金額	使用面積比基準による按分金額	差　額
法学部教育研究経費	815,550円	675,000円	－140,550円
法 学 部 管 理 経 費	7,200	75,000	67,800
商学部教育研究経費	668,250	641,700	－26,550
商 学 部 管 理 経 費	5,400	83,400	78,000
法 人 本 部 管 理 経 費	3,600	24,900	21,300
計	1,500,000	1,500,000	0

部門共通収支の配分計算方法の変更に基づく影響額が大きい場合，その変更理由が正当であるかどうか十分考慮する必要があります。また，各種内訳表の比較可能性を確保するため，配分方法の変更の旨及び影響額を該当する内訳表に注記します。したがって，従来の配分方法によった場合との差額を算出しておく必要があります。

　上記の例（影響額が大きいものと仮定する）では，例えば，資金収支内訳表に次のように注記します。

　当学校法人は，施設設備に係る保守点検及び保安に対する支出額を，従来，各部門の専任教職員数及び学生数の比率で按分していましたが，当会計年度より，各部門の建物使用面積比で按分することにしました。この変更により，従来の方法による場合に比し，法人本部の支払報酬手数料支出が21,300円過大に，法学部の教育研究経費支払報酬手数料支出が140,550円過少に，法学部の管理経費支払報酬手数料支出が67,800円過大に，商学部の教育研究経費支払報酬手数料支出が26,550円過少に，商学部の管理経費支払報酬手数料支出が78,000円過大に計上されています。

　また，例えば，事業活動収支内訳表に次のように注記します。

　当学校法人は，施設設備に係る保守点検及び保安に対する支出額を，従来，各部門の専任教職員数及び学生数の比率で按分していましたが，当会計年度より，各部門の建物使用面積比で按分することにしました。この変更により，従来の方法による場合に比し，法人本部の管理経費支払報酬手数料が21,300円過大に，大学部門の教育研究経費支払報酬手数料及び管理経費支払報酬手数料がそれぞれ167,100円過少に，145,800円過大に計上されています。

第 9 章

収益事業と学校法人の税務

Q9-1
学校法人における収益事業とは？

学校法人でも収益を目的とする事業を行うことができるとのことですが，具体的にはどのような事業ができるのでしょうか。また，その場合にはどのような手続が必要になりますか。

 1　収益事業の概要

学校法人における収益事業の意義は，私立学校法上の規定と法人税法上のものとの2つがあります。ここでは主に私立学校法上の収益事業について説明します。

私立学校法では，第19条第1項で収益事業に関し次のように定めています。「学校法人は，その設置する私立学校の教育に支障のない限り，その収益を私立学校の経営に充てるため，収益を目的とする事業を行うことができる。」

この収益事業の種類として，文部科学大臣の所轄に属する学校法人においては，「文部科学大臣の所轄に属する学校法人の行うことのできる収益事業の種類を定める件」（最終改正令和6年3月29日号外文部科学省告示第53号）により18業種が定められています。都道府県知事所轄の学校法人は各都道府県が公告しており，当該都道府県の実情に応じて若干内容が異なる場合があります。

法人税法上は，学校法人は公益法人等に該当し，収益事業を行う場合にはその事業の所得につき課税されますが，その範囲については法人税法施行令第5条第1項にて34業種が定められています。

この収益事業の範囲については，両者は必ずしも同一ではなく，例えば農業は文部科学省告示では収益事業として定められていますが，法人税法上は収益

●第9章　収益事業と学校法人の税務●

事業には該当しないなどの違いがあります（ただし，自ら栽培・飼育した農産物や畜産物を直接不特定又は多数のものに「小売り」する場合は，物品販売業として法人税法上の収益事業に該当します）。

2　収益事業の範囲

文部科学省告示で定めている私立学校法上の収益事業は以下のとおりです。

①農業，林業，②漁業，③鉱業，採石業，砂利採取業，④建設業，⑤製造業（「武器製造業」に関するものを除く。），⑥電気・ガス・熱供給・水道業，⑦情報通信業，⑧運輸業，郵便業，⑨卸売業，小売業，⑩保険業（「保険媒介代理業」及び「保険サービス業」に関するものに限る。），⑪不動産業（「建物売買業，土地売買業」に関するものを除く。），物品賃貸業，⑫学術研究，専門・技術サービス業，⑬宿泊業，飲食サービス業（「料亭」，「酒場，ビヤホール」及び「バー，キャバレー，ナイトクラブ」に関するものを除く。），⑭生活関連サービス業，娯楽業（「遊戯場」に関するものを除く。），⑮教育，学習支援業，⑯医療，福祉，⑰複合サービス事業，⑱サービス業（他に分類されないもの）

ただし，上記の事業においても，収益を目的とせず，学校の教育の一部として又はこれに付随して行われる事業については，収益事業として扱われません。

学校法人で行う収益事業は，その事業の経営が学校教育に支障のないものでなければならず，経営が投機的に行われるものや，いわゆる風俗営業に該当するようなもの，規模が学校に比して大きすぎるものなど，学校法人としてふさわしくない方法によって経営されるものは認められていません。

3　収益事業の経営に係る手続

学校法人が収益事業を行うときは，寄附行為にその事業の種類その他その事

業に関する規定を設け，当該寄附行為につき所轄庁の認可を申請しなければなりません（私立学校法第23条）。

　また，収益事業に関する会計は，学校法人の一般会計から区分し特別の会計として経理しなければならず（私立学校法第19条第3項），その会計処理及び計算関係書類の作成は，「基準」ではなく，一般に公正妥当と認められる企業会計の原則に従って行わなければなりません（「基準」第3条）。そして計算関係書類の所轄庁への提出時には，収益事業に係る貸借対照表及び損益計算書を，学校法人の計算関係書類の後に袋綴じして提出します。なお，計算関係書類と共に提出する監査報告書の原本が電子形式である場合には，監査報告書と監査証明の対象となった計算関係書類を一体の電子形式ファイルとして，原本を電磁的方法で届け出ることとされています。

●第9章　収益事業と学校法人の税務●

Q9-2

収益事業の会計基準の特徴は？

収益事業を行う場合，その事業から生じる収支の会計処理の基準は，「基準」とは異なるのでしょうか。また，具体的にはどのような点で違いがあるのですか。

A　1　収益事業の会計基準

学校法人の会計については，「基準」及び一般に公正妥当と認められる学校法人会計の原則に従って会計処理を行い，計算関係書類を作成することになっています（「基準」第1条）。

一方，学校法人が私立学校法第19条第1項の収益事業を行う場合，その事業に関する会計に係る会計処理及び計算関係書類の作成は，一般に公正妥当と認められる企業会計の原則に従って行わなければなりません（「基準」第3条）。したがって，両者の計算関係書類はそれぞれ別の会計原則に基づいて作成されることになります。

2　企業会計の原則の概要

「一般に公正妥当と認められる企業会計の原則」とは，全ての企業が，その財政状態及び経営成績を表すために従わなければならない会計の基準です。具体的には，企業会計の実務上の慣習のうち，公正妥当なものを要約した「企業会計原則」をはじめ，企業会計上の諸法令やその他の企業会計の基準があります。そのため，収益事業の会計は一般の企業と同様に，これらの企業会計の原則に従って作成されることとなります。

461

収益事業に関する計算関係書類の作成に当たってその記載方法は，主に会社計算規則に従うことになります。

3　学校法人会計の原則との相違点

学校法人会計の原則と企業会計の原則との相違点は，まずその会計の目的の違いにあります。学校法人会計は，学校法人の目的である教育研究活動が円滑に行われたかどうかを示すためのもので，予算に基づいた資金収支計算を中心とした考え方によることになりますが，企業会計は，営利を目的とする企業の営業活動の成果を表すためのものであり，期間損益計算を中心とした考え方をとります。したがって企業会計では，資金収支計算は二次的な位置付けであり，学校法人会計のように資金収支の動きと損益又は資産・負債の動きの両者を同時に記録するということはありません。

●第9章　収益事業と学校法人の税務●

Q9-3
収益事業の課税関係は？

　学校法人が収益事業を行っている場合は，法人税が課されるとのことですが，法人税法上の収益事業の範囲は私立学校法で定められているものと同じですか。また，収益事業の法人税はどのように計算されるのですか。

1　法人税法上の収益事業の意義

　法人税法上では，学校法人等の公益法人等が収益事業を行っている場合，その収益事業から生じた所得に対して法人税が課されることになっています（法人税法第6条）。この収益事業の意義については，私立学校法上のものとは別に定められており，「販売業，製造業その他の政令で定める事業で，継続して事業場を設けて行われるものをいう。」（法人税法第2条第13号）とされています。

(1)　「継続して行われるもの」

　各事業年度の全期間を通じて継続して事業活動を行うもののほか，全期間の継続性がなくても，相当期間にわたり継続して行われるものや，一定の時期ごとに定期的又は不定期に反復して行われるものなど，全体としてその事業活動に継続性が認められるときはこの要件に該当します（法人税基本通達15-1-5）。

(2)　「事業場を設けて行われるもの」

　これは，その事業活動にとって拠点となるべき場所があるものというように，範囲が広く規定されていますので，常時一定の場所を設けてその事業を

463

行うもののほか，必要に応じて随時その事業活動の場所を設けるか，既存の施設を利用してその事業活動を行う場合も含まれます（法人税基本通達15-1-4）。

(3) 「政令で定める事業」

法人税法上では，収益事業の範囲として以下の34業種（その性質上その事業に付随して行われる行為も含む）を定めています（法人税法施行令第5条第1項）。

物品販売業，不動産販売業，金銭貸付業，物品貸付業，不動産貸付業，製造業，通信業，運送業，倉庫業，請負業，印刷業，出版業，写真業，席貸業，旅館業，料理店業その他の飲食店業，周旋業，代理業，仲立業，問屋業，鉱業，土石採取業，浴場業，理容業，美容業，興行業，遊技所業，遊覧所業，医療保健業，技芸教授業，駐車場業，信用保証業，無体財産権提供業，労働者派遣業

これらの業種は限定列挙であり，私立学校法で収益事業として定められている農業等は，業種については法人税法上の収益事業には該当しません（ただし，農産物等を直接不特定多数の者に販売する行為は物品販売業に含まれます。）。逆に，私立学校法上では，学校法人の教育の一部として，又はこれに付随して行われる事業は収益事業に含まれませんが，法人税法上は，上記の列挙された事業に該当する場合には，それが学校法人本来の活動であっても収益事業として課税対象となります（法人税基本通達15-1-1）。

2 収益事業の所得計算

法人税として納付すべき金額は，課税所得として計算された金額に一定の税率を乗じて計算されます。この課税所得は，各事業年度の益金から損金を控除して計算されますが，この計算は基本的には〔Q9-2〕で解説した「企業会計の原則」に従って行います。ただし，税務上の課税所得の計算における益

464

●第9章　収益事業と学校法人の税務●

金，損金の概念と企業会計上の収益，費用とは一致しない点があるため，これを調整する必要があります。

具体的には，

① 益金算入項目：企業会計上収益として計上されないが，税務上益金となるもの

② 益金不算入項目：企業会計上収益として計上されるが，税務上益金とならないもの

③ 損金算入項目：企業会計上費用として計上されないが，税務上損金となるもの

④ 損金不算入項目：企業会計上費用として計上されるが，税務上損金とならないもの

の調整項目があり，課税所得は以下のように計算されます。

企業会計上の当期純利益＝収益－費用

課税所得＝企業会計上の当期純利益

＋(益金算入項目＋損金不算入項目)－(益金不算入項目＋損金算入項目)

3　税額の計算

法人税の税額は，このようにして計算された課税所得に税率を乗じて算出されます。また，収益事業の所得に対しては，法人税のほかに，地方法人税，法人住民税，法人事業税，特別法人事業税が課されます。なお，消費税及び地方消費税（以下「消費税等」という。）については，収益事業を行っているか否かにかかわらず，学校法人の取引について課税されます。

これらの税率は以下のとおりです。

法人税……………………………………………………………19％

（年800万円以下の所得については15％(注)）

地方法人税（国税）…基準法人税額(各事業年度の所得に対する法人税額)の10.3％

道府県民税：法人税割…法人税額（税額控除前の税額）の1.0％

465

（制限税率2.0%）

　　　　均　等　割……………………………………………………年額20,000円

市 町 村 民 税：法人税割 … 法人税額（税額控除前の税額）の6.0%

　　　　　　　　（制限税率8.4%）

　　　　均　等　割……………………………………………………年額50,000円

事 業 税：所得金額のうち

　　　　年400万円以下の金額 ………………… 3.5%（標準税率）

　　　　年400万円を超え800万円以下の金額…5.3%（標準税率）

　　　　年800万円を超える金額 ……………… 7.0%（標準税率）

特別法人事業税…基準法人所得割額（標準税率により計算した法人事業税
　　　の所得割額）の37%

消費税等：納付税額＝（原則）課税売上に係る消費税額－仕入税額控除額

（注）平成24年4月1日から令和7年3月31日までの間に開始する各事業
　　年度についての時限措置（租税特別措置法第42条の3の2）

　なお，法人住民税に関しては，学校法人や私立学校法第152条第5項（専修
学校又は各種学校）の法人が，収益事業から得た所得の金額の100分の90以上
を学校の経営に充てている場合（その所得の金額がなく経営に充てていない場
合を含む。）は収益事業の範囲から除かれ，課税対象にはなりません（地方税
法施行令第7条の4，第47条）。この場合，法人税割のみでなく，均等割につ
いても非課税となります（地方税法第25条，第296条）。

　ただし，地方法人税（国税）の創設により，これまで法人住民税の納税義務
が免除されていた学校法人の場合でも，法人税額の負担が生じていれば地方法
人税（国税）も生じることになるため留意が必要です（地方法人税法第4条，
第5条）。

●第9章 収益事業と学校法人の税務●

Q9-4
収益事業の区分経理の方法は？

当校ではこの度,出版関係の収益事業を始めようと考えています。その際,収益事業の会計は学校法人会計と区分しなければならないとのことですが,具体的にはどのように行えばよいのでしょうか。

1 区分経理の概要

私立学校法上の収益事業については,その会計は学校法人の一般会計から区分し,特別の会計として経理しなければなりません。また法人税法上も,収益事業の経理とそれ以外の経理とを区分することとなっており,これに従えば私立学校法上の区分の要件を満たしていると考えられます。したがって,ここでは主に法人税法上の規定に基づき区分経理の方法を説明します。

なお,出版事業で法人税法上の収益事業に該当しないのは,特定の資格を有する者を会員とする法人が会報等を主として会員に配布する場合や,公益を目的とする法人がその目的のために会報を専らその会員に配布するような場合のみであり,例えば,学校が過去の入学試験問題集を有料で販売しているような場合は課税対象となります。

2 収益事業の開始時の区分経理

収益事業の区分経理は単に費用及び収益に関する経理だけでなく,資産及び負債に関する経理を含みます(法人税基本通達15-2-1)。そこでまず,収益事業を始めるに当たり,学校法人会計の中から収益事業に属する資産及び負債を抽出することとなります。しかし,ある資産が学校法人本来の事業と収益事

業とに共用されている場合には，それぞれの専用部分が明らかな場合を除き，資産の帳簿価額は区分経理せず，その資産に係る償却費等の費用のみを合理的な基準により区分経理すればよいとされています。ご質問のケースの出版関係の事業においては，出版事業に要する建物や印刷機械等の資産につき，区分経理できるかどうかが問題となると思われます。

3 固定資産の区分経理

従来，学校法人本体で使用していた固定資産をある時期から収益事業のために使用することになった場合には，その時以降当該固定資産につきその時の帳簿価額により経理の区分替えを行うことになります（法人税基本通達15‐2‐2）。その後の当該固定資産の減価償却については，実際の取得価額と税法上の法定耐用年数に基づいて償却限度額の計算を行います。

4 収益事業に属するものとして区分された資産等の処理

新たに収益事業を開始した場合において，収益事業に属するものとして区分された資産の額の合計額から外部負債の額の合計額を減算した金額を元入金として経理したとしても，当該金額は，資本金等の額及び利益積立金額のいずれにも該当しないこととなります。収益事業開始後において，追加して収益事業以外の事業から収益事業に支出された金銭その他の資産を収益事業に属するものとして区分経理した場合についても同様に処理します。収益事業に属するものとして区分された金額を他会計振替額等の勘定科目により収益又は費用として経理したとしても，税務上は益金の額又は損金の額に算入されることはなく，利益積立金額の増減もないことから法人税申告書別表四（所得の金額の計算に関する明細書）では減算又は加算（いずれも社外流出処理）することになります（法人税基本通達15‐2‐3）。

5 費用又は損失の区分経理

収益の区分経理は比較的容易であると思われますが，費用又は損失の額の区

●第9章　収益事業と学校法人の税務●

分経理については，共通するものも多く，留意する必要があります。

　まず，収益事業について直接要した費用又は直接生じた損失の額は，収益事業に係るものとして経理します。また，収益事業以外の事業と収益事業とに共通する費用又は損失の額は，継続的に，資産の使用割合，従業員の従事割合，資産の帳簿価額の比，収入金額の比，その他当該費用又は損失の性質に応ずる合理的な基準により両者に配賦し，これに基づいて経理します。ただし，収益事業以外の事業に属する金銭その他の資産を収益事業のために使用した場合に，収益事業から収益事業以外の事業に賃借料や支払利子等の名目でその額を支払うこととしていた場合でも，この取引は同一法人内における内部取引に該当するため収益事業に係る費用又は損失として経理することはできません（法人税基本通達15‐2‐5）。

469

Q9-5 収益事業の税務申告に係る手続は？

当校では，学校内に文房具や食料品等を販売する売店を始めることにしました。これは法人税法上の収益事業に該当すると思われますが，税務申告の手続はどのように行えばよいのですか。

1 校内売店に係る課税関係について

法人税法上の収益事業の業種には物品販売業が含まれています。学校法人が行う売店がこの物品販売業に該当するかは，そこで取り扱う内容により異なります。まず，教科書その他これに類する教材以外の出版物の販売は，物品販売業に該当します。また，ノート，筆記具等の文房具や布地，糸，食料品などは，学校の指定に基づき授業で用いるものであっても物品販売業に当たります。その他，制服，制帽等の販売も物品販売業に該当します（法人税基本通達15－1－10）。

ご質問の場合は，文房具や食料品などの売店であり，物品販売業に該当し，課税対象となりますので，税務申告の手続が必要になります。

2 収益事業開始時の税務上の手続

(1) 収益事業開始届出書の提出

学校法人が新たに収益事業を開始した場合には，その開始した日以後2か月以内に「収益事業開始届出書」を納税地の所轄税務署長に提出しなければなりません（法人税法第150条）。またこの届出書の添付書類として，収益事業を開始したときにおける収益事業の貸借対照表，寄附行為の写しが必要で

●第9章　収益事業と学校法人の税務●

す。

(2)　青色申告の承認申請書の提出

　収益事業について青色申告をしようとする場合は，「青色申告の承認申請書」を提出することになります（法人税法第122条）。この青色申告制度は，所定の帳簿を備え付け，複式簿記により記帳し，これに基づいて申告することを税務署長に申請し，その承認を受けて申告するもので，それにより主に次のような特典が設けられています。

　・更正の制限と更正の理由の付記（法人税法第130条）

　・欠損金の9年間の繰越控除（平成30年4月1日以後に開始する事業年度において生ずる欠損金については10年）

　・減価償却の特例

　この承認申請書は，収益事業を開始した日以後3か月を経過した日とその事業年度終了の日とのうちいずれか早い日の前日までに納税地の所轄税務署長に提出しなければなりません。

(3)　その他の届出書の提出

　必要に応じて以下の届出書を収益事業開始の日の属する事業年度に係る確定申告書の提出期限までに提出することになります。

　・棚卸資産の評価方法の届出書

　・減価償却資産の償却方法の届出書

　売店を行う場合はどちらについても該当すると思われますが，これらの届出をしない場合は，棚卸資産については「最終仕入原価法」，有形固定資産の減価償却については，次の償却方法が適用されます。

　①平成19年3月31日までに取得した有形固定資産：旧定率法

　　（ただし平成10年4月1日以後取得した建物については旧定額法）

　②平成19年4月1日以後に取得した有形固定資産

　　・建物：定額法

　　・平成28年4月1日以後に取得した建物附属設備及び構築物：定額法

　　・その他：定率法（＝200％定率法　ただし平成24年3月31日までに取

471

得した減価償却資産については250％定率法）

　また，このほかにも，有価証券の一単位当たりの帳簿価額の算出方法の届出書などがあります。これらの書類は所定の様式があり，用紙は税務署に備付されていますし，国税庁のホームページからも入手できます。

3　申告・納付時の手続

(1)　確定申告

　学校法人は公益法人等に該当するため，収益事業以外については税金が課されません。したがって，収益事業から生じた所得に対して納付すべき法人税額を計算し，申告納付することとなります。なお，学校法人などの公益法人等は，中間申告の必要はありませんので，年1回の法人税の確定申告となります。なお，事業税及び住民税に関する申告・納付時の手続についてもほぼ同様の扱いとなっています。

(2)　申告期限

　法人税の確定申告は，原則として各事業年度終了の日の翌日から2か月以内に，所轄税務署長に対し行います。学校法人の場合は，会計年度が4月1日から3月31日までとなっていますので，申告期限は5月31日となります。

　なお，申告期限には延長の特例制度が設けられており，一定の要件に該当する場合には，税務署長の承認を受けて申告期限を1か月延長することができます。

　その一定の要件とは「定款等（寄附行為を含みます）の定めにより，又は特別の事情があることによりその事業年度以後の各事業年度終了の日の翌日から2月以内に決算についての定時総会が招集されない常況にあると認められる場合」とされています（法人税法第75条の2）。

　学校法人は，毎会計年度終了後3か月以内に各会計年度に係る計算書類等及び事業報告書等を作成する必要があります（私立学校法第103条第2項）。また，その計算書類等は監事等の監査を受け，理事会の決議により承認を受けなければなりません（私立学校法第104条）。この理事会が「決算についての定時

●第9章　収益事業と学校法人の税務●

総会」に該当するものと考えられます。なお，理事会の開催時期については法令上は明確に規定されていないものの，寄附行為において決算についての理事会を会計年度終了後3か月以内に開催することを記載することで，学校法人についても申告期限の延長の特例の適用を受けることは認められるものと考えられます。

⑶　添付書類

法人税の確定申告には，貸借対照表，損益計算書，その他の財務省令で定める書類を添付しなければなりません（法人税法第74条第3項）。「その他の財務省令で定める書類」とは，次のものをいいます（法人税法施行規則第35条）。

・勘定科目内訳明細書

・事業概況書

・合併契約書

・合併に係る移転資産等の明細書

なお，この場合の貸借対照表，損益計算書等の書類には，収益事業に係るもののほかに，収益事業以外の事業に係るもの，すなわち学校法人会計の計算関係書類も含まれることに留意する必要があります（法人税基本通達15‐2‐14）。

473

Q9-6
収益事業会計における預金や有価証券の運用収入の処理は？

当校では，収益事業から生じた所得を預金や有価証券で運用していますが，この運用収入については全て課税されるのですか。あるいはこれを，学校法人の資産として処理することはできませんか。その場合の課税関係について教えてください。

1 収益事業の付随行為

法人税法上，学校法人などの公益法人等が収益事業から生じた所得を預金，有価証券等に運用する行為は，法人税法施行令第5条第1項（収益事業の範囲）に規定する「その性質上その事業に付随して行われる行為」とされ，収益事業に含まれ，課税対象となると規定されています（法人税基本通達15‑1‑6(5)）。

これは，公益法人等が預金や有価証券等を保有する場合は，それが収益事業の遂行上，通常行われる範囲内のものである限り，一般の企業と同様にその運用収入についても課税対象とすることとしたものです。

2 収益事業の所得の運用

しかし，当該預金，有価証券等のうち，当該収益事業の運営のために通常必要と認められる金額を超えており，その預金等を収益事業以外の事業に属する資産として区分経理したときは，その区分経理をした預金等の運用は収益事業の付随行為には含まれず，利息や配当金等の運用収入は課税対象とはなりませ

ん（法人税基本通達15‐1‐7）。

　したがって，収益事業を運営する上で必要とする金額を超える余裕資金の運用をしている場合は，その超える部分につき収益事業以外の事業に繰り入れて区分経理すれば，収益事業には該当せず課税されないことになり，通常必要と認められる部分までの金額から生ずる運用収益のみが付随行為に係るものとして課税対象となります。

　この場合，どの程度の額を収益事業の運営のために通常必要と認められる範囲内のものとするかは，個々の収益事業の種類及び内容，資金需要の規模や性質によって合理的に判定することになります。

3　みなし寄付金との関係

　さらに，このように預金等の運用資産を収益事業以外の事業に属する資産として区分経理した場合は，その区分経理をした金額については，いわゆる「公益法人等のみなし寄付金」の規定（法人税法第37条第5項）が適用されます（法人税基本通達15‐1‐7）。みなし寄付金とは，収益事業から収益事業以外の事業に支出した収益事業運営のために通常必要と認められる金額を超える部分の金額につき，その収益事業に係る寄付金とみなして一定の限度内で損金への算入が認められるものです。このみなし寄付金の内容については，〔Q9－8〕に詳しく解説しています。

4　利子等に係る所得税の取扱い

　学校法人などの公共法人等（所得税法　別表第一）が支払を受ける利子等，配当等については，所得税は課されないことになっています（所得税法第11条第1項）。したがって，法人税法上も所得税額控除の適用はありません。

　ただし，公社債，貸付信託又は公社債投資信託等の受益権（以下「公社債等」という。）の利子，収益の分配又は剰余金の配当（以下「利子等」という。）については，その公社債等について振替口座簿への記載又は記録等を行い，かつ非課税の適用を受けようとする旨その他一定の事項を記載した非課税

申告書を，当該公社債等の利子等の支払者を経由して税務署長に提出した場合に限り非課税となります（所得税法第11条第3項）。

●第9章　収益事業と学校法人の税務●

Q9-7
収益事業に属する固定資産の処分損益の取扱いは？

当校では、15年前に収益事業を開始して以来、収益事業に区分経理してきた土地を譲渡することになりました。この場合、その処分損益は課税対象となるのでしょうか。また、学校法人会計に帰属する土地とは扱いが異なるのでしょうか。

1　原則的取扱い

学校法人が収益事業を行う場合、〔Q9－6〕でも述べたように、その性質上その事業に付随して行われる行為も、それぞれ収益事業に含まれるものとされています。そして、学校法人などの公益法人等が収益事業に属する固定資産等を処分する行為についても、その付随行為に該当し、これに係る損益は課税対象となります（法人税基本通達15-1-6(6)）。

これは、一般企業が事業活動を遂行する過程において、保有していた固定資産を譲渡したり、廃棄したりする場合に、それに係る損益が課税対象となるのと同じで、学校法人においても収益事業用に使用していた固定資産の処分損益は課税対象となるのです。

2　収益事業に係る損益に含まれない場合

しかし、同じ学校法人の固定資産でありながら、それが収益事業に使用されていたかどうかの違いで一方は課税対象となり、一方は非課税となるというように、課税関係が大きく変わってしまうことになります。例えば、学校法人が保有していた土地を何らかの事情で譲渡することになった場合、その土地が大

477

きく値上がりしていたとすると，その土地が収益事業に使用されていた場合は多額の課税所得が発生し，学校法人会計に属する場合は非課税となるというように，偶然的な要素で不合理な結果が生じてしまいます。

もともと現行の公益法人における収益事業の課税制度においては，一般企業とは異なり固定資産のキャピタル・ゲインは課税対象としないことを認めており，次のような場合には，このような収益事業に属する固定資産の処分損益を収益事業の所得計算に含めないことができるとしています（法人税基本通達15‐2‐10）。

① 相当期間にわたり（概ね10年以上）固定資産として保有していた土地（借地権を含む），建物又は構築物についての譲渡，除却その他の処分損益

② 収益事業の全部又は一部を廃止した場合の，その廃止に係る事業に属する固定資産についての譲渡，除却その他の処分損益

①については，相当期間保有していた固定資産の売却益は主にキャピタル・ゲインであり，このような処分損益は単に収益事業に係るものとはいえないとして課税対象とはしないものです。

②については，収益事業の全部又は一部を廃止して，その廃止に係る事業に属する固定資産を処分するという行為は，もはや収益事業の付随行為とはいえないため，収益事業の損益には含めないこととしているものです。①の場合では土地，建物又は構築物という不動産に限られていますが，②についてはすべての固定資産に適用されます。

ご質問のケースでは，15年間土地を保有している場合であり，「相当期間にわたり」保有していると考えられますので，その譲渡損益は収益事業の損益とする必要はなく，課税対象にはなりません。

ただし，その場合であっても，土地を譲渡するに当たりマンションの建築をしたり，土地に区画形質の変更を加えて分譲する場合には，原則として不動産販売業に該当するので，その区画形質の変更により付加された価値に対応する部分についての譲渡益は課税対象となります（法人税基本通達15‐2‐10(1)，15‐1‐12）。

478

●第9章　収益事業と学校法人の税務●

Q9-8
収益事業会計から学校法人会計への寄付金の処理は？

　当校では収益事業を営んでいますが，今年度計上した利益の一部を学校法人の運営に充てるため，収益事業会計より学校法人会計に寄付をしたいと考えています。この場合に収益事業に係る税金はどうなりますか。

1　収益事業会計から学校法人会計への寄付金

　学校法人などの公益法人の収益事業は，本来的にはその目的たる公益事業活動（学校法人の場合，教育研究活動）を財務的に支援することを目的としています。したがって，収益事業で得た利益から適当な額を，寄付金として学校法人会計に繰り入れるのが一般的です。これが学校法人会計における「収益事業収入」に該当します。この寄付金については，法人税法上，いわゆるみなし寄付金として取扱いが定められています（法人税法第37条第5項）。

2　収益事業における寄付金の税務上の取扱い

　法人税法上の寄付金とは，対価を期待しないで行われる金銭その他の資産の経済的利益の供与であり，無制限の損金処理は認められておらず，支出する法人の類型や寄付金の内容によって一定の損金算入限度額が定められています。寄付金は現実にその支払が行われたときに損金算入されることになりますので，未払金として処理してもその事業年度の損金とは認められません（法人税法施行令第78条第1項）。

反対に，仮払経理した寄付金は，その支払った事業年度において支出したものとして寄付金の損金算入限度額計算の規定を適用することとなります（法人税基本通達9－4－2の3）。外部に対する寄付金とされるためには，現実の支払がいつであるかが重要となります。

　みなし寄付金の規定の適用についても現実に外部に対して支出しなければ，寄付金としての要件を満たさないのではないかというと，そうではなく，収益事業に属する資産から収益事業以外の事業へ支出し，又は区分経理をすれば，その区分経理等をもって寄付金の支出がされたものとみなして，みなし寄付金の規定が適用されることになります。

　公益法人等が税務上損金算入できる限度額は以下のように規定されています（法人税法施行令第73条第1項第3号，第73条の2）。

(1)　公益社団法人又は公益財団法人

　　　当該事業年度の所得の金額の100分の50に相当する金額（みなし寄付金については，みなし寄付金相当額を限度とする公益目的事業使用額とのいずれか多い金額）

(2)　私立学校法第3条に規定する学校法人（私立学校法第152条第5項の規定により設立された法人で専修学校を設置しているものを含む），社会福祉法第22条に規定する社会福祉法人，更生保護事業法第2条第6項に規定する更生保護法人及び医療法第42条の2第1項に規定する社会医療法人

　　　当該事業年度の所得の金額の100分の50に相当する金額（当該金額が年200万円に満たない場合には，年200万円）

(3)　(1)又は(2)以外の公益法人等

　　　当該事業年度の所得の金額の100分の20に相当する金額

　したがって，学校法人（ただし，私立学校法第152条第5項の規定により設立された法人で各種学校のみを設置している法人を除く）の場合は，みなし寄付金を含めた寄付金を控除する前の当該事業年度の一定の所得の50％（その金額が200万円未満の場合は200万円）を損金に算入できることになります。つまり，寄付金として区分経理等をしている限り，最低200万円の所得までは非課

●第9章　収益事業と学校法人の税務●

税となり，最大でも所得の50％だけが課税対象となるということになります。

3　寄付金の会計処理方法

　収益事業の運営のために必要な資金を学校法人会計から元入れした場合は，これを元入金として会計処理することになります。逆に収益事業会計から学校法人会計に支出した金額については，税務上，寄付金として損金算入限度額の範囲内で損金計上できますので，収益事業会計において「寄付金」の科目で処理することになります。なお，会計処理については，税務上は元入金の返還でも学校法人会計への剰余金の振替のいずれでも差し支えありません。

　ただし，収益事業会計から学校法人会計に寄付金を支出したとしても，逆に学校法人会計から収益事業会計へその寄付金に見合う額を元入金として経理するなど，実質的に収益事業会計から学校法人会計へ金銭等の支出がないと認められるときは，税務上寄付金とはされません（法人税基本通達15-2-4）。すなわち，収益事業会計から学校法人会計に寄付金を支出し，その寄付金により取得した固定資産を専ら収益事業で使用するような場合は，収益事業会計から学校法人会計への資産の移動があったとは認められず，この支出を寄付金として税務上取り扱うことはできませんので，確定申告において所得に加算する必要があります。

481

Q9-9

補助活動事業と収益事業の相違点は？

当校では，生徒への給食の提供を事業として行っていますが，これは資金収支計算書で補助活動収入として計上するのでしょうか。あるいは収益事業収入とするのでしょうか。また，その収入は課税対象となりますか。

 1　補助活動収入と収益事業収入の相違点

「基準」において，補助活動収入と収益事業収入は次のように定義されています（「基準」別表第三）。

- 補助活動収入：食堂，売店，寄宿舎等教育活動に付随する活動に係る事業の収入をいう。
- 収益事業収入：収益事業会計からの繰入収入をいう。

補助活動事業は食堂，売店，寄宿舎，給食，スクールバスの運行等，学校の教育活動に付随する活動に係る事業をいいます。一方収益事業は，その収益を学校の経営に充てるため行う事業で，飲食店業などの18業種が収益事業告示（最終改正令和6年3月29日号外文部科学省告示第53号）で定められています。したがって，給食の事業については，どちらの可能性も考えられます。

ある事業につき，収益事業とするか補助活動事業とするかについては，その事業が収益を目的としているものであれば収益事業とし，収益を目的とせず学校教育の一環として行っていれば，教育活動に付随するものとして補助活動事業とすることになります。

収益事業を行う場合には，寄附行為にその旨を記載して所轄庁の認可を申請

●第9章　収益事業と学校法人の税務●

しなければなりません。したがって貴学の場合，当該給食の事業を収益を目的
としているものとして寄附行為に規定していれば，その事業から学校法人会計
への繰入額は収益事業収入となりますし，そうでなければ当該事業は補助活動
収入となります。

　当該給食事業が収益事業に該当する場合は，その収益事業に関する会計は学
校法人の会計から区分し，別途計算関係書類を作成する必要があります（私立
学校法第19条第3項）。なお，補助活動事業に該当する場合，法人税法上の収
益事業に該当する場合や，予算統制等の管理上の目的などにより特別会計とし
て区分経理している場合でも，教育活動に付随するものであるため，計算関係
書類上は当該特別会計を一般会計に合併して表示しなければなりません（「実
務指針第22号」）。

2　法人税法上の収益事業との関係

　法人税法上の収益事業は上記の区別とは異なる場合があります。すなわち，
法人税法の収益事業とは「販売業，製造業その他の政令で定める事業で，継続
して事業場を設けて行われるもの」（法人税法第2条第13号）であり，私立学
校法上の収益事業でも法人税法上の収益事業に該当しない場合もありますし，
補助活動事業であっても上記の定義に該当するため，法人税法上の収益事業と
して課税される場合もあります。

　ご質問のケースでは，学校給食を事業として行っている場合ですが，学校法
人が，その設置する小学校，中学校等において学校給食法等の規定に基づいて
行う学校給食の事業は，収益事業のうちの料理店業その他の飲食店業には該当
しないことになっていますので（法人税基本通達15-1-43），通常は収益事業
課税の対象とはなりません。

483

Q9-10
大学の受託事業に係る会計処理は？

最近，医科大学において，製薬会社から委託を受けて行う新薬の試験，研究などを行っている場合に，税務上申告漏れとされた新聞記事を見ました。このような取引は会計上どのように処理したらよいのでしょうか。また，税務上の取扱いについて教えてください。

1 受託事業収入の意義

学校法人が製薬会社などから委託を受けて新薬の試験や研究を行い，研究費を受け取る場合は，この受け取った収入は受託事業収入として会計処理されることになります。

一般的に学校法人が行う受託事業は，学校法人本来の目的である教育研究活動の一環として行われることが多く，その内容は調査，研究，検査，情報収集などですが，学校法人の収入が受託事業に該当するかの判断は実態に基づいて行うことになります。

2 受託事業に係る会計処理

このような受託事業に係る会計の諸問題については，「研究報告」第5号「受託事業等の会計処理について」に以下のように解説されています。

まず，受託事業の契約者が実質的に学校法人である場合は，契約書の有無や名義にかかわらず，その全ての収入を学校法人の収入としなければなりません。それが学校の研究室等で行った事業であっても，同様にそれに伴う収入及び支出は学校法人のものとなります。

●第9章　収益事業と学校法人の税務●

他の類似した収入項目との相違点は，まずその収入の対価性があることが寄付金収入と異なります。医療収入は医療行為の対価としての収入であり，補助活動収入は食堂，売店，寄宿舎など学校法人の教育活動を補助する事業の収入であって，外部から委託を受けた試験，研究等による受託事業収入とは性格が異なります。

また，受託研究に係る必要資金として研究室等に支出した金額は，学校法人が交付した時点ではなく，研究室等において実際に発生したときに経費として認識します。その他にも，受託事業において法人税等が発生した場合には，当該期間に未払計上する必要があるといったことが取り上げられています。

3　受託事業に係る課税上の問題

最近の医科大学における受託事業収入の申告漏れの問題は，このように製薬会社と契約して研究費を受け取り，新薬の試験を行うなど，外部からの委託で研究を行うことが，法人税法上の収益事業に該当すると判断されたためです。

法人税法上の収益事業の1つに「請負業」がありますが（法人税法施行令第5条第1項），この請負業には，他の者の委託に基づいて行う調査，研究，情報の収集及び提供などが含まれており（法人税基本通達15-1-27），その範囲はきわめて広いといえます。

また，請負又は受託の相手方（委託者）が誰であるかは問わないこととされていますので，国や地方公共団体などの委託に基づいて行う調査，研究などの事業であっても，現行税法上は請負業として課税の対象になります。ただし，次のものは非課税となります（法人税法施行令第5条第1項第10号）。

・法令の規定に基づき国又は地方公共団体の事務処理を委託された法人の行うその委託に係るもので，その委託の対価がその事務処理のために必要な費用を超えないことが法令の規定により明らかなことその他の財務省令で定める要件に該当するもの

・土地改良事業団体連合会，特定法人が行う特定の請負業

・私立学校法第3条に規定する学校法人がその設置している大学に対する他

485

の者の委託を受けて行う研究に係るもの（その委託に係る契約又は協定において，当該研究の成果の全部若しくは一部が当該学校法人に帰属する旨又は当該研究の成果について学術研究の発展に資するため適切に公表される旨が定められているものに限る。）

　以上から，学校法人の受託研究については，その契約書の内容によっては非課税となる可能性がありますので，留意が必要です。さらに，請負業としての性質を有する業務を行う場合であっても，契約等に基づき実費弁償方式により行われるものであり，かつ，一定の期間（概ね5年以内）について所轄税務署長の確認を受けたときは，当該確認を受けた期間については収益事業に含めないこととされています（法人税基本通達15-1-28）。

　なお，ご質問に対する回答としては，一般的には受託事業収入として会計処理すると同時に，収支差額（利益又は損失）につき，法人税法上の収益事業として税務申告を行うことが適当と考えます。

4　製薬会社における公正競争規約

　医療用医薬品製造販売業公正取引協議会から「医療用医薬品製造販売業における景品類の提供の制限に関する公正競争規約運用基準」が作成されており，医療用医薬品等の製造販売業者は，医療機関等に対して適当と認められる範囲を超えて景品類を提供してはならないことが明らかにされています。

　学校法人にとっても，ある収入が受託事業収入に該当するかどうかの判断が求められる際には，この基準の「I-2　寄附に関する基準」や「Ⅲ-4　調査・研究委託に関する基準」が参考になると思われます。

●第9章 収益事業と学校法人の税務●

Q9-11
文部科学大臣所轄学校法人が行う付随事業と収益事業の扱いは？

学校法人は教育研究活動のほかに学校教育の一部に付随して行われる事業や収益事業を行うことができるとされていますが，その事業範囲，実施のための手続，会計に関する表示方法等について教えてください。

1 「文部科学大臣所轄学校法人が行う付随事業と収益事業の扱いについて（通知）」

学校法人は，本来事業である教育研究活動のほか，学校教育の一部に付随して行われる事業（以下「付随事業」という。）及び収益事業を行うことができるとされています。一方で，学校法人は私立学校の設置を目的として設立される法人であることにかんがみ，その適切な運営を確保していく観点から，本来事業以外の事業については，一定の範囲内で行っていくことがふさわしいと考えられます。

実務においては，近年，様々な性質，種類，規模の付随事業や収益事業を行う例があることから，私立学校法第19条に基づく収益事業告示（平成20年文部科学省告示第141号）の運用に当たっての具体的な指針として，平成21年2月26日付で，「文部科学大臣所轄学校法人が行う付随事業と収益事業の扱いについて（通知）」（20文科高第855号）が発出されました。

当該通知には以下2及び3のような内容が記載されています。なお，保育事業については，別段の定めがあるので通知を参照ください。

また，当該通知における帰属収入は，事業活動収入に読み替えるものと考え

487

られます。

（注）　当該収益事業告示（平成20年文部科学省告示第141号）は，最終改正令
和6年3月29日号外文部科学省告示第53号により一部改正されています
が，当該通知の内容は特に改訂されていませんので，告示番号等は改正前
の表記となっています。

2　付随事業について（通知の内容）

⑴　事業範囲

①　目的

収益を目的とせず，教育研究活動と密接に関連する事業目的を有する
こと。

②　実施主体

学校法人自らが事業を実施する必要性が十分に認められること。他者
からの請負で実施するものではないこと。

③　事業の性質・種類

収益事業告示（平成20年文部科学省告示第141号）に定める範囲内で
あること。

④　事業規模

事業の規模は，概ね下記⒜の範囲であること。特定の付随事業が特定
の学校の教育研究活動と密接に関連する場合は，⒜かつ⒝の範囲である
こと。

⒜　全付随事業に関する収入／学校法人全体の事業活動収入＜30／130

⒝　特定の付随事業に関する収入／特定の学校部門の事業活動収入＜30／130

⑤　事業対象者

事業対象者（物品やサービスの提供先）は，主として，在学者又は教
職員及び役員であること。事業の性質上，やむを得ず主たる対象者が，
在学者又は教職員及び役員以外の者となる場合には，教育研究活動にお
いて，在学者又は教職員及び役員が，当該事業として提供される物品や

●第9章　収益事業と学校法人の税務●

サービスを50日（3セメスター制の1セメスター相当）程度以上活用する具体的計画があること。

⑥　収支の均衡

事業における収入は，費用を賄える程度とすること。

⑦　財源

事業に使用する土地の確保及び施設・設備に必要な経費，毎年度の経常経費の財源は，できる限り負債性のない資産を充てること（行政機関からの補助金等は可）。

借入金を充てる場合は，無理のない返済計画を有すること。

⑧　土地・施設・設備

事業に使用する土地・施設・設備は，原則，自己所有であること。借用の場合には，長期間にわたり使用できる保証があること。

土地・施設・設備の取得・借用費用は，事業内容や収支計画に照らし，過大なものでないこと。

⑵　**寄附行為への記載**

⑶に基づき部門を設けて表示する付随事業は，寄附行為に記載し文部科学省の認可を得ること。その際，事業の種類については，日本標準産業分類（令和5年総務省告示第256号）の名称を例として具体的に記載すること。

⑶　**会計に関する表示方法**

下記①，②，③の全てに該当する付随事業は，資金収支内訳表及び事業活動収支内訳表に部門を設けて表示すること。

①，②，③のいずれかに該当する場合であって，かつ，組織，施設等において独立的に活動を営む場合には，部門を設けて表示することが望ましい。

①　在学者又は教職員及び役員以外の者を主たる対象者として行う事業

②　校舎（法人本部棟を含む）とは別に施設を設け行う事業

③　事業を行うに際して，行政機関の許認可を必要とする事業

なお，「基準」上の付随事業の扱いは次のとおりである。

付随事業は，「補助活動」と「補助活動以外の活動」からなる。

489

補助活動は，主として在学者を対象とするものであり，「基準」第4条に定める「食堂その他教育活動に付随する活動」は，補助活動を指す。なお，教職員及び役員が当該活動の対象者に併せ含まれてもよい。

同条において，「食堂その他教育活動に付随する活動」の収入と支出は，純額をもって表示することができることとしているが，当該活動が，上記②，③のいずれかに該当する場合であって，かつ，組織，施設等において独立的に活動を行う場合には，部門を設けて表示することが望ましく，その場合には，原則どおり，総額をもって表示すること。

3　収益事業について（通知の内容）

私立学校法第19条に基づき，収益事業告示（平成20年文部科学省告示第141号）に定める範囲内で行うものであり，寄附行為に記載し文部科学省の認可を得ること。また，私立学校の経営に関する会計（学校法人会計）から区分し，特別の会計（企業会計）として経理すること。

なお，収益事業の規模は，概ね下記(C)の範囲であること。

(C)　全収益事業に関する売上高及び営業外収益＜学校法人全体の事業活動収入＝100

●第9章　収益事業と学校法人の税務●

Q9-12

学校法人における消費税等の課税売上は？

　学校法人では，消費税及び地方消費税に係る非課税売上が多いということですが，資金収支計算書の収入の部のうち，どれが課税対象になるのでしょうか，具体的に説明してください。

A 　消費税及び地方消費税（以下「消費税等」という。）は，資産の譲渡，貸付及び役務の提供の対価に対して課されますが，学校教育については非課税とされています。平成3年の消費税法改正により非課税取引の範囲が拡充され，従来の授業料，入学検定料に加え，入学金，施設設備費，学籍証明等手数料等が非課税とされました。その結果，学校法人の収入のうち，主要なものは消費税等に関係がないと考えてよいでしょう。

1　学校法人における課税取引

　学校法人が行う事業のうち課税取引と考えられるのは，資金収支計算書の項目に従って挙げると，施設設備利用料収入（ただし，土地の賃貸料は非課税），土地を除く不動産売却収入，補助活動収入，附属事業収入，受託事業収入，収益事業収入（別会計で処理されている私立学校法上の収益事業），廃品売却収入などです。これらの収入が基準期間（その事業年度の前々年度をいう。）において1,000万円以下の場合（適格請求書発行事業者の登録を行った場合を除く。）は，免税事業者として納税義務は免除されます。また，法人のその事業年度の基準期間における課税売上高が1,000万円以下である場合でも，その事業年度に係る特定期間（その事業年度の前事業年度開始の日以後6か月の期間をいう。）における課税売上高が1,000万円を超えるときは，その法人は，その

491

事業年度については免税事業者とはなりません。特定期間における1,000万円の判定は，課税売上高に代えて，給与等支払額の合計額により判定することもできます。

免税事業者とは消費税の負担がないというのではなく，納税義務がないというものです。学校法人でも固定資産や消耗品の購入，サービス料等の支払に伴い消費税等を支払っていますが，免税事業者の場合ですと仮受消費税（収入に伴い預かる消費税等）と仮払消費税（資産の購入や経費の支払に伴い支払う消費税等）を相殺して申告納税するということがありません。したがって，支払に際して支払った消費税等はそのまま最終消費者として負担することになります。

2　消費税等の会計処理

消費税等の会計処理には，税込方式と税抜方式があります。

税込方式とは消費税額を意識せず，売上金額又は仕入金額に含めたまま処理する方式であり，税抜方式とは消費税額を別個に捉えて仮受消費税，仮払消費税で処理し，売上又は仕入は消費税額を抜いた額で計上する方式です。

学校法人においては，次の理由により税込方式が適当であるとされています。すなわち，学校法人では上記のとおり，消費税等の対象外取引及び非課税取引が主要な部分を占めるため，消費税等の最終消費者となることが多いので消費税等を認識する必要性が薄いこと，収入・支出の予算管理をする上で1つの収入又は支出を2つの科目に分解して処理する税抜方式は煩雑であること，固定資産の取得価額に消費税等を含めて処理する税込方式の方が基本金に組み入れる金額が多くなり財務の健全性から望ましいこと，の3点です（「委員会報告」第34号）。

したがって，税込方式では売上等に対する消費税額は収入の各科目に含めて処理し，仕入等に対する消費税額は教育研究経費，管理経費，設備関係支出等の各支出科目に含めて処理します。

●第9章　収益事業と学校法人の税務●

3　税込方式における納付税額の算定

　基準期間（前々事業年度）の課税売上が1,000万円超の場合は，当事業年度終了後2か月以内に消費税等の申告・納付が必要となります。その場合，帳簿上，売上並びに経費の支払は税込で計算されていますから，課税取引に該当する収入を合計し，税抜に割り戻して課税売上高を算定します。そして，簡易課税方式あるいは実額計算により納付税額を算出します（〔Q9－13〕〔Q9－14〕参照）。納付すべき消費税等があれば教育研究経費又は管理経費の公租公課支出（又は消費税支出）に計上し，還付を受ける場合には雑収入（又は還付消費税収入）に計上して当年度の資金収支計算及び事業活動収支計算に反映させます。

Q9-13

消費税等の税額計算は？

　学校法人における消費税等の税額計算は，一般的に簡易課税と聞きましたが，課税売上高が次のようになった場合，簡易課税制度は適用できるのでしょうか。また，どのように計算したらよいのでしょうか。

　前々年度　　課税売上高5,000万円
　前 年 度　　課税売上高6,000万円
　当 年 度　　課税売上高4,000万円

A 　基準期間（前々事業年度）の課税売上高が5,000万円以下の場合は，簡易課税制度を適用することができます。その際には前もって「消費税簡易課税制度選択届出書」を所轄税務署長に提出しておくことが必要となります。

1　制度の概要と適用の可否（消費税法第37条）

　消費税等の納付税額は基本的に，「課税売上に対する消費税額」から「課税仕入に対する消費税額」を控除して計算されます。

　簡易課税制度とは，基準期間（前々事業年度）の課税売上高が5,000万円以下の場合に適用できる制度であり，一定のみなし仕入率により「課税仕入に対する消費税額」を計算するという制度です。この制度の適用を受ければ，仕入や費用等の支出について課税仕入に該当するかどうかの判断は必要なくなります。専ら売上や収入について課税売上に当たるかどうかをみればよいわけですから，事務処理の負担は軽減します。

　簡易課税制度を選択したい場合は，適用を受けようとする事業年度の初日の

●第 9 章　収益事業と学校法人の税務●

前日まで（事業を開始した日の属する課税期間である場合には，その課税期間中）に，消費税簡易課税制度選択届出書を所轄税務署長に提出します。なお，この制度を選択していても基準期間の課税売上高が5,000万円を超える場合は，実額により「課税仕入に対する消費税額」を計算しなければなりませんので，その可能性がある場合は事務処理の体制を整えておくことが必要です。また，その後再び基準期間の課税売上高が5,000万円以下になれば，適用届出をしてあるので自動的に簡易課税制度を適用できます。ただし，簡易課税制度は一度選択すると 2 年間は継続適用が強制されます。また，「簡易課税制度選択不適用届出書」をその適用をやめようとする課税期間の初日の前日までに所轄税務署長に提出しなければ，その選択の効力は失効しません。仮に，課税される資産を多額に取得した事業年度があり，実額により「課税仕入に対する消費税額」を算定して消費税額の還付を受けたい場合であっても，消費税簡易課税制度選択届を出した状態では基準期間の課税売上高が5,000万円以下の場合には簡易課税が強制されますので，消費税額の還付を受けることはできません。

　ご質問のケースでは，当年度の基準期間の課税売上高が5,000万円以下であるため，簡易課税制度を適用できます。なお，翌年度は，基準期間の課税売上高が6,000万円であり，5,000万円を超えるので簡易課税制度は適用できず，実額で控除税額を計算することとなります。

2　みなし仕入率

　簡易課税のみなし仕入率は，課税売上取引の種類によって次の 6 つに区分されています（消費税法施行令第57条第 1 項，第 5 項）。

第 1 種事業（卸売業）　　　　　　　　　　　　　90%

第 2 種事業（小売業，農業・林業・漁業のうち

　飲食料品の譲渡に係る事業）　　　　　　　　　80%

第 3 種事業（製造業等（農業・林業・漁業のうち

　飲食料品の譲渡に係る事業を除く））　　　　　70%

第 4 種事業（その他)　　　　　　　　　　　　　60%

495

第5種事業（サービス業等）	50%
第6種事業（不動産業）	40%

3　計算方法

　学校法人における課税売上取引ごとに第1種から第6種までのいずれに該当するかを区分し，帳簿に事業の種類ごとに記帳しておくことが必要です。2種類以上の課税売上がある場合には，それぞれの事業のみなし仕入率を基に全体のみなし仕入率を計算する方法と，75%以上を占める事業のみなし仕入率で計算する方法とがあり，いずれか有利な方法を選択することができます（消費税法施行令第57条第2項，第3項）。

　簡単な例で示すと次のとおりです。

年間課税売上高（税抜）	8,000万円
（内訳）　小売部門	6,000万円
サービス部門	2,000万円

(1)　それぞれの事業のみなし仕入率を基に全体のみなし仕入率を計算する方法

・小売の課税売上高に係る税額

6,000万円×10%＝600万円

・サービスの課税売上高に係る税額

2,000万円×10%＝200万円

・みなし仕入率

$$\frac{600万円×80\%＋200万円×50\%}{600万円＋200万円}＝72.5\%$$

納付税額　　（600万円＋200万円）－（600万円＋200万円）×72.5%＝220万円

(2)　75%以上を占める事業のみなし仕入率で計算する方法

・小売の売上割合

6,000万円÷8,000万円＝75%≧75%

・年間売上高

8,000万円×10%－8,000万円×10%×80%（小売業の仕入率）＝160万円

●第9章　収益事業と学校法人の税務●

　　　納付税額　　　160万円

⑶　**判　　定**

　　　220万円　　　①　　＞　　160万円　　②　　　　→　　②が有利

⑷　**事業種類を区分していない場合**

　　課税売上を区分していない場合には，最も低い，つまり一番不利なみなし
仕入率が適用されてしまいます（消費税法施行令第57条第4項）。

　　この例では，

　　　8,000万円×10％−8,000万円×10％×50％＝400万円

となり，納付税額は一気に2倍以上になってしまいます。

Q9-14
学校法人にとって有利な消費税等の計算方法は？

　当校は収益事業収入（物品販売）を中心に課税売上が毎年3,000万円前後あります。この場合，一般課税方式（実額計算）を選択するのと簡易課税方式を選択するのとどちらが有利でしょうか。具体例により説明してください。

　1　簡易課税のみなし仕入率における選択ポイント

　基準期間の課税売上高が5,000万円以下の場合は，簡易課税制度の適用を受けるかどうかの選択ができます。

　この制度は前問で述べたとおり，事業の種類によって6つに区分されたみなし仕入率により税額計算しますから，実額計算とのかねあいから不利になる場合があります。

　例えば，〔Q9-13〕の3(1)の例（小売部門売上6,000万円，サービス部門売上2,000万円）では簡易課税方式での税額は220万円となります。これを実額計算すると以下のようになります。なお，仕入控除税額の計算に使用する課税売上割合は50％とします。

　　・小売部門仕入（税抜）　　　4,000万円
　　　　　　　　6,000万円×10％－4,000万円×10％×50％＝400万円
　　・サービス部門仕入（税抜）　1,800万円
　　　　　　　　2,000万円×10％－1,800万円×10％×50％＝110万円
　　・実績計算による納付税額＝400万円＋110万円＝510万円＞220万円（不利）

　ただし，校舎等の建設など大規模な設備投資が計画されている場合は，それ

●第9章　収益事業と学校法人の税務●

を考慮に入れる必要があります。実額計算では建物や施設・設備等の購入は課税仕入に該当しますから，これらが多額にのぼると仕入税額控除額も多額となり，課税売上に対する税額より大になった場合は差額が還付されます。

なお，簡単に説明すると以上のようになりますが，正確には学校法人の特定収入割合によっても変わりますのでそれらのことも考慮する必要があります。

課税期間に簡易課税制度を選択していると，還付を受けられないばかりでなく，一定のみなし仕入率で計算した納付税額を支払わなければならないことになります。簡易課税制度を選択すると2年間はこの制度の選択を止めることができませんので，還付が見込まれる場合は十分注意することが必要です。

2　事務量における選択ポイント

簡易課税制度の選択を決定する場合，課税仕入の割合だけに目が向きがちですが，事務処理の負担も重要な判断要素です。

実額計算の場合は，課税売上に該当するか否かの区分だけでなく，仕入や経費等支出取引の全てについて課税仕入に該当するか否かを区分しなければなりません。そして，課税仕入に該当するものは，その支出の内容について一定の事項を帳簿に記載し，かつ，請求書等を保管することにより，課税仕入に該当する支出が存在したという事実を明確にしなければ仕入税額控除が認められません。したがって，実額計算においては，課税売上の判定，課税仕入の判定ならびに帳簿・証憑の整備が必要です。なお，課税仕入に該当する項目には商品の仕入，建物や施設・設備等の固定資産の取得，消耗品費，旅費交通費等があります。一方，人件費，租税公課，減価償却費，土地の取得等は課税仕入に該当しません。

簡易課税の場合は，支出取引についてはなんら考慮する必要はありません。売上や収入について課税売上に該当するか否かを区分するだけです。ただし，みなし仕入率が6つの事業に区分されているので，2つ以上の事業を行う場合は課税売上がどの事業に属するのか区分判定が必要です。

3 総合的な判断

　上記1及び2の点を総合的に勘案して課税方式を選択します。課税仕入の割合からは簡易課税が不利と判断されても，事務コストを考慮してあえて簡易課税方式を選択するケースもあるでしょう。

　ご質問では，物品販売を主とする課税売上なので課税仕入の割合が小売業のみなし仕入率の80％と比較してどうか，課税売上割合の水準はどうか，施設・設備の取得計画はあるか，学校法人の事務処理能力からどうか等を十分に検討して判断することになります。

Q9-15
リース取引に係る賃借人の消費税の処理は？

当校では，新たにリース会社と契約して，事務機器を5年間リースすることになりました（リース料総額3,000千円，リース料月額50千円，10月に第1回リース料支払）。このリース契約はいわゆる所有権移転外ファイナンス・リース取引に該当しますが，会計上は賃貸借取引として処理しています。この場合の消費税の処理はどのようになるのか教えてください。なお，リース契約において利息相当額は明示されていません。

1 税法におけるリース取引の基本的考え方

消費税法上のリース取引の取扱いは法人税法上の取扱いに準ずることとされています（消費税法基本通達5−1−9）。したがって，法人税法第64条の2第1項「売買とされるリース取引」の規定により，リース資産の引渡し時にリース資産の売買が行われたとされるリース取引については，当該リース取引の目的となる資産の引渡しの時に消費税法上も資産の譲渡があったこととなります。税務上，「売買とされるリース取引」の範囲には，法人税法施行令第48条の2第5項第5号に規定する「所有権移転外リース取引」も含まれます。

この場合の資産の譲渡の対価の額は，当該リース取引に係る契約において定められたリース資産のリース期間中に収受されるべきリース料の合計額となります。

法人税法上の収益事業に属している資産に係るリース取引については上記の基本的考え方が適用されますので，「売買とされるリース取引」については，

その引渡しの時に課税仕入れを行ったものとされ，その時点で一括して仕入税額控除を行うこと（以下「一括控除」という。）で問題ないと考えられますが，リース資産が法人税法上の収益事業以外の事業に属している資産である場合や，法人税法上の収益事業を行っていない法人についてまで，上記の基本的考え方が適用されるか否かについては明らかではありません。

2　賃借人が売買処理した場合

しかし，学校法人が賃借した資産について通常の売買取引に係る方法に準じた会計処理を行った場合，収益事業を行っていないからといって一括控除を認めないとすると経理実務が煩雑となり，また，収益事業に属している資産との整合性がとれないこととなります。このため，収益事業以外の事業に属している資産であってもリース取引に関する会計処理の基準に従い売買処理を行った場合には，消費税法基本通達5‑1‑9に基づく一括控除が準用されるべきものと考えられます。

```
┌─〈一括控除の仕訳例〉──────────────────────────
│ ●リース資産引渡時
│　（借方）　教育研究用機器備品3,000,000円／（貸方）　長期未払金3,000,000円
│　　　　　　（うち消費税等272,727円）
│ ●リース料支払時
│　（借方）　長 期 未 払 金　50,000円／（貸方）　現　預　金　50,000円
│ ⇒　初年度の仕入税額控除対象額　272,727円
└────────────────────────────────────────
```

3　賃借人が賃貸借処理した場合

売買とみなされるリース取引のうち所有権移転外リース取引について，賃借人が賃貸借処理をしている場合には，そのリース料について支払うべき日の属する事業年度における課税仕入れとする処理（以下「分割控除」という。）が認められることとされています（国税庁質疑応答事例「所有権移転外ファイナ

502

●第9章　収益事業と学校法人の税務●

ンス・リース取引について賃借人が賃貸借処理した場合の取扱い」)。この取扱いは，少額又は短期のリース資産の場合には賃借人における会計処理が賃貸借処理となる可能性もあることから，事業者の経理実務の簡便性という観点から，賃借人が賃貸借処理をしている場合には分割控除することを認めることとしたものです。

したがって，会計上賃貸借処理を適用しているリース資産については，法人税の対象とされているか否かにかかわらず，消費税についても分割控除を適用して問題ありません。

ただし，法人税の対象とならない資産に係る所有権移転外リース取引について，会計上，賃貸借処理を適用している場合に，消費税について一括控除を適用しようとする際には，税務署に事前に照会するなどして慎重に対応すべきものと考えられます。

┌─〈分割控除の仕訳例〉─────────────────────

●リース資産引渡時

　　　仕訳なし

●リース料支払時

　　(初年度：年6回，2年目から5年目：年12回，6年目：年6回)

　　　(借方)　リース料　　　50,000円／(貸方)　現 預 金　　　50,000円

　　　　　　(うち消費税等4,545円)

⇒　初年度の仕入税額控除対象額　　　　　　　　　　　　　27,270円

　　2年目から5年目の各会計年度の仕入税額控除対象額　54,540円

　　6年目の仕入税額控除対象額　　　　　　　　　　　　　27,270円

　　仕入税額控除対象額の合計額　　　　　　　　　　　　272,700円

4　分割控除適用の場合の留意点

分割控除を適用するに当たっては，分割控除適用開始時期等については次のように取り扱われます。

⑴　**分割控除から一括控除への変更**

　所有権移転外リース取引により資産を賃借し，会計上賃貸借処理をしている場合に，リース初年度について，その年度に支払うべきリース料について仕入税額控除（初年度分割控除）を行った場合には，そのリース取引についてはリース料の支払が終了するまで賃貸借処理に基づいた分割控除を継続しなければならず，2年目以降に支払うべきリース料の合計額について一括控除を行うという処理は認められません。

⑵　**簡易課税適用事業者又は免税事業者の分割控除の適用**

　所有権移転外リース取引を賃貸借処理をしている場合で，リース期間の初年度では簡易課税制度を適用していた又は免税事業者だった事業者がリース期間の2年目以降は原則課税の適用を受けることとなった場合には，その2年目以降の原則課税適用事業年度において支払うべきリース料について分割控除を行うことができます。

5　利息相当額の取扱い

　ファイナンス・リース取引は，基本的には消費税法上も売買取引として取り扱われます。この場合，消費税法上，利息は非課税とされていますので，リース契約書においてリース料総額又はリース料の額のうち，利息相当額が明示されている場合には，当該利息相当額部分は非課税として取り扱われます（消費税法施行令第10条第3項第15号，消費税法基本通達6‐3‐1(17)）。したがって，賃借人はリース契約書に基づき，リース料総額又はリース料の額から利息相当額を控除した金額を課税仕入れとして処理し，当該利息相当額を非課税仕入れとして処理することになります。この取扱いはリース契約書に利息相当額が明示されているときに限るものですので，参考程度に賃貸人から利息相当額の情報を入手して算定したとしても，それのみで利息相当額を抜き出して非課税とすることは認められません。

　設問の事例で20％の利息相当額が契約書で明示されている場合の一括控除の仕訳例は次のとおりとなります。

●第 9 章　収益事業と学校法人の税務●

〈利息相当額が契約書で明示されている場合の一括控除の仕訳例〉

● リース資産引渡時

　（借方）教育研究用機器備品 2,400,000円[*1]／（貸方）長期未払金 2,400,000円

　　　　　（うち消費税等218,181円)[*2]

● リース料支払時

　（借方）　長期未払金　　40,000円[*3]／（貸方）　現　預　金　40,000円

　（借方）　支 払 利 息　　10,000円[*4]／（貸方）　現　預　金　10,000円

⇒　初年度の仕入税額控除対象額　　　　　　　　　　　218,181円

（＊1 ）利息相当額：リース料総額3,000,000円×20％＝600,000円

　　　　器具備品対価：3,000,000円－600,000円＝2,400,000円

（＊2 ）消費税等：2,400,000円×10/110＝218,181円

（＊3 ）器具備品リース料月額：2,400,000×1/60＝40,000円

（＊4 ）利息月額：600,000円×1/60＝10,000円

Q9-16 国境を越えた電気通信利用役務の提供に係る消費税の取扱いは？

当校では，研究者が論文検索などのインターネットサービスを海外の事業者と直接契約しています。また，日本の書店を介して電子書籍の配信サービスを海外の事業者と契約しています。当校の消費税申告に与える影響について教えてください。

1 電気通信利用役務の提供に係る改正の概要

(1) 電気通信利用役務の提供の定義

資産の譲渡等のうち，電気通信回線を介して行われる著作物の提供（著作物の利用の許諾に係る取引を含みます。）その他の電気通信回線を介して行われる役務の提供（電話，電信その他の通信設備を用いて他人の通信を媒介する役務の提供を除きます。）をいいます。他の資産の譲渡等の結果の通知など，他の資産の譲渡等に付随して行われる役務の提供は含まれません（消費税法第2条第1項第8号の3）。

例えば，次に掲げるようなものが該当します（消費税法基本通達5-8-3）。

① インターネットを介した電子書籍の配信
② インターネットを介して音楽・映像を視聴させる役務の提供
③ インターネットを介してソフトウエアを利用させる役務の提供
④ インターネットのウエブサイト上に他の事業者等の商品販売の場所を提供する役務の提供
⑤ インターネットのウエブサイト上に広告を掲載する役務の提供

●第 9 章　収益事業と学校法人の税務●

⑥　電話，電子メールによる継続的なコンサルティング

⑵　内外判定の見直し

　平成27年10月 1 日以後に行われる電気通信利用役務の提供について，消費税の内外判定（日本国内において行われた取引か，国外において行われた取引かの判定）を見直すことで国外事業者に対しても日本の消費税が課税対象となるように改正されました。

　改正前は，「役務の提供を行う者の役務提供に係る事務所等の所在地」で判定していたため，国外事業者から電気通信利用役務の提供を受けても国外取引となり消費税の課税対象となることはありませんでしたが，改正後は，「役務の提供を受ける者の所在地」で判定するため，受益者が日本に所在する場合には国内取引として取り扱われ，消費税の課税対象となります（消費税法第 4 条第 3 項第 3 号）。

⑶　課税方式の見直し

　平成27年10月 1 日以後に行われる電気通信利用役務の提供については，「事業者向け電気通信利用役務の提供」とそれ以外の「消費者向け電気通信利用役務の提供」に区分され，それぞれ異なる課税方式が適用されます。

　①　事業者向け取引（リバースチャージ方式により課税）

　　「事業者向け電気通信利用役務の提供」とは，国外事業者が行う電気通信利用役務の提供のうち，「役務の性質又は当該役務の提供に係る取引条件等から当該役務の提供を受ける者が通常事業者に限られるもの」とされています（消費税法第 2 条第 1 項第 8 号の 4 ）。

　　「事業者向け電気通信利用役務の提供」は国外事業者から役務の提供を受けた国内事業者が納税義務者となります（消費税法第 5 条第 1 項，第28条第 2 項，第45条第 1 項第 1 号）。

　　ただし，課税売上割合が95％以上の場合や簡易課税制度が適用される場合は，「事業者向け電気通信利用役務の提供」を受けた場合であっても，当分の間その役務の提供に係る仕入れはなかったものとされますので，リバースチャージを適用する必要はありません（平成27年消費税

法改正附則第42条）。

　「事業者向け電気通信利用役務の提供」を行う国外事業者は，あらか
じめその取引がリバースチャージ方式の対象である旨の表示を行うこと
とされていますので，インターネット上の取引内容を紹介している場所
や個別交渉時の連絡文書，契約書等でその旨が示されているのが通常です。

②　消費者向け取引（国外事業者申告納税方式）

　「消費者向け電気通信利用役務の提供」とは，国外事業者が行う電気
通信利用役務の提供のうち，「事業者向け電気通信利用役務の提供」以
外のものをいいます。消費者が提供を受けるものに限られず，事業者が
提供を受けるものも含まれます。

　消費者向け取引は，原則どおり国外事業者が納税義務者となります。

　適格請求書等保存方式（インボイス制度）が開始する令和5年9月30
日前までは，役務の提供を受けた国内事業者は，役務提供者が「登録国
外事業者」である場合に限り仕入税額控除を行うことができました（平
成27年消費税法改正附則第38条第1項）。登録国外事業者が国内の事業
者に対して「消費者向け電気通信利用役務の提供」を行った場合には登
録番号その他一定の事項を記載した請求書等の発行をすることとされて
いますので，その請求書等において，日本の消費税が支払対価に含まれ
ていることが確認できます。

　登録国外事業者の氏名又は名称，住所又は本店在地，登録番号等は，
国税庁ホームページにおいて公表されていましたが，インボイス制度開
始に伴い，登録国外事業者の制度は令和5年9月30日をもって廃止され
ました。

　登録国外事業者の制度は令和5年10月1日からはインボイス制度に移
行されました。インボイス制度の開始後は，従前の登録国外事業者であ
った国外事業者が移行登録国外事業者として適格請求書発行事業者の登
録番号（インボイス番号）を付番されている場合は，役務の提供を受け
た国内事業者は，役務提供者が適格請求書発行事業者となるためインボ

508

●第9章　収益事業と学校法人の税務●

イス制度下においても仕入税額控除を行うことができます。また，新た
に適格請求書発行事業者の登録を受けた国外事業者と行った消費者向け
取引についても同様に仕入税額控除を行うことができます。

　なお，取引日が適格請求書発行事業者の登録日より前の日付の場合に
は仕入税額控除を行うことができません。また，納税者が消費税申告に
おいて仕入税額控除の適用を受けるには「適格請求書発行事業者」が交
付する「適格請求書」（いわゆるインボイス）の保存が必要となります
が，国外事業者と行う消費者向け取引においても仕入税額控除の要件で
あるインボイスの保存等の対応が必要になるためご留意ください。

2　学校法人の消費税に与える影響

　学校法人においては，学術の研究などのために国外事業者から論文検索サー
ビスや電子書籍などの電気通信利用役務の提供を受けている傾向にあります。
簡易課税方式を適用している場合には影響ありませんが，一般課税方式（実額
計算）を適用している場合には，リバースチャージの影響は大きいものとなり
ます。つまり，学校法人の課税売上割合は95％未満であることが多く，事業
者向け電気通信利用役務の提供についてリバースチャージ方式により申告納税
する必要があります。その対価の額について消費税相当額を納税する一方，仕
入税額控除については，個別対応方式を採用して課税売上げに対応する課税仕
入れに区分できる場合を除き，課税売上割合が低いほど，仕入税額控除額が制
限され，消費税の負担額が大きくなります。

【リバースチャージ方式の具体例】

　国外事業者Ａから電子書籍配信サービスを受ける契約を，日本国内の書店
Ｂを通じて契約を締結し，次のような請求書を受領した。

509

請　求　書

20XX 年 XX 月 XX 日

No. XXXX

学校法人　○○学園御中

下記の通り請求いたします。

○○県○○市

株式会社　Ｂ書店

件名　：　20XX 年外国雑誌購読料金

T1234567890123

総額　：　￥680,000.―（消費税込み）

誌　名	数量	金　額
○○○ Higher Education 　　出版社：A Publishing 　　購読期間：JAN:20XX 　　形態：Print+Online	1	￥680,000.― （本体価 1　￥300,000.―） （本体価 2　￥350,000.―） （消費税　10%　30,000.―）

（備考）

ご契約途中で消費税率に変更があった場合には，差額を精算させていただきます。

本体価 1：消費税を加算してご請求いたします。

本体価 2：平成 27 年 10 月 1 日以後の契約期間については日本の消費税のリバースチャージ方式の対象です。

●第9章　収益事業と学校法人の税務●

【仕訳例】

（借方）　購読料　330,000円(税込み)　／　（貸方）　現預金　680,000円

購読料　350,000円(*)

＊特定課税仕入れ（リバースチャージの対象となる課税仕入れ）であることを帳簿上で明示すること。税込経理の場合には，他の課税仕入れと混同しないように区分しておく。

【消費税申告額の計算】

＜前提＞

・一般課税方式（一括比例配分方式採用，特定収入に係る特例の適用なし）

・上記取引以外の課税売上額　21,670,000円（税込み），非課税売上額 180,000,000円，免税売上　なし

・上記取引以外の課税仕入れに係る支払対価の額　66,000,000円（税込み）

＜計算＞　便宜上，地方消費税も一括で計算

〔課税標準〕　$(21,670,000 + 330,000) \times 100/110 = 20,000,000 \cdots ①$

$350,000 \cdots ②$

$① + ② = 20,350,000$

〔消費税額〕　$20,350,000 \times 10\% = 2,035,000$円$\cdots$(A)

〔課税仕入れに係る消費税額〕　$66,000,000 \times 10/110 + 350,000 \times 10\% = 6,035,000$円

〔課税売上割合〕　$20,000,000$円$/(20,000,000$円$+ 180,000,000$円$) = 10\%$

〔控除対象仕入税額〕　$6,035,000$円$\times 10\% = 603,500$円$\cdots$(B)

〔差引納付税額〕　(A)$-$(B)$= 2,035,000$円$- 603,500$円$= 1,431,500$円

Q9-17

学校法人に対する寄付金についての優遇税制は？

当校では，このたび創立100周年記念事業を策定し，寄付金を募集することとなりました。寄付金募集要項等に記載したいと思いますので，学校法人に寄付をした場合にはどのような税制上のメリットがあるのかについて教えてください。また，その優遇税制適用に関して，当校が行うべき手続について教えてください。

A 　学校法人は，その公益性から，自らの法人税について収益事業にのみ課税されるなどの優遇税制の適用を受けていますが，学校法人に対して寄付をする側（個人又は法人）についても，所得税又は法人税について各種の優遇措置がとられ，公益的な法人に対して寄付をしやすくする工夫が図られています。

1　個人が寄付した場合

(1)　所得税

① 　寄付金控除（所得控除）

学校法人に対する寄付金は，財務大臣の指定を受けた寄付金である場合には「指定寄付金」に該当し，その学校法人が特定公益増進法人であることの証明を所轄庁から受けている場合には「特定公益増進法人に対する寄付金」に該当します。

これらの寄付金は，所得税法上「特定寄付金」に該当し，寄付金控除として，次の金額を所得から控除することができます(所得税法第78条)。

512

●第9章　収益事業と学校法人の税務●

> 所得控除額　＝　特定寄付金の合計額[*1]－2千円
>
> （＊1）総所得金額等の40％を限度

(注)　ここでいう「総所得金額等」とは，純損失，雑損失，その他各種
損失の繰越控除後の総所得金額，特別控除前の分離課税の長（短）
期譲渡所得の金額，株式等に係る譲渡所得等の金額，上場株式等に
係る配当所得の金額，先物取引に係る雑所得等の金額，山林所得金
額及び退職所得金額の合計額をいいます。

② 　寄付金特別控除（税額控除）

個人が，その運営組織及び事業活動が適正であることならびに市民か
ら支援を受けていることにつき一定の要件を満たす学校法人に対して寄
付金を支出した場合には，①の所得控除との選択により，次の金額をそ
の年分の所得税額から控除することができます(租税特別措置法第41条
の18の3)。

> 税額控除額[*1] ＝ 〔税額控除対象寄付金[*2]－2千円[*2]〕×40％
>
> （＊1）　その年分の所得税額の25％を限度
>
> （＊2）　総所得金額等の40％を限度（ただし，この総所得金額の40
> ％相当額及び2千円については，寄付金控除（所得控除）の
> 対象となる寄付金の額がある場合には，それぞれその寄付金
> の額の合計額を控除した残額）

(2)　個人住民税（寄付金税額控除）

特定公益増進法人であることの証明を所轄庁から受けている学校法人に対
して寄付をした場合，その年の翌年1月1日に住所地がある都道府県・市区
町村がその学校法人への寄付金を寄付金税額控除の対象として条例で指定し
ている場合には，次の金額について，個人住民税の税額から控除することが

513

できます（地方税法第37条の2第1項第3号，第314条の7第1項第3号）。

・都道府県指定の寄付金税額控除額$^{(*1)}$＝（寄付金額$^{(*2)}$－2,000円）×4％$^{(*3)}$

・市区町村指定の寄付金税額控除額$^{(*1)}$＝（寄付金額$^{(*2)}$－2,000円）×6％$^{(*3)}$

（＊1）　所得割の額を限度

（＊2）　寄付金税額控除が受けられる上限額は，総所得金額等の30％を限度

（＊3）　都道府県と市町村のどちらからも指定された寄付金の場合は都道府県の4％，市町村での6％のいずれも適用あり

2　法人が寄付した場合

(1)　学校法人に直接寄付する場合

　資本金又は出資金を有する普通法人が特定公益増進法人であることの証明を所轄庁から受けている学校法人に対して寄付金を支出した場合には，特定公益増進法人に対する寄付として，<u>一般の寄付金に係る損金算入限度額とは別枠で</u>，次の金額まで損金算入が認められます（法人税法第37条第4項，法人税法施行令第77条の2）。

損金算入限度額＝（資本金の額及び資本準備金の額の合計額の0.375％＋所得金額の6.25％）×1／2

（参考）　一般の寄付金の損金算入限度額＝$\left(\begin{array}{l}\text{資本金の額及び資本準備}\\\text{金の額の合計額の0.25％}\end{array}+\begin{array}{l}\text{所得金}\\\text{額の2.5％}\end{array}\right)$×1／4

---

(2)　受配者指定寄付金制度を利用する場合

　受配者指定寄付金制度とは，私立学校の教育研究の発展に寄与するために，日本私立学校振興・共済事業団を経由して寄付者が指定した学校法人へ寄付する制度です。受配者指定寄付金は，指定寄付金として取り扱われますので，法人がこの制度を利用して寄付した場合には，その全額が損金算入さ

●第9章　収益事業と学校法人の税務●

れることとなります（法人税法第37条第3項第2号）。

> 損金算入額＝受配者指定寄付金として寄付した金額

（＊1）　個人が受配者指定寄付金制度を利用した場合には，指定寄付金とな
りますが，個人所得税法上の取扱いは特定公益増進法人に対する寄付
金と変わりませんので，全額が所得控除又は税額控除の対象となるこ
とはありません。

（＊2）　法人住民税の法人税割及び法人事業税の所得割については，寄付金
の損金算入限度額について特別な規定はありませんので，法人税の取
扱いと同じとなります。

3　学校法人側において必要な手続

⑴　特定公益増進法人

　寄付をした個人又は法人が確定申告において優遇税制の適用を受けるため
には，必要事項が記載された領収書のほか，その学校法人が特定公益増進法
人であることの所轄庁の証明書の写しが必要となります。その証明書は学校
法人から所轄庁への申請によって交付されます。文部科学省への特定公益増
進法人の証明書の申請には，寄付金募集要項，寄附行為，学生・生徒等の募
集要項，寄付金支出計画書，事業計画書・収支予算書，財産目録，事業報告
書・収支決算書，専修学校の授業時間数に係る書類，各種学校の場合の特定
の書類などを提出する必要があります。

⑵　所得税額特別控除対象法人

Ⅰ　原則制度

　税額控除制度適用の場合には，必要事項が記載された領収書のほか，その
運営組織及び事業活動が適正であることならびに市民から支援を受けている
ことに係る一定の要件を満たしていることについての所轄庁の証明書の写し
が必要です。学校法人についての一定の要件とは次の①②③です（租税特別

515

措置法施行令第26条の28の２第１項第２号)。

① 次のいずれかの要件を満たすこと

【相対値要件】

　実績判定期間（直前の５事業年度）における経常収入金額のうちに寄付金収入金額（学校の入学に関する寄付を除く。）の占める割合が20％以上であること。

【絶対値要件】

　実績判定期間内の日を含む各事業年度における判定基準寄付者（3,000円以上の寄付(※1)を行った寄付者(※2)）の数が年平均100以上であり，かつ，寄付金額が年平均30万円以上であること。

　（※1）寄付者の氏名・住所が明らかな寄付金に限り，学校の入学に関するものを除く。同一の者からの寄付金は合計して判定する。寄付者が個人の場合には，生計を一にする者からの寄付金も合計して判定する。

　（※2）その学校法人の役員及びその役員と生計を一にする者を除く。

　ただし，次の(i)(ii)のいずれかの場合には，判定基準寄付者数はそれぞれ(i)(ii)のとおり計算して100以上かどうかを判定します。(i)(ii)のいずれにも該当する場合には，いずれか多い判定基準寄付者数を採用します。なお，いずれの場合においても寄付金額が年平均30万円以上であることは必須要件です。

(i) 実績判定期間内に，設置する学校等の定員等の総数が5,000人未満の事業年度がある場合

$$\frac{実際の寄付者数 \times 5,000}{定員等の総数（当該定員等の総数が500未満の場合は500）}$$

(ii) 実績判定期間内に公益目的事業費用等(※3)の額の合計額が１億円未満の事業年度がある場合

●第9章　収益事業と学校法人の税務●

$$\frac{実際の寄付者数 \times 1 億}{公益目的事業費用等の額の合計額}$$
（当該事業費用の合計額が1千万円未満の場合は1千万）

（※3）　公益目的事業費用等とは，私立学校法第19条第3項に規定する「私立学校の経営に関する会計」に係る業務として行う事業に係る費用をいうが，臨時偶発的なものを除いた経常費用によることが認められている（具体的には「基準」第23条に規定する事業活動収支計算のうち，教育活動に係る支出及び教育活動以外の経常的な活動に係る支出の決算額の合計額）。

②　次に掲げる書類について学校本部事務所に備え置き，正当な理由がある場合を除き閲覧させること

・寄附行為

・役員の氏名・役職を記載した名簿

・財産目録等（財産目録，貸借対照表，収支計算書，事業報告書，監査報告書）

・役員・従業員給与支給規程（非常勤職員も含め，原則として全て公開する必要がある。）

・(i)役員，(ii)役員と親族関係を有する者，(iii)役員と特殊の関係にある者からの一事業年度における受入寄付金の合計額が20万円以上である場合には，その寄付金支出者の氏名，寄付金の額，受領年月日

・支出した寄付金の額，相手先，支出年月日

・寄付金を充当する予定の具体的な事業内容を記載した書類

③　実績判定期間内の日を含む各事業年度の寄付者名簿を作成し，5年間学校法本部事務所に保存していること

Ⅱ　特例制度

令和6年度税制改正により，主体的に組織改革や経営改革を行う学校法人等の更なる外部資金調達努力を後押しする等の観点から，一定の学校法人等（特例法人）については，上記①の【絶対値要件】について，その実績判定

517

期間を5年から2年（特例実績判定期間）に短縮するとともに，寄付者数及び寄付金の額の要件を年平均ではなく各事業年度で判定することができる特例措置が講じられました（租税特別措置法施行令第26条の28の2第1項第3号）。

　この特例の適用対象となる特例法人とは次の要件を満たす学校法人をいいます（租税特別措置法施行令第26条の28の2第6項第7号，租税特別措置法施行規則第19条の10の5第12項）。

・　その法人の直前に終了した事業年度が令和6年4月1日から令和11年4月1日までの間に開始する事業年度であること。

・　私立学校法に規定する中期事業計画その他これに準ずる計画であってその法人の経営の改善に資すると認められるものを作成していること。

・　その法人の直前に終了した事業年度終了の日以前2年内に終了した各事業年度のうち最も古い事業年度開始の日から起算して5年前の日以後に，所轄庁からその法人に係る上記Ⅰの原則制度による証明書が発行されていないこと。

　所得税額特別控除対象法人である旨の証明書は，学校法人から所轄庁への申請により交付されますので，寄付者が確定申告に間に合うように前もって申請することが必要です。なお，証明書の有効期限は5年間ですので，5年ごとに更新することとなります。申請手続の詳細については文部科学省のホームページに掲載されていますので参考にしてください。

●第9章　収益事業と学校法人の税務●

Q9-18

個人が学校法人に対して財産を寄付した場合の優遇税制は？

　当校の創立100周年記念事業に際し寄付金を募集したところ，個人の方から現物で寄付をしたいという申し出を受けました。現金での寄付と異なり課税の特例があるとのことですが，その内容を教えてください。

A　個人が土地などの金銭以外の財産を法人に寄付した場合には，原則としてその時の価額（時価）により譲渡したものとしてその個人に譲渡所得税が課税されます（所得税法第59条第1項）。これは取得時から譲渡時までの値上がり益に対して課税することを意味しています。しかし，実際には現金が手元に残るわけではありませんので納税資金はないのが普通です。そこで，国・地方公共団体に財産を寄付した場合と同じに，公益性の高い法人に財産を寄付した場合には，一定の要件を満たすことについて国税庁長官の承認を受けることでその譲渡所得を非課税とする措置が設けられています。

1　国税庁長官の承認を受けた場合の特例（一般特例）

(1)　制度の概要

　この制度は，個人が公益法人等に対して財産の贈与又は遺贈（以下「寄附」という。）を行った場合に，一定の要件を満たすものとして国税庁長官の承認を受けたものについては，譲渡所得税を課税しないという制度です（租税特別措置法第40条）。

　①　対象法人

519

公益社団法人，公益財団法人，特定一般法人又は公益を目的とする事業（以下「公益目的事業」という。）を行う法人です。学校法人は公益目的事業を行う法人に該当しますので，対象となります。

② 対象資産

個人が所有する山林所得又は譲渡所得の基因となる資産です。事業を行う個人が所有する棚卸資産については，対象となりません。また，国外にある不動産等は対象から除かれます。

③ 対象寄付

贈与又は遺贈で，公益法人等を設立するためにする財産の提供が含まれます。

④ 非課税承認要件

承認を受けるためには，次の3つの要件を満たす必要があります。

(注) 法人税法別表第一に掲げる独立行政法人，国立大学法人，大学共同利用機関法人，公立大学法人など一定の地方独立行政法人，日本司法支援センターに対する寄付については，要件2のみを満たせばよいこととされています（租税特別措置法施行令第25条の17第5項）。

【要件1】 その寄付が教育又は科学の振興，文化の向上，社会福祉への貢献その他公益の増進に著しく寄与すること。

【要件2】 その寄付財産が，その寄付日から2年以内に寄付を受けた法人の公益を目的とする事業の用に直接供される，又は供される見込みであること。

【要件3】 その寄付により寄付した者の所得税の負担を不当に減少させ，又は寄付した者の親族その他これらの者と特別の関係がある者の相続税や贈与税の負担を不当に減少させる結果とならないこと。

(2) 承認を受けるための手続

国税庁長官の承認を受けようとする人は，「租税特別措置法第40条の規定

●第 9 章　収益事業と学校法人の税務●

による承認申請書」を提出しなければなりません（租税特別措置法施行令第25条の17第 1 項）。

①　申請書類の提出者

　　申請書を提出する人は寄付をした者です。遺贈の場合や申請書を提出する前に寄付をした者が死亡している場合は，寄付をした者の相続人及び包括受遺者が申請書を提出します。

②　申請書の提出先

　　寄付又は遺贈をした者の所得税の納税地の所轄税務署長に提出します（所轄税務署長に提出することで国税庁長官に提出したことになります）。

③　申請書の提出期限

　　寄付した日から 4 か月以内です（ただし，その期間が経過する日前にその寄付があった日の属する年分の確定申告書の提出期限が到来する場合には，その提出期限までです）。

⑶　**承認の取消し（取戻し課税）**

　国税庁長官の非課税承認を受けた寄付であっても，その後承認要件に該当しなくなった場合には，国税庁長官は，いつでもその承認を取り消すことができることとされています（租税特別措置法第40条第 2 項，第 3 項）。

①　寄付又は遺贈をした個人に所得税が課税される場合

　　寄付財産が寄付のあった日から 2 年を経過する日までの期間内に公益目的事業の用に直接供されなかった場合，公益目的事業の用に直接供される前に【要件 3 】を満たさないこととなった場合には，その寄付又は遺贈をした者に，寄付又は遺贈があった時の時価により譲渡所得の金額を計算し，承認が取り消された日の属する年分の所得として所得税が課税されます（租税特別措置法施行令第25条の17第10項，第12項）。

②　寄付を受けた法人に所得税が課税される場合

　　寄付財産が公益目的事業の用に直接供された後に，寄付を受けた法人が寄付財産を公益目的事業の用に直接供しなくなった場合，【要件 3 】

521

を満たさないこととなった場合には，寄付を受けた法人を個人とみなして，寄付があった時の時価により譲渡所得の金額を計算し，承認が取り消された日の属する年分の所得として所得税が課税されます（租税特別措置法施行令第25条の17第13項，第15項）。

2　承認の特例制度（承認特例）

(1)　制度の概要

　国税庁長官の承認申請には，承認の特例制度が設けられており，一定の要件を満たすことを証した書類を添付した承認申請書の提出があった場合には，承認要件が緩和されます（租税特別措置法施行令第25条の17第7項）。法人の種類により要件が異なりますので，以下，学校法人について記載します。

　　①　承認特例の対象となる学校法人

　　　　私立学校振興助成法第14条第1項に規定する学校法人（大学又は高等専門学校を設置する学校法人（同法第4条第1項）及び幼稚園，小学校，義務教育学校，高等学校，中等教育学校，特別支援学校又は幼保連携型認定こども園を設置する学校法人（同法第9条）で，「基準」に従い会計処理を行うものに限ります。

　　②　学校法人に対する承認特例の要件

　　　　一般の非課税承認要件に代えて次に掲げるものとされます。

　　　　【要件1】　その寄付又は遺贈をした者がその法人の理事，監事又は評議員並びにその親族等に該当しないこと。

　　　　【要件2】　その寄付又は遺贈を受けた財産（※）が，その学校法人の財政基盤の強化を図るために「基準」第13条第1項第1号から第3号までに掲げる金額に相当する金額を同項に規定する基本金に組み入れる方法により管理されていること（租税特別措置法施行規則第18条の19第5項第3号，第6項第1号，第7項第3号）。

●第9章　収益事業と学校法人の税務●

　　　（※）　その財産につき譲渡があった場合には，その譲渡によ
　　　　　　る収入金額の全部に相当する金額をもって取得した財産
　　　　　　（その財産を譲渡すること及び「基準」第13条第1項第1
　　　　　　号から第3号までに掲げる金額に相当する金額を同項に規
　　　　　　定する基本金に組み入れることがその学校法人の理事会に
　　　　　　おいて決定されたものに限る。）を含む。
　【要件3】　その学校法人の理事会において，その学校法人がその寄付
　　　　　　又は遺贈の申し出を受け入れること及びその財産について
　　　　　　「基準」第13条第1項第1号から第3号までに掲げる金額に
　　　　　　相当する金額を同項に規定する基本金に組み入れることが決
　　　　　　定されていること（租税特別措置法施行規則第18条の19第8
　　　　　　項第3号）。

⑵　**承認特例の適用手続**

　承認申請書に，次に掲げる書類を添付することが必要です（租税特別措置
法施行規則第18条の19第4項）。

　・寄付又は遺贈をした者がその学校法人の理事，監事及び評議員並びにそ
　　の親族等に該当しないことについて申請書の提出者が誓約した旨，並び
　　に，その寄付又は遺贈をした者が寄付を受ける学校法人の理事，監事及
　　び評議員並びにその親族等に該当しないことについて，学校法人におい
　　て確認した旨を記載した書類

　・その寄付の受入れ及びその寄付財産の基本金への組み入れについて理事
　　会において決定されていることを証明するための議事録その他これに相
　　当する書類の写し及びその決定に係る財産の種類，所在地，数量，価額
　　その他の事項を記載した書類

⑶　**自動承認**

　承認特例の承認申請の場合には，申請書の提出があった日から1か月以内
（寄付財産が，株式等，新株予約権付社債又は匿名組合契約の出資の持分で
あるときは，3か月以内）に承認又は不承認の決定がなかったときには，そ

523

の申請の承認があったものとみなされることとされています（租税特別措置法施行令第25条の17第 8 項）。

(4) 承認後の手続

　申請書の提出者は，寄付又は遺贈をした日の属する事業年度の寄付をした学校法人の基本金明細書等（「基準」第41条）を，その事業年度終了後 3 か月以内に納税地の所轄税務署に提出しなければならないこととされています（租税特別措置法施行令第25条の17第 9 項，租税特別措置法施行規則第18条の19第 8 項第 3 号）。

(5) 承認特例の場合の承認の取消し

　承認特例の場合には，一般の非課税承認申請の承認取消事由に代えて次の事由が規定されています（租税特別措置法施行令第25条の17第10項，13項，租税特別措置法施行規則第18条の19第10項）。

① 寄付又は遺贈をした個人に所得税が課税される場合

　上記(4)の基本金明細書等の提出がされなかった場合

② 寄付を受けた法人に所得税が課税される場合

・承認特例の申請書提出時において寄付又は遺贈した者がその学校法人の理事，監事及び評議員並びにその親族等であった場合又は寄付財産が要件を満たしていなかった場合

・承認特例の申請書提出時において寄付又は遺贈した者がその学校法人の理事，監事及び評議員並びにその親族等に該当することが明らかであることが認められ，かつ，申請書提出後にその学校法人の理事，監事及び評議員並びにその親族等に該当した場合

3　寄付金控除との関係

(1) 承認された場合

　国税庁長官の承認を受けた場合の寄付金控除の対象となる特定寄付金の支出額は，その承認を受ける財産の時価から非課税とされる譲渡益相当額を控除した金額とされています（租税特別措置法第40条第19項）。つまり，特定

●第9章　収益事業と学校法人の税務●

寄付金の支出額はその財産の取得原価相当額とされます。

⑵　承認が取り消された場合

　国税庁長官の承認が取り消され，寄付又は贈与をした者が所得税を課税されることとなる場合には，その承認が取り消された日の属する年分において寄付金控除の適用を受けることができます。この場合の寄付金控除の対象となる特定寄付金の支出額は，その承認が取り消された財産の譲渡益に相当する金額とされています（租税特別措置法施行令第25条の17第34項）。

525

Q9-19
学校法人に対する不動産の取得・所有に係る税金は？

　当校では，このたび近隣の土地を購入し，校舎の増築を図ることとなりました。学校法人は土地取得に係る不動産取得税や固定資産の保有に係る固定資産税が非課税であると聞きましたが，要件や留意点を教えてください。

1　登録免許税

(1) 概　　要

　登録免許税は，登録免許税法別表第一に掲げる登記等について課される国税です（登録免許税法第2条）。納税義務者は登記等を受ける者です。不動産についての所有権の保存の登記については，不動産の価額を課税標準として0.4％の税率で課税され，登記等の申請書には現金納付による領収書又は印紙納付による印紙を貼付して提出しなければならないこととされています（登録免許税法第9条，第10条，第21条，第22条）。なお，現金納付や印紙納付に加えて電子情報処理組織を使って登記等の申請等を行う場合は，電子納付の方法により納付することも可能です（登録免許税法第24条の2）。

(2) 非課税法人

　国及び登録免許税法別表第2に掲げる者が自己のために受ける登記等については，登録免許税は課されないこととされています（登録免許税法第4条）。学校法人は同別表第二に掲げられていませんので，原則として納税義務者に該当することとなります。

●第9章　収益事業と学校法人の税務●

⑶　学校法人に係る不動産登記の非課税

① 非課税の内容

　学校法人及び私立学校法第152条第5項の法人が，自己のために受ける次の登記等については，登録免許税を課さないこととされています。（登録免許税法第4条第2項，別表第三）。

　ア　校舎，寄宿舎，図書館その他保育又は教育上直接必要な附属建物（以下「校舎等」という。）の所有権の取得登記等

　イ　校舎等の敷地，運動場，実習用地その他の直接に保育又は教育の用に供する土地の権利の取得登記

　ウ　自己の設置運営する保育所若くは家庭的保育事業等の用に供する建物の所有権の取得登記又はその建物の敷地その他の直接に保育の用に供する土地の権利の取得登記

　エ　自己の設置運営する認定こども園の用に供する建物の所有権の取得登記又はその建物の敷地その他の直接に保育もしくは教育の用に供する土地の権利の取得登記

② 手続要件

　非課税の適用を受けるためには，ア，イについてはその学校等の所轄庁より，ウ，エについてはその不動産の所在地を管轄する市長等により証された非課税登記に該当する旨の書類を添附することが要件とされています。

2　不動産取得税

⑴　概　　要

① 納税義務者等

　不動産取得税は，土地及び家屋の不動産を取得した場合（所有権の取得をいい，有償，無償を問いません）に，その取得者に対し，その不動産の所在する都道府県において課税される流通税の1つです。

② 課税標準・税率

不動産取得税の課税標準は，取得した不動産の取得時の価格です。不動産の価格とは，不動産の実際の購入価格や建築工事費ではなく，固定資産評価基準によって評価し決定された価格（評価額）で，原則として固定資産課税台帳に登録されている価格をいいます（地方税法第73条の21第1項）。

不動産取得税の税率（標準税率）は，4％とされていますが，令和9年3月31日までの間に取得した住宅及び土地については3％とされています（地方税法第73条の15，地方税法制定附則第11条の2第1項）。

③　申告，賦課徴収・納税

不動産を取得した者は，不動産を取得の事実その他不動産取得税の賦課徴収に関し一定の事項を申告しなければならないこととされています。申告手続の詳細は都道府県の条例により定められています（地方税法第73条の18）。

納税義務者は，都道府県から送付される納税通知書（納付書）により納期限までに納付します（地方税法第73条の16，第73条の17）。

(2)　非課税法人（人的非課税）

国，非課税独立行政法人，国立大学法人等一定の公的機関については，不動産取得税は課されないこととされています（地方税法第73条の3第1項）。この非課税法人の中に学校法人は規定されていませんので，学校法人は原則として不動産取得税の納税義務者に該当することとなります。

(3)　学校法人についての非課税規定

①　用途による非課税（物的非課税）

学校法人又は私立学校法第152条第5項の法人が，不動産を次の使用目的で取得する場合には，その取得に対して不動産取得税は課税されないこととされています（地方税法第73条の4第1項第3号）。

ア　その設置する学校において直接保育又は教育の用に供する不動産

イ　その設置する寄宿舎で学校教育法第1条の学校又は同法第124条の専修学校に係るものにおいて直接その用に供する不動産

●第9章　収益事業と学校法人の税務●

　　また，学校法人が認定こども園の用に供する不動産を取得する場合に
　も，その取得に対して不動産取得税は課税されないこととされています
　（地方税法第73条の4第1項第4号の4）。

②　手続

　　不動産の所在する都道府県の条例により規定されています。東京都の
　例では，不動産の取得について，非課税規定の適用を受けるべき者は，
　次に掲げる事項を記載した申告書に，これらの規定の適用があることを
　証明する書類を添付して知事に提出しなければならないとされています
　（東京都都税条例施行規則第12条の3）。

　　ア　住所及び氏名又は名称

　　イ　土地にあっては所在，地番，地目及び地積

　　ウ　家屋にあっては所在，家屋番号，種類，構造及び床面積

　　エ　不動産の取得年月日

　　オ　前各号に掲げるもののほか，知事において必要があると認める事項

3　固定資産税

(1)　概　　要

①　納税義務者等

　　固定資産税は，土地，家屋及び償却資産という3種類の固定資産を課
　税客体とし，その所有者に対して，当該固定資産の所在する市町村にお
　いて課税されます（地方税法第341〜343条）。固定資産税は，所有する
　ことによりその資産の価額に応じて毎年経常的に課税される財産税の1
　つです。

②　課税標準・税率

　　固定資産税の課税標準は，原則としてその固定資産の賦課期日におけ
　る価格（固定資産税評価額）で，土地課税台帳等，家屋課税台帳等，償
　却資産課税台帳に登録されたものとされています（地方税法第349条，
　第349条の2）。土地については用途等により一定の負担調整措置が適用

され課税標準が調整されています。

固定資産税の標準税率は，1.4％です（地方税法第350条第1項）。

③　償却資産の申告

固定資産税は，地方税法の規定により賦課期日（毎年1月1日）現在の登記簿等に所有者として登記されている人に対して課税されます。土地及び家屋については，登記があった時に登記所が市町村長に通知することとされています（地方税法第382条）が，償却資産に関しては所有者が，毎年1月1日現在における償却資産について，その所在，種類，数量，取得時期，取得価額，耐用年数等を1月31日までにその償却資産の所在地の市町村長に申告しなければならないこととされています（地方税法第383条）。

④　賦課徴収・納税

納税義務者は，市町村から送付される納税通知書（納付書）により納期限までに納付します。

(2)　**非課税法人（人的非課税）**

国，都道府県，市町村等の公共団体に対しては，固定資産税は課税されないこととされています（地方税法第348条第1項）。学校法人は非課税法人として規定されている公共団体には該当しませんので，原則として固定資産税の納税義務者に該当することとなります。

(3)　**学校法人についての非課税**

①　用途による非課税（物的非課税）

学校法人又は私立学校法第152条第5項の法人が次の目的で使用する固定資産については，固定資産税は課税されないこととされています（地方税法第348条第2項第9号）。

ア　その設置する学校において直接保育又は教育の用に供する固定資産

イ　その設置する寄宿舎で学校教育法第1条の学校又は同法第124条の専修学校に係るものにおいて直接その用に供する固定資産

また，学校法人が認定子ども園の用に供する固定資産についても固定

●第9章　収益事業と学校法人の税務●

資産税は課されないこととされています（地方税法第348条第2項第10号の4）。

　学校法人等が非課税用途に供している固定資産がその学校法人等の所有物ではない場合，当該固定資産の所有者が当該学校法人等に無料で使用させているときは学校法人等が所有している場合と同様に非課税となりますが，学校法人等に有料で貸し付けているときは，その固定資産の所有者に課税されることとなります（地方税法348条第2項ただし書き）。

② 　手続

　固定資産の所在する都道府県の条例により規定されています。東京都の例では，固定資産の所有について，非課税規定の適用を受けるべき者は，土地についてはア，イ，オ及びカに，家屋についてはア，ウ，オ及びカに，償却資産についてはア及びエからカまでに掲げる事項を記載した申告書を提出しなければなりません。また，当該土地，家屋又は償却資産を別の者に無料で使用させている所有者は，無料で使用させていることを証明する書類を当該申告書に添付して，知事に提出しなければならないこととされています（東京都都税条例施行規則第12条の14）。

ア 　住所及び氏名又は名称

イ 　土地の所在，地番，地目及び地積並びにその用途

ウ 　家屋の所在，家屋番号，種類，構造及び床面積並びにその用途

エ 　償却資産の所在，種類及び数量並びにその用途

オ 　当該土地，家屋又は償却資産を当該者が非課税の用に供し始めた時期

カ 　前各号に掲げるもののほか，知事において必要があると認める事項

4　都市計画税

　市町村は，固定資産税を賦課し，及び徴収する場合においては，当該納税者に係る都市計画税をあわせて賦課し，及び徴収することができることとされて

います（地方税法第364条第10項）。

　都市計画税は，市街化区域内に所在する土地及び家屋に対し，その価格を課税標準として，当該土地又は家屋の所有者に対して課税されます。固定資産税と異なり償却資産に対しては課税されません（地方税法第702条）。ただし，固定資産税を課することができない土地又は家屋に対しては，都市計画税を課することができないものとされています（地方税法第702条の2）。

　都市計画税の制限税率は0.3%です（地方税法第702条の4）。

　賦課徴収・納税に関しては，固定資産税の例によることとされています（地方税法第702条の8）。

●第9章　収益事業と学校法人の税務●

Column ──────────────────────────────────

学校法人とインボイス制度

──

インボイス制度について

　複数税率に対応した仕入税額控除の方式として，令和5年10月1日から「適格請求書等保存方式」（インボイス制度）が開始されました。

　インボイス制度においては消費税申告における仕入税額控除の要件として，原則として，適格請求書発行事業者（インボイス発行事業者）から交付を受けた適格請求書（インボイス）の保存が必要になります（消費税法第30条第7項）。

　インボイス制度の対象となる取引は法人税法上の収益事業に限らず，原則として学校法人が行う全ての取引です。そのため，学校法人は学校法人が売手となる取引と買手となる取引のそれぞれについてインボイス制度による影響を検討する必要があります。

学校法人が売手となる取引

　学校法人が売手となる消費税が課される取引（課税取引）のうち取引先が学生などの消費者や免税事業者等の場合は，学校法人が取引先にインボイスを交付しなくても取引先における影響はありません。消費者や免税事業者等の取引先はそもそも消費税申告を行っていないため，インボイスの交付を受けないことによるデメリットも生じないためです。

　一方で，学校法人が施設の貸付けや受託研究などの課税取引を消費税の課税事業者に対して行いインボイスを交付しない場合には，取引先は消費税申告において仕入税額控除の要件を満たせずに仕入税額控除が行えなくなってしまいます。

533

インボイスを取引先に交付するためにはインボイス発行事業者の登録を
受ける必要があります。インボイス発行事業者の登録を受けられるのは消
費税の課税事業者に限られます（消費税法第57条の2第1項）。つまり学
校法人がインボイス発行事業者の登録を受けた場合は，登録後は必ず課税
事業者になるため，インボイス発行事業者は基準期間の課税売上高にかか
わらず（免税事業者の判定を行うことなく）消費税の申告が必要になりま
す。これまで免税事業者であった学校法人がインボイス発行事業者の登録
を受ける場合には，新たに消費税の申告義務が生じることになるため，消
費税に関する経理体制を整える必要が生じます。

　これまで課税事業者であった学校法人がインボイス発行事業者の登録を
受ける場合には，消費税申告において大きな変更点はありません。

　これまで免税事業者であった学校法人又は課税事業者であった学校法人
がインボイス発行事業者の登録を受けない場合には，自らの消費税申告の
観点からは大きな影響はありませんが，取引先が課税事業者の場合には消
費税申告において原則として仕入税額控除を行うことができませんので，
取引先に影響が生じます。

　インボイス発行事業者の登録を受けるかどうかは事業者の任意のため，
この様な点を踏まえて登録を受けるかどうかを検討する必要があります。

（注）売手側の経過措置

　インボイス発行事業者の登録をしなければ免税事業者であった事業者
が，インボイス発行事業者の登録をしたことにより課税事業者となった場
合には，「2割特例」を適用した消費税申告を行うことができます。「2割
特例」とは，売上に係る消費税額からその8割を仕入税額控除の金額とし
て控除し，残りの2割を納税するという制度で，令和5年10月1日から令
和8年9月30日までの日の属する各課税期間において適用することが可能

●第9章　収益事業と学校法人の税務●

です。事前の届出は必要なく，継続制限などもなく課税期間ごとに適用するかどうかを選択できます（平成28年消費税法改正附則第51条の2）。

学校法人が買手となる取引

　これまで免税事業者であった学校法人がインボイス制度開始後においても免税事業者であり続ける場合は，取引先からインボイスの交付を受けなくてもそもそも消費税の納税義務がないため影響はありません。また，学校法人が簡易課税制度を選択している課税事業者の場合も，仕入税額控除額はみなし仕入率により計算されるためインボイスの交付を受けなくても影響はありません。

　学校法人が一般課税方式（実額計算）（〔Q9－14〕参照）により消費税計算を行う場合は，課税仕入れについて仕入税額控除を行うためには取引先からインボイスの交付を受ける必要があります。

　学校法人は個人の研究者や免税事業者との取引が多くてインボイスの交付をうけることができず，控除できない課税仕入れが相当な金額になる場合があると考えられます。そのため，できるだけインボイス登録事業者を仕入相手とするために，インボイス登録を強要するとか，インボイス登録をしない場合には取引価格を引き下げることや契約の打切りをほのめかすなど，相手と交渉することなく一方的に通告するなどの対応をしてしまうと，競争法（独占禁止法，下請法など）に抵触してしまうおそれがありますので留意が必要です。

（注）買手側の経過措置

　免税事業者を含む登録事業者以外の事業者からの課税仕入れについては経過措置が設けられており，インボイスの交付を受けられない場合であっ

535

ても，インボイス制度開始から令和11年9月30日までの期間については仕入税額相当額の一定割合を仕入税額とみなして仕入税額控除の対象とすることができます。この一定割合とは，令和5年10月1日から令和8年9月30日までの期間は仕入税額相当額の80％，令和8年10月1日から令和11年9月30日までの期間は仕入税額相当額の50％となっています（平成28年消費税法改正附則第52条，第53条）。

●第9章　収益事業と学校法人の税務●

Column ─────────────────────────────────

学校法人と電帳法対応

──

　電子計算機を使用して作成する国税関係帳簿書類の保存方法等の特例に
関する法律（以下「電帳法」という。）の第7条では，「所得税（源泉徴収
に係る所得税を除きます。）及び法人税に係る保存義務者は，電子取引を
行った場合には，一定の要件に従って，その電子取引の取引情報に係る電
磁的記録を保存しなければならない」とされています。

　所得税法及び法人税法において取引に関して相手方から受け取った注文
書，領収書等や相手方に交付したこれらの書類の写しについて保存義務が
定められていますが，同様の取引情報を電子取引により授受した場合に
は，その取引情報に係る電磁的記録を一定の方法により保存しなければな
らないこととされています。

　この規定は令和4年1月1日に施行された後は令和5年12月31日までは
宥恕期間が設けられていましたが，宥恕措置は令和5年12月31日で廃止さ
れました。令和6年1月1日からは，上記対応ができなかったことについ
て相当の理由があると税務署長が認める場合（猶予措置）を除き，保存義
務者は原則として電子取引の取引情報を電磁的記録により保存しなければ
なりません。

　青色申告の承認を受けている法人税の確定申告書を提出する法人は，帳
簿書類を備え付けてこれにその取引を記録し，かつ，その帳簿書類を保存
する必要があります（法人税法第126条第1項）。帳簿書類には，仕訳帳，
総勘定元帳その他必要な帳簿等，また，棚卸表，貸借対照表及び損益計算
書並びに決算に関して作成されたその他の書類，さらに，取引に関して相

手方から受け取った注文書，契約書，送り状，領収書，見積書その他これらに準ずる書類及び相手方に交付したこれらの書類の写しが含まれます（法人税法施行規則第59条第1項）。

　では，法人税法上の収益事業を行う青色申告法人である学校法人については法人税の申告対象である収益事業に係る取引に関するものだけを保存すればいいのか，それとも，収益事業を含む全ての事業の取引に関する電子取引の取引情報に係る電磁的記録を保存する必要があるのか，いずれの対応が求められるのでしょうか。

　この点について令和6年3月に大阪国税局から見解が示され，その内容を受けて国税庁ホームページに掲載されている「電子帳簿保存法一問一答【電子取引関係】」が令和6年6月に改訂されて大阪国税局の見解を踏まえた取扱いが示され，青色申告法人である公益法人等は収益事業を含む全ての事業の取引に関する電子取引の取引情報に係る電磁的記録を保存しなければならないこととされていることが明らかになりました。その理由は，法人税法第126条第1項，法人税法施行規則第59条第1項において規定されている保存対象の帳簿書類は，公益法人等の場合には「収益事業に係る取引に関して」というように対象事業の範囲が限定されているわけではなく一律に定められているためです。

　一方で，青色申告法人以外の公益法人等である場合は，法人税法第150条の2第1項，法人税法施行規則第66条第1項，第67条第1項及び第2項において，帳簿書類の保存は「収益事業に係る取引に関して」と定められているため，一定の要件に従って，収益事業に関する電子取引の取引情報に係る電磁的記録の保存をすれば足りることになります。

●第9章　収益事業と学校法人の税務●

　つまり，学校法人が青色申告法人であるか否かにより電帳法に定める電子取引の取引情報に係る電磁的記録の保存対象となる範囲が異なることになります。学校法人が収益事業に係る法人税の確定申告をする場合には青色申告の承認を受けているケースが大部分だと考えられますので，収益事業以外の事業に係る取引に関して電帳法第7条の対応ができていない場合には，早急に対応を検討する必要があります。

第10章

その他

Q10-1
私立学校法で定める学校法人のガバナンスのあり方は？

　私立学校法の累次の改正により，学校法人におけるガバナンス機能は強化されてきたと聞きます。私立学校法が定める学校法人のガバナンス制度の趣旨及び概要について教えてください。

 学校法人のガバナンス

　学校法人が公教育の担い手として今後とも健全な発展を続けていくためには，少子化や規制緩和の進展といった学校法人をめぐる近年の状況に適切に対応し，様々な課題に対して主体的かつ機動的に対処できる体制にしていくことが重要です。それを実現するために，私立学校法は累次の改正が行われてきました。直近では令和5年に，「執行と監視・監督の役割の明確化・分離」の考え方により，理事・理事会，監事及び評議員・評議員会の権限分配を整理し，学校法人の特性に応じた形での「建設的な協働と相互けん制」の確立を目指すための改正が行われました。

(1) **理事・理事会**

　学校法人は理事を5人以上置く必要があります。また，学校法人の業務を決し，理事の業務の執行を監督するために，理事会を置く必要があります（私立学校法第36条第1項）。理事会は，学校法人の業務執行の最終的な意思決定機関と位置付けられています。

　理事のうち1名以上（大臣所轄学校法人等の場合は2人以上）は外部理事を選任する必要がありますが，これは学校法人の運営に多様な意見を取り入

●第10章　その他●

れ，経営機能の強化に資するために取り入れられたものです。理事の選解任は，寄附行為で定めた理事選任機関で行い，選任にあたっては，あらかじめ評議員会の意見を聴くこととされています。

(2) **監事**

監事の職務は，学校法人（理事）の業務執行及び財産の状況の監査であり，学校法人の業務又は財産の状況について毎会計年度，監査報告を作成し，理事会及び評議員会に提出することが定められています。また，学校法人の業務又は財産に関し不正の行為又は法令若しくは寄附行為に違反する重大な事実があることを発見したときは，これを所轄庁に報告し又は理事会及び評議員会に報告することが定められています。

監事の選解任は，評議員会の決議によって行い，役員近親者の就任は禁止されていますが，これは監事の独立性を高める観点から取り入れられたものです。令和5年の私立学校法改正により，監事に子法人の調査権が付与されました。また，一定規模以上の大臣所轄学校法人等は常勤監事を置くこととされました。

(3) **評議員・評議員会**

評議員会は学校法人の業務執行の諮問機関としての位置付けが原則ですが，理事選任機関が機能しない場合に理事の解任を理事選任機関に求めたり，監事が機能しない場合に理事の行為の差止請求・責任追及を監事に求めたりすることができます。

また，理事会は，寄附行為の変更，重要な資産の処分及び譲受け，多額の借財，予算及び事業計画の作成又は変更，報酬等の支給の基準の策定又は変更，収益事業に関する重要事項などについて決定するときは，あらかじめ，評議員会の意見を聴かなければなりません。大臣所轄学校法人等においては，寄附行為の変更（軽微なものを除く。），解散や合併の決定には，理事会の決議に加えて，評議員会の決議も必要とされています。

(4) **会計監査人**

大臣所轄学校法人等は，会計監査人による会計監査が義務付けられていま

す。それ以外の学校法人は，任意で会計監査人を置くことができます。

　会計監査人は，計算書類及びその附属明細書並びに財産目録を監査し，会計監査報告を監事及び理事会に提出します。会計監査人は，公認会計士又は監査法人である必要があり，評議員会が選任します。

　会計監査人の選任方法については，第10章 Column「私学法監査における会計監査人の選任について」に詳しく記載しています。

● 第10章　その他 ●

Q10-2

補助金の額が少なければ公認会計士の監査は不要か？

当校は園児100人の小規模法人で補助金も900万円と少額ですが，当校でも公認会計士の監査を受ける必要はありますか。

私立学校法に基づく会計監査人監査と私学振興助成法に基づく公認会計士監査

　私立学校振興助成法（以下「助成法」という。）では，同法に基づいて補助金の交付を受ける学校法人は，「基準」の定めるところに従い，会計処理を行い，貸借対照表，収支計算書その他の財務計算に関する書類を作成しなければなりません（助成法第14条第1項）。そして，その書類については，補助金の額が少額で所轄庁の承認を受けた場合を除き，計算関係書類及びその附属明細書について，所轄庁の指定する事項に関する公認会計士又は監査法人の監査を受けなければなりません（助成法第14条第2項）。

　この助成法第14条第2項における「補助金の額が少額である場合において，所轄庁の許可を受けたとき」とは，文部科学大臣所轄の学校法人においては，交付される補助金の額が1,000万円に満たない場合をいいます（知事所轄の学校法人もこれに準じて定められています。）（昭和51年文管振第153号第3の2，昭和51年文管振第215号）。なお，これとは別に私立学校法においては，大臣所轄学校法人等については会計監査人を必ず設置すること（私立学校法第144条第1項），また知事所轄学校法人については寄附行為の定めにより任意で会計監査人を置くことができること（私立学校法第18条第2項）が規定されています。

545

なお，学校法人以外の私立の盲学校，聾学校，養護学校又は幼稚園を設置する場合でも，同様に助成法に基づいて計算書類を作成し，監査を受けることになっていますので，やはり1,000万円以上の補助金を受けている場合は監査の対象となります（助成法附則第2条第1項）。

● 第10章 その他 ●

Q10-3

私立学校法に定める監事の監査と会計監査人監査との相違点は？

学校法人の監事は，学校法人の業務及び財産の状況を監査することになっていますが，具体的にはどのような監査を行うのでしょうか。また，会計監査人の監査や内部監査とは内容が異なるのでしょうか。

1 監事の監査の意義

私立学校法では「学校法人は，理事，理事会，監事，評議員及び評議員会並びに理事選任機関を置かなければならない。」，「理事の定数は5人以上，監事の定数は2人以上，評議員の定数は6人以上とし，それぞれ寄附行為をもって定める。」と定められています（私立学校法18条第1項，第3項）。また，この監事の職務については以下の規定（同法第52条）があります。
「監事は，次に掲げる職務を行う。
　一　学校法人の業務及び財産の状況並びに理事の職務の執行の状況を監査すること。
　二　理事会及び評議員会に出席し，意見を述べること。
　三　学校法人の業務若しくは財産の状況又は理事の職務の執行の状況について，理事会及び評議員会並びに理事選任機関に対し報告すること。
　四　この法律の他の規定により監事の同意を要する事項について，その可否を決すること。
　五　前各号に掲げるもののほか，この法律の他の規定により監事が行うこ

547

ととされた職務

六　前各号に掲げるもののほか，寄附行為をもつて定めるところにより監
　　事が行うこととされた職務」

　このように，監事は法人の内部にあって学校法人の業務及び財産の状況並び
に理事の職務の執行の状況を監査する機関ですが，業務執行の状況の監査は具
体的には以下のような観点から行われます（財産の状況の監査の内容は下記の
2で触れることとします。）。

・理事の業務執行が，法令又は寄附行為に従い，適正に実施されているかど
　うか
・予算の決定は，権限ある学校法人の機関によって適正になされているか
・借入金及び重要な資産の取得又は処分の決定は，権限ある機関によりなさ
　れ，適正に処理されているか
・決算の報告に関する手続は，適正になされ，関係機関の意見を求めているか

　監事は監査が終了すると，監査報告書を作成し，理事会及び評議員会に監査
の結果を報告することになります。監事の監査報告書の所轄庁への届出は，文
部科学大臣所轄の学校法人については必要ありません。知事所轄の学校法人に
ついては，各所轄都道府県によって異なっており，例えば，東京都などのよう
に計算書類の提出の際に，公認会計士又は監査法人の監査報告書の次に「監事
の監査報告（写)」を添付しなければならないという場合もあります。

2　監事の監査と会計監査人の監査の関係

　監事の監査における「財産の状況の監査」とは，学校法人の資産や負債，基
本金など，広い意味での財産の状況を監査することであり，そのためには一時
点の財産の状態のみならず，それに関連する収支の状況についても含まれるも
のと思われます。したがって，具体的には，学校法人の作成する計算関係書類
及び財産目録が監査の対象となり，この計算関係書類及び財産目録が学校法人
会計基準に準拠し，適正に作成されているかを監査することであり，この点に
おいては同法第86条第1項に基づく会計監査人の監査と類似することになりま

●第10章　その他●

す。

　したがって，監事は会計監査人と監査上必要な情報交換を行い，効率的な監査を実施することが望まれます。そのため，公認会計士と定期的に会合を持つとともに，「監事は，その職務を行うため必要があるときは，会計監査人に対し，その監査に関する報告を求めることができる。」（同法87条，一般社団・財団法人法第108条第2項）とされています。

　また，両者の監査の相違点は，監事の監査が財産の状況に加え，業務執行の状況を対象とするという監査の範囲の違いのほかに，監事の監査が学校法人の内部からの監査であるのに対し，会計監査人の監査は学校法人とは独立した外部監査であるという違いがあります。

　なお，日本公認会計士協会学校法人委員会では平成22年1月に研究報告第17号「学校法人の監査人と監事の連携のあり方等について」を公表しました。当該研究報告では，監査人と監事の連携の効果及び留意点，連携の方法，時期及び情報・意見交換事項の例示等が記載されており，実務の参考となるものと考えます。

3　監事の監査と内部監査との関係

　このように，私立学校法には監事による監査制度が規定されていますが，監事による監査業務は広範囲にわたっており，学校法人全体を網羅してその監査機能を果たすことは困難です。このため，理事が自らに課せられた経営の執行責任を明らかにするとともに，業務の合理化及び能率の向上を図るため，内部監査制度を設けることにより，学校法人全体に対する監査の実効性をさらに高めることが必要となります。具体的には，理事長若しくは理事会直属の内部監査部門を設置することが望ましいと思われます。内部監査制度は，内部牽制組織の限界を補い，業務の全般にわたり，不正過失の摘発だけでなく，業務の改善，合理化に役立つものとなります。

549

Q10-4 学校法人における合併, 分離の会計処理の考え方は?

学校法人の合併や学校の分離についてどのように考えて会計処理をすればよいでしょうか。

1 「学校法人の合併又は学校の分離に係る会計処理について(中間報告)」

わが国における少子化や経済情勢の変化は, 学校経営にも影響を及ぼしており, 従来に増して経営基盤の強化が必要となってきています。そのための手法の1つとして, 経営の統合や分離, 学校の設置者変更が考えられますが, 学校法人においては, これらの会計慣行が成熟しておらず, また一般に公正妥当な会計処理の原則も示されていないため, それぞれ個別に処理されていました。

そこで, 実務上の参考に供するために, 日本公認会計士協会が平成16年1月14日付けで公表したのが, 研究報告第7号「学校法人の合併又は学校の分離に係る会計処理について(中間報告)」です。以下, 当該研究報告の考え方を説明したいと思います。

2 学校法人の合併の意義

学校法人の合併とは, 2つ以上の学校法人が結合して1つの学校法人となることを目的として行われる学校法人間の行為をいいます。

学校法人の合併には, 2つ以上の既存の学校法人が解散し, 新たな学校法人を設立する新設合併(図表1参照)と, 既存の学校法人のうち, 解散する学校法人と存続する学校法人に分かれる吸収合併(図表2参照)とがあります。

図表1　新設合併

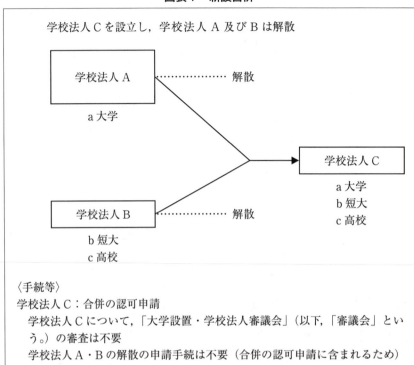

　合併については，私立学校法第130条に新設合併と吸収合併を想定する規定がありますが，特に合併の意義や会計処理等は規定していません。ただし，一般には新設合併により設立された法人及び吸収合併における存続する法人は，合併により解散した学校法人の権利義務を継承し，債権者保護が図られ，教職員も引き継ぐものと考えられています。

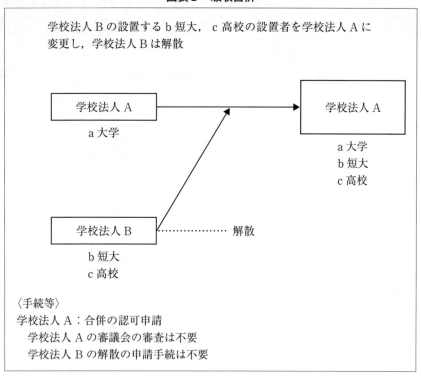

3　学校の分離

　学校の分離とは，学校法人が設置する学校を他の学校法人の設置下に置くことを目的として行われる行為をいいます。学校の分離には，新たな学校法人の設立を伴う新設分離（図表3参照）と既存の学校法人間で行われる吸収分離（図表4参照）があります。

　学校の分離については，私立学校法に特に定めはありませんが，学校法人の新規設立，学校の設置者変更，既存の学校の廃止の組合せで実現可能と考えられています。

●第10章　その他●

図表3　新設分離

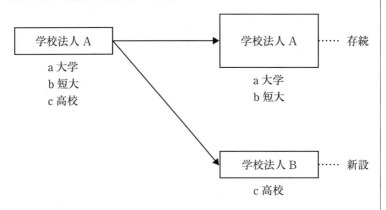

学校法人Aの設置するc高校を分離し，新たに設立された学校法人Bがc高校の設置者となる。

学校法人A：寄附行為変更の認可申請
　　　　　：大学等の設置者変更の手続
　学校法人Aについて審議会の審査は不要
学校法人B：寄附行為の認可申請（都道府県の私立学校審議会の審査が必要）

図表4　吸収分離

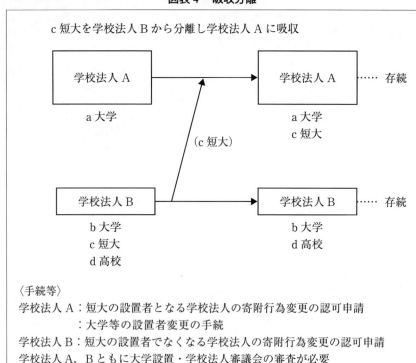

（注）〈図表1～4〉　学校法人委員会研究報告第7号「学校法人の合併又は学校の分離に係る会計処理について（中間報告）」（別紙）「学校法人の合併又は学校の分離の各形態と寄附行為（変更）認可申請手続等の関係」をもとに著者が一部加工

4　合併の会計処理における基本的な考え方

　企業会計においては，合併の会計処理について，企業会計基準第21号「企業結合に関する会計基準」（最終改正平成31年1月企業会計基準委員会）が適用されます。これによると，例えば，A社（合併会社）がB社（被合併会社）を吸収合併した場合を考えます。A社が合併後，B社に対する支配を獲得したような場合は，A社がB社を「取得」したものと判断されパーチェス法という会計処理が適用されます。なお，A社及びB社いずれの株主も合併後のA

●第10章　その他●

社を支配したとは認められないような場合においては，当該合併は「持分の結合」と判断され，持分プーリング法という会計処理が適用されることとなっていましたが，平成20年12月の改正で持分プーリング法は廃止されました。

　これに対し，寄附行為によって成り立つ学校法人においては株式会社のような持分がなく，議決権の概念がないことをはじめとして合併等の力関係を示す客観的な基準の判定が困難であること，公共性の観点から自由な資産処分が困難であること，設置基準における資産額基準等の問題，基本金との関係から企業会計の考え方をそのまま適用することは困難であり，パーチェス法あるいは持分プーリング法のいずれが妥当か一概には決定できません。

　したがって，個々の合併の実態によって妥当と思われる処理を採用せざるを得ないと考えられます。なお，学校法人においてパーチェス法，持分プーリング法を適用する場合の論拠，会計処理の相違を要約すると下記のとおりです。

	持分プーリング法	パーチェス法
論拠	教育事業の継続に着目し，学校の設置者である学校法人が変更になるに過ぎないと考える方法	学校法人が寄附行為から成り立つことに着目し，合併を解散法人の財産の寄付と考える方法
解散する法人の資産・負債の引継価額	帳簿価額のまま	合併時の公正な評価額
純資産（基本金，繰越収支差額）の引継ぎ	解散法人の純資産の構成がそのまま引き継がれる	解散法人の資産，負債は公正な評価額で評価され，純資産はその差額
基本金要組入額	解散法人の要組入額がそのまま継承される	公正に評価された資産の受入価額を基礎とする

5　分離の会計処理における基本的考え方

　企業会計においては，事業を分離した場合の分離元企業の会計処理については，企業会計基準第7号「事業分離等に関する会計基準」（最終改正平成25年9月企業会計基準委員会）が適用されます。当該基準では，移転した事業に関

555

する投資が清算されたとみなす場合と投資がそのまま継続しているとみなす場合によって会計処理が異なります。しかしながら，寄附行為から成り立つ学校法人において持分の概念や支配権の概念がないため，これをそのまま適用することはできません。分離における承継法人の会計処理についても，合併と同様に帳簿価額で受入処理を行う方法と公正な評価額（時価）で受入処理を行う方法の双方が考えられますが，いかなる場合にどちらの会計処理を採用すべきかといった問題は今後の実務の進展をみて結論付けることになると思われます。

Q10-5 合併,分離により資産・負債等を引き継ぐ場合の処理は?

合併又は分離の結果,資産等を承継する法人(承継法人)における引継処理について,学校法人委員会研究報告第7号「学校法人の合併又は学校の分離に係る会計処理について(中間報告)」(以下「研究報告第7号」という。)における考え方を具体的に説明してください。

1 第1号基本金の引継処理

(1) 持分プーリング法に基づく処理

第1号基本金は,必要な資産を継続的に維持するための金額であり,受入資産の価額に対応するものと考えられます。したがって,合併又は分離が行われた後でも事業は継続しており学校の設置者を変更したに過ぎないと考えれば,承継法人は,解散法人又は分離法人の資産を取得価額で受け入れることとなり,解散法人又は分離法人が取り崩した基本金をそのまま引き継ぐことになります。

また,借入金・未払金等を承継法人が引き継ぎ,それらが基本金の対象となっている固定資産の購入に係る負債のときは,解散法人又は分離法人における未組入額もそのまま承継法人に引き継がれます。

(2) パーチェス法に基づく会計処理

一方,寄付によって新たな学校法人を設立又は設置したと考えますと,資産はその時点における通常取得に要する価額すなわち,公正な評価額(時

価）により計上されることになります。このような場合，承継法人の基本金は，合併により解散した法人あるいは分離された法人が維持してきた基本金の額とは関連を持たず，公正に評価された資産の受入価額を基礎とすることになります。

　また，解散法人又は分離法人が計上していた未組入額も承継法人における引継処理と関連を持つことはなく，取得に係る資金の構成により，基本金組入対象資産に対応する負債が未組入額となります。

(3) 設例による承継法人の会計処理の説明

〈解散する学校法人Xの合併直前の貸借対照表〉

土地	100	借入金	100
建物(＊1)	50	基本金(＊2)	200
有価証券	20	繰越収支差額	△100
現金預金	30		
合計	200	合計	200

（＊1）　建物の取得価額100　減価償却累計額50
（＊2）　基本金の未組入額はない。

　基本金組入対象資産の公正な評価額

　　　土地　200　　建物　50　　有価証券　10

① 持分プーリング法に基づく会計処理

　承継する学校法人

┌〈資産・負債の受入〉─────────────────────────
│　（借方）　土　　　　　　地　100　　（貸方）　借　　入　　金　100
│　　　　　　建　　　　　　物　100　　　　　　　減価償却累計額　50
│　　　　　　有　価　証　券　20　　　　　　　寄　付　金(＊)　100
│　　　　　　現　金　預　金　30
└───────────────────────────────────────

●第10章　その他●

〈基本金の引継ぎ〉

　（借方）基本金組入額　200　／　（貸方）基　本　金　200

　　解散する法人の基本金をそのまま引継ぎ

　（＊）　このように承継法人において資産と負債の受入差額がプラスの場合
　　の計上科目（大科目）は寄付金又は雑収入とし，マイナスの場合（承
　　継する資産＜承継する負債）は管理経費又は資産処分差額が考えられ
　　ます。

　②　パーチェス法に基づく会計処理

　承継する学校法人

〈資産・負債の受入〉

　（借方）土　　　　地　200　　（貸方）借　入　金　100
　　　　　建　　　　物　50　　　　　　　寄　付　金　190
　　　　　有価証券　10
　　　　　現金預金　30

〈基本金の引継ぎ〉

　（借方）基本金組入額　250　／　（貸方）基　本　金　250
　　　基本金組入額250＝土地の公正な評価額200＋建物の公正な評価額50

2　その他の基本金の引継ぎ処理

(1)　第2号基本金

　第2号基本金は，将来取得する固定資産の取得に充てるため，学校法人の
理事会で決議された計画に基づき計画的に組み入れることが求められていま
す。したがって，解散法人又は分離法人が策定した計画を引き継ぐ場合であ
っても，承継法人の理事会の新たな承認手続が必要となります。また，この
決定により計画を引き継いだ場合であっても，それに見合う第2号基本金引

559

当特定資産の計上が必要となります。この場合の第2号基本金の引継価額ですが，第1号基本金と同様に解散法人又は分離法人等が取り崩した基本金の額をそのまま引き継ぐか，公正に評価された引当特定資産の受入価額とするか個々のケースにより判断することになります。

　一方，計画を引き継がない場合は第2号基本金の計上はありません。解散法人又は分離法人の引当特定資産を受け入れる場合は，当該引当特定資産を構成する資産の内容により支払資金等として受け入れることになります。

⑵　第3号基本金

　承継法人における承認手続に基づき基金を引き継ぐ場合は，第3号基本金引当特定資産とともに第3号基本金を受入処理し，基金を引き継がない場合には第3号基本金の受入は行いません。

⑶　第4号基本金

　第4号基本金は学校法人全体で計算することが予定されており，分離の場合，当該分離部門に対応する第4号基本金を特定することはできません。合併の場合は，第4号基本金を引き継ぐことは実務的には容易ですが，必ずしも第4号基本金に見合う資金を有しているとは限らず，実態の伴わない基本金を引き継ぐことも想定され，基本金の趣旨に沿わないとも考えられます。したがって，承継法人は，合併又は分離に伴って新たな計算は行わず，承継法人自体の収支状況を基に承継する第4号基本金を算出すればよいと思われます。

　ただし，合併又は分離は，事業活動支出の額に変動をもたらすため，翌年度の第4号基本金の計算において反映されることになります。また，「研究報告第7号」は第4号基本金の引継ぎをすべて否定しているわけではなく，合併又は分離の実情により引き継ぐことも考えられるとしています。

●第10章　その他●

3　その他の検討項目

⑴　有価証券

　承継法人は，持分プーリング法によった場合は解散法人又は分離法人における帳簿価額，パーチェス法によった場合は公正な評価額（時価）で評価します。なお，時価とは，市場性ある有価証券については市場価額，市場性のない有価証券については実質価額によります。

⑵　のれん

　企業会計においては，合併や買収に際して被買収会社等から受け入れる純資産を上回る対価を支払うことがあり，当該差額をのれんという無形固定資産として計上する場合があります。

　しかし，公共性が高く非営利である学校法人においてのれんを計上することは制度上実務になじまないため，のれんは計上しないことが妥当と考えられます。

⑶　退職給与引当金

　合併の場合は，解散法人で計上されている退職給与引当金のうち，引き継がれる教職員に係る部分の引当金額は包括的に引き継がれます。一方，分離においては，承継法人に引き継がれる教職員に対応した退職給与引当金を計算し引き継ぐことになります。なお，このような計算が困難な場合は，給与金額の総額比等の基準により合理的に按分することになると思われます。

　学校法人の退職金制度は，外部の私学退職金団体を活用している場合が多く，これらの私学退職金団体が学校法人の合併・分離に対してどのような取扱いをするかを調査した上で，これに応じた会計処理を検討することが必要です。

⑷　その他

　合併は，一般的に包括契約であり，承継法人は全ての権利，義務を引き継ぎます。したがって，リース契約，債務保証契約，訴訟など貸借対照表に計上されていない項目を含め，全て引き継ぐことになります。

561

一方，分離は個別契約であり，当事者の個別的な合意に基づき，引き継ぐ権利，義務の範囲が決定されます。ただし，学校法人間の意思だけでなく，相手方の承認が必要な場合もあり得ることに留意が必要です。

●第10章 その他●

Q10-6

附属病院に関する会計処理の特徴は？

大学の医学部や歯学部の附属病院における医療に係る収入や経費については，他の項目と区分して処理するとのことですが，具体的にどのような処理を行えばよいのでしょうか。また，特別な勘定科目を設ける必要はありますか。

1 計算書類上の表示について

大学の附属病院は，学校の教育研究活動と不可分の附属機関であり，その収支や財産は学校法人会計に含まれますので，計算書類にも記載されることになります。ただし，その収入や経費は他の項目とは区分して表示する必要があります。具体的には以下のとおりとなります。

まず，大学の附属病院における医療に係る収入については，一般の事業収入と区分して，付随事業・収益事業収入の中に「医療収入」の中科目を設けて処理することが適当です。ただし，学校法人において特に必要がある場合は，付随事業・収益事業収入の次に大科目として「医療収入」の1科目を設けて処理することができます。

また，大学の附属病院における教育研究経費と管理経費の区分の取扱いについては，医療業務に要する経費は，教育研究経費（支出）の大科目の中に「医療経費（支出）」の中科目を設けて処理することとし，その他の経費については，昭和46年9月30日付け報告「教育研究経費と管理経費の区分について」によって処理することが適当です（「大学の附属病院に係る計算書類の記載方法について（通知）」（平成25年11月27日 25高私参第15号）。

563

なお，活動区分資金収支計算書においては医療収入は，付随事業収入の次に医療収入を設けて処理するものとし，医療経費は，教育研究経費支出の次に医療経費支出を設けて処理するものとするのが適当と考えられます。

2　帳簿上の処理について

学校法人の帳簿上においては，附属病院の会計に関する具体的な勘定科目は，さらに細分化して設定することになると思われます。この場合に，使用する勘定科目及び会計処理の方法については，厚生労働省により定められた「病院会計準則」（平成16年　医政発第0819001号　厚生労働省医政局長通知）が参考となります。

病院会計準則は，病院を対象に病院の財政状態及び経営成績を適正に把握し，病院の経営体質の強化，改善向上に資することを目的として制定されたものです。この準則は，一般の企業が準拠すべき「企業会計原則」を基に作成されており，企業会計に近いものであること，また，それぞれの病院を会計単位として財務諸表を作成することを前提としていることなどから，学校法人会計にはそぐわない面もあります。しかし，病院会計準則に示されている勘定科目の分類及びその内容については，病院の会計において一般的に使用するものであり，参考になると思われます。

病院会計準則における具体的な勘定科目としては，以下のようなものがあります。

〈医業収益〉

　入院診療収益，室料差額収益，外来診療収益，保健予防活動収益，受託検査・施設利用収益など

〈医業費用〉

　材料費（医薬品費，診療材料費，医療消耗器具備品費，給食用材料費など），委託費，修繕費，減価償却費など

Q10-7 外郭団体の会計は？

学校の同窓会や後援会の会計と学校法人の会計とは，どのような関係にあるのでしょうか。また，これらの外郭団体にはどのような会計事務が必要になるのでしょうか。

1 学校法人の外郭団体

学校法人をとりまく組織として，学校法人の主たる活動である教育研究活動とは別に独立して団体を組織して活動を行っているものがあります。具体的には，学校法人や学生生徒等に対して各種の支援を行う後援会や，卒業生及び教職員の集まりである同窓会や校友会，学生生徒等の父母の会（PTA）などです。ここではこれらの団体を外郭団体とよぶことにします。

2 外郭団体の会計

外郭団体の会計は，主に構成員からの会費収入と会の活動に伴う支出を会計処理し，資産の保有残高を把握することから成り立っています。そして，毎年1回決算を行い，総会において次年度の収支予算及び当年度の収支決算の承認決議が行われます。

外郭団体は，学校から独立した任意の団体であり，運営や事務は独自に行う必要がありますが，事務所を設置し，専任の事務員を置くことは通常困難であるため，外郭団体の事務と出納は学校法人が代理して行うのが一般的です。その場合，外郭団体の会則や規約において，事務所を学校内に置く旨，また団体の事務を学校に委嘱する旨を規定している例が多くみられます。また，学校法

人から代表して役員が選任されることが望まれますので，その旨を会則に規定している場合もあります。

3　外郭団体会計と学校法人会計との関係

学校法人が外郭団体の会計事務を代行することは，主に次のような利点があります。

まず，会独自で会費の徴収を行うよりも円滑に行われるため，徴収漏れが少なく，会員間の公平性が保たれることがあります。また，会の会計管理責任は学校法人にあることになりますので，健全な会計管理体制が期待できます。学校としても，外郭団体の活動とは無関係ではなく，学校と連携を保ちながら運営されることが望ましく，何らかの形で外郭団体の会計を把握する必要があると思われます。

学校法人における具体的な会計処理としては，まず外郭団体への入金（会費収入や寄付金など）は，いったん学校法人の口座に入金され，預り金勘定として処理し，明細を確認して外郭団体の口座に移し，会計上も振り替えることになるかと思われます。運営費用の支出は必要な承認手続をとり，出金処理を行います。

4　外郭団体会計の業務内容

⑴　会則における規定

外郭団体の活動内容を明らかにし，運営が適切に行われるために，会則が制定されますが，会則に定めるべきもので会計に関連するのは，会費の金額及び徴収方法，収支予算及び収支決算の承認決議，会計年度，会計監査などがあります。したがって，会計事務もこれに基づいて行う必要があります。

⑵　帳簿の作成

外郭団体の会計は，その内容を明らかにするために，会計帳簿を備え，入出金その他の会計取引を正確に記帳しなければなりません。この会計帳簿は，学校法人会計とは明確に区別する必要があります。

●第10章　その他●

⑶　予算の作成

　外郭団体は学校法人と同様に，年度の活動計画の作成に当たり，予算を編成する必要があります。収入については，主に会員からの会費収入見込みに基づき，支出については，会報や会員名簿の作成費及び通信費，懇親会の開催費など，その年度の活動費として見込まれる金額に基づき作成され，役員会にて審議され総会にて決議されることになります。

　この予算編成に当たっては，学校側の意見も反映されるよう，学校の代表者が加わることが望まれます。

⑷　決算及び会計監査

　外郭団体の活動の成果として，その収支の内容を年に一度決算し，決算報告書として総会の承認を得ることが必要です。この際，その決算報告書の内容が妥当であることを明らかにするため，収支決算につき事前に当該団体の監事による監査を行う必要があります。したがって，決算報告書には，会の代表者名とともに，当該団体の監事名及び監査結果について記載することとなります。

5　法人税法上での取扱い

　法人税法上，法人でない社団又は財団で代表者又は管理人の定めがあるものを「人格のない社団等」といい，これに該当する場合は法人とみなして，公益法人等と同様に収益事業を営む場合には，その収益事業から生じた所得についてのみ法人税が課税されます（法人税法第2条，第3条，第4条第1項）。

　後援会や同窓会，PTAなどの外郭団体は通常この「人格のない社団等」に該当しますので，課税関係の取扱いは学校法人が収益事業を営んでいる場合とほぼ同様のものとなります。主な相違点としては，まず法人税率について，公益法人等の税率は普通法人よりも優遇されていますが，人格のない社団等の場合は普通法人と同じ税率が適用されるという違いがあります。また，人格のない社団等は，公益法人等に適用されるみなし寄付金の規定（法人税法第37条第5項）の適用はありません（法人税基本通達15-2-4（注））。

567

Q10-8

資産運用管理のポイントは？

余裕資金があるので，資産を運用したいのですが，学校法人が資産運用する際にどのようなことを気を付けたらよいでしょうか。

1　資産運用の基本方針

　一般に学校法人がどのような方法で資産の運用を行うかについては，各学校法人が寄附行為や関連諸規定等に従い，自らの責任において決定するものです。その際，資産の効率的な運用を図ることが一般論としては求められますが，一方で，学校法人の資産は，その設置する学校の教育研究活動を安定的・継続的に支えるための大切な資産であるため，運用の安全性を重視することが求められることはいうまでもありません。

　また，令和6年8月28日に「アセットオーナー・プリンシプル」（アセットオーナーの運用・ガバナンス・リスク管理に係る共通の原則）が確定しました。これを受け，受益者等の最善の利益を勘案して資産を運用する責任（フィデューシャリー・デューティー）を果たすために，例えば以下の項目の策定・見直しを行う機会になるのではないでしょうか。

・運用目的
・運用目標
・運用方針
・体制整備（外部知見の活用や外部委託の検討を含む）
・リスク管理，運用状況の見える化

●第10章　その他●

2　資産運用の形態

　学校法人の資産運用の形態としては，預金や公共債（国債・地方債・政府保証債）等の保有のほか，近年，仕組債やデリバティブ（金融派生商品）などの新たな金融商品による運用も目立つようになっています。特に，デリバティブは，金融の自由化，国際化の流れの中で，金融・証券市場で大きく拡大しており，市場における金利や為替の変動リスク回避の手段として利用されるほか，それ自体が投資目的としても利用される場合もあるようです。デリバティブは，少ない投資金額で多額の利益を得る可能性もありますが，逆に多額の損失を被るリスクがあることに留意する必要があります。また，いわゆる仕組債は，一般にデリバティブが組み込まれた債券とされていますが，必ずしも元本保証のあるものだけではありません。

　学校法人としては，元本が保証されない金融商品による資産運用については，その必要性やリスクを十分に考慮し，慎重に対応すべきです。学校法人の理事長を含む理事は学校法人に対して善良な管理者の注意義務を負っていること，また，資産運用に従事する学校法人職員もその職責に相応する注意義務を負っていることを再認識する必要があります。

3　資産運用に対する内部統制

　学校法人の資産運用については，その安全性の確保に十分留意し，必要な規程等の整備を行い，学校法人としての責任ある意思決定を行うとともに，執行管理についても規程等に基づいて適正に行うなど，内部統制の確立に努めることが必要です。

　具体的には，学校法人の経営の最終的な意思決定及び理事の職務執行の監督を掌る機関は理事会であることを前提とした上で，資産運用関係規程の整備等を通じ，①安全性の重視など資産運用の基本責任，②理事会・理事長・担当理事・実務担当者など資産運用関係者の権限と責任，③具体的な意思決定の手続，④理事会等により運用状況のモニタリングなど執行管理の手続，⑤教育研

569

究活動の充実改善のための計画に照らした資産運用の期間及び成果の目標，⑥保有し得る有価証券や行い得る取引等の内容，⑦資産運用に係る限度額等の明確化に努めるなど，資産運用に係る意思決定と執行管理の一層の適正化を図ることが重要と考えられます。すなわち，学校法人には，資産運用に関する責任ある意思決定と執行管理が行われる体制を確立することが求められています。

Q10-9
科学研究費補助金等を適正に管理するための体制を構築する際のポイントは？

　科学研究費補助金等を適正に管理し，不正使用等を防止するための体制を構築したいと考えています。このためにはどのような点に留意することが必要でしょうか。

1　研究機関の責任者による管理体制構築の必要性

　文部科学省は，平成19年2月15日に「研究機関における公的研究費の管理・監査のガイドライン（実施基準）」（令和3年2月1日改正）（以下「ガイドライン」という。）を公表しました。このガイドラインは，科学研究費補助金等の公募型研究資金（以下「科学研究費補助金等」という。）の配分先である研究機関（学校法人を含む。）が，科学研究費補助金等を適正に管理するために必要な事項をまとめたものです。さらに文部科学省は，ガイドラインの内容を詳細に示すものとして各年度において「科学研究費補助金の使用について各研究機関が行うべき事務等」を公表しています。

　文部科学省のガイドラインには，次の2つの大前提となる考え方があります。
① 　交付された科学研究費補助金等が個々の研究者の研究遂行を補助する性格を有するものであっても，国民の信頼に応えるため，研究機関の責任者は責任をもって科学研究費補助金等を管理すべきであるという原則を一層徹底すべきである。
② 　科学研究費補助金等の管理をゆだねられた研究機関の責任者は，科学研

究費補助金等の不正使用等の要因を除去し，抑止機能のある環境と体制を構築すべきである。

　すなわちガイドラインは，研究機関が学校法人である場合には学長等が，科学研究費補助金等を適正に使用するための組織風土の醸成と管理体制の構築を行うことの必要性を示しています。これは学長等に対して科学研究費補助金に係る内部統制を整備し運用することを求めている，と言い換えることができます。

　ガイドラインの適用によって，科学研究費補助金にかかる内部統制の整備・運用が進み，その結果として研究費不正は大きく減少しましたが，依然として研究費不正が認定され続けているのもまた事実です。文部科学省は研究費不正が発生する主な要因として以下3点を挙げています。

① 不正防止のPDCAサイクル＜Plan（計画）・Do（実施・実行）・Check（点検・評価）・Action（改善）＞の形骸化

② 機関全体への不正防止意識の不徹底

③ 内部牽制の脆弱性

　このような状況を踏まえ，文部科学省は繰り返される研究費不正を根絶すべく令和3年2月1日にガイドラインの再改正を行いました。今般のガイドライン改正は，①ガバナンスの強化，②意識改革，③不正防止システムの強化，の3項目を柱とする不正防止対策の強化及びより実効的な取り組みを促すために，従前のガイドラインの記述をさらに具体化・明確化する内容となっています。

2　科学研究費補助金等に係る内部統制に求められる主な項目

　科学研究費補助金等を適正に管理するためには，主に次の項目を含んだ内部統制を整備し運用していくことが必要となります。

(1)　科学研究費補助金等の運営・管理のための統制環境の構築

① 学内における科学研究費補助金等の運営・管理に係る者の責任と権限の体系化

●第10章　その他●

具体的には学長等を科学研究費補助金等の最高管理責任者として定め，その補佐役として統括管理責任者を定める等により責任と権限を体系化，明確化した上で，学内はもとより可能であれば学外に公表します。

② 教員及び職員等関係者の意識向上

教員及び職員に対して，学校法人が公的資金である科学研究費補助金等の適切な管理を行うべきであることの認識を浸透させるために，研修会や説明会の開催及び各会議での連絡等を行います。

③ 科学研究費補助金等のルール及び職務権限の明確化

事務処理手続等のルールや処理を行う際の職務分掌及び職務権限を学校法人全体として統一した上で明確化します。また研修会や説明会の開催や文書の通知等により，その内容を教員及び事務職員に周知します。

(2) **不正の発生要因の把握と不正防止計画の策定・実施**

① 不正は複数の要因により発生する可能性があるため，学内全体の協力を得て要因の分析を行います。また，不正防止計画を策定する際は優先順位を付して対応策に取り組みます。

② 学長等最高管理責任者がリーダーシップを発揮して不正防止計画を実施することが必要です。このためには学長等の直属の機関として計画実行を推進する部署を設置し，計画の進捗管理を行うことが望まれます。

(3) **科学研究費補助金等の運営・管理のチェック手続**

① 当初の研究計画と予算の執行状況を比較することにより計画遂行状況の妥当性を検討し，必要に応じ改善策を講じます。

② 物品の調達の際は，当事者以外の者が発注・検収業務を担当する，検収センターを設置し，発注者以外の者が検収業務を担当する等の方法により職務分離を図ることが必要です。

③ 非常勤雇用者等の採用や契約更新時の面接を事務局側も行い，採用後も事務局側が非常勤職員と面談したり，出勤簿を閲覧する等により勤務実態を把握することが望まれます。

573

④　物品調達の際の納品書や旅費に関する領収書等の証憑書類の入手及び保管を徹底します。

(4)　学校内外からの情報伝達の確保

①　科学研究費補助金等の使用ルール等に関する相談の受付窓口を設置します。

②　内部通報制度を導入し，学校内外からの通報（告発）窓口を設置します。

③　ルールの形骸化やルールを遵守することが困難な状況の発生に関する情報をタイムリーに把握し，学長等に報告する体制を整えます。

(5)　モニタリングの充実

①　学長の直属の機関として内部監査部門を設置し，学校全体的観点から科学研究費補助金費等の業務運営をモニタリングできる人材を配置します。

②　内部監査部門と監事及び会計監査人との連携を強化します。

③　モニタリングの実効を上げるため，書面のチェックのほかに関係者へのヒアリングや現場での観察等を行います。

④　会計書類の形式要件等のチェックのみならず現在のルールや実施体制について改善すべき点がないかを検証します。

⑤　内部監査業務の品質の維持向上のため，具体的な監査手順を記載したマニュアルを整備・充実します。

3　令和3年改正ガイドラインへの対応のポイント

令和3年改正のガイドラインを踏まえた科学研究費補助金等にかかる内部統制の整備・運用については，次の点に留意することが必要です。

(1)　ガバナンスの強化

学長等は，不正防止対策の基本方針や具体的な不正防止対策を策定するにあたって，①理事会等において審議を主導するとともに，②その実施状況や効果等について役員等と議論を深めることが求められます。

●第10章　その他●

　また，監事はモニタリングや内部監査によって識別された不正発生要因が不正防止対策に反映・実施されていることを確認し意見を述べるとともに，その結果を理事会等において定期的に報告し意見を述べることが求められます。

(2)　意識改革

　統括管理責任者は，科学研究費補助金等にかかる内部統制の整備・運用に関するコンプライアンス教育に加え，啓発活動の具体的な計画（対象・時間・回数，実施時期，内容等）を策定・実施し，教員及び職員等関係者の意識の向上と浸透を促すことで，学校法人全体として不正を防止する風土を醸成する取組みが求められます。なお，新たに実施が義務付けられた啓発活動については，少なくとも四半期に1回程度，全ての教員及び職員等関係者に対して，不正防止計画や，不正事例とその発生要因等を共有することが必要です。

(3)　不正防止システムの強化

　「公認会計士等の外部有識者を加えて内部監査を実施することが望まれる」との記載から，「専門的な知識を有する者（公認会計士や他の機関で監査業務の経験のある者等）を活用して内部監査の質の向上を図る」と，公認会計士等の参画が要件化されました。

　また，近年，「旅費」関係の研究費不正が増加していることを受け，研究者を支払に関与させない仕組みとしてコーポレートカードの利用等が明文化された点にも留意が必要です。

575

Q10-10
大きな災害において生じた収入・支出等の会計処理のポイントは？

大きな災害時における収入・支出等にはどのようなものがあり，どのような科目で計上するのですか。

1 東日本大震災に関して公表された会計処理について

平成23年3月30日に，日本公認会計士協会から会長通牒平成23年第2号「東北地方太平洋沖地震による災害に関する学校法人監査の対応について」が公表されました。その趣旨は地震による災害が学校法人の会計処理及び監査人の監査対応に関して様々な困難をもたらすことが予想されるため，監査上の留意事項を取りまとめたものです。今後，同じような大きな災害が生じた際に，学校法人が会計処理をするにあたっての参考となります。

2 被災した学校法人に係る収入・支出等の会計処理

(1) 義援金受入れの処理

義援金の現金による受入れは寄付金収入（特別寄付金），現物での受入れは現物寄付として処理します。金額が多額となる場合は，震災に係る義援金収入が含まれている旨注記することが適当ですが，小科目で震災義援金収入，現物震災義援金として計上することも考えられます。

収受した義援金は寄付者の意向等があれば該当部門に計上し，特別の意思表示が確認できなければ，被災状況を勘案し合理的な方法により按分し各部門に計上します。

●第10章　その他●

⑵　校舎等の損壊したことによる資産処分差額の処理

校舎等が損壊したことにより計上する資産処分差額は，災害が発生した日の属する年度に計上します。なお，事業活動収支計算書では，当該資産処分差額は災害によるものであることが明確なため，「災害損失」として特別収支に計上されるものと考えられます。

一方，撤去費用又は修繕費が発生した場合はこれを実施した日の属する年度に資金収支及び事業活動収支取引として計上しますが，場合によっては災害が発生した日の属する年度に合理的な見積額を引当計上することも考えられます。この場合，翌年度に金額が確定したときには，見積額と確定額との差額は過年度修正額として処理するものと考えられます。

⑶　被災により失った現金等の処理

被災により失った現金等を処理する場合には，管理経費の雑費等として処理します。

⑷　被災額が相当多額になる場合の開示等

被災により生じた資産処分差額については，事業活動収支計算書における特別収支その他の特別支出の災害損失に計上され，災害に対応する復旧や現状回復のための支出は，教育活動収支に計上されます。これらの被災額が相当多額になる場合は，その内容を「その他財政及び経営の状況を正確に判断するために必要な事項」として注記するか，または，中科目として「震災関連資産処分差額」，「震災関連費（支出）」等を設けて表示し，形態分類による小科目を注記することは認められるものと思います。

⑸　損害保険金の交付に係る会計処理

固定資産等に対する損害保険の付保状況により，保険金が交付される場合，通常は，損害は発生したときに計上し，収入は確定したときに会計処理されますが，保険金の確定までには時間を要することが多いことから，被害に対応する付保状況について注記により適切に説明することが望まれます。

⑹　学生生徒等・教職員等への見舞金の処理

被災した学生生徒等あるいはその家族等への見舞金は，教育研究経費の福

577

利費，教職員等への見舞金は，管理経費の福利費等により処理します。

⑺　学生生徒等への貸付金の処理

　被災した学生生徒等又は教職員等に対して，貸付を行った場合には，「貸付金支出」により処理しますが，貸付金規程の整備が望まれます。

⑻　迂回ルートの交通費

　交通機関の停止等により発生した通常のルート以外の教職員の交通費は，教育研究経費または管理経費の旅費交通費となります。迂回ルートによる出勤が長期にわたり，その費用が通勤費として支給される場合は，人件費となります。

⑼　被災した学生生徒等及び入学予定者に対する授業料等の減免の処理

　被災した学生生徒等及び入学予定者に対する授業料等の減免については，教育研究経費の奨学費等に計上しますが，学費減免規程の整備が望まれます。また，国又は地方公共団体から学費に関する補助金が交付される場合には，補助金収入を計上し，授業料収入を減額しますが，減額の方法は直接減額法，間接減額法いずれかによります（〔Q 2 −10〕参照）。

⑽　基本金の処理

　第 1 号基本金組入対象資産を被災により失いその諸活動の一部又は全部を廃止した場合，又は資産の減失を機に合理化を図り当該資産を保有しなくとも従来の教育水準を維持するのならば基本金取崩しの対象となります。再取得の計画があるのならば，基本金組入額を繰り延べます。

⑾　計算書類の注記

　被災の状況に応じ「その他財政及び経営の状況を正確に判断するために必要な事項」に以下の事項を注記することが望まれます。

  ①　その旨

  ②　被害の状況（被災場所，被災資産の種類及び帳簿価額，撤去費用の見積額等）

  ③　被害の状況等に合理的な見積もりに関し説明を要する場合，その旨及びその理由

●第10章　その他●

④　当該被害が，教育研究活動又は収益事業に及ぼす影響

3　主として被災地以外の学校法人に係る支出等の会計処理

⑴　義援金支出

　義援金支出は，私学団体又は日本赤十字社や被災地の地方公共団体等を通じて行う場合と学校法人に直接行う場合がありますが，金額が多額となる場合は，管理経費の震災義援金となります。支出部門が特定できない場合は，学校法人部門で計上します。また，食料品や備品を購入して寄付した場合はその購入金額を計上します。

⑵　現物による義援に係る処理

　学内の機器備品を被災地に寄付した場合，資産処分差額の○○震災義援処分差額等で表示します。

⑶　被災地の学生生徒等の受け入れに伴う支出に係る処理

　被災地の学生生徒等を一時的に受け入れた場合には，授業料等の減免や教科書等の無料配布等が想定されますが，これらに係る支出は教育研究経費の奨学費で表示します。

579

Q10-11
子ども・子育て支援新制度による影響は？

平成27年4月から始まった，いわゆる「子ども・子育て支援新制度」とはどのようなものですか。また，幼稚園を設置している学校法人では，会計又は監査にどのような影響があったのでしょうか。

 1　子ども・子育て支援新制度の概要

(1)　子ども・子育て支援新制度の意義

　わが国における急速な少子化の進行並びに家庭及び地域をとりまく環境の変化に伴い，幼児期の学校教育，保育，地域の子ども子育て支援を総合的に支援するために，以下の法律が平成24年8月に制定され公布されました（いわゆる「子ども・子育て関連3法」）。

・子ども・子育て支援法（平成24年法律第65号）
・就学前の子どもに関する教育，保育等の総合的な提供の推進に関する法律の一部を改正する法律（平成24年法律第66号）
・子ども・子育て支援法及び就学前の子どもに関する教育，保育等の総合的な提供の推進に関する法律の一部を改正する法律の施行に伴う関係法律の整備等に関する法律（平成24年法律第67号）

　「子ども・子育て関連3法」に基づく「子ども・子育て支援新制度」（以下「新制度」という。）は，幼児期の学校教育・保育，地域の子育て支援の量及び質の充実を図ることを目的としたものであり，具体的な内容は以下のとおりです。

　①　認定こども園，幼稚園，保育所を通じた共通の給付（施設型給付（委

託費を含む。))の創設
② 小規模保育等への給付（地域型保育給付）の創設
③ 地域の実情に応じた子ども・子育て支援（地域子ども・子育て支援事業）の充実

なお，新制度の実施主体は市町村であり，地域のニーズに基づき計画を策定，給付・事業を実施することとされています（「研究報告第21号」）。

子ども・子育て支援新制度の概要を図示すると以下のとおりです。

【私立学校振興助成法と子ども・子育て支援新制度の関係】

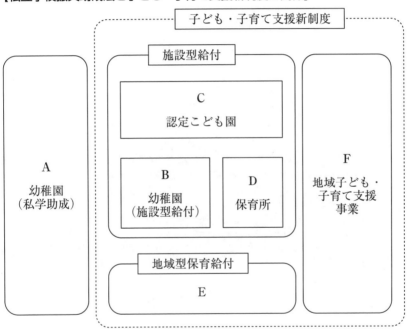

＊「研究報告第21号」1-1より一部修正のうえ掲載

(2) 新制度における給付制度の概要

新制度は，「施設型給付（委託費を含む。）」及び「地域型保育給付」という2つの給付制度を創設し，認定こども園，幼稚園（新制度へ移行した幼稚園），保育所及び小規模保育等に対する財政支援の仕組みを共通化しています。

ここで，保育所，幼稚園，認定こども園とは以下をいいます。

保育所	児童福祉法に基づき，保育を必要とする乳幼児[*1]を保育することを目的とする児童福祉施設
幼稚園	学校教育法に基づき，幼児に対し学校教育を施すことを目的とする教育施設　なお，現状では入園資格は満3歳からとなっています。
認定こども園[*2]	幼稚園，保育所等のうち，以下の機能を備え，就学前の子どもに関する教育，保育等の総合的な提供の推進に関する法律に基づいて，都道府県知事等から「認定こども園」の認可・認定を受けた施設 (1)　小学校就学前の子どもに幼児教育・保育を提供する機能（保護者が働いている，いないにかかわらず受け入れて，教育・保育を一体的に行う機能） (2)　地域における子育て支援を行う機能（すべての子育て家庭を対象に，子育て不安に対応した相談活動や，親子の集いの場の提供などを行う機能） 　学校法人が設置する幼稚園や認可保育所等のうち，認定基準を満たす機能を備え，認可・認定を受けた施設については認定こども園となります。

*1　乳児とは満1歳に満たないもの，幼児は満1歳から小学校就学の始期に達するまでのものをいいます。（児童福祉法（昭和22年法律第164号）第4条）
*2　こども家庭庁によると，認定こども園には，地域の実情に応じて次のようなタイプがあるとされています。
・幼保連携型：幼稚園的機能と保育所的機能の両方の機能を持つ単一の施設として，認定こども園としての機能を果たすタイプ
・幼稚園型：認可幼稚園が，保育が必要な子どものための保育時間を確保するなど，保育所的な機能を備えて認定こども園としての機能を果たすタイプ
・保育所型：認可保育所が，保育が必要な子ども以外の子どもも受け入れるなど，幼稚園的な機能を備えることで認定こども園としての機能を果たすタイプ
・地方裁量型幼稚園：保育所いずれの認可もない地域の教育・保育施設が，認定こども園として必要な機能を果たすタイプ

(3)　地域型保育給付

　地域型保育事業は，事業主体や認可定員等の条件により4つの事業類型が設けられています。

①　小規模保育事業

②　家庭的保育事業

③　事業所内保育事業

●第10章　その他●

④　居宅訪問型保育事業

　これらを市町村による認可事業として，児童福祉法に位置付けた上で，地域型保育給付の対象としています（「研究報告第21号」1－4）。

⑷　地域子ども・子育て支援事業

　新制度では，市町村が地域の実情に応じ，市町村子ども・子育て支援事業計画に従って実施する「地域子ども・子育て支援事業」を行うことができるとされています。当該事業は保育のみならず多岐にわたりますが，学校法人と関連すると考えられる事業としては①一時預かり事業，②延長保育事業及び③放課後児童クラブ等が考えられます（「研究報告第21号」1－4）。

2　幼稚園における新制度への対応

　新制度の開始に伴い，幼稚園は以下のいずれかを選択したものと考えられます。

①　私学助成を継続する。

②　幼稚園のまま新制度へ移行する。

③　幼保連携型認定こども園へ移行する（私立学校法第2条第1項の規定により，私立学校法上の「学校」とされますが，「私立学校」に含まれるものは，学校法人が設置するものに限られます。）。

④　幼稚園型認定こども園へ移行する。

　幼稚園が新制度に移行した場合は，従来の私学助成（私立学校振興助成法第9条「一般補助」）に代わり施設型給付費を受領します。ここで，施設型給付費とは，施設の運営に標準的に要する費用総額として設定される「公定価格」から「利用者負担額」を控除した額であり，資金収支計算書上は大科目「補助金収入」小科目「施設型給付費収入」として取り扱うことが原則とされています。

3　新制度に移行した幼稚園における会計上の取扱い

　子ども・子育て支援新制度に関する自治体及び事業者の疑問を解消すること

583

を目的として内閣府から自治体向け FAQ が公表されています。

　これによると施設型給付費等に係る会計処理については，法人種別ごとの会計処理を求めることを基本としており，例えば学校法人が運営する施設や事業は学校法人会計基準を，社会福祉法人が運営する施設や事業は社会福祉法人会計基準を，株式会社が運営する施設や事業は企業会計基準を適用することとされています（自治体向け FAQ　第19.1版　令和3年10月1日 No. 373）。

　当該 FAQ では，会計処理・外部監査に関する Q&A が記載されていますので，会計処理等についてはこれを参考に行うことになります。なお，具体的な内容は〔Q10-12〕で解説します。

　ただし，当該 FAQ は随時更新されるため，実務の参考とする際には内閣府ウェブサイトから最新のものを入手する必要があります。

4　新制度に移行した幼稚園に対する外部監査

　幼稚園のみを設置する学校法人等が新制度に移行し「一般補助」の対象外となった場合，補助金の額が少額であることを理由として免除申請を行い所轄庁の許可を受けた場合には，私立学校振興助成法（以下「助成法」という。）監査の対象外となります。ただし，経常的経費としての「特別補助」を受けている場合には，補助金の額が少額な場合を除き従来どおり助成法監査の対象となることに留意が必要です。

　一方で，公費の適切な活用の観点からは，新制度に移行した幼稚園においても財務報告の透明性が求められるところです。そのため，公認会計士等による監査の必要性も認識されており，施設型給付に係る公定価格において，外部監査を受けた場合に一定額の加算を行うこととなりました（平成27年内閣府告示第49号（最終改正令和6年こども家庭庁告示第9号）「特定教育・保育，特別利用保育，特別利用教育，特定地域型保育，特別利用地域型保育，特定利用地域型保育及び特例保育に要する費用の額の算定に関する基準等」第1条第28号に規定する「外部監査費加算　当該施設等において，会計監査人による外部監査を実施した場合に加算されるものをいう。」）。

●第10章　その他●

　したがって，助成法監査の対象外となったとしても，任意監査として助成法第14条第2項の規定に準じた監査を行う場合が想定されます。当該監査の取扱いについては，日本公認会計士協会が2021年9月16日を最終改正として学校法人委員会研究報告第32号「施設型給付費を受ける幼稚園のみを設置する学校法人等の監査上の留意事項及び監査報告書の文例」を公表しています。

Q10-12

施設型給付費を受ける学校法人の会計処理は？

施設型給付費を受ける学校法人の会計処理及び外部監査における留意点を教えてください。

A 子ども・子育て支援新制度に関する自治体及び事業者の疑問を解消することを目的として内閣府から「自治体向け FAQ（よくある質問）」が公表されています。本書執筆時現在では令和 3 年10月 1 日付の第19.1版（以下「FAQ」という。）が最新ですが，その65頁からの【会計基準・外部監査】が施設型給付費を受ける学校法人の会計及び監査に関する実務上の参考となると考えられます。以下 FAQ の内容を要約して解説します。

1 適用される会計基準（FAQ373・374）

〔Q10－11〕に記載したように施設型給付費等に係る会計処理については，法人種別ごとの会計処理を求めることを基本としており，学校法人が運営する施設や事業は学校法人会計基準が適用されます。

また，いわゆる102条園（宗教法人立や個人立の幼稚園等）において，公的な会計基準が設けられていない施設が施設型給付費を受ける場合についても，原則として学校法人会計基準に準じた会計処理が求められています。

ただし，施設型給付費を受ける個人立の幼稚園については，事務体制の制約等により，学校法人会計基準に準じた処理が困難な場合も考えられます。そのような場合，必ずしも基準に準拠した会計処理を義務付けるものではありませんが，公認会計士又は監査法人による外部監査を受けて監査証明を得ることが困難な場合も考えられるため，可能な限り，当該基準に準じた会計処理を行う

●第10章　その他●

ことが望まれるとされています。

2　会計処理の概要

⑴　収入の計上科目

　交付される施設型給付費は，施設の運営に標準的に要する費用総額として設定される「公定価格」から「利用者負担額」を控除した額として算定されます。

　なお，利用者負担額は以下のように区分されます。

　　基本負担額：公定価格における利用者負担額（国基準の範囲内で市町村が定める額）

　　特定負担額：特定教育・保育施設及び特定地域型保育事業の運営に関する基準（平成26年内閣府令第39号。以下「運営基準」という。）第13条第3項に規定する特定教育・保育の質の向上に係る対価として保護者の同意を得て支払いを受ける額

　学校法人で新制度に移行した私立幼稚園・認定こども園（以下「新制度園」という。）においては，資金収支計算書上，以下のように取り扱うことが適当と考えられます。

施設型給付費 （FAQ378）	大科目「補助金収入」小科目「施設型給付費収入」 　ただし，施設型給付費が，法的には保護者に対する個人給付と位置付けられるものであるという点を重視して所轄庁（都道府県知事）の方針のもと，大科目を「学生生徒等納付金収入」とすることも可能とされています。なお，その場合でも小科目は「施設型給付費収入」とする必要があります。
利用者負担額（基本負担額） （FAQ377）	大科目「学生生徒納付金収入」小科目「基本保育料収入」
利用者負担額（特定負担額） （FAQ379）	大科目「学生生徒納付金収入」小科目「特定保育料収入」 　なお，小科目には特定保育料収入（施設整備費）等，使途を示す費目を付記することも考えられます。

587

なお，運営基準第13条第4項に規定する特定教育・保育において提供される便宜に要する費用として保護者の同意を得て支払いを受ける額（いわゆる実費徴収額）に係る会計処理については，従来の私学助成を受ける幼稚園における取扱いと同様，徴収の実態等に応じて取り扱うものとします（FAQ 382）。

　また，学校法人立の新制度園においては，収支予算書に学生生徒等納付金収入（利用者負担額）と補助金収入（施設型給付費）を，それぞれ区分して計上する必要がありますが，収支予算書提出時点では各入園予定者の基本保育料（利用者負担額）が必ずしも明らかではないことがあります。このような場合は，例えば，公定価格における利用者負担額の割合や前年度実績等を用いて見込額を計上し，必要に応じて補正予算で対応することが考えられます（FAQ384）。

⑵　入園前に納付する検定料等に係る会計処理

　新制度園への入園前には，検定料やいわゆる入園料が納付されるのが通常です。入園料として入園内定者から費用を徴収する場合，その費用の性格については，①入園やその準備，選考などに係る事務手続等に要する費用の対価又は②教育・保育の対価の大きく2つに分けられますが，その性格に応じて会計処理が異なります。

　これらに関する会計処理を要約すると以下のとおりです（FAQ380・381）。

●第10章　その他●

項目	資金収支計算書における計上科目		資金収入又は事業活動収入として計上される時期
検定料	（大科目）　手数料収入 （小科目）　入学検定料収入		入園年度の前年度の収入
入園料	①入園受入準備費 入園やその準備，選考などに係る事務手続等に要する費用の対価	（大科目） 　手数料収入 （小科目） 　入園受入準備費収入	入園年度の前年度の収入
	②特定負担額 教育・保育の対価（特定負担額として一定の条件で徴収されたもの）	（大科目） 　学生生徒等納付金収入 （小科目） 　特定保育料収入（なお，小科目に使途を示す費目を付記する場合は，「入園料」ではなく，具体的な費目を用いることとされています。）	入園年度の収入（入園年度の前年度中に徴収した場合には，いったん「前受金収入」として処理）

⑶　**給食費の実費徴収の取扱い（FAQ395）**

　学校法人が運営する新制度園における給食費の実費徴収については，従来の私学助成を受ける幼稚園における取扱いと同様に，徴収の実態等に応じて取り扱うものと考えられます。例えば，以下の取扱いが考えられます。

　①　（大科目）付随事業・収益事業収入（小科目）補助活動収入として計上補助活動収入とは別の小科目を設けて処理することも考えられます。

　②　食育等の観点から教育（保育）の実施に必要な経費として，合理性が認められる場合には，学生生徒等納付金として処理

　③　給食を外部搬入している等の場合に，預かり金として処理

⑷　**人件費の計上区分**

　①　新制度における「保育教諭」に係る人件費（FAQ396）

　　就学前の子どもに関する教育，保育等の総合的な提供の推進に関する

法律第14条10項において，「保育教諭は，園児の教育及び保育をつかさどる。」と規定されており，保育教諭は教育に従事する教員であることから，保育教諭人件費は「教員人件費」に計上することとされています。これは，当該保育教諭が担当する子どもの認定区分にかかわらず，同様の取扱いとなります。

② 新制度における「保育士」に係る人件費（FAQ397）

保育士資格を有する者のうち，保育士として勤務する者（幼保連携型認定こども園以外の認定こども園や保育所，小規模保育事業等で勤務する場合，一時預かり事業や子育て支援活動に従事する場合）は「職員人件費」として計上することになります。

なお，幼保連携型認定こども園に関しては，認定こども園法一部改正法附則第5条の規定により，保育士資格のみを有する者が保育教諭となることも可能とされているため，当該規定により保育教諭となる者については，「教員人件費」として計上することになります。

3 認定こども園における取扱い

(1) 部門計上の要否

学校法人会計基準により計算書類を作成する場合，資金収支内訳表等により部門別の収支を記載する必要があります。その場合，以下のように認定こども園は1つの部門として取り扱うものとされています。

① 幼保連携型認定こども園（FAQ385）

新制度における幼保連携型認定こども園は，学校（及び児童福祉施設）としての法的位置付けを持つ単一の施設であり，認定こども園を1つの単位として施設型給付費により財政支援を行うことから，1つの部門となります。

② 幼稚園型認定こども園（単独型）（FAQ386）

幼稚園のみで構成する認定こども園（いわゆる幼稚園型認定こども園（単独型））については，学校として1つの部門として取り扱うこととさ

●第10章　その他●

れています。

③　幼稚園型認定こども園（並列型及び接続型））（FAQ386）

　　幼稚園及び保育機能施設により構成する認定こども園（いわゆる幼稚園型認定こども園（並列型及び接続型））についても，子ども・子育て支援法（以下「支援法」という。）において，認定こども園を1つの単位として施設型給付費により財政支援を行うため，施設型給付費を幼稚園と保育機能施設に区分して会計処理することとした場合の事業者の事務負担等も考慮し，幼稚園型認定こども園を1つの部門として取り扱うこととされています。

⑵　**新制度への移行に伴う収支の計上部門**

①　幼保連携型認定こども園への移行（FAQ387）

　　幼保連携型認定こども園への移行に当たっては，新たに認可（みなし認可を含む）を受けることとなるため，従来の学校新設等の会計処理と同様，移行に伴う収支（前受金や施設整備費等の準備経費など）は法人部門に計上し，移行後必要に応じて，認定こども園部門に適宜振替処理等を行うこととなります。

②　幼稚園から幼稚園型認定こども園への移行又は幼稚園型認定こども園のまま新制度に移行

　　新たに認可を受ける施設がないことから，移行に伴う収支は，引き続き，幼稚園部門に計上することとなります。

⑶　**教育研究経費と管理経費の区分（FAQ388・389）**

　幼保連携型認定こども園及び幼稚園型認定こども園は，共に教育・保育施設（支援法第7条第4項）として教育・保育を一体的に提供していることから，そこで計上される経費は基本的に管理経費に該当する経費等を除き，教育研究経費として取り扱うこととされています。なお，都道府県知事を所轄庁とする学校法人にあっては，従来どおり，教育研究経費の科目及び管理経費の科目に代えて，経費の科目を設けることができます。

591

4 外部監査等の取扱い

(1) 新制度に移行した私立幼稚園に対する検査等（FAQ376）

施設型給付に移行する私立幼稚園については，市町村が確認権者として運営基準を満たしているか確認するために監査等を行うことになります。同時に，施設型給付に移行しても私立幼稚園としての認可，学校法人としての認可は所轄庁たる都道府県であることには変わりはありませんので，認可に伴う検査，報告徴収などは，引き続き，都道府県が実施することになります。

なお，私立幼稚園が施設型給付に移行することにより経常費助成費補助を受けなくなる場合，私立学校振興助成法（以下「助成法」という。）第14条の所轄庁への財務書類の届出義務の対象外となりますが，所轄庁において指導監督に必要な範囲で引き続き財務書類を徴収することは直接の法令の規定がなくとも可能とされています。

(2) 外部監査費加算の要件である公認会計士等の監査の概要

① 当該監査の意義（FAQ393）

学校法人における外部監査費加算の要件である公認会計士等の監査とは，助成法第14条第2項に規定する公認会計士又は監査法人の監査（学校法人立の場合）及びこれに準ずる公認会計士又は監査法人の監査をいいます。

② 監査報告書等の提出範囲（FAQ392）

当該外部監査の監査報告書等は，市町村への提出は必須になります。一方，引き続き私学助成（特別補助）を受けている施設のうち，助成法第14条第2項に規定する公認会計士等の監査実施を義務付けられている場合には，都道府県への監査報告書の提出は必須です。ただし，補助金の額が少額であって，所轄庁の認可を受けた場合は，助成法に基づく監査は必要ありません。私学助成を一切受けなくなる施設についても同様です。

③ 文部科学大臣所轄法人の取扱い（FAQ391）

●第10章　その他●

文部科学大臣所轄法人（大学等を設置する学校法人）が私学助成を受ける場合は，助成法第14条第2項に規定する監査報告書を作成し，所轄庁（文部科学大臣）に提出する必要があります。市町村に提出する監査報告書は，助成法第14条第2項に規定する監査報告書で足りるものとされており，外部監査費加算の対象にもなります。高等学校等を設置する知事所轄法人が新制度園を設置している場合においても，同様の取扱いとされています。

④　外部監査を受けた場合の自治体監査の取扱い（FAQ390）

新制度園が公認会計士又は監査法人による外部監査を受けた場合には，市町村による通常の会計監査の対象外となります。ただし，運営面の適正さを担保するために，市町村による定期的な指導監督又は軽微とは認められない指摘を受けた場合の監査等は実施されます。

⑶　**新制度園の外部監査に係る監査事項（FAQ394）**

新制度園においても，監査事項については，従来どおり，所轄庁の判断により指定することが基本です。しかしながら，新制度においては，都道府県ごとの私学助成とは異なり，国基準を踏まえ教育・保育の標準的な運営に係る費用として公定価格を設定することから，新制度園における外部監査に係る監査事項について，一定の統一的取扱いとすることが適当と考えられます。そのため，所轄庁における監査事項の指定に当たっては，「文部科学大臣を所轄庁とする学校法人が文部科学大臣に届け出る財務計算に関する書類に添付する監査報告書に係る監査事項を指定する等の件」（平成27年文部科学省告示第73号）に準じて取り扱うこととされています。

593

Q10-13
学校法人が認可保育所を設置した場合の会計処理は？

学校法人が認可保育所を設置した場合，どのような会計処理を行えばよいか教えてください。

 1 認可保育所を設置している学校法人が作成する計算書類

「子ども・子育て関連3法」の施行に伴い，関連通知である「保育所の設置認可等について」（児発第295号　平成12年3月30日。以下「12児発第295号」という。）の改正（雇児発1212第5号　平成26年12月12日）が行われました。

これによると，従来，認可保育所を設置している学校法人は，社会福祉法人会計基準に基づく資金収支計算書，事業区分資金収支内訳表，拠点区分資金収支計算書及び拠点区分資金収支明細書（以下「資金収支計算書等」という。）を作成するか，又はそれに代えて「12児発第295号」に従い資金収支計算分析表の作成及び提出が必要とされていましたが，これらの作成及び提出の義務はなくなりました。ただし，積立金・積立資産明細書については引き続き作成し提出する必要があります（「研究報告第21号」）。

2 学校法人の設置する認可保育所の位置付け

「学校法人の設置する認可保育所の取扱いについて（通知）」（14文科高第330号）では，認可保育所は学校法人が行う教育研究事業と密接な関連を有する，いわゆる「附帯事業」と位置付けており，学校法人の会計においては，他の部門とは区分して扱うこととされています。また，「12児発第295号」において

●第10章　その他●

も，保育所の認可に当たって「保育所を経営する事業に係る区分を設けること」としているので，保育所は，資金収支内訳表等において，学校法人，○○大学，○○幼稚園などと並んで○○保育所として表示する必要があります。

なお，「14文科高第330号」の「いわゆる「附帯事業」」とは，付随事業と同義であるとされています（20文科高第855号）。

3　保育所部門の会計処理

委託費収入は，資金収支計算書上，大科目「補助金収入」において，例えば「保育給付費収入」といった小科目で計上されます。このほかの補助金，寄付金，利息，人件費，経費などは学校法人会計基準により，学校の経理規程に従ってそれぞれの小科目で処理することになります。

なお，保育所事業部分について，社会福祉法人会計基準により別途処理し，年度に一括して学校会計に組み入れる方法によっている場合，保育所の経費支出を管理経費において保育所経費支出等の一科目で表示することも認められます。ただし，金額が僅少でない場合には，形態分類による小科目を注記することが必要です（「研究報告第21号」2－2）。

なお，保育所収支の表示は，総額により表示し純額表示は認められません（「研究報告第21号」2－4）。また，収支については，個別に計上できる収支は，当然個別に部門計上しますが，保育所と他の部門との共通収支は，「資金収支内訳表等の部門別計上及び配分について（通知）」（昭和55年11月4日　文管企第250号）により配分計上します（「研究報告第21号」2－5）。

そのほか，保育事業における会計処理については，以下のような留意点があります。

595

保育所事業からの資金の貸付（「研究報告第21号」2-3）	保育所事業からの資金の貸付については，「子ども・子育て支援法附則第6条の規定による私立保育所に対する委託費の経理等について」（府子本第254号通知4(2)）において，「委託費の同一法人内における各施設拠点区分，本部拠点区分又は収益事業等の事業区分への資金の貸付は，法人の経営上やむを得ない場合に，当該年度内に限って認められる。」とされています。 また，同通知では「同一法人内における各施設拠点区分，本部拠点区分又は収益事業等の事業区分以外への貸付は一切認められない。」とされている点に留意が必要です。
保育所で保育を担当する者の人件費（「研究報告第21号」2-6）	保育事業は教育事業そのものではなく付随事業であるため，保育士の人件費は，「14文科高第330号」により，職員人件費として処理します。
保育所運営に係る経費の教育研究経費と管理経費の区分（「研究報告第21号」2-7）	保育事業は付随事業であり，「14文科高第330号」により，すべて管理経費となります。
保育所における少額重要資産の有無（「研究報告第21号」2-8）	保育所事業は付随事業としての位置付けであり，少額重要資産の定義に該当する資産はないものと考えられます。したがって，学校法人の機器備品の計上金額基準により，管理用機器備品又は消耗品費などで処理することになります。

4 基本金の考え方

　認可保育所は，学校法人が行う教育研究事業と密接な関連を有する付随事業であるため，保育所で取得・使用する固定資産は，学校法人がその諸活動の計画に基づき，併設する幼稚園や設置校の学部・学科の教育の充実向上のために取得するものであると考えられます。したがって，保育所で取得・使用する固定資産は第1号基本金の組入対象となります（「研究報告第21号」2－9）。

　一方，保育所は，学校法人が本来行うべき教育研究事業そのものではなく，設置する学校の教育研究に関連する付随事業として実施されるものです。あくまで「12児発第295号」の要請などから部門表示することとした（14文科高第330号）ものであり，保育所の廃止は，部門の廃止に該当しないと考えられます。したがって，この付随事業が本来帰属する部門，例えば保育学部等の部門

●第10章　その他●

において，基本金の取崩し要因のいずれかに該当する場合は，基本金取崩し対
象となります（「研究報告第21号」２−14）。

　また，第４号基本金は「恒常的に保持すべき資金の額について」の改正につ
いて（通知）」（25高私参第９号）に基づいて計上されますが，当該計算におい
て保育所に係る事業活動支出の額を差し引くなどの考慮をする必要はありませ
ん（「研究報告第21号」２−15）。

　ところで，幼稚園を設置している学校法人が新たに保育所を開設した場合
や，従来から保育所を設置していた場合，部門間で資産を共有あるいは転用す
ることが考えられます。

　このような場合の基本金の取扱いは以下のとおりです。

保育所開設に当たり，これまで幼稚園で使用してきた固定資産のうち幼稚園が使用しない資産を転用（当該資産は幼稚園部門に基本金組入済）した場合	幼稚園で使用してきた固定資産のうち使用しない固定資産を保育所に転用し，使用するのであれば基本金は，継続的に保持する場合に該当します（「研究報告第21号」2-10）。
保育所開設に伴い，これまで幼稚園で使用してきた固定資産の一部を共用とした場合	当該資産は既に基本金の対象とされているため，取崩しや修正減額の要因がない限り，基本金についての処理は不要です（「研究報告第21号」2-11）。
幼稚園児も保育所園児も使える遊具を新たに取得したが，資金は使用見込み割合に応じて幼稚園と保育所で半分ずつ拠出したような場合	それぞれの支出額に応じて基本金に組入れることになります。なお，主として一方が使用し，他は空き時間に利用するなどの理由により支出がいずれか一方であれば，支出のあった幼稚園又は保育所で基本金に組入れます（「研究報告第21号」2-12）。
保育所の園児が少なくなったため，保育所で取得していた備品を幼稚園で使用した場合	基本金の取崩しなどの処理は不要です（「研究報告第21号」2-13）。

5　地域型保育事業，地域子ども・子育て支援事業を実施した場合の会計処理

(1)　地域型保育事業（「研究報告第21号」２−16）

　基本的には，認可保育所に準じて行われます。これによる収入は，資金収

支計算書上，以下の科目で計上するものと考えられます。

市町村からの給付金：大科目「補助金収入」小科目「保育給付費収入」

利用者負担：大科目「付随事業・収益事業収入」小科目「補助活動収入」

なお，地域型保育所事業に係る収支は1つの部門を設けて表示します。

(2)　**地域子ども・子育て支援事業**（「**研究報告第21号**」**2－17**）

市町村からの事業の受託となり，これによる収入は，資金収支計算書上，以下の科目で計上するものと考えられます。

市町村からの給付金：大科目「付随事業・収益事業収入」小科目「受託事業収入」

利用者負担：大科目「付随事業・収益事業収入」，小科目「補助活動収入」等

ただし，上記処理は原則的な取扱いを示したものであり，例えば，市町村が補助金として給付を行う場合には，大科目「補助金収入」小科目「保育給付費収入」などの科目が考えられます。いずれの場合においても，市町村の指示や収入の性格，実態に応じて，会計処理する必要があります。

また，従来から幼稚園が実施している「預かり保育」については，定時を超えて幼稚園の在園児を預かるもので，保育所事業とは異なり，この収支は学校法人会計では補助活動収支として計上します。一方，新制度の幼稚園として移行した場合には，原則として，「地域子ども・子育て支援事業」の「一時預かり事業」に移行することに留意が必要です。

●第10章　その他●

Column

私学法監査における会計監査人の選任について

　令和7年度から大臣所轄学校法人等は会計監査人の設置が義務付けられます。

　学校法人の公共性の高さ，非課税法人であるということ，国または自治体から補助金が投入されていることから，社会からの期待に応える役割，健全な学校運営を担う責務，財務状況の開示，透明性のある仕組みの下で経営を行うべきだという社会的要請があることが，会計監査人が設置されることとなった背景です。そして，これらの社会的要請に応えるための学校法人のガバナンス機能の向上の一環として，会計監査人の設置，すなわち，私学法に基づく公認会計士監査が導入されます。

■私立学校振興助成法における監査人の選任

　従前から，私立学校振興助成法に基づく公認会計士監査は行われています。ここで，私立学校振興助成法に基づく監査は，補助金行政のための監査としての位置付けであるため，監査人は他の委託業者の選任と同じように選任される事例も多く見られました。すなわち，監査人候補者の選任は財務部門や管財部門が実施し，担当部門が稟議書を起案し，稟議書の承認で監査人が選ばれています。

■私立学校法における会計監査人の選任

　令和7年度以降，大臣所轄学校法人等においては，評議員会の決議によって，会計監査人を選任します（私立学校法第80条1項）。そして，評議員会に理事が提出する会計監査人の選任及び解任並びに会計監査人を再任

599

しないことに関する議案の内容は，監事が決定する（私立学校法第84条１項）とされています。

　すなわち，監事の同意を得た議案を評議員会に提出することを理事会で決議し，評議員会の決議で会計監査人を選任することとなり，改正法が施行される令和７年度以降最初に開催される評議員会で，私立学校法に基づく会計監査人を「選任」する手続が各法人において必要となります。

　従前の私立学校振興助成法に基づく監査人は長年継続して同一者が担当している事例も多く見られますが，大臣所轄学校法人等においては，令和７年度以降の会計監査人を改めて「選任する」という手続が必要となります。

　なお，本コラムは私立学校法改正対応の１つとして，令和７年度における会計監査人の選任（従来の監査人を留任することを含む。）に焦点を当てて解説しますが，令和７年度以降，会計監査人を「変更する」場合においても，以降で解説するプロセスが必要になります。

■令和７年度における会計監査人の選任について

　これまで私立学校振興助成法における監査人候補者を，財務部門や管財部門が選任していたプロセスとは異なる選任プロセスが必要となります。実務的にはどのように進めるのがよいのでしょうか。

　令和７年度の評議員会で，会計監査人の選任の議案を監事が決めて，評議員会の決議で選任することとなるため，「なぜこの監査法人（又は公認会計士）が本学の会計監査人として選任されるのか」という，会計監査人を選任する理由を法人内で整理し，議論し，関係者の同意を取り付けていくことが必要になります。

　そして，実務的には，従前の選任プロセスを担っていた財務部門や管財部門が，この議論を推進していく役割を担うケースが多いと思われます。

●第10章　その他●

それでは，どのように議論を進めていけばよいでしょうか。本コラムでは，進め方の例示をお示しします。

① 会計監査人を選任する際の考慮事項を検討する

　本学の会計監査人はかくあるべし，という考慮事項を整理します。選任の際の考慮事項は，会計監査の日数，監査の体制や監査報酬の水準が考えられますが，なぜこの監査法人（又は公認会計士）が本学の会計監査人として選任されるのかという，選任理由の整理，議論をするに際し，例えば以下のよう要素を検討することが有用です。

会計監査人選任時の考慮事項	
監査品質	学校法人のガバナンス機能の向上のためには高い監査品質が必要 ➢ 監査品質を担保するためにどのような体制を整備しているか ➢ 処分の有無
専門性（知識量）	学校法人の法令等に関する専門性が必要 ➢ 法令等の改正に対応するため，専門家の意見や実例をどの程度提供するのか ➢ 一般的に，一定数の学校法人と契約していることが，会計監査人の専門性の高さを判断するための指標となる
指導的機能	指導的機能の発揮が求められる ➢ 批判的機能の発揮は当然であり，学校法人のガバナンス機能の向上のために指導的機能が幅広く発揮されることが求められる

② 会計監査人を選任する際の考慮事項に基づき，現任の監査人を評価する

　上記①で検討した考慮事項に基づき，現任の監査人を改めて評価し，評価の結果，現任の監査人を選任するかどうかを検討します。

③ 会計監査人を選任する際の考慮事項及び会計監査人候補者の評価結果を理事会に上程する

④ 上記の評価結果に基づき，監事が会計監査人の選任議案を同意する

⑤ 理事会で評議員会に上程する議案を決議する

⑥ 上記の評価結果に基づき，評議員会が会計監査人の選任議案を決議する

〈編者紹介〉

有限責任監査法人トーマツ

　有限責任監査法人トーマツは，デロイト トーマツ グループの主要法人として，監査・保証業務，リスクアドバイザリーを提供しています。日本で最大級の監査法人であり，国内約30の都市に約3,000名の公認会計士を含む約8,100名の専門家を擁し，大規模多国籍企業や主要な日本企業をクライアントとしています。

　デロイト トーマツ グループは，日本におけるデロイト アジア パシフィック リミテッドおよびデロイトネットワークのメンバーであるデロイト トーマツ合同会社ならびにそのグループ法人（有限責任監査法人トーマツ，デロイト トーマツ リスクアドバイザリー合同会社，デロイト トーマツ コンサルティング合同会社，デロイト トーマツ ファイナンシャルアドバイザリー合同会社，デロイト トーマツ税理士法人，DT弁護士法人およびデロイト トーマツ グループ合同会社を含む）の総称です。デロイト トーマツ グループは，日本で最大級のプロフェッショナルグループのひとつであり，各法人がそれぞれの適用法令に従い，監査・保証業務，リスクアドバイザリー，コンサルティング，ファイナンシャルアドバイザリー，税務，法務等を提供しています。また，国内約30都市に約2万人の専門家を擁し，多国籍企業や主要な日本企業をクライアントとしています。詳細はデロイト トーマツ グループWebサイト（www.deloitte.com/jp）をご覧ください。

　Deloitte（デロイト）とは，デロイト トウシュ トーマツ リミテッド（"DTTL"），そのグローバルネットワーク組織を構成するメンバーファームおよびそれらの関係法人（総称して"デロイトネットワーク"）のひとつまたは複数を指します。DTTL（または"Deloitte Global"）ならびに各メンバーファームおよび関係法人はそれぞれ法的に独立した個別の組織体であり，第三者に関して相互に義務を課しまたは拘束させることはありません。DTTLおよびDTTLの各メンバーファームならびに関係法人は，自らの作為および不作為についてのみ責任を負い，互いに他のファームまたは関係法人の作為および不作為について責任を負うものではありません。DTTLはクライアントへのサービス提供を行いません。詳細はwww.deloitte.com/jp/aboutをご覧ください。

　デロイト アジア パシフィック リミテッドはDTTLのメンバーファームであり，保証有限責任会社です。デロイト アジア パシフィック リミテッドのメンバーおよびそれらの関係法人は，それぞれ法的に独立した別個の組織体であり，アジア パシフィックにおける100を超える都市（オークランド，バンコク，北京，ベンガルール，ハノイ，香港，ジャカルタ，クアラルンプール，マニラ，メルボルン，ムンバイ，ニューデリー，大阪，ソウル，上海，シンガポール，シドニー，台北，東京を含む）にてサービスを提供しています。

サービス・インフォメーション

――――――――――――――――――― 通話無料 ―――

① 商品に関するご照会・お申込みのご依頼
　　　　　　　TEL 0120 (203) 694／FAX 0120 (302) 640
② ご住所・ご名義等各種変更のご連絡
　　　　　　　TEL 0120 (203) 696／FAX 0120 (202) 974
③ 請求・お支払いに関するご照会・ご要望
　　　　　　　TEL 0120 (203) 695／FAX 0120 (202) 973

●フリーダイヤル (TEL) の受付時間は、土・日・祝日を除く
　9：00～17：30です。
●FAXは24時間受け付けておりますので、あわせてご利用ください。

第5次改訂版　Q＆A学校法人の新会計実務
―令和6年改正学校法人会計基準に対応！―

2025年3月25日　初版発行

編　集　　有限責任監査法人トーマツ

発行者　　田　中　英　弥

発行所　　第一法規株式会社
　　　　　　〒107-8560　東京都港区南青山 2-11-17
　　　　　　ホームページ　https://www.daiichihoki.co.jp/

学法会計第5次　ISBN978-4-474-09602-8　C2034（4）

ⓒ2025．For information，contact Deloitte Tohmatsu Group．
Printed in Japan